JEAN-CLAUDE GUILLEBAUD

DIE TYRANNEI DER LUST

JEAN-CLAUDE GUILLEBAUD
DIE TYRANNEI DER LUST

—

SEXUALITÄT
UND
GESELLSCHAFT

—

Aus dem Französischen
von Barbara Schaden

LUCHTERHAND

Die Originalausgabe erschien 1998 unter dem Titel
La tyrannie du plaisir bei Éditions du Seuil

Die Übersetzung wurde vom französischen
Ministerium für Kultur – Centre national du livre –
und der Maison des siences de l'homme, Paris, gefördert.

Die Deutsche Bibliothek – CIP-Einheitsaufnahme
Guillebaud, Jean-Claude: Die Tyrannei der Lust :
Sexualität und Gesellschaft / Jean-Claude Guillebaud.
Aus dem Franz. von Barbara Schaden. –
München: Luchterhand, 1999
Einheitssacht.: La tyrannie du plaisir <dt.>

1 2 3 4 02 01 00 99

Satz: Filmsatz Schröter GmbH, München
Druck und Bindung: Wiener Verlag, Himberg

ISBN 3-630-88000-2

INHALT

Für
Ariane
und
Léa

ABSICHTSERKLÄRUNG

Das Anliegen dieses Buch ist es, klar und deutlich und ohne Ausflüchte die Frage nach der Sexualmoral, das heißt nach der Bedeutung des Verbotenen in einer modernen Gesellschaft zu stellen. Mehr als eine Generation hindurch lebten wir in der Illusion, die Frage sei überholt. Diese Illusion hat sich inzwischen zwar weitgehend verflüchtigt, doch an ihre Stelle ist ein merkwürdiges und turbulentes Durcheinander getreten. Unsere Gesellschaften, einigermaßen desorientiert, versuchen mühsam, sich wieder zurechtzufinden. Hierzu möchte dieses Werk einen Beitrag leisten.

Zwei Absichten, im Prinzip recht einfach, stehen hinter diesem Buch. Zunächst möchte ich, soweit möglich, die leidenschaftliche Subjektivität und den Manichäismus vermeiden, die heutzutage die Diskussion beherrschen, sobald von Sexualität oder, schlimmer noch, von Sexualmoral die Rede ist. Die Auseinandersetzung über dieses Thema gerät unvermeidlich in eine Zwickmühle, die ich persönlich ablehne: lautstark verkündete Permissivität auf der einen und nostalgischer Moralismus auf der anderen Seite. Eine dritte Möglichkeit hätten wir nicht, heißt es. Was die Lust und ihre »Regulierung« angeht, seien wir zu Schwarz oder Weiß, zu moralisierender Starre oder anarchistischer Verantwortungslosigkeit verurteilt. So sind nahezu alle Bücher, die sich mit Sexualität befassen, von einer ausdrücklichen oder uneingestandenen Absicht bestimmt, die ihren Horizont eingrenzt. Entweder sie verschreiben sich der Verteidigung einer besonderen sexuellen »Errungenschaft«, oder sie geißeln die angebliche Sittenlosigkeit moderner Zeiten. Diese Polarisierung in zwei verfeindete Lager erklärt, weshalb die jeweiligen Positionen offenbar gebetsmühlenartig wiederholt werden, sobald die fraglichen Themen zur Sprache kommen.

Doch dieses Scheuklappendenken, diese Neigung zur Kurzsichtigkeit sind gefährlicher, als wir uns vorstellen. Nach dreißig Jahren unreflektierter Permissivität begünstigen sie paradoxerweise die Rückkehr zur Prüderie, wie zum Beispiel heute in den USA, deren Gesellschaft der Versuchung erliegt, ins andere Extrem zu verfallen. In Ermangelung von Urteilsvermögen und kritischer Distanz fühlen sich unsere Gesellschaften überrumpelt, sind unfähig, den furchterregenden Strafmaßnahmen, die nun um sich greifen, Widerstand zu leisten, und verfallen übergangslos von einem Extrem ins andere, wechseln von der Freizügigkeit zur Hexenjagd, das Strafgesetzbuch in der Hand. Demgegenüber möchte ich versuchen, das Thema frontal anzugehen, seine Grundlagen und wesentlichen Merkmale aufzuzeigen und dabei die tausend Unwahrheiten zu beseitigen, die im Zusammenhang mit Sexualität meist weit verbreitet sind.

Die zweite, vielleicht waghalsige Absicht hat mit Wissen als solchem zu tun. Tatsächlich wird jedem, der sich mit diesen Fragen näher befaßt, die erstaunliche Parzellierung der diesbezüglichen Kenntnisse auffallen. Viele höchst unterschiedliche Fachgebiete wie Geschichte, Psychoanalyse, Anthropologie, Theologie, politische Philosophie, Demographie, Wirtschaft, Kriminologie – um nur die wichtigsten zu nennen – beschäftigen sich mit der Sexualität, praktisch ohne sich je mit den anderen Disziplinen auszutauschen. Zwischen dem Abgrund des Unwissens, von dem die meisten zeitgenössischen Polemiken zeugen, und der Zerstückelung des Wissens existiert weder eine Verbindung noch eine Perspektive oder ein Bereich, die oder der die Grundlage für Überlegungen böte. Ich habe mir also die riskante Aufgabe gestellt, die verschiedenen Wissensgebiete zu untersuchen und mich auf die bewiesenen Ergebnisse zu konzentrieren, auch wenn die Experten auf den jeweiligen Gebieten vielleicht der Ansicht sind, man hätte diese oder jene Frage ihres Spezialgebiets vertiefen oder weiter ausführen können.

Wenn ich mich in jedem Fall an das Wesentliche halte und mich mit diesem »Panoramablick« zufriedengebe, so deshalb, weil allein die Übersicht uns erlaubt, das Puzzle unserer Kenntnisse über Lust und Sexualität neu zusammenzusetzen, um eine Antwort auf die grundlegende Frage zu finden: Wo stehen wir eigentlich? Was den Titel des Buches betrifft, so ließ ich mich von Platon inspirieren. In seinen *Gesetzen* preist er zwar die Lust, doch hält er den Menschen für schwach und tadelnswert, der zuläßt, daß der »Tyrann Eros« von seiner Seele Besitz ergreift und Tag für Tag alle ihre Anwandlungen und Leidenschaften steuert.

ERSTER TEIL

REVOLUTION IN DER REVOLUTION

Der Athener: Doch sag, als was sollen wir die Tapferkeit bestimmen? Etwa so ganz einfach als das Ankämpfen bloß gegen Furchtgefühle und Schmerzen oder auch gegen Sehnsüchte und Lustgefühle und gegen manche gefährlich schmeichelnden Verlockungen, welche den Sinn selbst derer, die sich darüber erhaben dünken, zu Wachs machen?
Megillos: Ja, das glaube ich; gegen das alles insgesamt.
Platon, Gesetze

I

DER KERN DER DINGE

Nur selten begreifen wir unsere Geschichte in dem Moment, in dem wir sie erleben. Im Untergrund brodeln obskure Leidenschaften, klaffen tiefe Risse, deren wahre Bedeutung unsere Gesellschaft im jeweiligen Augenblick gar nicht ermessen kann. An Beispielen fehlt es nicht: 1964 erkannte niemand, daß in sämtlichen Industrieländern eine entscheidende kulturelle Wende eingetreten war. 1971 erkannte niemand, welche grundlegende Bedeutung der Zerfall des Bretton-Woods-Systems für die kommenden Jahrzehnte haben würde. Ebenso wäre um 1740 kein Zeitzeuge in der Lage gewesen, zu begreifen, daß sich im gesamten Abendland ein folgenschwerer demographischer Zyklus ankündigte.[1] Die Deutung der Geschichte erfolgt immer nur im Rückblick. Es braucht Zeit und Distanz, manchmal den Abstand mehrerer Generationen, um zu begreifen, was in einer bestimmten Epoche tatsächlich geschehen ist. Deshalb sind wir in unserem Alltag viel zu sehr von Geplapper aller Art in Anspruch genommen, das – in aller Unschuld – den Kern der Dinge ausblendet.

Dasselbe gilt vermutlich auch für unser Verhältnis zu Lust und Sexualität, diesem »Tyrannen Eros«, der nach Ansicht Platons fähig sei, von unserer Seele Besitz zu ergreifen, um Tag für Tag alle ihre Anwandlungen und Leidenschaften zu steuern.[2] Freilich liegt das nicht daran, daß er totgeschwiegen würde. Schon vor zwanzig Jahren bemerkte Michel Foucault mit Verwunderung, eine Schwemme von Abhandlungen, Geständnissen, Berichten, Reden verschiedener Art habe, zumindest seit Beginn des zwanzigsten Jahrhunderts, eine auf sexuellem Gebiet »außergewöhnlich geständnisfreudige Gesellschaft« aus uns gemacht. »Der abendländische Mensch ist ein Geständnistier geworden«, fügte er hinzu. »Alles in allem geht es darum, den Fall einer Gesellschaft zu prüfen, die seit mehr als einem Jahrhundert lautstark ihre Heuchelei geißelt, redselig von ihrem eigenen

Schweigen spricht und leidenschaftlich und detailliert beschreibt, was sie nicht sagt, die genau die Mächte denunziert, die sie ausübt, und sich von den Gesetzen zu befreien verspricht, denen sie ihr Funktionieren verdankt.«[3]

Die Situation hat sich, gelinde gesagt, verschärft, seitdem diese Zeilen geschrieben wurden, und zwar weit über die »allgemeine Überreizung der Auseinandersetzung« hinaus, von der Michel Foucault sprach. Sex veranstaltet heutzutage einen gewaltigen Lärm, der noch in die abgelegensten Winkel unserer modernen demokratischen Gesellschaft vordringt: verheißene oder zur Schau gestellte Lust, öffentlich ausgelebte Freiheit, detailliert beschriebene Vorlieben, gemessene Leistungen oder Verfahren, die fröhlich unterrichtet werden. Keine Gesellschaft hat je so viele Worte über die Lust verloren wie die unsere, keine hat der Sexualität in ihren Worten und Themen, ihren Bildern und Erzeugnissen einen so herausragenden Platz eingeräumt. Darüber mag man sich freuen oder sich wundern, eines steht jedenfalls fest: Inzwischen belagern uns von allen Seiten tausenderlei Aufforderungen zur Wollust, maßlos und pausenlos. Sich darüber zu ärgern hätte wenig Sinn oder Wirkung; Sex ist zum Hintergrundrauschen unseres Alltags geworden. Verglichen mit früheren Epochen, dem griechischen oder römischen Altertum, redet unsere Zeit im wahrsten Sinn nur noch über »das eine«. Aber was sagt sie eigentlich?

Das ist die einzig echte Frage. Denn das Paradox rührt von dem erstaunlichen und unaufhebbaren Widerspruch zwischen der Bedeutung dieses Sprechens und seiner Weitschweifigkeit her, von dem Gegensatz zwischen dem Sinn eines Diskurses und der ungemein dauerhaften Aufregung, die damit verbunden ist. Der Inhalt verkündet eine Freiheit, während der Redestrom auf eine Verwirrung hindeutet; die Botschaft feiert einen Triumph, doch der Überfluß an Worten verrät eine geheime Sorge.

Freiheit? Sorge? Seit ungefähr drei Jahrzehnten gilt als ausgemacht, daß wir in Sachen Sexualität ein »Ende der Geschichte« erleben; das jedenfalls ist die derzeit herrschende allgemeine Meinung.

In allen Tonarten wiederholt sie, mit der jahrhundertelangen Massenverdummung und -unterdrückung sei es nun endlich vorbei. Unsere postindustrielle Gesellschaft sei zu einem radikal neuen Verständnis von Lust und deren unschuldiger Vorherrschaft gelangt. Wir sind überzeugt, daß die Männer und Frauen vor uns jahrtausendelang unter dem Joch einer Knechtschaft lebten, das erst wir, und wir allein, abgeworfen hätten. Die Tyrannei, denken wir, sei das bedauerliche Erzeugnis anthropologischer Unwissenheit, des religiösen »Aberglaubens«, ja eines Komplotts, das ein paar Mächtige überall in allen Kulturen ausheckten und durch alle Zeiten aufrechterhielten, um die Völker im Kerker der Verbote gefangenzuhalten. Noch nicht einmal annähernd habe unsere moderne Zeit das großartige Ausmaß ihrer Befreiung und deren historische Einmaligkeit erfaßt; sie brauche nun nichts anderes mehr zu tun, als frisch und fröhlich zur Tat zu schreiten.

Warum ist es nicht so einfach?

Die beschwörende Ausführlichkeit solcher Reden weckt Zweifel; gerade die Beharrlichkeit der Behauptungen scheint deren Wahrheit zu widerlegen. Wenn die Geschichte – nämlich der Zwänge und Verbote – ein Ende hat, wenn uns tatsächlich grenzenlose Sinnenlust verheißen ist, weshalb ist diese Aussicht dann nach wie vor ein Thema für Auseinandersetzungen und, mehr noch, für Provokationen? Wenn das Problem nicht mehr existiert, wieso regen wir uns dann so auf? Warum müssen wir so viel Aufwand betreiben? Wird denn der Sieg neuerlich bedroht durch jenes Phänomen, das die kalvinistischen Puritaner des sechzehnten Jahrhunderts *the cold clatter of morality* nannten, das kalte Drohgeschrei der Tugend? Steht uns tatsächlich die berüchtigte »Wiederkehr der sittlichen Ordnung« bevor? Trägt unsere Freiheit des Genießens den Keim einer dumpfen Unruhe in sich, der unermüdlich beschworen werden müßte? Befürchten wir etwa, wie Georges Bataille und André Breton am Ende ihres Lebens, eine Erlahmung oder Unterhöhlung unseres Verlangens, ein Nachlassen der Begierde durch Entzauberung, so daß wir gezwungen wären, die Leidenschaft mit einer Sturzflut an Worten und Bildern täglich neu heraufzubeschwören? Wenn dem so wäre, hätten wir nur eine Tyrannei gegen eine andere eingetauscht.

Auf dies alles gibt es keine befriedigende Antwort. Nicht deshalb, weil diese Fragen nicht einschneidend und stichhaltig wären, sondern weil wir so viel Sorgfalt darauf verwenden, ihnen auszuweichen. Zwar ist in unserer Zeit unaufhörlich von Sex die Rede, doch es wird nichts damit gesagt. Alles deutet darauf hin, als fürchteten wir nichts mehr, als in aller Ruhe den »Seismographen unserer Subjektivität« zu konsultieren, wie der amerikanische Historiker Peter Brown die Sexualität bezeichnet. Wir klammern uns an einen symbolischen Sieg, dessen wahre Bedeutung, praktische Auswirkungen und eventuelle Grenzen wir auf keinen Fall in Zweifel ziehen wollen – eine in der Tat »seismographische« Errungenschaft, denn in unseren Augen gilt sie, mehr als jede andere, als Maßstab der zeitgemäßen Individualität selbst. Vor allem auf diesem Gebiet, denken wir, erweist sich die Emanzipation des abendländischen Individuums als historisch einmalig. Durch das erlaubte Vergnügen, die von gesellschaftlichen Vorschriften, religiösen Verboten und den Zwängen der Fortpflanzung befreite Lust, sind wir, geschichtlich betrachtet, regelrechte Mutanten. Ohne Zweifel war der abendländische Mensch der erste, der so kühn jenen Zwang durchbrach, den Max Weber die Autorität des ewigen Gestern, der Sitten und Gebräuche, geheiligt durch ihre uralte Gültigkeit und die im Menschen tiefverwurzelte Achtung vor ihnen, nannte.

Ein Zweifel kommt also nicht in Frage. Seit drei Jahrzehnten verteidigen wir mit Zähnen und Klauen und einer zweideutigen Halsstarrigkeit jenes grandiose Phantom der sexuellen Freiheit. Nachdem wir uns nicht mehr mit ihrer Bedeutung befassen wollen, haben wir die ganze Angelegenheit zu einem Tabuthema erklärt.

EIN UNERWARTETES ERSCHRECKEN

Nein, von der Geschichte, die sie erlebt, weiß unsere Gesellschaft gewiß nichts! Ob sie scharfsichtiger ist, was die Reaktionen – oder Überreaktionen – anbelangt, in die wir bisweilen verfallen, ist zu bezweifeln.

Davon zeugt das Entsetzen, das uns erfaßt, wenn wider alles Erwarten etwas an die Oberfläche steigt, was wir so eifrig zu verdrängen suchen. Wem wäre beispielsweise aufgefallen, daß zu Beginn der neunziger Jahre in bezug auf Sexualität eine untergründige Erschütterung stattgefunden hat?[4] Zu dem Zeitpunkt breitete sich ein unerwarteter Schrecken aus, der bald das Ausmaß einer Panik annahm. Ein »Detail« war der Vorbote. Inzest und Pädophilie, denn darum handelt es sich, schienen mit einem Mal das gesellschaftliche Gefüge zu bedrohen. Man erkannte darin eine lauernde Gefahr. Weder in den Familien noch in der Schule, noch anderswo war das Kind sicher vor verwerflichen Gelüsten, die man sogleich wieder zu brandmarken lernte. Ein paar üble Meldungen in den Nachrichten, die Affäre des Kinderschänders und Massenmörders Marc Dutroux im Sommer 1996 in Belgien, steigerten die kollektive Panik.

Kurz, unsere Gesellschaft entdeckte von neuem eine unvorstellbare sexuelle Gewalt in ihrer Mitte und schickte sich an – mit polizeilichen Maßnahmen –, diese Gefahr zu bannen. Blutschänderische Väter, besessene Lehrer oder Pfarrer, mordende Triebtäter, argwöhnische Ehefrauen, lüsterne Chefs, die ihre Angestellten tyrannisieren – überall herrschte derselbe angsterfüllte Eifer, Schuldige anzuprangern, und durch alle Medien scholl einhellig der Ruf nach Strafe. Bald verging nicht ein Tag, ohne daß ein stummes Leiden, ein zu lang totgeschwiegenes Drama die Chronik jeder beliebigen Provinzstadt beherrschte. Eine düstere Serie, eine endlose Litanei. Man drängte an die Öffentlichkeit und überbot sich gegenseitig in Forderungen nach Entlarvung aller Heimlichkeiten, Aufdeckung des Leidens, Bestrafung der Schuldigen.

Eine neue Ära war angebrochen, und es herrschte eine neue gesellschaftliche Überzeugung; über die Medien, die zahllosen Fernsehdebatten, die nach Jahren wieder ausgegrabenen Aussagen fiel ein neuer, forschender Blick auf den Erwachsenen, den Ehemann, den Touristen oder Trainer im Sportverband. Man fand inquisitorische Töne, um flüchtige Berührungen aus zweifelhaften Beweggründen, unstatthafte Liebkosungen und diesen abscheulichen Mißbrauch zu beschreiben, dem der kindliche Körper zum Opfer fiel. Man zog jede individuelle Erinnerung zu Rate, um rückblickend die dahinter verborgenen Qualen zu analysieren. Heimtückische Aggressionen, begangene Gewalttaten, Sextourismus und exotische Pornographie mit Kindern, Babysitter mit zweifelhaften Absichten, Fünfzigjährige, die sich an Kindern vergehen – der Schrecken griff um sich.

Was bedeutet dieses plötzlich hereinbrechende Erschrecken wirklich? War es nur eine vorübergehende Panik, eine Übertreibung der Medien als Reaktion auf abscheuliche Vorfälle? Keineswegs. Die Gerichtsstatistiken mit ihren nüchternen Zahlen zeugen von einem weitaus tieferen und konkreteren Einschnitt in den normalen Lauf der Welt, einer Wende, die sich innerhalb weniger Jahre und nahezu lautlos vollzog. Während im Zeitraum von neun Jahren, 1984 bis 1993, die Zahl der Verurteilungen aufgrund von Vergewaltigung, zumeist Minderjähriger, um zweiundachtzig Prozent zunahm, stieg der sexuelle Mißbrauch durch Autoritätspersonen um das Dreifache, und Vergewaltigungen innerhalb der Familie erhöhten sich zwischen 1990 und 1993 um siebzig Prozent. Die Verurteilungen wegen sexuellen Mißbrauchs Minderjähriger nahmen um fünfundsechzig Prozent zu.[5] Anfang 1997 waren bis zu sechzig, mitunter gar achtzig Prozent aller gerichtlich verfolgten Fälle sogenannte Sittlichkeitsverbrechen. Aufsehenerregend war die Verschärfung des Strafrechts vor allem in Frankreich, wo für sexuelle Gewalttaten inzwischen die strengsten Strafen in ganz Europa verhängt werden – in einundachtzig Prozent der Fälle beträgt die Strafe mehr als fünf Jahre Haft[6]. Doch das Zivilrecht stand dem nicht nach: In den Scheidungsverfahren waren Inzestvorwürfe von seiten eines der Ehepartner bald gang und gäbe. Sie zeugen von einer beispiellosen Besessenheit.

Der vorherrschende Diskurs wurde auf diesem Gebiet derart unmittelbar repressiv, daß inzwischen die Richter selbst vor den Exzessen einer Hexenjagd warnen, die zu zwanghaft ist, um noch halbwegs vernünftig zu sein. »Wir beobachten eine erstaunliche Kehrtwende«, schreibt einer von ihnen. »Auf die Zeit des lautlosen, unbemerkten Inzests folgt eine hemmungslose, durchgedrehte Justizmaschinerie. Unangemessene Heimunterbringung des Kindes und Inhaftierung des Vaters spiegeln eine staatliche Gewalt angesichts der Gewalt der Gleichgültigkeit. Dies alles ist vielleicht unvermeidbar, aber warum eine solche Hast?«[7] Ein anderer bemerkt: »Weite Bereiche des Verhaltens, die bislang als harmlos galten, wurden verteufelt, vor allem innerhalb des Mittelstands, der zum eigentlichen Hort verdammenswerter Gewalt wird, wie etwa sexueller Nötigung.«[8]

Selbstverständlich fiele niemandem ein, die Schwere dieser Vergehen gegen Kinder zu leugnen, ebensowenig wie die Notwendigkeit, sie zu bekämpfen. Niemand käme auf die Idee, die Realität bestimmter Verbrechen in Abrede zu stellen, geschweige denn dagegen zu protestieren, daß sie endlich dem Grab des Schweigens entrissen wurden. Dennoch wird kein Richter die Hypothese einer effektiven, verhältnismäßigen Zunahme der Sexualdelikte ohne weiteres hinnehmen. Weder in Europa noch in Amerika hat sich die Gesellschaft über Nacht in eine verbrecherische, blut- und kinderschänderische verwandelt. Die Tatsache, daß solche Verbrechen inzwischen nicht mehr verschwiegen, sondern angemessen bestraft werden, drückt vor allem eine tiefgreifende *Veränderung unserer Sichtweise* aus. Ummißverständlich drücken dies die beiden Statistikerinnen des französischen Justizministeriums in ihrem Kommentar zu den obengenannten Zahlen aus, veröffentlicht im Juli 1996: »Diese erhebliche Steigerung bedeutet nicht zwangsläufig eine Zunahme der Vergehen, sondern spiegelt zumindest teilweise die Entwicklung der Strafverfahren wider, ermöglicht durch die allgemeine Entwicklung der Sensibilität und des Verhaltens.«

Was sich verändert, sind nicht so sehr die Fakten als vielmehr deren Beurteilung. Auf einmal wird eine verborgene Wahrheit ans Licht gezerrt; auf einmal löst das vergrabene oder unausgesprochen tolerierte Geheimnis Grauen aus; auf einmal wird als skandalös empfunden, was bisher als vergleichsweise harmlos galt. Im tiefsten Inneren unserer Gesellschaft hat sich etwas gewandelt, ein »Etwas«, das es zu identifizieren gilt.

EINE BESTIMMTE VORSTELLUNG VOM BÖSEN

Bemühen wir zunächst einmal ein wenig unser Gedächtnis. Man könnte sich, ohne besonderes Verdienst, erhebliche polemische Vorteile sichern, indem man jeden einfach auffordert, sich noch einmal zu erinnern. Es reichte aus, die Strafanträge heutiger Staatsanwälte in bezug auf Inzest und Pädophilie denjenigen entgegenzustellen, die noch vor einiger Zeit von denselben Gerichten und manchmal sogar mit denselben Unterschriften zu ebendiesen Themen vertreten wurden. Wenn wir Namen nennen, in Vergessenheit geratene Dummheiten aufs Korn nehmen, hier einen eklatanten Verstoß und dort eine laue Nachsichtigkeit aufzeigen, könnten wir eine niederschmetternde Fehlersammlung aufstellen. Aber wozu wäre das gut? Polemik hilft uns in dieser Sache nicht weiter. Die Ausschweifungen des einen stehen ebenso sinnlos den Untertreibungen des anderen gegenüber, wie in den siebziger Jahren das Schwelgen in Freizügigkeit auf seiten der Linken der moralisierenden Pedanterie der Rechten entsprach.

Das Phänomen, das es ohne alle polemischen Absichten zu erhellen gilt, ist in anderer Hinsicht komplex. Der Prozeß, der sich innerhalb weniger Jahre vollzogen hat, ist nichts anderes als die uneingestandene Umformulierung dessen, was Emile Durkheim unsere kollektiven Vorstellungen nannte, das heißt die ihrer Natur nach symbolischen Bezugspunkte, die eine Gesellschaft sich selbst setzt und die sie weit über den großspurigen Faustkampf der »Meinungen« stellt.

Tatsache ist, daß von Anfang der siebziger bis zum letzten Drittel der achtziger Jahre in unseren westlichen Gesellschaften eine relativ neutrale, wenn nicht gar wohlwollende Sichtweise von Pädophilie und Inzest vorherrschte; von manchen wurden sie sogar unter die »Verbote« eingeordnet, die es früher oder später abzuschaffen galt. Natürlich wurden sie keineswegs so weit bagatellisiert, daß ihre öffentliche Erwähnung keine Diskussionen oder Polemiken mehr ausgelöst hätte. Die Dinge waren zugleich subtiler und progressiver. Abgesehen von einigen angemessenen Zornausbrüchen und Protesten, die beide Themen noch im Jahr 1971 hervorriefen, müssen wir von einer wachsenden Gleichgültigkeit, einem *benign neglect*, sprechen.

Bezeichnend ist der Film *Herzflimmern* von Louis Malle, ein Beispiel unter tausend anderen. Dieser Film, der mit großer Zärtlichkeit und der eindeutigen Bemühung um Entdramatisierung von der Inzestbeziehung zwischen Mutter und Sohn erzählt, war im Mai 1971 für das Festival von Cannes ausgewählt worden und kam bei der Kritik sehr gut an. Louis Malle, der nach dem Protest einiger Leser zu einer Stellungnahme in *Le Monde* aufgefordert wurde, rechtfertigte sich mit Humor, aber auch mit dem freizügigen Übermut, wie er in jener Zeit typisch war. »Alles, was [in meinem Film] geschieht, ist natürlich, offensichtlich und wahr, glaube ich. Falls dies der traditionellen Moral widerspricht, kann man nichts machen.«[9] Die Presse beglückwünschte Louis Malle zum Bau dieser »Kriegsmaschine gegen die Ideologie und die Kultur der Bourgeoisie«[10] und dankte ihm, weil er es wagte, »die Schleier zu zerreißen und mit den falschen Geheimnissen und dem schändlichen Schweigen zu brechen«[11]. »Gleichzeitig«, fügte ein Kommentator hinzu, »wird der Begriff des Bösen in seiner grundsätzlich repressiven Form und seiner Eigenschaft als ›metaphysische‹ Kategorie in Frage gestellt«.[12]

Im Hintergrund und unabhängig von den Qualitäten des Films, die auf der Hand lagen, war die Interpretation des Vorfalls unmißverständlich: Ein Tabu wurde gebrochen – ein hochwillkommenes, schicksalhaftes Ereignis – und durch Zartheit bagatellisiert.

Erst auf sehr indirekte Weise wurde der Film zum Skandal. Am 11. Mai 1971 beschloß die Intendanz der französischen Rundfunk- und Fernsehgesellschaft ORTF, eine Debatte in *Post Scriptum*, dem Magazin von Michel Polac, bei der das Thema Inzest und der Film von Louis Malle zur Sprache kommen sollten, nicht auszustrahlen. Im Namen der Meinungsfreiheit wurde diese brutale Zensur allenthalben heftig attackiert, sogar in den Spalten des *Figaro*. Das war legitim, verriet aber nichts über den Kernpunkt. Weisen wir darauf hin, daß derselbe Sender den Film *Herzflimmern* knapp zwanzig Jahre später mit vollkommener Gleichgültigkeit ausstrahlte, ohne daß noch irgend jemand seine angeblich subversive Botschaft zur Kenntnis nahm, zumindest rückblickend. Und als mehrere Juristen in der Absicht, den Inzest zu entkriminalisieren, sich Ende der achtziger Jahre auf dasselbe Projekt beriefen, entfesselten sie keinen nennenswerten Aufruhr mehr.

In diesen ersten Reaktionen und der späteren allgemeinen Gleichgültigkeit äußerte sich also die durchschnittliche Sensibilität, die damals herrschte und in außerordentlich scharfem Kontrast zu der Verteufelung steht, die dasselbe Thema, Inzest, Mitte der neunziger Jahre erfuhr. Mit einem Schlag war keineswegs mehr von einer rührenden Schwäche die Rede, sondern von einem Verbrechen; nun hieß es nicht mehr, der »bürgerlichen Moral [sei] eine Nase gedreht« worden, sondern man sprach von grauenerregendem, krankhaftem Verhalten. Auf weniger theoretische Weise wurden mehrere hundert Familienväter, die sich mehr oder weniger so verhalten hatten wie die Heldin in *Herzflimmern*, nicht nur von Polizei und Justiz verfolgt, sondern auch öffentlich und einhellig als gewissenlos und pervers gebrandmarkt. Auf die träge Gleichgültigkeit folgte nahezu übergangslos die einstimmige Brutalität der Lynchjustiz. Und niemand ginge heute noch das Risiko ein, einen Inzest ähnlich zu kommentieren wie der hervorragende Filmchronist von *Le Monde*, Jean de Baroncelli, im Jahr 1971: »Nichts Unanständiges, Anrüchiges oder Lasterhaftes an dieser angedeuteten Vereinigung. Auch nichts Tragisches. Sondern eine Verwirrung, ein falscher Schritt der Natur. Eine Art Exorzismus.«[13]

Eine derart radikale und rasante Kehrtwende in der öffentlichen Meinung kommt nicht sehr häufig vor, und die Fragen, die ein solcher Umschwung aufwirft, lassen sich nicht mit einem Achselzukken abtun – um so weniger, als die veränderte Wahrnehmung, wie sie gegenüber dem Inzest spürbar wurde, im Zusammenhang mit Kindesmißbrauch noch viel spektakulärer war.

DIE ZEIT DES »PÄDOPHILEN ABENTEUERS«

Im Gefolge der großen Liberalisierung der Sitten vor und nach 1968 gedieh bekanntlich in Europa wie in den Vereinigten Staaten ein ganz eigener Literaturzweig, der Freizügigkeit forderte. Als Kampfliteratur beteiligte er sich an dem unumkehrbaren Liberalisierungsprozeß und ermöglichte, der traditionellen Verfemung von Homosexualität und der sanktionierten Frauenfeindlichkeit ein Ende zu setzen – zwei exemplarische Kreuzzüge, mit denen wir uns später befassen werden[14] und deren Legitimität rückblickend unbestreitbar ist. Anders steht es mit der Pädophilie, die im selben Schwung entkriminalisiert und verherrlicht wurde und einen theoretischen Unterbau erhielt, und dies in einem Wortlaut, der heute auf Verblüffung und schärfste Mißbilligung stieße. Diese Diskrepanz, so wenige Jahre später, stimmt nachdenklich.

Unter militanten Homosexuellen wird heute das zweideutige Wohlwollen problematisiert, auf das die öffentlichen Bekenntnisse zur Pädophilie in der Vergangenheit stießen – ein Wohlwollen, das an die fünfzehn Jahre salonfähig war, bis es sich zum allgemeinen Verdruß schließlich gegen die homosexuelle Emanzipation selbst wandte und sie »kompromittierte«. »Während die Homosexuellen für die Freiheit des Begehrens kämpften«, schreibt Frédéric Martel, »ging es den Pädophilen um die Altersgrenze Minderjähriger, und sie lehnten jegliche Norm ab. Die Sackgasse war vorhersehbar: Der nächste Schritt wäre der Versuch, Vergewaltigung zu legitimieren – in diesem Fall im totalen Widerspruch zur Frauenbewegung, die sich zu Recht für deren Kriminalisierung einsetzte. Von dem Zeitpunkt an nährten die berechtigten Ängste gegenüber der Pädophilie die irrationalen Kritiken an der Homosexualität. [...] Ab der Mitte der achtziger Jahre hörten Pädophile und Homosexuelle endgültig auf, ›gemeinsame Sache‹ zu machen.«[15]

Bei näherer Betrachtung zeigt sich, daß diese angebliche Ungeschicklichkeit der ursprünglichen Schwulenbewegung gar keine war. Sie stand durchaus im Einklang mit der Einstellung der damaligen Zeit, die zu umfassender Nachsicht neigte, die Pädophilie eingeschlossen. Die öffentliche Meinung erregte sich kaum, als ein anerkannter Schriftsteller, Gabriel Matzneff, zu einer literarischen Fernsehsendung eingeladen wurde, um dort sein neuestes Buch zu präsentieren, das die körperliche Liebe mit »unter Fünfzehnjährigen« pries. Niemand hätte gewagt, der allgemeinen Bewunderung für Nabokov zu trotzen und Einwände zu erheben, weil seine berühmte Lolita, ein reizendes kleines Mädchen, gerade erst zwölf ist, als sie die Leidenschaft eines Vierzigjährigen entfacht. Noch verstörender war, daß niemand sich entrüstete, als die breite Presse sich einer schulmeisterlichen Streitlust zugunsten der Pädophilie befleißigte.

Davon zeugen, unter vielen anderen, die pädophilen Plädoyers des Philosophen René Schérer, veröffentlicht 1978: »Man fragt sich, ob eine erwiderte Liebe zwischen einem Mann und einem Kind möglich ist, weil man das ungewöhnliche Paar in das Muster einer Erwachsenenerotik, zwischen getrennten Personen, zu pressen versucht. Abgetan als Lüge, Rätsel, Unmöglichkeit oder Verbrechen, verwandelt sich die pädophile Liebe im Gegenteil ganz in Licht, sobald man sie auf dem Gebiet der *kindlichen Erotik* ansiedelt.« Im selben Text wird auch die unvermeidliche Kritik an der bürgerlichen »Repression« ausgeführt, die allein eine ganze Epoche prägt. »Das pädophile Abenteuer«, schreibt Schérer, »offenbart, welche unerträgliche Konfiszierung von Sein und Sinn die aufgezwungenen Rollen und die verschworenen Mächte gegenüber dem Kind praktizieren.«[16] Wenn sich uns heute bei diesem Pathos die Haare sträuben, sollten wir uns daran erinnern, daß dies gestern noch anders war.

Es ist nicht übertrieben zu behaupten, daß fünfzehn Jahre lang, bis in die Mitte der achtziger Jahre, die öffentliche Meinung pädophilen Erwachsenen gegenüber durchaus nachsichtig war – Erwachsenen, deren Untaten heute in der Boulevardpresse so erbittert angeprangert werden und zu deren Verhaftung man sich beglückwünscht, wenn der eine oder andere endlich »ins Netz gegangen« ist. Fünfzehn Jahre früher gehörte es zum guten Ton, sich denselben Individuen gegenüber verständnisvoll zu zeigen, andernfalls man sich unwiderruflich als »reaktionär« zu erkennen gab. Das erlebte ein Sexologe, der sich in den siebziger Jahren für die Liberalisierung der Sitten einsetzte. Er berichtete von dem handgreiflichen Haß, den ihm seine damals als »abwegig« geltende persönliche Ablehnung der Pädophilie von seiten mancher Vorkämpfer der Front homosexuel d'action révolutionnaire (FHAR), der revolutionären homosexuellen Aktionsfront, eintrug.[17] Die vor allem schweizerischen Vereinigungen, die schon damals gegen den grenzüberschreitenden Sextourismus zu Lasten Minderjähriger kämpften, erhielten hingegen kaum aktive Unterstützung in der breiten Presse.

DER »GUTE SEX«, ZEITGEMÄSS ILLUSTRIERT

An einem anderen Fall, der geradezu ein Schulbeispiel ist, können wir die Radikalität dieses Meinungsumschwungs noch besser ermessen und vielleicht sogar die chronologische Entwicklung nachzeichnen. Es geht um Tony Duvert, einen in den siebziger Jahren auch außerhalb Frankreichs berühmt gewordenen französischen Schriftsteller, der die pädophile Praxis nicht nur zum Gegenstand eines leidenschaftlichen Bekehrungseifers, sondern zum Thema seiner Literatur schlechthin erkor. Aus dem Abstand können wir die Entwicklung der Kritik seiner Werke rekonstruieren und erkennen, wie sie die Verschiebungen der vorherrschenden Meinung modellhaft illustriert.

Im Jahr 1973 trat Tony Duvert mit einem Roman an die Öffentlichkeit, *Paysage de fantaisie* (»Phantasielandschaft«), der in Wahrheit sein fünftes Werk ist – die vier ersten wurden sozusagen unter der Hand publiziert. Es handelt von Sexspielen zwischen einem Erwachsenen und etlichen Kindern und ist eine phantasierende Darstellung des Verhältnisses zwischen dem Peiniger und seinen Opfern – »wie die Kinder Indianer spielen, so spiele ich Henker«, verkündete der Autor. Dieser eindeutige Text erfuhr erhebliches Lob und galt trotz einiger Vorbehalte als erbauliche Subversion, »ein in erster Linie wollüstiges Buch«. Es erhielt den Prix Médicis.

Im darauffolgenden Jahr verfaßte Tony Duvert ein freizügiges Pamphlet mit dem Titel *Le Bon Sexe illustré*, das unverblümt die »Familienideologie« anprangerte, ohne ein Blatt vor den Mund zu nehmen, über die Literatur der Indoktrinierungen verschiedener Prägung herzog – »honigsüß und heuchlerisch wie im Westen oder militaristisch wie in China« – und gegenüber »der alten repressiven Moral« die vollkommene sexuelle Freiheit der Kinder forderte. Dieses »großzügige Pamphlet«, das »die repressiven Begriffe Laster und Tugend«[18] abschaffte, wurde hier und dort freudig begrüßt. In einem Interview, das sich mit den beiden folgenden Romanen beschäftigte, *L'Ile atlantique* (»Die Atlantikinsel«) und *Journal d'un innocent* (»Tagebuch eines Unschuldigen«), präzisierte der Autor seinen Standpunkt und versicherte, »Pädophilie [sei für ihn] eine Kultur«. Er bekannte seinen Haß auf Frauen im allgemeinen und auf die Mütter im besonderen, die ihre Kinder einem autoritären und kastrierenden Matriarchat unterwürfen. »Gäbe es ein Nürnberger Tribunal für Friedensverbrechen, müßte man neun von zehn Müttern vor dieses Gericht stellen.« Abgesehen davon, fügte Duvert unverblümt hinzu, daß die wachsamen Mütter in den Augen des Pädophilen ein peinliches Hindernis darstellten. Im Idealfall, sagte er, müßten ihnen die Kinder früher oder später entzogen werden.[19]

1978 erschien ein neuer Roman aus der Feder von Tony Duvert, *Quand mourut Jonathan*[20], der von der vollzogenen Liebe zwischen einem betagten Maler und einem achtjährigen Jungen erzählt; ein formal weniger provozierendes Werk, das jedoch den üblichen Bekehrungseifer dieses Autors an den Tag legt. Auch dieses Buch wurde von der Presse gelobt, nicht allein wegen der literarischen Form, sondern wegen der Bedeutung des Textes: »Wir erfahren in diesem Roman, daß die Liebe stirbt, wenn sie sich sozial geben will, und auflebt, sobald sie sich in die Animalität stürzt«[21], »Die großen Leidenschaften sind die verbotenen Leidenschaften«, »Tony Duvert zielt auf die reinsten Gefühle« und so weiter.

1979, im Erscheinungsjahr von *L'Ile atlantique*, wird die teuflische, aber heroische Gestalt des »heimlichen Schriftstellers« noch von der Kritik begrüßt, wie der Ausruf von Madeleine Chapsal bezeugt: »Ein phantastisches Archipel ließ Tony Duvert, dieser leidenschaftliche und einsame Schriftsteller, mit zehn Büchern in rascher Folge aus den bewegtesten Gewässern unserer Literatur auftauchen: jenen, die Körper und Herz der Kindheit berühren.«[22] Begeistert äußerte sich auch Annick Geille: »Als Loblied auf den Ausbruch, Anprangerung unserer inneren Gefängnisse bricht *L'Ile atlantique* das Tabu der Mutterschaft, die heilige Kuh aller Ausbeuter.«[23] 1980 zog Duvert in *L'Enfant au masculin* (»Das männliche Kind«) noch einmal über die »falsche Freizügigkeit« der Umgebung her, die heuchlerisch vor den Grenzen des Strafgesetzbuchs haltmache. »Es gibt nur einen einzigen Weg, um die Sexualität eines Menschen zu erkunden, ob klein oder groß: durch den Liebesakt«, schreibt er.

Nach 1986 jedoch erfuhr das Bild des Schriftstellers eine jähe Wandlung. 1989 veröffentlichte er unter dem Titel *Abécédaire malveillant* (»Böswillige Fibel«) eine Sammlung provokanter Aphorismen, Sentenzen und Maximen, die ihm diesmal einige verstörte Rezensionen eintrugen, insbesondere von Jérôme Garcin: dieser erblickte darin »das jüngste gehässige Machwerk eines Achtundsechzigers, der auf dem Pissoir der Uni von Vincennes hängengeblieben ist, wo die Wände noch immer mit den obszönen Kritzeleien und cholerischen Slogans einer längst überholten Revolte verschmiert sind«.[24]

Andere Kritiken bekundeten dieselbe Irritation. Die Zeiten haben sich geändert, und nicht nur auf literarischem Gebiet; es wäre falsch, die obengenannten Erinnerungen als Umwege, kurzfristige Schwärmereien und klassische Querelen der literarischen Welt zu deuten. Der Fall Duvert ist hier nur zu dokumentarischen Zwecken genannt, nicht um den Schriftsteller im nachhinein und zu Unrecht als Sündenbock abzustempeln. Vielmehr veranschaulicht der Fall die Stimmungsschwankungen nicht der Kritik, sondern einer ganzen Epoche. Festzustellen ist, daß unabhängig von literarischen Kontroversen und »verwegenen Grenzüberschreitungen« das, was 1974 noch »durchging«, im Jahr 1989 nicht mehr akzeptiert wurde.

RÜCKKEHR DES VERBOTS?

Es ist immer allzu verlockend, sich einfache Erklärungen zurechtzulegen. Mitte der achtziger Jahre hatten sicherlich mehrere spektakuläre Meldungen die öffentliche Meinung erschüttert und die Pädophilen auf die Anklagebank gedrängt. Das war in Frankreich 1986 bei der sogenannten Korral-Affäre der Fall, an der bezeichnenderweise behinderte Kinder und skrupellose »Pädagogen« beteiligt waren: ein Skandal, sinnbildlich für ein ungerechtes Kräfteverhältnis – pädophile Erwachsene/behinderte Kinder – und eine Affäre, die in den Medien ausführlich genug behandelt wurde, um eine Protestwelle und ausgiebige Polemiken auszulösen.[25] Mit zehn Jahren Vorsprung nahmen sie die »moralische Entrüstung« Belgiens in der Folge des Falls Dutroux vorweg. Noch mehr als zuvor interessierten sich die großen Medien für die Kinderprostitution in südlichen Ländern und vor allem in Asien, und dies in einem Ton, der nicht nur bloße Neugier war.

Kurz zuvor hatten Gerüchte aus Amerika in Europa ein ähnlich großes Aufsehen erregt: das Auftauchen der sogenannten *snuff movies* (vom amerikanischen Slang-Ausdruck *to snuff* = massakrieren) auf dem Anfang der siebziger Jahre liberalisierten Pornomarkt – Filme, die aus dem Sexualmord ein Objekt des bezahlten Voyeurismus machen. Diese Filme zeigten Pornoszenen, begleitet von sadistischen Morden, gespielt und real. Das Nachwort zu einem in jenem Jahr in Frankreich publizierten Buch beweist, daß sich zu dem Zeitpunkt in den aufgeklärtesten Köpfen ein Schwindelgefühl, wenn man so will, oder ein Zweifel bemerkbar machte und nach und nach die Oberhand gewann. Die Untersuchung mit dem Titel *Die Frauen, Pornographie und Erotik* wollte recht forsch einige Tabus entdramatisieren und das Schweigen der Frauen im Zusammenhang mit Pornographie aufbrechen. In ihrem Nachwort bekannte Marie-Françoise Hans die Verstörung, in die sie die Entdeckung der *snuff movies* gestürzt hatte: »[Diese Wirklichkeit] stellt uns aber vor eine grundlegende Frage: Ist der Snuff als bedauerliche kleine Störung, als unerheblicher Zwischenfalls anzusehen? Oder gehört er zum Kern jeder Pornoproduktion? Ist das der Weg zum Tod? [...] Denn den Mord wickeln ja Männer mit Geld zum infamen Vergnügen anderer Männer mit Geld ab.«[26]

Im selben Buch kommen, allerdings nur untergründig, Sorgen derselben Art zum Ausdruck, wie zum Beispiel die warnende Stimme der Psychoanalytikerin Luce Irigaray: »Wohl sind die Anzeichen dafür zu erkennen, daß die Macht auch der sexuellen Glaubenssätze, die uns ›manipulieren‹, zur Neige geht. Die Degenerierungssymptome nehmen zu. Man müßte nur wissen, ob sie auf ein neues Morgen oder auf eine Art kollektiven Selbstmord deuten.«[27] Dies sind schwache, aber unbestreitbare Zeichen dafür, daß man sich bereits unmerklich vom »befreienden« Optimismus der siebziger Jahre entfernte. Bei dieser Distanzierung hatten die obengenannten Skandale zweifellos eine Rolle gespielt.

Im übrigen ist die Auslöserfunktion solcher Nachrichtenmeldungen eine Konstante in der Sozialgeschichte. Im Zusammenhang mit der verschärften Strafverfolgung Homosexueller am Ende des siebzehnten und zu Beginn des achtzehnten Jahrhunderts beispielsweise werden gern einige aufsehenerregende Kriminalfälle genannt, bei denen Kinderschänder beteiligt waren. So die Affäre Jacques Chausson und Jacques Paumier (genannt »Fabri«), die im Jahr 1661 der versuchten Vergewaltigung eines siebzehnjährigen Jungen beschuldigt wurden und schließlich gestanden, Lieferanten sehr viel jüngerer Kinder zu sein. Sie wurden nach Heraustrennen der Zunge zum Tod auf dem Scheiterhaufen verurteilt; die Verbrennung erfolgte am 29. Dezember 1661. Theoretisch forderte das Urteil die gerichtliche Verfolgung ihrer »Kunden«, eines Marquis und eines Barons, was jedoch nie geschah. Die Ungerechtigkeit dieses mit zweierlei Maß gefällten Urteils versetzte das Volk in Empörung, und es kursierten etliche rachsüchtige Schmähschriften, darunter die *Klage von Chausson und Fabri.*

Die Affäre Benjamin Deschauffours, sechzig Jahre später, 1724 bis 1726, erinnert noch unmittelbarer an den Fall Dutroux im Jahr 1996. Deschauffours, Kinderschänder, Mörder und Lieferant kleiner Jungen, war der Drahtzieher eines regelrechten pädophilen Netzwerks, das seine reichen Kunden mit Nachschub versorgte. Vor der Lieferung »probierte« er die Jungen aus oder ließ sie durch seine Lakaien testen. Für einen reichen Italiener ließ er einen Jungen sogar kastrieren. Deschauffours wurde am 24. Mai 1726 auf der Place de Grève verbrannt.[28] Auch die gesellschaftliche Symbolik – die »Reichen« als Jäger der Kinder der »Armen« – fehlte nicht, sechs Jahrzehnte vor der Revolution.

Skandalmeldungen solcher Art können zwar den einen oder anderen Meinungsumschwung bewirken, doch genügen sie nicht als Erklärung. Hier spielen grundlegendere ideologische Faktoren eine Rolle. Wir werden später sehen, auf welche Weise die Überempfindlichkeit der öffentlichen Meinung in Fällen von Kindesmißbrauch und Inzest auf die derzeitige große Auseinandersetzung über den kindlichen Status als solchen, den Stand der Familie und letztlich über den westlichen Individualismus verweist.[29] Das sich neuerlich stellende Problem läßt sich mit wenigen Worten einfacher und direkter formulieren: die gewaltsame Rückkehr des *Verbots* in eine Gesellschaft, die sich leichtsinnigerweise davon erlöst glaubte. Unter Verbot ist eine Grenze zu verstehen, eine hingenommene Regulierung, ein Kodex minimaler, von der Mehrheit akzeptierter Normen.

Dies ist die These, die insbesondere von Jean-Pierre Rosenzweig, dem Vorsitzenden des Kinder- und Jugendgerichts von Bobigny, zum Zeitpunkt der Affäre Dutroux aufgestellt wurde – jenem Skandal, dem seiner Ansicht nach immerhin das Verdienst gebührt, »ganz Europa wachgerüttelt« zu haben.[30] Nach Ansicht des Richters, der in der umstrittenen Frage der »Rechte des Kindes« im übrigen sehr radikale Thesen vertritt, sind unsere westlichen Gesellschaften ihrer eigenen Inkonsequenz zum Opfer gefallen. Tatsächlich haben wir seit etwa dreißig Jahren auf sexuellem Gebiet, aber nicht nur dort, darauf verzichtet, für unsere eigenen Verbote Grenzen festzulegen, so daß wir die sozialisierende und von Freud so genannte strukturierende Rolle des Gesetzes aus dem Blick verloren. Im Kontext spielerischer Freizügigkeit und wollüstiger Utopie wurden das, was aus »Toleranz« hingenommen wird, und das, was man sich infolge einer »Erlaubnis« genehmigt, auf gefährliche Weise miteinander verwechselt.

Schwierig ist es jedoch, unsere Gesellschaft von neuem an das grundlegende Prinzip des Verbots, auch auf sexuellem Gebiet, zu gewöhnen. Dies ist die eigentliche Erklärung für die sporadischen Aufschreie der öffentlichen Meinung, die Anfälle von panischem Schrekken und die gesellschaftliche Forderung nach schwersten Strafen, zu schweigen von der Verwirrung oder dem rückblickenden »schlechten Gewissen«. Wir leben nicht im Frieden mit unseren Wünschen oder unseren Gelüsten.

UNANGEMESSENE HERABLASSUNG

In der schwierigen Frage des Verbots müssen wir einige Widersprüche hervorheben, die unhaltbar erscheinen. Der erste besteht in der außergewöhnlich schizophrenen Situation, in der wir uns unmerklich eingerichtet haben. Tatsächlich verbindet unsere Gesellschaft, die nur noch ihrer Schwerkraft gehorcht, einen in der Geschichte beispiellosen freizügigen *Diskurs* mit einer *Praxis*, die in vielerlei

Hinsicht repressiver ist als in der traditionellen Gesellschaft – von der Höhe unserer vermeintlichen Emanzipation herab betrachten wir diese gleichwohl noch immer mit leiser Verachtung.

Forscher wie Michel Foucault und Peter Brown, um nur diese beiden zu nennen, spotteten über die Herablassung gegenüber der Vergangenheit und über die »gemütliche, ja schelmische Vertrautheit [...], zu der sich ein moderner Mensch oft berechtigt fühlt, wenn er sich den sexuellen Belangen von Männern und Frauen einer fernen Zeit zuwendet«[31]. In dieser »fernen Vergangenheit« würden wir gleichwohl auf tausend Beispiele einer Kunst der Transaktion stoßen, die wir verlernt haben. Besorgte Gesellschaften sind nicht immer so, wie man sie sich vorstellt.

Im siebzehnten Jahrhundert hatte niemand etwas gegen die Gepflogenheit der Ammen einzuwenden oder daran auszusetzen, kleine Jungen zu masturbieren, damit sie leichter einschliefen. Die berüchtigte mittelalterliche Unterdrückung der Homosexuellen durch die Todesstrafe, eingeführt im vierzehnten Jahrhundert, wurde hingegen so selten in die Praxis umgesetzt, daß die Historiker zwischen 1317 und 1789, das heißt in viereinhalb Jahrhunderten, insgesamt kaum mehr als achtunddreißig Fälle zählten, in denen diese Strafe tatsächlich vollstreckt wurde. Und dabei handelte es sich in nahezu allen Fällen um kriminelle Kinderschändung, begangen an Jungen und Mädchen von zehn Jahren oder jünger[32] – Vergehen, die im heutigen, postmodernen Amerika mit derselben Strafe geahndet würden. Die Mehrzahl der in den Pönitentialen, den kirchlichen Bußbüchern des Hochmittelalters, vorgesehenen Strafen für sexuelle Übergriffe bestanden in ausgedehntem Fasten oder freiwilligen Bußen – Strafen, die hinter den heutigen Gerichtsurteilen weit zurückbleiben. Die traditionellen Gesellschaften verstanden es, in Fragen der Moral strenge Prinzipien mit einer ständigen Nachsicht in der Praxis zu verbinden.

Für uns trifft das nicht mehr zu. Wir praktizieren sogar das Gegenteil dieser relativen Klugheit. Wir berauschen uns an Worten und theoretischen Erlaubnissen, doch in der Realität üben wir keine

Nachsicht. Ein Mensch der Renaissance oder aus dem achtzehnten Jahrhundert würde gewiß vor Schreck aufspringen, wenn wir ihm manche unerbittlichen Gerichtsurteile unserer Zeit beschrieben, die sehr konkrete Wirkungen nach sich ziehen. Ein Entscheid des Obersten Gerichts der USA gab beispielsweise 1986 mit fünf zu vier Stimmen einem Gesetz des Staates Georgia recht, das Analverkehr und Fellatio, auch zwischen Ehepaaren, mit Verbrechen gleichsetzte. Ein anderer Entscheid desselben Obersten Gerichtshofes im Prozeß Bowers gegen Hardwick ermächtigte die Staaten, homosexuelle Praktiken zwischen zwei zustimmenden Erwachsenen für kriminell zu erklären.

So gestalten wir, ohne uns dessen bewußt zu sein, das bittere Zusammenleben zwischen lautstark verkündeter Freizügigkeit und kleinlicher Strafverfolgung. Das Dilemma ist um so unauflöslicher, als der Reiz und der Argwohn, eine aufdringlich präsente, alles durchdringende Sexualität und eine pedantische Wachsamkeit, eine außerordentliche »sexuelle Aufforderung« und die zwanghafte Drohung mit einem Inquisitionsgericht – sexuelle Belästigung und so weiter – in unserem Alltag einander in ständigem Konflikt gegenüberstehen. In diesem ermüdenden Double-bind, der psychologischen »Zwickmühle«, irren wir hin und her. Das ist zweifellos eine der Erklärungen für das Übermaß an Bekundungen und Wortströmen, einer der Schlüssel zu diesen unerschöpflichen Reden über Sex. Es verrät ein merkwürdiges existentielles Unbehagen, als hätten die anmaßenden westlichen Gesellschaften auf sexuellem Gebiet die Kunst des Maßhaltens verlernt, die Fähigkeit, sich friedlich zu »arrangieren«, die Tugend des Schweigens, die noch heute beispielsweise in den afrikanischen Kulturen bestimmend ist, als hätten wir endgültig die geduldige erotische Kultur verloren, bestehend aus verinnerlichten Regeln und zugestandenen Überschreitungen, verheerenden Neigungen und eingegangenen Risiken, verwirklichten Kühnheiten und zurückhaltendem Halbschatten, die in früherer Zeit – klüger, als wir uns vorstellen – das instabile Gleichgewicht des Begehrens aufrechterhielten.

Zitieren wir im Zusammenhang mit Afrika und der Liebe den schönen Ausspruch eines Afrikanisten: »Was die westlichen Gesellschaften an anderen Kulturen für einen Mangel an Transparenz, ja für Falschheit halten, ist nichts anderes als jene schamhafte Zurückhaltung, die die menschlichen Beziehungen wie mit einer geheimnisvollen Aura umgibt, mit einer schützenden Undurchsichtigkeit und schließlich diesem unfaßbaren Etwas, das mit Achtung verwandt ist, zuallererst mit Selbstachtung. *Damma russ* (Ich schäme mich) sagen die Wolof. Wir sind schockiert über den Abstand, den die traditionellen Kulturen zwischen Mann und Frau herstellen. Doch wir bedenken nicht, daß die schreckliche Konfrontation des abendländischen Paars, das jegliche Scham und Zurückhaltung aufgegeben hat, eine tiefgreifende zerstörerische Wirkung auf das Liebesverhältnis, das Verlangen und jegliche Beziehung ausübt.«[33]

Diese letzte Bemerkung betrifft die paradoxe Verletzlichkeit unserer Gesellschaft angesichts der wiederkehrenden Flammen des Puritanismus. Überall, in Amerika wie in Europa, lauert die hinterhältige Verlockung zum Moralismus. Sie rührt von der Sehnsucht nach einem verlorenen Gleichgewicht her – von einer Illusion. Weil wir zu leichtsinnig alles über Bord geworfen haben, kehrt das Verbot zurück, allerdings in Form von Disziplinierungsmaßnahmen, wenn nicht auf dem Umweg fundamentalistischer Bewegungen und Sekten, als Aufruf zu einer furchterregenden Läuterung, die irgendeine »Reinheit« verspricht. Diese Reaktionen sind das Eingeständnis einer Schwäche. Nach drei Jahrzehnten lautstark verkündeter Freizügigkeit steht unsere Moderne von neuem hilflos vor einer gewaltigen moralisierenden Rückwärtsbewegung, die verlockend und abschreckend zugleich ist – als hätte sich stromaufwärts ein ontologischer Bruch ereignet, der uns gegenüber der Rache nicht der Moral, sondern des Moralismus wehrlos zurückläßt. Im Vorfeld träumten wir von einer Menschheit, die sich die Lust erobert, und jetzt finden wir uns auf flachem Land wieder, orientierungslos und ohne Wegzehrung.

Diese Hilflosigkeit, die wir dumpf vorausahnten, hat Folgen. Sie erzeugt eine unheilbare Konfusion; sie radikalisiert die Positionen und lenkt das Denken in starre Bahnen, wie immer, wenn Panik droht. Weil wir glaubten, stolz mit den Vorsichtsmaßnahmen und behutsamen Kompromissen der Vergangenheit brechen zu können, stehen wir jetzt mit leeren Händen und verwirrtem Geist da. Weil wir glaubten, wir dürften einfach damit aufhören, uns das Verlangen nur in Gedanken vorzustellen, sind wir jetzt nicht mehr dazu in der Lage. So wird jeder aufgefordert, sich seinen Standort zu wählen. Wir werden gedrängt, uns zwischen Schwarz oder Weiß zu entscheiden, zwischen moralischer Zucht oder Zügellosigkeit, zwischen dem Verbot oder »alles ist erlaubt«. Häufig wird das Denken selbst seiner eigenen Regression unterworfen, das heißt einem streitsüchtigen Dogmatismus, dummen Vereinfachungen und Prahlereien. Wir müßten eigentlich vor Verwirrung erröten, wenn wir noch einmal Plutarchs subtile Dialoge *Über die Liebe* lesen.

Zwischen der Vernachlässigung des Redens über die Liebe und dem nicht minder verstörenden Verfall des ökonomischen und sozialen Denkens drängt sich eine merkwürdige Parallele auf. Nach dem Zusammenbruch des Kommunismus, nach dem Scheitern einer zur Tyrannei verkommenen Utopie meinen wir, es stünde uns kein anderer Weg mehr offen als die gleichzeitige Utopie des Ultraliberalismus, das Gegenbild des Irrtums. Auf den Ruinen des egalitären Fortschrittsglaubens wuchern bereits die Ungleichheiten der Wildnis und das Recht des Stärkeren – genauso wie der disziplinäre Puritanismus nach und nach an die Stelle des allzu naiven Hedonismus von vorgestern tritt. Und der Raum zwischen den beiden ist erschreckend eng geworden.

Er allein wäre bewohnbar. Die Absicht dieses Buches lebt von dieser Überzeugung. So wollen wir uns hier bemühen, einen Raum zurückzuerobern, nämlich den Raum der Menschlichkeit und der Vernunft, den Schraubstock der »Zwickmühle« so weit wie möglich auseinanderzuzwingen und eine schon allzu fest verwurzelte Erpressung aufzuheben, nämlich das untrennbare, gegensätzliche Paar Moralismus und Immoralismus. Das ist das Ziel. Wir müssen uns nur noch über den Weg dorthin klarwerden.

ENTSCHIEDEN MODERN

Wir dürfen uns freilich weder auf Archaismen stützen noch der Nostalgie frönen. Auch wollen wir nicht den Weg zu einem düsteren Verzicht auf alle Lust und Freiheit beschreiten, im Gegenteil. Nehmen wir den Begriff »Modernität« und »Modernisierung« wörtlich; folgen wir den Spuren einer neuen Vorstellung von Fortschritt, nicht weniger entschieden, doch besser informiert, aufmerksamer für die Wirklichkeit und weniger vergeßlich. Der Philosoph Bruno Latour hat in einem brillanten Text die Grundlagen dieser Vorgehensweise definiert.

»Der ursprüngliche Fortschrittsgedanke«, schreibt er, »den wir vor kurzem aufgegeben haben, erlaubte uns, unachtsam zu sein, er befreite uns von jeglicher Vorsicht, jeglicher Aufmerksamkeit; der neue Begriff von Fortschritt scheint hingegen eher zur Vorsicht, zur abwägenden Entscheidung, zu einer sorgfältigen Auslotung aller Möglichkeiten zu zwingen. [...] Während die frühere Vorstellung von Fortschritt uns erlaubte, den nutzlosen Komplikationen der Vergangenheit zu entrinnen, stürzt uns der neue Begriff jetzt noch tiefer in die Komplexitäten der klassischen Anthropologie. Wenn wir nach dem Ende einer drei Jahrhunderte währenden Parenthese, in der die Europäer sich für radikal anders hielten, wieder wie der Rest der Menschheit werden, verlieren wir nicht unsere Seele, sondern finden unsere Menschlichkeit wieder. Wir werden endlich den Sinn des Wortes ›Zivilisation‹ begreifen, das dann nicht mehr bedeutet, die Vergangenheit hinwegzufegen, um sich auf europäische Art zu modernisieren, sondern zwischen den Möglichkeiten auszuwählen und vor allem den Vereinfachern das Leben unmöglich zu machen.«[34]

Prägen wir uns die letzten Worte gut ein. Dieses Vorgehen, das sich entschieden gegen die »Vereinfacher« wendet, ist um so bescheidener, als es neuere und weitere Perspektiven eröffnet. Kein Gebiet menschlicher Aktivitäten hat so viele Gedanken und Ideen hervorgebracht wie das Thema Liebe und Lust; keines hat, »seit der Erschaffung der Welt«, so viele Auseinandersetzungen, Überlegungen, großzügige Utopien oder beschworene Ängste ausgelöst; keines hat so eng die Begriffe Kultur und Menschlichkeit miteinander verbunden. Und keines war besser dazu geeignet, den »Vereinfachern« zu entgehen. Daß diese seit drei Jahrzehnten einen falschen Sieg feiern, steht außer Frage und ist nicht sehr erfreulich. Daß sie mit einer »von jeglicher Vorsicht, jeglicher Aufmerksamkeit befreiten« Grobheit über dieses Gebiet herfielen, rechtfertigt heute die Anstrengung einer neuerlichen Lektüre. Gibt es etwas Anregenderes als das Projekt, von neuem zu lernen, wie man – bedächtig, ruhig, heiter – »zwischen den Möglichkeiten auswählt«?

Wir wollen nicht nur über die Wechselfälle der »sexuellen Revolution« nachdenken, sondern auch über die Brüchigkeit ihrer Grundlagen, die Naivität ihrer Verheißungen, die rudimentäre Einfachheit ihrer Postulate. Letztlich gründete das Unterfangen auf der Vorstellung einer Tabula rasa. Es ging aus dem eingestandenen Ehrgeiz hervor, die Vergangenheit zu tilgen, um den »lustorientierten Menschen« hervorzubringen, eine Neuschöpfung wie der neue Mensch der politischen Revolutionen; einen Menschen, der von Regeln und Vorbehalten befreit ist und sich allein der unendlichen Lust hingibt. Und was ist daraus geworden? Wie weit sind wir auf unserem Weg in diese strahlende Zukunft gekommen?

Das Scheitern von Utopien ist bekanntlich das beherrschende Thema zur Jahrtausendwende. Aber das Ende der kommunistischen Revolution, die über ihrem Elend und ihren Leugnungen eingestürzt ist, fördert wenigstens seit einigen Jahren ein Mindestmaß an Nachdenklichkeit. Es brachte eine enorme Menge an Zerknirschung und Reuebekenntnissen, an sentimentalen Schuldeingeständnissen, nachträglichen Einsichten und Überprüfungen aller Art mit sich. So wurde die Trauer um die Utopie zum obligatorischen theoretischen Umweg vor jeder politischen Reflexion.

Bei der »sexuellen Revolution«, ihrer Zeitgenossin, fand nichts dergleichen statt. Ist sie denn besser gelungen? Ist sie über einige grundlegende Widersprüche gestolpert? Diese Fragen wagt niemand zu beantworten, ein hartnäckiges Schweigen umgibt das Thema.

Mechanisch feiern wir weiter, ohne zu argumentieren, proklamieren, ohne die geringste Bestandsaufnahme zuzulassen, käuen wieder, ohne Bescheidenheit und ohne Beweis. *Mutatis mutandis* ziehen wir es heute vor, an der Illusion eines Sieges, dem zweideutigen Reiz einer grundlegenden »Befreiung«, dem zunehmend schwachen Licht eines alten Sterns festzuhalten. Diese Fragen, versichern wir uns, werden nicht gestellt.

Also stellen wir sie!

2

DREISSIG JAHRE DANACH

»Genießen ohne Fesseln«, »Es ist verboten zu verbieten«, »Der Genuß impliziert das Ende aller Formen der Arbeit und des Zwangs«. Aus dem Abstand heraus können wir über jede Utopie lächeln. Zwei oder drei Jahrzehnte später scheinen uns die Schwärmereien der Vergangenheit von rätselhaften Wahnvorstellungen, einer merkwürdigen Kurzsichtigkeit und kindischen Forderungen geprägt, und natürlich ist die Versuchung groß, sich darüber lustig zu machen: Wir widerstehen ihr selten. Jede Generation neigt zur Grausamkeit gegenüber der vorhergehenden, meint einen gewaltigen Zuwachs an Einsicht für sich geltend machen zu können, und schaut mit gespieltem Erstaunen und Mitleid auf die »naiven« Ziele der Vorgänger herab. Aber das ist der falsche Weg. Eine Schlacht zu gewinnen, die im Rückblick ausgetragen wird, ist kein Verdienst; Illusionen abzuschütteln, die ohnehin von der Zeit ausgehöhlt wurden, bringt keinen Ruhm. Diese Grausamkeit ist billig. Sie wird immer nur im nachhinein wirksam und führt selten weiter. Hinter der Siegerpose stehen armselige Gedanken.

Wir sollten nie unbedacht über vergangene Utopien lachen oder leichtfertig über veraltete Moden spotten, und dies aus mindestens zwei Gründen: zum einen, weil sie zu ihrer Zeit eine Hoffnung verkörperten, die es nicht grundsätzlich verdient, beschimpft zu werden, und zum anderen, weil nichts gefährlicher ist als Selbstzufriedenheit. Wer sich für schlauer hält, hat immer Unrecht, vor allem im nachhinein. Jede Epoche hat ihre eigenen Utopien, ohne es zu wissen – »die unsichtbare Ideologie« –, und hält sie für durchaus vernünftige, realisierbare Projekte. Jede Generation will sich einreden, sie wisse »mehr« als die vorhergehende, und erhebt lautstark die Stimme, während sie in Wahrheit nur einem System von Überzeugungen und Hypothesen gehorcht, die »falsifizierbar« sind in dem

Sinne, wie ihn Karl Popper definierte. Die *a posteriori* erfolgende Kritik einer Utopie stützt sich also meistens – freilich unbewußt – auf eine neue Utopie, bei der die Gefahr besteht, daß sie sich morgen oder übermorgen als das offenbart, was sie war: als falsch. Vom Sockel gestürzt, wird sie ihrerseits von einer neuen Mode geringschätzig belächelt und mit derselben angeblich »aufgeklärten« Erbitterung vor Gericht gezerrt. Und so weiter – ein trübsinniger Reigen der Eitelkeiten und Blendungen. Dabei sollte uns die gesamte Geistesgeschichte zur Bescheidenheit auffordern.

NEIN ZUR »ALTEN ORDNUNG«

Ohne Herablassung, aber auch ohne Selbstgefälligkeit müssen wir die »sexuelle Revolution«, die Ende der sechziger Jahre gefeiert wurde, in die Kategorie der Utopien einordnen – eine Mischung aus Hoffnung und Arroganz, Kühnheit und Verrücktheit, spielerischem Überschwang und schulmeisterlichen Ideologien. Zwischen 1964[1] und 1973 schwappte eine gewaltige anarchistische Woge über alle Industrienationen. Von Japan bis Kalifornien, vom alten Europa bis zum jungen Amerika trieb ein und dieselbe Revolte gegen Autorität, Verbot, Zwang und Körperfeindlichkeit eine Jugend auf die Straße, die die »alte Ordnung« nicht mehr ertrug. Innerhalb weniger Jahre geriet ein ganzes Gebäude aus kollektiven Vorstellungen und ihren Übersetzungen in die Sprache der Gesetze heftig ins Wanken. Dreißig Jahre später ist das Gebäude in sich zusammengestürzt. Was sollen wir dazu sagen? Die Liebe wurde in der Tat »frei«, aber was war sonst?

Über diesen einschneidenden Wendepunkt in der Geschichte wurde in den letzten dreißig Jahren so viel geschrieben, veröffentlicht, gestritten, daß das Ereignis als solches in einen entmutigenden Nebel gehüllt ist. Aus dem Abstand erscheint es wie eine historische Gegebenheit, eine verschwommene Masse, die sich unmöglich im einzelnen analysieren läßt, wie eine Realität, die viel zu niederschmetternd ist, als daß man sie genauer unter die Lupe nehmen wollte. Die Sache ist vorbei, und damit basta. Das Erdbeben hat stattgefunden. Und wer versucht, die damaligen Vorstellungen und Unternehmungen der Musterung zu unterziehen, macht sich nur lächerlich. Wem fiele es ein, zu »sichten«, was seit dreißig Jahren einen großen Teil der westlichen Kultur tiefgreifend prägt? Dieses Erbe, meinen wir, könne man nur annehmen oder ablehnen; egal, ob wir ein überschwengliches Loblied auf die »sexuelle Revolution« singen oder uns mürrisch der »puritanischen Reaktion« anschließen, wir hätten keine andere Wahl, die Sache sei entschieden. Aber das ist sie natürlich keineswegs.

Die sexuelle Revolution des Westens hat Abhängigkeiten und Ausgrenzungen abgeschafft, deren Wiedereinführung verrückt wäre; man muß sie im Gegenteil weiterhin bekämpfen – Homophobie, männlicher Chauvinismus, neurotische Gehemmtheit, unangemessene Schuldgefühle. Aber außerdem hat sie tausend Wahnideen ausgestreut, tausend Dummheiten verbreitet, Lügen kolportiert, die leichtfertig mit der Hinterlassenschaft der Vergangenheit vermengt wurden und die es mit Geduld und Sorgfalt aufzuspüren gilt. Aber wie soll das gelingen? Wahrscheinlich indem wir einen einzigen »Faden« aus diesem beeindruckenden Strang herauslösen und beharrlich vom einen Ende zum anderen verfolgen – einen Ariadnefaden, der uns den Weg zum Anfang zeigt. Dazu taugt jede Methode. Und dieser Faden, wenn man so sagen kann, ist zunächst ein Eigenname: Wilhelm Reich. Bereits Ende der sechziger Jahre drang der Name des 1957 verstorbenen österreichischen Psychoanalytikers mitten in diesen gewaltigen Befreiungstaumel ein und griff derart rasch um sich, daß er letztlich die ganze Bewegung erfaßte oder jedenfalls symbolisch für sie stand.

Als Fußnote zur großen Geschichte sei folgendes erwähnt: Zu Beginn des Jahres 1968 fand an der Universität Nanterre eine Konferenz über »Wilhelm Reich und die Sexualität« statt, die zum Aufstand gegen die universitätsinternen Vorschriften führte; daraus ging wiederum die Bewegung des 22. März hervor. »Diese Konferenz«, versichert ein zeitgenössischer Text, »zog zahlreiche Petitionen nach sich, insbesondere ein von den Sprechern der Studentenheime veröffentlichtes Traktat, das anhand einer ganzen Reihe von Themen, die zum Beweis angeführt wurden, die in Form von Geschlechtertrennung in den Wohnheimen praktizierte sexuelle Unterdrückung anprangerte.«[2]

Das heißt freilich nicht, daß jeder damals Reichs Gesamtwerk von der *Sexuellen Revolution* bis zur *Funktion des Orgasmus* gelesen und verstanden hatte; niemand wird behaupten, die Massen in Amerika und Westeuropa hätten die *Sexualität im Kulturkampf* oder die *Rede an den kleinen Mann* gelesen oder ganze Generationen hätten einander gläubig die Lehren der *Charakteranalyse* oder der *Cosmic Superimposition* weitergegeben. Im Gegenteil, wahrscheinlich wurde Reich sehr wenig und nur sehr oberflächlich gelesen. Doch wußten etwa die Achtundsechziger-Studenten, die sich Che Guevara an die Wand hängten, über die Wechselfälle der bolivianischen Guerilla oder die Strategie des *foco* Bescheid? Das ist genauso unwahrscheinlich. Che Guevara trat zu diesem bestimmten Zeitpunkt der Geschichte als symbolischer Bezug in Erscheinung, als Emblem und kulturelle Chiffre einer Generation in der Revolte.

Auch Wilhelm Reich spielte eine im wesentlichen mythologische Rolle, was erst aus dem zeitlichen Abstand klar erkennbar ist. Ein Jahrzehnt hindurch, von 1965 bis 1975, war er zunächst nur eine »Gestalt«, der lodernde, unscharfe Horizont einer Revolte, das Alibi für eine Auseinandersetzung. Allein sein Name und die Titel seiner Bücher zeugten von der Existenz unerhörter Gedanken dort unten in den Tiefen des Wissens, die nachzuprüfen nicht weiter erforderlich war. Herbert Marcuse, ein recht langatmiger und schwer zu lesender Philosoph, erfüllte auf politischem Gebiet kurzfristig dieselbe Funktion.[3] Auch sein Werk wurde nicht eingehend studiert; es war, offen gesagt, jedoch nicht von grundlegender Bedeutung. Es gibt Vordenker, die sich durchsetzen, ohne gelesen worden zu sein. Ihre Bücher erlangen den Status einer Bibel, noch ehe jemand sie aufschlägt.

Bei Reich war das mit Sicherheit der Fall. Die Rolle, die er bei dieser gewaltigen sexuellen Angelegenheit spielte – und weiterhin spielt –, verdankte er der eingebildeten Aneignung seiner Gedanken sowie dem Vormarsch neuer Begriffsinhalte. Es stimmt, daß der Auftritt dieser Figur in den sechziger Jahren außergewöhnlich genau mit einigen diffusen Forderungen zusammentraf, die sie dann Punkt für Punkt erfüllte. Im nachhinein ist man darüber sogar einigermaßen befremdet, in welchem Ausmaß es dem geschichtlichen Zufall gelang, so viele Botschaften und Verheißungen an diesen einen Namen zu knüpfen, und an eine Biographie, die geradezu maßgeschneidert wirkt.

EIN KULT ENTSTEHT

1897 im österreichischen Galizien geboren, kam Wilhelm Reich zum Studium nach Wien und lernte 1919 Sigmund Freud kennen. Mitte der zwanziger Jahre kam es zum Bruch zwischen beiden. Reich zog nach Berlin, schrieb sich in die Kommunistische Partei ein und beteiligte sich an den stürmischen ideologischen Auseinandersetzungen der Oktoberrevolution, gründete die »Bewegung für Sexualökonomie und Politik«, die sogenannte Sexpol-Bewegung innerhalb der KPD, und wurde 1933 aus der Partei ausgeschlossen. Obgleich Jude, hatte er mit den Thesen der Nazis geliebäugelt, ehe er sie bekämpfte. Unmittelbar vor dem Krieg wanderte er in die Vereinigten Staaten aus, wo er nach und nach einem pseudowissenschaftlichen Wahn erlag, auf den wir noch zurückkommen werden, und wurde ab 1956 vom amerikanischen FBI verfolgt, das seine Werke und seine Labors zerstören ließ. Am 3. November 1957 starb Wilhelm Reich in der Strafanstalt Lewisburg in Pennsylvania und ergänzte damit die Symbolik der Verfolgung um die Hypothese des politischen Märtyrers.[4]

Von Anfang bis Ende war sein Weg exemplarisch. Jede Etappe dieser Biographie stand unmittelbar im Einklang mit dem Geist der

Studentenrevolte der sechziger Jahre: Die ursprüngliche Verbindung mit Freud repräsentierte die Bedeutung der Psychoanalyse, während sich der Bruch zwischen den beiden ein paar Jahre später als deren Transzendierung deuten ließ. Darin drückt sich mehr oder weniger die Zwiespältigkeit der Epoche im Verhältnis zur Freudschen Psychoanalyse aus. Und genauso zeigte Reichs persönlicher Weg eine Wendung, kam vom Bolschewismus her, lehnte sich dann aber gegen die »faschistoide« Entgleisung des Stalinismus auf.

Obwohl die europäische Jugend im Mai 1968 den Willen zu einer rückwärts orientierten Aneignung der bolschewistischen Rhetorik, ihrer Symbole und Andenken, ihrer Heldentaten (der Aufstand von Kronstadt, *Potemkin* und so weiter) bekundete, hatte sie mit dem ursprünglichen Marxismus im Grunde doch gebrochen. Nichts hätte mit diesem Gegensatz schicksalhafter übereinstimmen können als der »Fall« Reich. Dank ihm fand sich die »sexuelle Revolution« des Westens mythisch und dauerhaft mit der großen proletarischen Revolution verbunden, als diese, vor der Zeit der stalinistischen Entfremdungen und Verirrungen, noch eine junge und gewaltige Bewegung war. Sie speiste sich aus Sex, Verlangen, der subversiven Kraft der Lust, der revolutionären Idee an sich, wie es ja, auf andere Weise, auch der westliche Maoismus tat. Die angebliche Verfolgung des österreichischen Einwanderers durch das FBI bis zu seinem Tod in einem Yankee-Gefängnis entzündete den Antiamerikanismus einer europäischen oder kalifornischen Jugend Ende der sechziger Jahre, die sich über den »amerikanischen Imperialismus« empörte und mit dem von B52-Bombern zerschmetterten Vietnam solidarisierte.

Zu erwähnen ist, daß eines von Reichs Lieblingsthemen von Anfang an die Befreiung der Sexualität von Kindern und Jugendlichen war, die seiner Ansicht nach Opfer der Familie seien, der Produktionsstätte autoritärer Ideologien und konservativer geistiger Strukturen. Erinnern wir uns schließlich, daß Reich den Alltag und insbesondere die Sexualität politisieren wollte, wie es später in den siebziger Jahren tatsächlich geschah. Nichts konnte den Studentenrevolten gelegener kommen als dieser großzügige und radikale »sexuelle Jugendkult«. Eine der ersten Schriften, die damals von der Situationistischen Internationale herausgegeben wurden, *Über das sexuelle Elend im Studentenmilieu*, bezog im übrigen ihre Anregungen direkt von Reich.

Rebellischer Zögling Freuds und abtrünniger Marxist, antifaschistischer Jude und angebliches Opfer der amerikanischen »Repression« – jedes Detail von Wilhelm Reichs Lebensweg fügte sich in das von Max Weber so genannte »spezifische Pathos«, in diesem Fall das romantisch-verworrene der sechziger Jahre.[5] Die kosmischen Phantasien, denen er gegen Ende seines Lebens anheimfiel und die man wohl als Wahnvorstellungen bezeichnen muß, verliehen der Überzeugungskraft dieses so zeitgemäß wiederentdeckten Denkers eine Rimbaudsche oder postsurrealistische Dimension. Betrachten wir seine Theorien etwas genauer.

Die beinahe religiöse Zustimmung, die er von seinen Anhängern erfuhr, bestätigt sich in jeder Zeile, jedem Abschnitt der zahllosen Artikel, Texte, Exegesen und Kommentare, die sich zwischen 1968 und 1978 mit ihm befaßten. Die Umstände der verschiedenen Neuausgaben und die häufig privaten Übersetzungen seiner späteren, auf englisch verfaßten Texte[6], die Art, wie jede einzelne begrüßt und im Namen einer strengen Reichschen Orthodoxie kommentiert wurde, die pedantische Ehrerbietung, die in den Einleitungen und Pressrezensionen zutage tritt, dokumentieren alle dieselbe weihevolle Einstellung. Man hatte keinen Autor wiedergefunden, sondern einen Propheten. Gleich nach seiner Entdeckung in Europa – durch die linksradikalen Studenten in Deutschland[7] – wurde Reichs Werk als gewaltige Gnosis wahrgenommen, zu der lediglich einige anerkannte Exegeten den Schlüssel besaßen. Die Erbstreitereien und Auseinandersetzungen um die testamentarische Legitimität, die Existenz von Raubkopien und etliche Verlagsprozesse verliehen dem Unterfangen schließlich die entscheidende Note eines Rechtsstreits *post mortem*. Mehr ist nicht nötig für die Verwaltung eines Mythos.

Erstaunlich sind heute, aus dem Abstand heraus, der unerschütterliche Ernst, mit dem selbst die extravagantesten Thesen Reichs jahrelang vorgebracht und gebilligt wurden, die Dreistigkeit der Kommentare, die manierierte Unterwürfigkeit gegenüber dem Meister, die einen an der Intelligenz des Abendlandes zweifeln lassen. In Wahrheit wurden seine Thesen nicht eigentlich »entdeckt«, sondern auf der Stelle in den Himmel gehoben, ohne Vorbehalte und Scharfblick, und das in erster Linie deshalb, weil sie wie gerufen kamen. Aus dem Reich-Kult, einer Erfindung von einigen wenigen Jüngern und Priestern, entstand bald eine ziemlich rudimentäre Vulgata, die Volksversion seines Werks sozusagen und die einzige, die tatsächlich popularisiert, in den Medien verbreitet wurde und sich durchsetzte. Wenn unsere Gesellschaften bis dahin freudianisch oder strukturalistisch geprägt gewesen waren, so wurden sie nun mehr oder weniger stark »reichianisch«, ohne es zu wissen. Dreißig Jahre später sind sie es immer noch.

Die Reichsche Vulgata hat bis heute überlebt, auch wenn wir nicht mehr in der Lage sind, sie zu identifizieren. Die vier oder fünf Postulate beziehungsweise Grundüberzeugungen, die Wilhelm Reich aufstellte, sind in unserer Zeit immer noch präsent, treiben die naivsten und die phantastischsten Geister um, wie Episteln eines vergessenen Propheten, die von den Überlebenden einer Apokalypse mechanisch heruntergebetet werden. So ist von der großen proletarischen Revolution, die von der Geschichte verschlungen, von der historischen Vernunft geprüft und allenthalben als blutige totalitäre Häresie verworfen wurde, dieses eine Kapitel, das »sexuelle«, übriggeblieben, im ursprünglichen Zustand und von der Kritik verschont.

EIN ROUSSEAUSCHES TRUGBILD

Das sexuelle Kapitel der proletarischen Revolution ist der Kritik und der Beurteilung entzogen. Zu Recht kann man behaupten, Reichs Denken sei von ein paar groben, leicht auffindbaren Vorurteilen beherrscht, Postulaten, die von der Geschichte widerlegt wurden, doch gleichwohl überlebt haben: uneingeschränktes Rousseausches Gedankengut, entschiedener Antikapitalismus, Ablehnung der Psychoanalayse, Haß auf die Religionen, eine radikale Wissenschaftsgläubigkeit und ein hemmungsloser Vitalismus. Das wollen wir uns näher betrachten.

Aus heutiger Sicht erscheint uns die Rousseausche Einstellung Reichs furchterregend blauäugig. Reich war überzeugt – er wiederholte es unermüdlich –, daß die Sexualität des Menschen von Natur aus harmonisch und friedlich sei. Nur die sozialen Entfremdungen und die Repressionen der autoritären Gesellschaft ließen die natürliche Sexualität ins Krankhafte abgleiten. Wer nicht am Verhungern sei, versicherte er, verspüre keinerlei Neigung zum Diebstahl und brauche folglich keine Morallehre, die ihn am Stehlen hindert. Dasselbe grundlegende Gesetz gelte für die Sexualität: Wer sexuell befriedigt sei, verspüre keine Neigung zur Vergewaltigung und brauche folglich keine Morallehre, die diesem Trieb entgegenwirkt: »Dem Prinzip der *moralischen Regelung* des seelischen Haushalts steht also die *sexualökonomische Selbststeuerung* gegenüber.«[8]

Im Naturzustand existieren für Reich weder Perversionen noch der triebhafte Hang zur Gewalt, weder Besitzgier noch Pädophilie, weder Eifersucht noch Voyeurismus, noch Impotenz, ebensowenig wie Diebstahl, Mord und Verrat. Die menschliche Natur sei ursprünglich gut, die Sexualität von Natur aus »gesund«. Dieser außerordentliche ontologische Optimismus durchzieht sein gesamtes Werk mit einer Unbeirrbarkeit und einer eigensinnigen Naivität, die aus der Feder eines Psychoanalytikers verwunderlich sind.

»Der Gesunde hat praktisch keine Moral mehr in sich, aber auch keine Impulse, die eine moralische Hemmung erfordern würden. Die Beherrschung etwa noch vorhandener asozialer Impulse gelingt mit Leichtigkeit unter der Bedingung der Befriedigung der genitalen Grundbedürfnisse. Das zeigt sich auch im praktischen Verhalten des orgastisch potent gewordenen Menschen. Käuflicher Geschlechtsverkehr wird eine Unmöglichkeit; vorhandene Lustmordphantasien verlieren ihre Kraft und Bedeutung. Einen Partner zur

Liebe zu zwingen oder zu vergewaltigen wird fremd und unausdenkbar. Ebenso früher etwa vorhanden gewesene Impulse, Kinder zu verführen. Anale, exhibitionistische und andere Perversionen weichen regelmäßig vollkommen, dadurch weichen auch die sozialen Angst- und Schuldgefühle. Die inzestuöse Bindung an Eltern und Geschwister verliert an Interesse; dadurch wird auch die Energie frei, die sie vorher in Verdrängung gehalten hatte. Kurz, die hier genannten Vorgänge sind insgesamt als Zeichen dafür anzusehen, daß sich der seelische Organismus *selbst steuert.*«[9]

Anders gesagt, ist Reich überzeugt von der Dominanz der »genitalen« Bedürfnisse, die grundlegend und »natürlich« seien. Ihre Unterdrückung oder moralische beziehungsweise religiöse Regulierung – und nur diese – fördere die Entwicklung von Neurosen, treibe das Individuum zu Lastern aller Art, zu antisozialem Verhalten und sogar zum Faschismus. Kurz, um den Begriff Moral selbst vollkommen überflüssig zu machen, würde es genügen, die uneingeschränkte Befriedigung dieser Bedürfnisse sicherzustellen. »Das befriedigte Individuum ist in der Lage, sich selbst zu steuern.«[10] Das sexuelle Glück des Volkes stelle also die beste Garantie für die Sicherheit der sozialen Gemeinschaft dar, und vielleicht die einzige. Die uneingeschränkte Befriedigung der »gesunden« sexuellen Lust, nicht ihre Zähmung oder Regulierung durch die Familie, werde den sozialen Frieden herstellen. Wenn die lebenswichtigen Genitalfunktionen in unserer bürgerlichen Gesellschaft bis heute denaturiert sind, so sei dies auf die gesellschaftlichen Systeme und Institutionen zurückzuführen, die die unterdrückte sexuelle Energie zu ihrem eigenen Gewinn abzögen.

Nach Ansicht Reichs gehen auch die meisten psychischen Krankheiten auf die von Kindheit an praktizierte Unterdrückung der genitalen Aktivitäten zurück. Diese und die damit verbundene Entwicklung von Schuldgefühlen erzeugten die von ihm so genannte »emotionale Pest«, von der die meisten Menschen infiziert seien und die in der Lage sei, die Betroffenen »zu Autoritarismus, Partisanenpolitik, zu Moralismus und Mystizismus, Diffamierung und Denunzierung, autoritärer Bürokratie, kriegerischer und imperialistischer Ideologie und Rassenhaß«[11] zu verleiten.

Überzeugt davon, daß die Geschichte der Menschheit noch keine wahre Kultur oder Zivilisation erlebt habe, versichert er, diese seien jedoch, dank der unmittelbar bevorstehenden sexuellen Revolution, im Begriff, ihren Einzug auf der gesellschaftlichen Bühne zu halten. Es sei angebracht, den Eintritt dieses Ereignisses durch Bekämpfung der Familie, der Moral und aller Formen sexueller Repression zu beschleunigen. Doch für Reich ist »kein Zweifel mehr möglich: die sexuelle Revolution schreitet voran, und keine Macht der Welt wird ihren Lauf aufhalten«[12].

Bei näherer Prüfung und im zeitlichen Abstand erscheint uns diese These derart naiv und summarisch, daß sie ans Lächerliche grenzt: ganz nett und ziemlich dumm. Aber das Erstaunliche ist nicht, daß ein Rousseauscher Geist im zwanzigsten Jahrhundert wiederauferstehen und sich so treuherzig äußern konnte, sondern daß er so viele Jünger, so viele Kommentatoren, Kritiker und Verfechter fand, die ihn beim Wort nahmen, und dies über mehrere Jahrzehnte. Recht dünn gesät waren damals jene, die wie der Philosoph François George über einen zwar sympathischen, aber höchst rudimentären Naturalismus spotteten, der unfähig sei »zu begreifen, daß die *Libido*, die Fähigkeit zu lieben, sich entsprechend einer sozialen Struktur einrichtet, die bewirkt, daß eine Geschichte, eine Subjektivität, eine menschliche Welt existieren«; er betonte, in welchem Ausmaß das Gedankengut Reichs die Sexualität im Namen der Natur »auf ihren physiologischen, biologischen Aspekt reduzierte, um ihre Beteiligung am menschlichen Drama, ihren Bezug zur totalen Bedeutung der Erfahrungswirklichkeit ignorieren zu können«.[13] Eine Einsicht, der wir aus einem Vierteljahrhundert Abstand Bewunderung zollen sollten.

IST SEX REVOLUTIONÄR?

Der Antikapitalismus, den Reich vor seiner Einwanderung in die Vereinigten Staaten an den Tag legte, ist nicht weniger radikal als die Rousseausche Renaissance, die er betrieb. Die These ist einfach: Wenn die bürgerliche Gesellschaft darauf besteht, die sexuelle Energie der Kinder und später der Erwachsenen derart konstant zu unterdrücken, so tut sie dies, um dafür zu sorgen, daß besagte Energie der Produktion vorbehalten bleibe. Es gehe ihr darum, den Arbeiter an seinem Platz und das Proletariat im »sexuellen Elend« zu halten, vor allem um den besten Teil besagter Energie in Form von Mehrwert zu beschlagnahmen. Und weil die »sexuelle Revolution« diese Sklaverei abschaffen und die Menschen von der »emotionalen Pest« befreien wolle, sei sie Teil der Revolution schlechthin.

»Die kapitalistische Klassenmoral«, schrieb Reich im November 1935, »tritt *gegen* die Sexualität auf, schafft also erst den Widerspruch und die Not; die revolutionäre Bewegung hebt diesen Widerspruch auf, indem sie zunächst *für* die sexuelle Bedürfnisbefriedigung ideologisch eintritt, sie dann auch gesetzgeberisch und durch Neuordnung des sexuellen Lebens befestigt. Es fallen also Kapitalismus und gesellschaftliche Sexualunterdrückung einerseits, revolutionäre ›Moral‹ und sexuelle Bedürfnisbefriedigung andererseits zusammen.«[14]

Die Vorstellung, die sexuelle Unterdrückung sei eine bürgerliche und kapitalistische Erfindung, war in der großen Umsturzbewegung der sechziger und siebziger Jahre allgegenwärtig. Unter den natürlichen Unterdrückern rangierten das Geld und das Großkapital an der Spitze – eine »Gewißheit«, die von den Linken und Linksradikalen weitgehend geteilt wird; ihre Spuren finden sich in der gesamten politischen Literatur jener Zeit. Zum Beispiel widmete sich im Dezember 1972 ein Leitartikel in der französischen Wochenzeitung der kommunistischen (trotzkistischen) Liga, *Rouge*, der Verteidigung eines Lehrers, der suspendiert worden war, weil er zugelassen hatte, daß seine Schüler eine Debatte über Wilhelm Reich und Gabrielle Russier[15] veranstalteten. Abschließend konnte man den gewichtigen doktrinären Aufruf lesen: »Wenn die sexuelle Unterdrückung das Kernstück unserer blasierten Gesellschaft ist, dürfen wir auch die soziale Dimension der ausgelebten Lust nicht totschweigen: die Lust zu erlernen reicht nicht, um die Körper zu befreien, die von der kapitalistischen Gesellschaft in teilnahmslose Produktionswerkzeuge verwandelt werden.«

Der bestimmende Gedanke ist die weit hergeholte Vorstellung einer von den herrschenden Klassen angezettelten permanenten Verschwörung, die der Arbeiterschicht den freien Zugang zur Lust verwehre, weil sie damit nur ihre Arbeitskraft »vergeudeten«. Hinter der sexuellen Bevormundung durch die bürgerliche Moral gelte es, die Absichten dieser »überlegenen gesellschaftlichen Schicht zu demaskieren, deren Wirtschaftskraft zunahm und sie der Macht näher brachte, so daß sie ein ganz bestimmtes Interesse hatte, die natürlichen Bedürfnisse zu unterdrücken, die nichtsdestotrotz *in keiner Weise* die Geselligkeit behinderten«[16]. Die Konsequenz dieser Analyse ist, daß jegliche autoritäre Moral und alle Mystizismen – insbesondere religiöser Natur –, die ihr als Grundlage dienen, endgültig in Verdacht geraten. Denn hinter dem moralischen Bekehrungseifer steckten seit Urzeiten eine List und fundamentale Lüge: die Verteidigung von Klasseninteressen, indem sie als universale Werte verkauft werden.

Nach Reichs Auffassung ermöglichte die Oktoberrevolution, die das Volk von dieser Unterdrückung befreite, zum ersten Mal eine außergewöhnliche »sexuelle Revolution«, die für die Menschheit den Beginn einer »absolut neuen Phase gesellschaftlicher Umwälzungen« bedeutete. Von Wien aus begeisterte er sich als sehr junger Mann – er war gerade zwanzig – für die jäh ausgebrochene Freizügigkeit, die in den ersten Jahren der Revolution vorherrschte. Schon 1917 preist und praktiziert Alexandra Kollontai[17] die freie Liebe. Lenins Erlasse vom 17. Dezember 1917 und später das erste sowjetische Gesetzbuch von 1918 erkannten unverheiratete Paare, die unkomplizierte Scheidung auf Antrag eines der Ehepartner und das Recht auf freie und kostenlose Abtreibung an. Im Überschwang der ersten Revolutionsjahre wurden in Moskau Kommunen gegründet, die Partnerwechsel praktizierten und Experimente aller Art durchführten, stets im Geist der »neuen Lebensformen«, wie es damals hieß.

Diese hemmungslose Freizügigkeit hielt allerdings nur ein paar Jahre an. Vor allem scheiterte sie an der Frage der Jugendkriminalität und der Kinderprostitution. Schon 1923 erschienen in der politischen Literatur der Sowjetunion vielsagende Warnungen: Würden die entfesselte Sexualität und die Zerstörung der Familie nicht die »bürgerlichen Laster« legitimieren und die kommunistische Jugend von der notwendigen revolutionären Tugend abbringen? Der Leiter des Moskauer Instituts für Sozialhygiene gab eine Broschüre mit dem Titel *Die sexuelle Revolution in der Sowjetunion* heraus, in der er öffentlich dieser Sorge Ausdruck verlieh: »Es ist zu befürchten, daß sich die Jugend wie schon 1905, nachdem der Revolutionseifer abgekühlt und ernüchtert ist, einem entfesselten Liebeswahn hingibt. [...] Die freie Liebe in der Sowjetunion ist keine ungezügelte, wilde Sittenlosigkeit, sondern die ideale Verbindung zweier freier und unabhängiger Menschen, die einander lieben.«

Tatsächlich wurde die Familie bald wieder rehabilitiert. Homosexualität wurde 1934 als »Erscheinung kultureller Degeneration der verderbten Bourgeoisie« wieder zum »sozialen Vergehen« erklärt und mit Gefängnis bestraft. 1936 wurde ein neues Familiengesetz erlassen, das die Abtreibung verbot. Mehr noch, zu jener Zeit bekundeten manche bolschewistischen Veteranen den Willen, im Namen der Revolution ein asketisches Ideal und eine »entsexualisierte« Ideologie durchzusetzen, die in der Tat ab den späten dreißiger Jahren die gesamte sowjetische Kultur prägten – bis zu ihrem Ende.

Reich, der diesen »Verrat« an der Revolution, wie er ihn nannte, ablehnte, war bereits 1930 aus der österreichischen KP ausgeschlossen worden und verließ Wien. »Politiker«, schrieb er, »die den Massen in verantwortungsloser Weise den Himmel auf Erden versprachen, jagten uns aus ihren Organisationen, weil wir die *Rechte der Kinder und Jugendlichen auf die natürliche Liebe* verfochten.«[18] Sein Buch, das zuletzt unter dem Titel *Die sexuelle Revolution* verlegt wurde und in erster Ausgabe 1930 in Wien unter dem Titel *Geschlechtsreife, Enthaltsamkeit, Ehemoral* und 1936 als *Sexualität im Kulturkampf* erschien, zielte vor allem darauf ab, das Scheitern der UdSSR auf diesem Gebiet aufzudecken und zu analysieren. 1944 schrieb er: »Das aus einer proletarischen Revolution hervorgegangene Sowjetrußland ist heute, 1944 – ich bedaure es tief, dies aussprechen zu müssen – sexualpolitisch reaktionär, während das aus einer bürgerlichen Revolution hervorgegangene Amerika sexualpolitisch zumindest als progressiv bezeichnet werden muß. Die rein ökonomisch definierten sozialen Begriffe des neunzehnten Jahrhunderts treffen nicht mehr die weltanschaulichen Schichtungen in den kulturellen Kämpfen der menschlichen Gesellschaft des zwanzigsten Jahrhunderts.«[19]

Eine deutlichere Kehrtwendung kann man sich kaum vorstellen. Interessanterweise wurde jedoch Reichs ursprünglicher Antikapitalismus, den die sowjetischen Erfahrungen und der »Fall« Amerika ernsthaft erschütterten, von seinen Lesern und Jüngern der sechziger Jahre auf verworrene Weise rehabilitiert. Im übrigen werden wir sehen, daß es sich dabei um das schwächste Glied in der Kette handelt, den fragwürdigsten Glaubenssatz innerhalb der »Ideologie der Freizügigkeit«, könnte man sagen. In der Tat prägte die Instrumentalisierung der Sexualmoral durch die herrschenden Klassen die ersten Epochen des Kapitalismus und die Schriften der ursprünglichen kalvinistischen Puritaner. Dies ist eine ideologische Problematik des neunzehnten Jahrhunderts, die heute nicht mehr die geringste Realität besitzt.[20]

EIN WOLLUSTIGER CHRISTUS

In ähnlicher Form wurden Reichs Thesen über die Religion, genauer gesagt, über Juden- und Christentum, von denselben Personen karikiert, die sich als deren Erben bezeichneten. Ursprünglich – und daran besteht kein Zweifel – zählte Reich den »religiösen Mystizismus« zu den Hauptfaktoren einer repressiven Sexualmoral. Im Unterschied zum antireligiösen Freud, der *Die Zukunft einer Illusion* verfaßte, räumte Reich vor seinem amerikanischen Exil der Auseinandersetzung mit der Religion wenig Raum ein und beschränkte sich auf einzelne Anspielungen und eine indirekte Bezugnahme, mehr nicht.

Ab den fünfziger Jahren jedoch war der erklärte Naturwissenschaftler Reich, der sich inzwischen im amerikanischen Bundesstaat Maine niedergelassen hatte, überraschenderweise vom Christentum regelrecht fasziniert. In seinem 1953, vier Jahre vor seinem Tod, veröffentlichten Buch *Der Christusmord* zeichnete er einen sinnlichen und erotisierten Jesus, der eine Art revolutionärer sexueller Erfüllung repräsentiert. Reich stellte Christus in den Dienst seiner eigenen Sache und verwandelte ihn in eine Lichtgestalt, die ihre »orgastische Potenz« uneingeschränkt verwirkliche und die Menschen auffordere, ihre eigene, gefangene Lebensenergie, also die sexuelle Energie, zu befreien. Der Mord an Christus deute hingegen auf den vorläufigen Sieg der gesellschaftlichen, ökonomischen und politischen Kräfte, die auf die Aufrechterhaltung ihrer Vorherrschaft bedacht seien.

In den Augen seiner Bewunderer nahm Reich den Christus nur beim Wort, wenn er die Heuchelei der katholischen Kirche anprangerte, die »in der Mystifizierung Christi, seiner Entkörperlichung und seiner vollkommenen Vergeistigung«[21] bestehe. Die Vorstellung eines frei umherziehenden, gewaltlosen und sinnesfrohen Christus, der die scheinheilige Tugendhaftigkeit der Mächtigen verurteilte, war für die amerikanische Jugend jener Zeit verlockend, und paradoxerweise wurde *Der Christusmord* zu einem der Gründungsmythen der Beat- und späteren Hippiebewegung. So avancierte der späte Reich zum Vorläufer einer New-Age-Spiritualität, die noch heute lebendig ist.

Es handelt sich um eine verschwommene und von Sexualität durchdrungene Spiritualität, die in scharfem Gegensatz zu dem wilden Haß auf das Christentum und dem von Nietzsche inspirierten Atheismus mancher seiner linksradikalen Erben in Europa steht, insbesondere der Situationisten. Bei Raoul Vaneigem beispielsweise, der sich auf Reich beruft, finden sich ungeheuer heftige, gewalttätige Anklagereden gegen Christus und das Christentum, die in der Folgezeit »den Ton angeben«. In seinem *Handbuch der Lebenskunst für die jungen Generationen,* das in Frankreich erstmals 1967 erschien, wetterte Vaneigem über »die widerwärtige Fehlerhaftigkeit der Religionen«, »das klerikale Gesindel«, »das abstoßende Bild eines Menschen am Kreuz«, »den dummen Glorienschein des militanten Märtyrers«, »den Schatten der in Nazareth gekreuzigten Kröte«.[22]

Dieser grimmige Feldzug gegen den Katholizismus im besonderen und gegen die Religion im allgemeinen, die Trägerin einer »fäkalen Schuld«, ist nichts anderes als die überspannte Äußerung eines Antijuden- und Antichristentums, das ein grundlegender Bestandteil der zeitgenössischen Vulgata ist. Wenn die Sexualität seit Jahrhunderten unterdrückt wird, so sei dies in erster Linie die Schuld der religiösen Bigotterie; wenn Körperlichkeit noch immer mit Schmach und Schuld belegt ist, so seien dafür in erster Linie die Religionen verantwortlich, und so weiter. Diese sehr enge Sichtweise und dieses außerordentlich anfechtbare Postulat[23] werden von der Mehrheit fraglos akzeptiert.

Daß die Nachwelt dem Denken Reichs in diesem Punkt untreu ist, braucht uns allerdings nicht zu erstaunen. Der amerikanische Reich der fünfziger Jahre versank in einem vielgestaltigen Wahn, bei dem die unantastbaren Wahrheiten eines Neomystizismus parallel zu einer beharrlichen Wissenschaftsgläubigkeit existierten, die sogar seine engsten Vertrauten, auch seine dritte Ehefrau Ilse Ollendorf-Reich[24], für übertrieben hielten. Er verglich sein theoretisches Werk mit dem von Darwin, Nietzsche, Lenin und sogar Aristoteles und kam zu dem Schluß, er habe unzweifelhaft die Quelle der Lebensenergie und die bioelektrische Natur der Sexualität entdeckt. Polarlichter seien nichts anderes als gigantische kosmische Orgasmen, und es müsse doch möglich sein, deren Energie, das Orgon, einzufangen.

Auf seinem großen Grundbesitz in Maine, den er »Orgonon« taufte, führte Reich allerlei phantastische Experimente durch. Er jagte fliegende Untertassen, fabrizierte und kommerzialisierte die »Orgonakkumulatoren«, die fähig seien, Frigidität und Krebs zu heilen, verfaßte lyrische Beschreibungen der »Ozeane galaktischen Orgons«, beobachtete den Himmel mit Holzzylindern und so weiter. Reich, der die Psychoanalyse inzwischen völlig ablehnte, vertrat nun eine streng wissenschaftsgläubige und biologische Auffassung des Kosmos und des Lebens. »Wir sind revolutionär im Sinne *naturwissenschaftlicher* anstelle mystischer, mechanistischer und politikanter Handhabung des Lebensprozesses«, verkündete er im November 1944. »Die Entdeckung der kosmischen Orgonenergie, die in den Lebewesen als biologische Energie funktioniert, gibt unseren sozialen Bestrebungen ein solides, naturwissenschaftliches Fundament.«[25]

Die menschliche Natur hingegen stehe in vollkommenem Einklang mit der äußeren Natur oder müsse so weit wie möglich mit ihr im Einklang stehen. Mit anderen Worten: wichtig sei vor allem, daß das Leben des Individuums in Harmonie mit der großen Maschinerie des Universums schwinge. Es zählten allein die biologischen Bedürfnisse, Gesundheit, Hygiene, Freisetzung der Lebensenergie. Für Reich wurde, wie François George bemerkt, »das Glück nicht erreicht, indem sich das Individuum einer sozialen Ordnung beugt, sondern indem es sich der kosmischen Ordnung unterwirft. Ebenso wird die Realität nicht durch die gesellschaftlichen Regeln definiert, sondern durch die gewaltige Ausströmung des Universums.«[26]

ZWEIDEUTIGKEITEN DES »VITALISMUS«

Der naturalistische Rausch, der Wille zur Einheit mit einer Urform der »Natur« und Spenderin der Lebensenergie, standen in einer gewissen Verwandtschaft mit der später so genannten Theorie der Deep Ecology, die Ende der siebziger Jahre in den USA von Autoren wie David Ehrenfeld oder James Lovelock vertreten wurde.[27] Diese »tiefe Ökologie«, die bestimmte Postulate des »arroganten« Humanismus der Aufklärung ablehnte, forderte die Anerkennung, neben und bisweilen sogar entgegen den Menschenrechten, konkreter juristischer »Rechte« der Natur, der Bäume, der Berge und so weiter; Rechte, denen wir uns zu fügen hätten. Insbesondere pries sie die Verschmelzung mit Gaia, der als lebendes Wesen und Nährmutter empfundenen Erde. In ihren extremsten Ausdrucksformen führte die Deep Ecology zur Ablehnung jeglicher Technik, der Moderne, des westlichen Humanismus und so weiter – eine unheilvolle Entwicklung.

Doch der Kult der von allen Hemmungen, Moralvorstellungen, Schuldgefühlen befreiten »Sexualenergie«, erlöst von den Einschränkungen, die Reich als »psychischen Panzer« oder »emotionale Pest« bezeichnete, verweist viel eher auf einen virulenteren Vitalismus nach Nietzsche. Das optimistische Vertrauen in die biologische, vor allem »genitale« Vitalität, der Wille, sie von den Zwängen des Moralismus, der Askese oder des religiösen Mystizismus radikal zu befreien, stehen in einer romantischen Tradition, die in Europa auf die französischen und deutschen Denker der Konterrevolution zurückgreifen, wobei der Kult der lustvollen Energie und des pantheistischen Hedonismus oft mit dem Recht des Stärkeren und der Anerkennung der »natürlichen« Ungleichheit aller Menschen einhergeht.

Auf ein wichtiges Detail möchte ich verweisen: Im allgemeinen vergessen wir, daß diese Auffassung in den ersten Jahren der russischen Revolution präsent – und wirksam – war, wie es bei den meisten Revolutionen zu Beginn der Fall ist. Ohne es zu wissen, stimmte der junge Österreicher Wilhelm Reich der Wiener Jahre mit manchen fernen russischen Autoren überein, den begeisterungstrunkenen Chronisten der gewaltigen Moskauer Revolutionsstürme. Als Beispiel ließen sich die Werke des Schriftstellers Boris Andrejewitsch Wogau, genannt »Pilnjak«, anführen, der Ende der dreißiger Jahre erschossen wurde: ein Schriftsteller, der in ornamentaler Prosa das Revolutionsgeschehen schildert und eine seiner Figuren bezeichnenderweise ausrufen läßt: »Ich spüre, daß die gesamte Revolution nach Geschlechtsorganen riecht!« Professor Georges Nivat, Experte für russische Literatur, liefert eine vielsagende Beschreibung dieses verkannten Werks: »Die bolschewistische Revolution ist für Pilnjak eine Rückkehr zur gesunden Barbarei, zur Gewalt der Volkshorden. Eine Sturzflut aus Blut, Schweiß und Brutalität erschüttert die Fundamente des Landes, während die Kruste, das heißt die Städte, unheilvoll aufbrechen. [...] Pilnjaks Universum ist in erster Linie ein biologisches Universum. Was vielleicht die Einheit seines Werkes ausmacht, ist die Verherrlichung der animalischen Energie. Die Revolution ist eine Freisetzung dieser Energie, die zugleich sexuell und physiologisch ist. [...] Sie ist die Rückkehr des fröhlichen, muskelbepackten Tiers, sie kommt aus den Steppen und aus den Tiefen des Nomadengebiets, sie riecht nach dem Absinth der Steppe. [...] So kauert das neue anarchistische Rußland symbolisch auf dem alten, halb mythischen Rußland. Hexer, Vergewaltigungen, orgiastische Szenen, bäuerliche Riten heidnischer Herkunft bilden den Hintergrund dieser absichtlich chaotischen Chronik. Zu guter Letzt geht das geschändete Kloster mitten in der Nacht in Flammen auf, die Gemeinschaft verschwindet, und zurück bleibt allein das unerforschliche, unzerstörbare heidnische und bäuerliche Rußland.«[28]

Das orgiastische und blasphemische Neochristentum in Reichs Denken weist hingegen erstaunliche Parallelen zum Werk eines anderen russischen Schriftstellers auf: Wassili Rosanow war ein komischer Kauz, der zwar orthodoxen Glaubens war und für altkirchenslawische Gesänge und die Liturgie schwärmte, doch Christus haßte, den Aufruf zu sexueller Enthaltsamkeit und Fasten verabscheute, aber die mächtige Harmonie der russischen Kirche verehrte. Er bedauerte sehr, daß die radikalen jungen Popen ihre Frauen nicht mehr schwängerten, und schlug vor, die eheliche Entjungferung künftig in den orthodoxen Kirchen stattfinden zu lassen.

»Mehr Christ als Gotteslästerer«, bemerkt Georges Nivat, »verbreitet Rosanow in allen seinen Werken seinen Haß auf die ›Sterilität‹ Jesu. Niemals, schreibt er in der *Apokalypse unserer Zeit*, sieht man ihn zur Laute greifen, um zu singen und zu beten wie David. Christus verurteilt das Fleisch und die Welt; das einzige echte Gebet, das er formuliert hat, ist kalt und antimusikalisch. Es gibt keinen ›irdischen Samen‹, Fruchtbarkeit kennt er nicht. Im übrigen ist er der Sohn, und der Sohn verrät die Unvollständigkeit des Vaters, der Sohn ist die Absage an den Vater [...] Rosanow war besessen von der *Degeneration*, die das Christentum seiner Ansicht nach ausgelöst hatte. Das Göttliche am Menschen ist das Geschlecht. Alle Religionen haben die Geschlechtsteile des Menschen verherrlicht; mit Christus hingegen wird das freiwillige Eunuchendasein für überlegen erklärt.«[29]

Rosanow übte beträchtlichen Einfluß auf die christliche Personalismusbewegung in Rußland aus, vertreten durch Schriftsteller wie Berdjajew und Bulgakow. Seine Darstellung von Sexualität ist auf Gott bezogen. »Die Verbindung zwischen Sexualität und Gott«, schrieb er, »ist stärker als die Verbindung zwischen Intelligenz und Gott und sogar zwischen Moralbewußtsein und Gott.«[30]

Die Verwandtschaft, ob bewußt oder unbewußt, zwischen den Achtundsechzigererben von Wilhelm Reich und dieser vitalistischen Sensibilität erscheint im nachhinein mehr als verstörend. Beispielsweise finden wir bei den Situationisten, die sich gern auf Nietzsche und Reich beriefen, unmißverständliche Proklamationen wie etwa den folgenden Text aus der Feder von Raoul Vaneigem: »Gepackt von der nicht zu bremsenden Leidenschaft für den Genuß, kann niemand umhin, in sich eine gleiche Gewalt zu entdecken, die ihn dazu bringt, seine Lüste zu befriedigen und all dem den Hals zu brechen, was sie hemmt. Die Revolution wird die Hochflut des Lebendigen zum Leben hin sein. Und es wäre doch gelacht, wenn eine solche Sturmflut die Stuckwände der Hierarchie, des Staates und der Warenzivilisation unberührt ließe [...] Diese Warengesellschaft, die sich mit allen Terrorismen und allen intellektuellen Revolutionen abgefunden hat, wird, behaupte ich, den Kriegern der totalen Lust, den Schöpfern der neuen Unschuld, jenen, die nicht einmal wissen wollen, ob es einen Tod gibt, gegen den sie nicht durch die Gewalt des Lebens gewappnet wären, keinen Widerstand leisten.«[31]

ERBSÜNDE ODER »KRAFT DES BLUTES«?

Entlang dieser undeutlichen und gefährlichen Grenzen, die den nüchternen Freudianismus und Marxismus aus dem Wien der zwanziger Jahre vom stürmischen Vitalismus der Oktoberrevolution trennt, ist das Gesamtwerk Wilhelm Reichs und seiner Nachfolger angesiedelt. Nachdem er mit Freud gebrochen und der als »repressiv« erkannten Psychoanalyse seine endgültige Absage erteilt hatte, stand Reich am verwirrenden Kreuzungspunkt zweier großer ideologischer und kultureller Strömungen, die blutig das Jahrhundert durchziehen. Michel Foucault unterstrich mehrfach, ohne Reich je zu zitieren, von welcher kapitalen Bedeutung in der Psychoanalyse die Bezugnahme auf das Gesetz sei, die Reich explizit ablehnte, die aber gerade wegen des Widerstands der Psychoanalyse gegen den faschistischen Vitalismus eine um so größere Rolle spielt. »Es macht die politische Ehre der Psychoanalyse – oder zumindest ihres konsistenten Kernes – aus«, schreibt Foucault, »daß sie von Anfang an (das heißt seit ihrem Bruch mit der Neuro-Psychiatrie der Entartung) dem unaufhaltsamen Expansionismus der Machtmechanismen, die den Alltag der Sexualität zu kontrollieren und zu verwalten vorgaben, mißtrauisch gegenüberstand. In Reaktion auf den zeitgenössischen Aufstieg des Rassismus bemühte sich Freud, der Sexualität das Gesetz zugrunde zu legen – das Gesetz der Allianz, das Gesetz der verbotenen Blutschande, das Gesetz des Vater-Souveräns. Um das Begehren sollte wieder die ganze alte Ordnung der Macht zusammengerufen werden. Dem verdankt es die Psychoanalyse, daß sie sich – im wesentlichen und mit wenigen Ausnahmen – in theoretischer und praktischer Gegnerschaft zum Faschismus befand.«[32]

Wilhelm Reich hingegen lehnte jegliche Vorstellung von »Gesetz« oder Verbot in sexueller Hinsicht ab, verwarf sogar den schon bei Platon gegenwärtigen Gedanken an eine notwendige Regulierung der Kraft des Begehrens, dieser tyrannischen *energeia*, die nicht deshalb reguliert werden müsse, weil sie an sich »schlecht« sei, sondern schlicht weil sie zum Exzeß neige. Mit der Ablehnung von Gesetz und Regeln wagte sich Reich an den Rand jener Territorien vor, auf denen sich die zweifelhaften Verfechter des heidnischen Hedonismus und des Lebensraums bewegten.

Um genauer zu sein: Natürlich wäre es absurd, Reich des Sympathisantentums mit den Nazis zu bezichtigen. Im Gegenteil, er widmete ein ganzes Buch, und nicht sein geringstes[33], der Aufdeckung der engen Verbindungen zwischen Nationalsozialismus und sexueller Verdrängung, deren sadistischer Ausdruck der Faschismus sei. Er behauptete sogar – allerdings nicht sehr überzeugend –, der Rassismus und der nationalsozialistische Antisemitismus seien ihrem Wesen nach die Ausprägung von Wahngebilden infolge sexueller Hemmungen. Dennoch lassen mindestens zwei (von seinen Exegeten niemals kommentierte) Absätze aus der *Sexuellen Revolution*, verfaßt im November 1935, eine flüchtige Sympathie für den Vitalismusgedanken der Nationalsozialisten durchscheinen.

»In der nationalsozialistischen Ideologie«, schrieb Reich zunächst, »steckt ein rationaler Kern, der der reaktionären Bewegung ihren großen Schwung verleiht und sich in der Phrase der ›Verbundenheit von Blut und Boden‹ ausdrückt; in der nationalsozialistischen Praxis dagegen wird alles gerade an denjenigen gesellschaftlichen Kräften festgehalten, was dem Grundzug der revolutionären Bewegung – Verbundenheit von Gesellschaft, Natur und Technik – widerspricht: an der Klassenteilung, die sich durch keine Illusion von der Einheit des Volkes, an dem Privateigentum an Produktionsmitteln, das sich durch keine ›Gemeinschaftsidee‹ aus der Welt schaffen läßt. Der Nationalsozialismus drückt in seiner Ideologie mystisch aus, was der Revolutionsbewegung als rationaler Kern, Klassenlosigkeit und naturnahes Leben innewohnt.«[34]

Später präzisierte er: »Im Neuheidentum des deutschen Nationalsozialismus brach sich das vegetative Leben abermals Bahn. Der vegetative Wellengang wurde von der faschistischen Ideologie besser erfaßt als von der Kirche und ins Irdische herabgeholt. Die nationalsozialistische Mystik der ›Blutwallung‹ und der ›Verbundenheit mit Blut und Boden‹ bedeutet somit gegenüber der altchristlichen Anschauung von der Erbsünde einen *Fortschritt*; er erstickt jedoch in neuerlicher Mystifizierung und in reaktionärer Wirtschaftspolitik. Die Lebensbejahung biegt neuerdings in Lebensverneinung um, wird zur Bremsung der Lebensentfaltung in der Ideologie der Askese, des Untertanentums, der Pflicht und der Rassengemeinschaft. Trotzdem kann man nicht die Sündenlehre gegen die Lehre von der ›Blutwallung‹ verteidigen; man muß die ›Blutwallung‹ vorwärtstreiben, sie zurechtbiegen.«[35]

In diesen Zeilen, die aus dem Jahr 1935 stammen, aber im März 1949 von Reich wiedergelesen und genehmigt wurden, warf er dem Nationalsozialismus also lediglich seine »praktische Klassenpolitik« vor, während er anderswo dem Stalinismus »sexuellen Moralismus« vorhielt. Diese erstaunliche Konfusion in der Werteordnung ist übrigens logischer, als man meinen möchte. Tatsächlich ließen die spätere repressive Politik des NS-Regimes gegenüber sexuellen Minderheiten, der Haß, mit dem es jegliche Freizügigkeit verfolgte, und die geburtenfördernden Lobreden auf die arische Familie vergessen, daß dies keineswegs von Anfang an der Fall war. In den zwanziger und frühen dreißiger Jahren präsentierte sich der Nationalsozialismus noch gern als subversive Kraft, die sich deutlich vom kleinbürgerlichen Moralismus abgrenzte, im Namen der Blutsgemeinschaft auf der Suche nach Lebensraum die Familie bekämpfte und unter staatlicher Ägide eugenische Einrichtungen ins Leben rief, wie etwa den »Lebensborn«, und so weiter. Im übrigen war es damals die deutsche Linke, die die Sittenlosigkeit verurteilte, insbesondere die homosexuellen Neigungen, die manche Nazis an den Tag legten; unter den Linken wurde häufig ein von Reich Gorki in den Mund gelegter Satz zitiert: »Man rotte alle Homosexuellen aus – und der Faschismus wird verschwunden sein.«

In einer erstaunlichen Aussage, die am 24. November 1934 in den *Europäischen Heften* in Prag veröffentlicht wurde, zog Klaus Mann im Namen des Antifaschismus über die deutsche Linke her, der er zu Recht ihre feindselige und repressive Haltung gegenüber Homosexuellen vorhielt.

»In der Sowjetunion«, schrieb er, »gibt es neuerdings ein Gesetz, das die Homosexualität unter schwere Strafe stellt. Es klingt überraschend, und man fragt sich, mit welcher Logik und welcher Moral eine sozialistische Regierung die Entrechtung und Diffamierung einer bestimmten Menschengruppe rechtfertigt, deren ›Verschulden‹ in ihrer naturgegebenen Veranlagung besteht. [...] Doch auch bei uns bemerke ich] jene Abneigung gegen alles Homoerotische, die in den meisten antifascistischen und in fast allen sozialistischen Kreisen einen starken Grad erreicht hat. Man ist nicht mehr weit davon, die Homosexualität und den Fascismus miteinander zu identifizieren. [...] Woher kommt es denn, daß wir in antifascistischen Zeitungen die Wortzusammenstellung ›Mörder und Päderasten‹ beinah ebenso häufig lesen wie in den Naziblättern die von den ›Volksverrätern und Juden‹.«[36]

Es stimmt, daß die sowjetische Presse zu Beginn der dreißiger Jahre, nach der Röhmaffäre und der »Nacht der langen Messer« in Deutschland, einen unglaublich gewaltsamen Feldzug gegen die Homosexualität führte, die ihr als Zeichen einer »Entartung des faschistischen Bürgertums« erschien. Der damals sehr einflußreiche sowjetische Journalist Kolzow hatte eine Reihe von Artikeln verfaßt, in denen er von den »Lieblingen in Goebbels' Propagandaministerium« und den »sexuellen Orgien in den faschistischen Ländern« sprach. In gleicher Weise wurde in der UdSSR gern über die Homosexualität bestimmter Personen gespottet, die den Nazis nahestanden, etwa des Schauspielers Gustaf Gründgens.

Das kann natürlich nicht vergessen machen, daß die Homosexuellen von den Nazis gnadenlos verfolgt wurden. Während der Kriegsjahre erklärte ein Erlaß der »Reichszentrale«, wie diese »Abweichung« bei Wehrmachtsoldaten zu erkennen sei. Eine im Juni 1997 in Berlin veranstaltete Ausstellung, die ein Jahrhundert homosexuellen Militantismus in Deutschland nachzeichnet, schätzte die Zahl der Homosexuellen, die während der zwölf Jahre des NS-Regimes verfolgt wurden, auf hunderttausend, von denen etwa fünfzigtausend verurteilt oder deportiert wurden.[37]

EINE TRAGISCHE FEHLDEUTUNG

Die Ambivalenz von »sexueller Befreiung« und Hedonismus nach Nietzsche ist der eigentliche blinde Fleck im Reichschen Denken, den seine Exegeten lieber übersahen. Es handelt sich dabei nicht um eine schlichte Interpretationsschwierigkeit. Mit einer solchen Auslegung der Schriften Wilhelm Reichs hielte man sich nicht auf, wenn sie nicht ein tragisches Mißverständnis enthüllten, das heute noch in den Köpfen herumspukt. Freiheit des Verlangens, Ablehnung der alten Gesellschaftsordnung und ihrer Moral, Abschied von den Verboten, Lust ohne Grenzen und ohne Gesetz – ja, es war eine schöne Utopie. Der Irrtum besteht darin, daß wir sie für folgenlos hielten.

3
DIE GUMMIMAUER

Dreißig Jahre später halten wir noch immer Wache an denselben Bollwerken, mit flammender Rede und geballter Faust. Bereit, das Volk gegen die »Reaktion« zu mobilisieren, prangern wir mutig die Rückkehr der »moralischen Ordnung« an, die immer wieder von allen Seiten droht. So tapfer wie gestern die staatliche Zensur geißeln wir heute die öffentliche Heuchelei und die gekränkte Tugend und kämpfen weiter heldenmütig gegen die berüchtigten »Tabus« und das mörderische Schweigen. Wir werden nicht müde, mit dem Finger auf die kastrierenden Pfarrer, den revisionistischen Familienkult und die Inquisition im Schlafzimmer zu zeigen. Ob Presse, Fernsehen, Werbung, Rundfunk oder Kino – an allen Fronten kämpfen wir mechanisch weiter und rufen nach der Freiheit des Begehrens; entgegen allen Tendenzen sind wir nach wie vor Jünger der Lust, der sinnlichen Genüsse, der prächtigen fleischlichen Wonnen. Der Kampf ist ehrenvoll. Aber hat er noch einen Sinn?

Ehe wir die Frage beantworten, müssen wir den Rahmen erweitern. Vor dreißig Jahren identifizierte sich die sexuelle Revolution mehr oder weniger mit der Revolution schlechthin, an der sie teilzuhaben glaubte. Über die westlichen Gesellschaften sind diese dreißig Jahre hinweggegangen, und nichts ist mehr wie zuvor. Nichts ist derart verjährt wie die Definition des historischen Fortschritts oder der sozialen Gerechtigkeit. Seit dem Zusammenbruch des roten Messiasglaubens und dem Fall der Berliner Mauer sind wir kollektiv mit einer reinen »Aktivität« beschäftigt, die sich um Endzwecke wenig kümmert und dem Sinn als solchem häufig gleichgültig gegenübersteht. Sorge um die Produktivität, liberaler Konsens, Vorherrschaft des Geldes, vorsichtiges Horten und ernüchterte Weltanschauung, so sieht die neue Landschaft mehr oder weniger aus. Zumindest vorläufig scheinen im Westen die Ideen zu gemeinsamen Projekten gänzlich ausgestorben zu sein. Die Zukunftsvorstellungen sind verschwommen, es zählt allein die unmittelbare Gegenwart, und der Markt triumphiert. Wir haben uns von Tag zu Tag an diesen liebenswürdigen Zynismus gewöhnt, den wir Realismus getauft haben. Zum Teufel mit den Illusionen! Von den gestrigen Utopien ist nur ein bescheidenes Häufchen Asche übriggeblieben, an dem wir mit einer pietätvollen Bekreuzigung vorübergehen. Was die Revolution angeht, so sind wir vor allem stolz, endlich gelernt zu haben – ein für allemal –, daß sie nur Massaker veranstaltet.

Überall ringsum haben die Reichen kaum noch Grund, sich zu fürchten, und die Armen gewöhnen sich daran, nichts mehr zu hoffen. Die Vision einer besseren Welt ist nicht mehr sehr zeitgemäß. Mehr noch, die einstige Zukunftshoffnung ist selbst schon ein veraltetes Konzept, jedenfalls im Moment. Nichts scheint dem neuen Gang der Geschichte ferner zu liegen als Hoffnung und Wille, diese beiden überholten Ansprüche des Staatsgeistes. Verändern, reformieren, umwandeln – alles Worte, die ihre Bedeutung verloren haben, über die wir nur noch lächeln. Ohne es uns wirklich einzugestehen, haben wir akzeptiert, daß die Welt im Grunde von Zwangsläufigkeiten regiert wird, auf die wir wenig Einfluß haben, von Finanzmärkten, internationalem Handel, immateriellen Netzwerken. Auf allen Gebieten bremsen Kräfte, die wir nicht steuern können, unsere Bestrebungen und dämpfen unsere »eigenwilligen« Anwandlungen. Was bedeutet diese erstaunliche Umkehrung der geistigen Landschaft wirklich?

Heute geht es nicht mehr um die erträumte Veränderung, sondern um allgemein akzeptierte Anpassungen. Das individuelle oder kollektive Verdienst wird nicht mehr nach der Fähigkeit beurteilt, der Realität Widerstand zu leisten, sondern *nach einer mehr oder weniger ausgeprägten Lenkbarkeit in der Anpassung*. Die Welt so hinnehmen, wie sie ist; lernen, die eigene Energie in sie einströmen zu lassen; vernünftige Flexibilität und bescheidene Vernunft vorziehen – das ist die neue im Westen vorherrschende Meinung. Sie fordert uns auf, gute Miene zum bösen Spiel zu machen. Wenn wir trotzdem mit uns zufrieden sein wollen, so allenfalls insofern, als wir es verstanden haben, den Befehlen der Welt besser als andere zu gehorchen. Das ist die neue Stufenskala der Verdienste. Vorgestern hofften wir die Welt zum Nachgeben zu zwingen. Heute sind wir auf unsere Kapitulation – den offenkundigen Beweis besserer Einsicht – stolzer, als wir früher auf unsere Auflehnung waren. Ja, die Zeit hat sich umgestülpt wie ein Handschuh und fördert jetzt diese graue Tugend, die Anpassung an »Sachzwänge«. Von unserer Einsicht zeugt eine konstante, träge Zustimmung zur Lage der Dinge. Und das ist nicht alles.

Wir sind nicht mehr weit von der Annahme entfernt, die Weltgeschichte werde letztlich eher von obskuren Determinismen anthropologischer oder merkantiler Art gesteuert als vom naiven Willen des Menschen. Wir stehen kurz davor, leichtfertig auf die Antriebskraft des politischen Entwurfs, auf die tätige Vorstellung, die Entscheidung zu verzichten. Wenn der Gedanke an Revolution bei uns schon nicht mehr ist als eine amüsante Nostalgie, so ist die schlichte und bescheidene Demokratie – der Ehrgeiz, am eigenen Schicksal mitzuwirken – im Begriff, nach und nach und undramatisch zu zerbröckeln. Ein schleichender Prozeß führt uns unvermeidlich von der Demokratie zur reinen Marktwirtschaft, während er uns weismacht, die beiden Begriffe seien synonym. Die Trauer, die wir uns zu tragen anschicken, gilt letztlich der Politik, dem Gemeingut, dem kollektiven Willen.

IST SEX LINKS?

Aber Gott sei Dank gibt es ja noch die sexuelle Revolution, die in der Asche dieser verbrannten Wüste leuchtet wie ein Fanal. An diese Ausnahme klammern wir uns inmitten demokratischer Verlassenheit. Auf sexuellem Gebiet – und nur auf diesem – könne sich der militante Fortschrittsglaube nach wie vor stolz der Last der Geschichte und den Tyranneien der Gemeinschaft entgegenstellen, reden wir uns ein. Hier gehe der individuelle Kampf weiter wie in der Vergangenheit. In dieser Hinsicht habe sich nichts geändert; in dreißig Jahren wurde nichts geleugnet, verwässert oder verfälscht. Weder die revolutionäre Rhetorik noch die verheerende Macht der Utopie, noch die ontologische Bösartigkeit der etablierten Ordnung seien alt und faltig geworden, seitdem sie sich mit der Lust befassen. Aus dieser Überzeugung, dieser Illusion schöpfen wir genügend Energie, um uns noch den Fortschrittsfeinden in den Weg zu stellen. *¡No pasarán!* Sie werden nicht durchkommen. Zweifellos sind wir in einem Traum, aber auch in der tröstlichsten Kontinuität, dem Fortbestand der Anarchie. Da hätten wir endlich, denken wir, ein Bollwerk, das auf keinen Fall aufgegeben wird, einen Schützengraben, den wir nicht räumen werden, nicht einmal unter dem Druck der Vereinigung aller Puritaner der Welt. Der Pansexualismus und seine Revolution treten als letztes Refugium der Utopie in Erscheinung, als das unverwüstliche *revival* eines heroischen Kampfes, der an allen anderen Fronten bereits eingestellt wurde. Anderswo herrschten nur noch Verhandlung und Fügsamkeit, doch hier wenigstens kann der Rebellionsgeist noch triumphieren. Nein zur moralischen Ordnung!

So ist es allenthalben gerade die Ernüchterung, die der Mobilisierung zugunsten des Sex ihre Bedeutung verleiht. Es ist die überall stattfindende Aussöhnung mit der Ordnung der Dinge, die diesen kämpferischen Starrsinn um so kostbarer macht. Sex erscheint als die letzte Metapher der Auflehnung; jedenfalls weisen wir ihm eine Rolle dieser Art zu: die letzte Zuflucht und die letzte symbolische »Wegmarke«, wenn alle anderen ideologischen »Spuren« verwischt sind.

Der Kapitalismus, Verzeihung, die freie Marktwirtschaft, ist ein modernistisches Projekt geworden; die Gleichheitsbestrebungen der Vergangenheit hingegen sind ein »bäurischer« Anachronismus, ohne Preis, weil nicht wachstumsfähig, und vielleicht sogar im Verdacht totalitärer Hintergedanken; der Staatsgedanke oder auch die Auffassung von einer Gemeinschaftsidee erscheint als veraltet, aus der

Mode gekommen; der Wohlfahrtsstaat ist durch die Modernität des globalen Marktes zum Tod verurteilt. Angesichts dieser neuen Klassifikationen lassen sich die Identitäten der jeweiligen Parteigänger immer schwerer unterscheiden, und die Begriffe »links« und »rechts« verschwimmen. Öffentlich oder privat, Gleichheit oder Konkurrenz, Armut oder Arbeitslosigkeit, Fortschritt oder Konservativismus – wer könnte sich heutzutage zu all diesen Themen noch in klaren Worten äußern? Wenn »das Ende der Geschichte« keineswegs sicher ist, so sind hingegen das Durcheinander und die Fragwürdigkeit ihrer Errungenschaften bereits sehr real. Davon zeugt zum Beispiel eine neue Praxis in Frankreich, die berühmte »Kohabitation« innerhalb der Regierung. Sie ist nicht nur eine verfassungsgemäße Variante der fünften Republik, sondern das perfekte Symbol des verträglichen Konsensus, der in Ermangelung anderer Kräfte das Ende des Jahrhunderts bestimmt.

Man konstatiert Orientierungslosigkeit, ideologische Ödnis, aber fügt hinzu, die »sexuelle Revolution« stelle allerdings eine um so strahlendere Ausnahme dar. Sex sei noch immer links. Wenn der soziale Fortschrittsgedanke sich im Nebel des Postkommunismus und in den Zwiespältigkeiten der Globalisierung verirrt hat, so habe zumindest an dieser Front eine »moralische Linke« überlebt, die zu Recht antirassistisch sei, aber auch anarchistisch und freizügig bis in die letzte Konsequenz der Pornographie.

Spotten wir darüber nicht mehr als nötig. Die theatralische Mobilisierung rund um die sexuellen »Errungenschaften« ist in den meisten Fällen komisch; dennoch zeugt sie von einem stolzen, wenn auch vagen, konfusen und fehlgeleiteten Festhalten an der Idee des Fortschritts. Sie verkündet zumindest, daß wir die unausweichliche Kapitulation vor dieser angeblich natürlichen Ordnung ablehnen, die bekanntlich stets das Gesetz des Dschungels wiedereinführt, und daß wir uns weigern, den Mythos der ewigen Wiederkehr *in jedem Punkt* zu unterschreiben, den wir allerdings überall sonst »zurückkehren« sehen – eine leicht identifizierbare Rhetorik der Reaktion[1]: die Welt verändert sich nicht, die Besten gewinnen, die Ewigkeit übt früher oder später Vergeltung, was einmal dagewesen ist, kommt wieder, das Patriarchat ebenso wie alles andere, und so weiter. Außerdem sind in moralischer Hinsicht tatsächlich manche Errungenschaften wert, verteidigt zu werden. Wahr ist ebenso, daß regressive Verlockungen uns umschleichen, die uns zur Wachsamkeit veranlassen sollten – unter anderem Puritanismus und Machismo, Homophobie und Scheinheiligkeit. So, wie immer zehn oder hundert Monarchisten in den Nischen einer Republik überleben, fünfhundert Kosaken in den russischen Niederungen oder ein paar getreue Katharer fünf Jahrhunderte nach dem Albigenserkreuzzug, gibt es auch in unserer Gesellschaft ein paar übriggebliebene Prüderien und die eine oder andere Handvoll Narren, die ungerührt verkünden, Masturbation mache taub, oder die Frauen an den Herd zurückschicken wollen. Es ist eine alte Konstante der Geschichte: zu jeder Zeit und an jedem Ort lauern ringsum genügend Gefahren, als daß wir es für gerechtfertigt halten dürften, die Waffen zu strecken.

DIE POSSEN DER MORALISCHEN ORDNUNG

Die hypnotisierende Beschwörung einer »moralischen Ordnung«, die der Freiheit der Lust die Zügel anlegte, diese Hellebarden, die Tag für Tag vor Gespenstern gerüttelt werden, diese emphatischen Tiraden, die Aufrufe zum Widerstand, die Barrikaden aus Pappmaché – das alles deutet auf eine einzigartige Paranoia hin. Der Historiker Maurice Agulhon wunderte sich zu Recht, wie man heute noch allen Ernstes die von Mac-Mahon im Jahr 1873 verkündete »moralische Ordnung« mit irgendeinem zeitgenössischen Rückfall in die Prüderie verwechseln könne.[2] Erstens ist diese so häufig bemühte Bezugnahme auf die Geschichte sinnentstellt; die Bedeutung, in der Mac-Mahon das Adjektiv »moralisch« verwendet, nämlich im Gegensatz zu »materiell«, steht in keinem Zusammenhang mit irgendwelchen moralisierenden Tendenzen im modernen Sinn des Wortes. Zweitens und vor allem läßt der wahre Zustand unserer Gesellschaft solche Befürchtungen ziemlich lächerlich erscheinen.

Schauen wir uns doch um: Ist es wirklich die Ordnung, die bedrohlich ist? Sehen wir uns unsere zerfallende Gesellschaft an, die Gewalt der Umwelt, den frohlockenden Zynismus, den allgegenwärtigen käuflichen Sex, die geschändeten Kinder, die zerrütteten Familien und das Gemetzel im Hauptabendprogramm. Ist das die moralische Ordnung?

Die Furcht vor der »moralischen Ordnung« ist freilich nicht nur lächerlich oder komisch. Sie ist vor allem eine geschickte Strategie: Durch sie kommen wir in den Genuß sämtlicher Vorteile, sowohl der Freiheit als auch des Protestes. Wir profitieren von den bequemen Freizügigkeiten der Zeit, ohne deshalb auf die symbolischen Ehren der Revolte verzichten zu müssen. Wir sind vielleicht Konsumenten, aber trotz allem Soldaten, Nutznießer der Toleranz, jedoch massiv »verfolgt«, Bürger innerhalb des anständigen Durchschnitts und zugleich imaginäre Widerstandskämpfer. Wenn wir die »Rückkehr der moralischen Ordnung« geißeln, können wir ohne allzu große Mühen und ohne uns von der Stelle zu rühren, die Vorteile des folgsamen Konsumenten und das Ansehen des Gesetzlosen in uns vereinen.

Es kommt noch besser. Im ständigen Wettkampf um das Zertifikat »modern« ist dies eine Investition, die nicht viel kostet, sich aber ungemein auszahlt. Nach freiem Ermessen die moralisierende Dummheit zu verurteilen und über die »Zensoren« herzuziehen wird allen Ansprüchen genügen. Das ist der wahre Schick der Linken. Welche Positionen wir sonst einnehmen oder nicht einnehmen können, spielt kaum eine Rolle; die Vehemenz, mit der in Sachen Moral gewettert wird, ist eine Blankounterschrift wert. Ebensogut können wir lautstark über die Unvermeidlichkeit ungerechter Löhne reden, fröhlich dem Mammon opfern, das Unternehmen verherrlichen, auf der Seite der Mächtigen stehen, die Solidarität begraben, uns über das »Volk« lustig machen, echtes Nachdenken ablehnen, uns mit sozialem Rassismus und vielem anderen abfinden. Der Kampf gegen »die moralische Ordnung« trägt endgültig den Sieg davon, und das Loblied auf die Sexorgie reicht aus, um eine moderne Einstellung zu signalisieren.

Erinnern wir uns, auf welche Weise in den achtziger Jahren die allgemeine Aussöhnung mit dem Geld, die Zunahme der sozialen Ungerechtigkeiten, das pathetische Exil der Arbeitslosen, das Scheitern der staatlichen Moral hinter einigen pseudomoralischen Gebärden versteckt wurden. Sicher ist es legitim, wenn nötig, gegen die Unterdrückung des Homosexuellen, des »unzüchtigen« Künstlers, des jungen Mädchens, das sich verschleiern muß, oder irgendeines Pornokraten in angespanntem Verhältnis zum Finanzamt zu protestieren, jedoch nur unter der Voraussetzung, daß diese Solidaritätsbekundungen nicht zum Vorwand genommen werden, um Gleichgültigkeit gegen Unterdrückung schlechthin zu rechtfertigen – die Unterdrückung der Armen zum Beispiel, was immer wieder geschehen ist.

DIE WONNEN DES FAUSTKAMPFS

Wir müssen also einen wichtigen Gedanken im Sinn behalten: Weil er all diese Vorteile bietet, wird der theatralische Widerstand gegen die »moralische Ordnung« so gewissenhaft inszeniert, geprobt und endlos wiederholt, selbst wenn er inhaltsleer ist. Alles sieht danach aus, als bemühe man sich, den spektakulären Zusammenprall zwischen dem Lager des Glücks und dem Lager der Selbsterniedrigung herbeizuführen, zwischen den fröhlichen Fürsprechern der Lust und den traurigen Sexverächtern, zwischen dem munteren Chaos des Begehrens und der eisigen Ordnung der Moral. Daraus ergibt sich ein Pas de deux, choreographiert nach allen Regeln der Kunst und einem sattsam bekannten Libretto, der unermüdlich dieselben Wege geht, dieselben Refrains wiederholt, die abgesprochenen Argumente vorbringt. Beide Lager erscheinen wie die Komplizen eines »arrangierten« Duells, das jedoch infolge erheblicher Erinnerungslücken die öffentliche Meinung immer wieder entflammt.

Wenn ein Filmplakat zum x-ten Mal die Masche der sexuell-blasphemischen Provokation ausprobiert, wenn nach hundert Filmen zum Thema Fetischismus, Nekrophilie[3] oder Inzest noch eine Steigerung gedreht wird, wenn ein Romanschriftsteller sich auf ein Gebiet vorwagt, das wie Unschicklichkeit aussieht, bricht zwangsläufig wieder einmal derselbe Faustkampf aus, dessen Phasen man schon im voraus beschreiben könnte. Moral und Unmoral setzen sich gegenseitig in Szene; die puritanische Gekränktheit liefert der verantwortungslosen Freizügigkeit ein getreues Echo, und auf die gezwungene Dreistigkeit der Beleidigung antwortet die ein wenig lächerliche Feierlichkeit des Ingrimms. Das alles ist auf ödeste Weise vorhersehbar, festgelegt und wird mit flinker Zunge und leerem Geist vorgetragen. Es ist im ganzen vor allem *konform.* So geht das seit Jahren; Monat für Monat werden die großen Themen der Moral diskutiert, während man in Wahrheit immer ausweicht.

So ließe sich jede echte Diskussion in der Demokratie vermeiden, spottet zu Recht Albert O. Hirschman. »Auch in den ›fortgeschrittenen‹ Demokratien funktionieren Debatten oft in Abwandlung einer Sentenz von Clausewitz als ›Fortsetzung des Bürgerkriegs mit anderen Mitteln‹. Auseinandersetzungen dieser Art, wo jede Partei nach tödlichen Argumenten sucht, sind aus der alltäglichen demokratischen Politik nur zu vertraut.«[4]

Fügen wir der Gerechtigkeit halber hinzu, daß Bequemlichkeit und geistige Trägheit in beiden Lagern herrschen. Auf seiten der Moralisten ist die Sehnsucht nach verlorener Tugend eine »Nische«, in der man vom goldenen Zeitalter gehorsamer Frauen, keuscher Romanzen und unberührter Kinder träumen kann. Mit erhobenen Brauen die Rückkehr zu den heiligen Prinzipien und zur Sittsamkeit früherer Zeiten zu fordern ist eine Möglichkeit, sich den Widersprüchen unseres Jahrhunderts zu entziehen und den Lauf der Zeit zu ignorieren – Empfängnisverhütung, verschlüsselte Pornos, *drag queens* oder Internet. Die Partei der sauertöpfischen Nörgler berauscht sich vor allem an den eigenen Zornausbrüchen und versucht zu vergessen, daß sie nur Worte durcheinanderwirbeln.

Ihnen gegenüber, auf der Seite der Freigeister, herrscht eine ähnliche Bequemlichkeit. Hier platzt man fast vor Großzügigkeit und Edelmut, die noch dazu so billig zu haben sind. Mit dem Finger auf die vorrückende »Reaktion« zu zeigen, wieder einmal Prinzipien zusammenzutreiben, sich gegenseitig in Grundwahrheiten über die Freuden des Leibes, die Unschuld der Lust, die Privilegien der Überschreitung zu überbieten ist nichts anderes, als sich selbst zu schmeicheln, ohne irgendeine Verantwortung zu übernehmen. Der Erfolg stellt sich leicht ein; neben dem Verfechter der freien Liebe hat der verkrampfte Moralist immer den schlechteren Part. Aber mit solchen reinen Schaugefechten weicht man der Notwendigkeit aus, sich den grundlegenden Widersprüchen zu stellen: Was ist die Familie? Wo beginnt die Ethik? Muß man das Prinzip der Abstammung ablehnen? Hat Treue einen Sinn? Man hält sich an die Plädoyers, die glücklicherweise nichts kosten. Nie ist man gezwungen, sich im einzelnen mit den Konsequenzen der eigenen Entscheidungen oder den sozialen und politischen Folgen der eigenen Vorlieben auseinanderzusetzen. Man beschränkt sich darauf, verlockende Aussichten zu beschwören – die Revolution der Sitten, die freie Liebe, die Wonnen des Körpers und so weiter –, die allerdings viel zu unbestimmt sind, um hinterfragt zu werden. Anders ausgedrückt, es bleiben nur die schöne Geste und das klangvolle Wort.[5]

So werden beide Lager das finden, was sie in der moralischen Polemik gegenwärtiger Ausprägung jeweils gesucht haben. Das objektive Komplizentum zwischen den Anhängern der Permissivität beziehungsweise der Repression erlaubt beiden, sich über die prosaische Realität hinwegzusetzen. Wenn die Wirklichkeit uns lästig wird, flüchten wir uns ins Wort. Auf dieses ängstliche Ausweichen beruft sich zu Recht der Jesuitenpater und Philosophieprofessor Luc Pareydt in einem Interview: »Fängt die Faszination, die von einer genital orientierten Sexualität ausgeht, nicht ebenso viele Maulhelden in ihren Netzen, die unsere heutige ›moralische Unordnung‹ verteidigen, wie Anhänger einer verstärkten ›Befreiung‹ der Bilder und Sitten? Paradoxerweise unterliegen Geisteshaltungen, die einander so fremd sind, wie man sich nur vorstellen kann, ein und derselben Schwierigkeit: einer Furcht, einer Heidenangst vor allem, was mit Sexualität zu tun hat. Die Augen verschließen, also die Wirklichkeit leugnen, oder aber die anderen mit der Nase darauf stoßen, also die Wirklichkeit übertreiben, ist in beiden Fällen das Eingeständnis – bewußt oder unbewußt –, daß es einem schwerfällt, mit dieser Realität und der damit verbundenen Verantwortung für das Individuum und für die Gruppe zurechtzukommen. Wo die Realitätsverkürzung regiert, ob in Gestalt einer Verdrängung (die Menschen sind wie die Engel) oder in Form von Provokation (die Menschen sind wie die Tiere), beherrscht eine Zwanghaftigkeit und Besessenheit das gesamte Bewußtsein und macht die Differenzierung unmöglich.«[6]

Bekanntlich kann einem die Einbuße des Unterscheidungsvermögens das Leben manchmal ziemlich erleichtern. Die Protagonisten der »sexuellen Debatte«, ausgefuchste alte Schauspieler, die sämtliche Theatertricks beherrschen, fühlen sich wohl in dieser polemischen Behaglichkeit und haben nicht die geringste Lust, in neue Gefilde vorzudringen. Tatsächlich rühren sie sich schon seit dreißig Jahren nicht von der Stelle.

EIN VERBORGENES WISSEN?

Diese sinnlosen Wiederholungen werden bewußt aufrechterhalten. An den prinzipiellen Fragen scheitern wir nicht aus Gedankenlosigkeit, sondern absichtlich. Das beweist diese Kunst der ontologischen Vorsicht wie das elegante Ausweichen und ständige Umrunden des Wesentlichen durch unmerkliche Hinneigung zur Bedeutungslosigkeit. Jenseits von Sympathiekundgebungen und Toleranzbeteuerungen geht es darum, keine dieser komplizierten Problematiken anzuschneiden, die einst die Griechen so sehr begeisterten: die tausend verschiedenen Arten, die Regeln der Gemeinschaft zu gestalten und verbotene Handlungen zu bezeichnen, die beste Methode, um Erlaubtes und Verbotenes klar voneinander zu trennen und anschließend zu verinnerlichen, die Art und Weise, dem idealen Gleichgewicht zwischen individuellen Absichten und dem Zusammenhalt der Gemeinschaft so nahe wie möglich zu kommen – kurz, das Bemühen, dieses ausgeklügelte »Ding« zu errichten, das man Zivilisation nennt.

Genau darum geht es. Jede menschliche Gesellschaft muß mit bestimmten unveränderlichen biologischen Gegebenheiten und sozialen Zwängen – Zeugung und Aufzucht von Nachwuchs – und Gefahren zurechtkommen, die sich mit dem Begehren einschleichen, zuerst die Gewalt. Durch ihre Verbote drückt jede Gesellschaft eine »besondere Kultur« aus, das heißt eine gewisse, zufallsbedingte, unaufhörlich in Frage gestellte und »umstrittene« Art, die widersprüchlichen Gebote der Lust und der sozialen Vorsicht miteinander in Einklang zu bringen, und eine charakteristische Weise, die Gewaltbereitschaft des Individuums oder die Gefahr eines Gruppenzerfalls zu beschwören. Jenseits von magischem Denken und symbolischen Konfigurationen sind Verbote im Hinblick auf die Gruppe und ihr Überleben zwangsläufig mit einem verborgenen Wissen befrachtet. Mit seinem Inhalt müssen wir uns befassen.[7]

Im großen Freiheitstaumel der letzten drei Jahrzehnte wurde nichts von diesen Mindestgeboten erhalten, im Gegenteil. Wenn es eine Frage gab, über die man nicht mehr debattieren wollte, dann war dies das Verbot als solches. Das Problem bestand nicht mehr darin, es zu untersuchen, zu hinterfragen, neu aufzustellen oder neu zu definieren, sondern das Verbot wurde einfach abgeschafft. Der Horizont der Reichschen Utopie, mit dem wir uns im vorhergehenden Kapitel befaßten, hatte sich als regelrecht »unüberschreitbar«[8] durchgesetzt. Er ließ sich in wenigen Worten zusammenfassen: keinerlei Verbote mehr!

Kann eine Gesellschaft auf Dauer so überleben? Tatsache ist, daß man eigensinnig, brutal sogar, der Frage aus dem Weg ging. Dieses Vorgehen war freilich nicht immer einfach. Die Wirklichkeit ist starrköpfig. Geradezu rührend wirkt im Rückblick die unterschwellig aufgekommene Panik, als die beiden widersprüchlichen Elemente

Ablehnung der Verbote und Schutz der Menschenrechte, buchstäblich aufeinanderprallten; das war bei den Problemen Feminismus und Vergewaltigung, Inzest, Aids, sexuelle Belästigung oder Kindesmißbrauch der Fall. Jedesmal öffnete sich ein Abgrund der Scheinheiligkeit, wenn diese Fragen immer nur »punktuell«, niemals aber im »globalen« Zusammenhang behandelt wurden. Ein großartiges Beispiel für eine begriffliche Salamitaktik, das an die Beharrlichkeit erinnert, mit der ein knappes halbes Jahrhundert lang bestimmte Schikanen oder »Fehler« des Kommunismus angeprangert wurden, ohne daß je irgend jemand das Dogma an sich in Frage stellte.

So lernten wir, das ängstliche Wohlwollen des Justizapparates gegenüber Vergewaltigern oder die schlüpfrige Verachtung gegenüber sexuell belästigten Frauen zu verurteilen, ohne uns jemals um die zwanghafte Erotisierung des öffentlichen Lebens oder das »Vertragsangebot«[9] zur Lust, diese Dauerverfügbarkeit, zu kümmern, die unsere Gesellschaft in Hysterie versetzt. Man bemühte sich, über alle Wahrscheinlichkeit hinaus zu leugnen, daß zwischen dem einen und dem anderen ein Zusammenhang bestehen könnte; die Verbindung anzuerkennen wäre ein Zugeständnis an die »Reaktion« gewesen.

PÄDOPHILIE: EIN OPFER ZUR BESCHWÖRUNG

In der Pädophilie, wie vorhin erwähnt, erreichte die Paranoia des bestimmenden Diskurses einen ersten Höhepunkt. Noch lange wird man sich der unvermuteten und mit gewaltigen Trompetenstößen von den Medien begleiteten Jagd auf die Besitzer von Kinderpornos erinnern. So bald werden wir nicht den Anblick dieser Grundschullehrer, Pfarrer oder Kinderärzte vergessen, die jäh aus ihrer Anonymität herausgerissen, vor die Kameras gezerrt und als »Monster« bezeichnet wurden, weil sie über den Versandhandel ein paar Kassetten bestellt hatten. In Erinnerung bleiben wird uns vor allem der Selbstmord dieser fünfzigjährigen angeblichen Kinderschänder, die von einem Tag auf den anderen der öffentlichen Verfolgung preisgegeben wurden.[10] Vergessen werden wir auch nicht die Ausschweifungen einer auf Lynchjustiz eingestellten Presse, die sich in Beschwörungen des »Grauens«, des »Verbrechens« und »Menschenhandels« überstürzte. Diese vielen Opfer dienen in zweifacher Hinsicht der Beschwörung. Zum einen kann man die Komplizenschaft der Vergangenheit nicht wettmachen, zum anderen geht man aus Feigheit lieber nicht konsequent gegen Unterdrückung vor.

Selbstverständlich stellt nicht die Ablehnung der Pädophilie in diesem Moment ein Problem dar. Sondern es ist die Raserei, mit der Schuldige um so eiliger an den Pranger gestellt werden, je länger unsere Gesellschaft in moralischer Hinsicht um den heißen Brei schleicht; es ist die Sturheit, mit der wir die Augen vor dem Hintergrund pädophiler Verbrechen verschließen, aus Furcht, das Spiel der »Reaktion« mitzumachen, nämlich vor der Tatsache, daß die Pornographie in der Warengesellschaft zu einer Wirtschaftsform geworden ist, daß Pornographie im Fernsehen kaum irgendwelche Grenzen wahrt, daß in der Vergangenheit eine erschreckende Gleichgültigkeit herrschte und in der Gegenwart zumindest Kurzsichtigkeit. Diese wortreiche Razzia, die sich allerdings auf eine sehr genau umschriebene Kategorie von Verdächtigen beschränkt, erinnert an ein regelmäßig wiederkehrendes Ritual des früheren kommunistischen Regimes: die Opferung einiger korrupter oder glückloser Apparatschiks, die als reinigendes Feuer fungierte und das System rettete. Die Jagd auf die Kinderschänder und die wenigen verspäteten Polemiken, die sie auslöste, vermittelten ebenfalls eine Ahnung vom dumpfen Terror, der das Unterfangen insgeheim rechtfertigte, und von der kurzfristigen Erleichterung, die auf die Strafmaßnahmen folgte.

Reduzierte sich die Frage des Verbots vollständig auf eine Angelegenheit des Alters und Familienstandes? Fünfzehn, sechzehn oder siebzehneinhalb Jahre – im einen Fall war es legitimer Hedonismus, im anderen, ein paar Monate später, ein abscheuliches Verbrechen. Mit einer so nüchtern rechnerischen Trennung zwischen Gut und

Böse trösteten wir uns. Die gewaltige moralische Verwirrung wurde wieder zu einer Sache des Kalenders. Um sich angesichts einer verhaßten Frage davonzustehlen – welche Sexualmoral für welche Gesellschaft? –, wurde auf diese Weise die Praxis der Doppelzüngigkeit und der entwicklungsfähigen Sprache perfektioniert: auf der einen Seite die Sprache rechthaberischer Repression (lautstarke Entrüstung beim geringsten Verdacht; die allzu anschmiegsamen Lehrer an den Pranger!) und auf der anderen das Credo der Freizügigkeit und Progressivität (Es lebe der Porno im Fernsehen! Ja zum Swinger-Club!), morgens schulmeisterliche Ermahnungen (Bewahren wir die Unschuld der Kindheit! Schande über bestialische Begierden!) und abends Toleranzbekundungen (Nein zur moralischen Ordnung). Diese Pathologie der Doppelzüngigkeit hat nur einen einzigen Zweck: verdrängen. So flieht unsere Gesellschaft, die gleichzeitig bekämpft und toleriert und jedes Dilemma, das sie selbst nicht lösen kann, der Polizei überantwortet, feige vor den Phänomenen, denen sie sich offen stellen wollte: Sex und den damit verbundenen Fragen.

Pierre Manent hebt die Widersprüchlichkeit der gegenwärtigen Feigheit hervor: »Unsere Gesellschaft ist – vielleicht – die am wenigsten erotische, die es gibt. Es stimmt, daß der Schein mitunter trügt. Doch allein die Tatsache, daß wir so großen Wert darauf legen, alles auszusprechen, alles zu zeigen und alles zu sehen – vor allem ohne daß uns die Röte in die Wangen steigt –, beweist, daß wir vor dem Eros lieber fliehen, als ihn als das zu sehen, was er ist: Man kann den Eros ›als solchen‹ schlichtweg nicht ansehen – denn zwischen dem Verlangen und dem Gesetz oder der Scham, diesem neutralen Ort, an dem wir das Phänomen objektiv betrachten könnten, ist er unmöglich zu finden. Statt dessen werfen wir ein Netz aus Abstraktionen über ihn – die ›Fakten‹ und die ›sexuellen Rechte‹, von denen die Frauenzeitschriften begeistert ein allwöchentliches Register aufstellen –, das uns eine fiktive Kontrolle verschafft und uns erlaubt, jenes Vergnügen daraus zu ziehen, das nichts Sinnliches an sich hat, dafür aber unsere größere Befriedigung ist: die Lust, uns sämtlichen Welten vor uns überlegen zu fühlen, weil unsere Wissenschaft und unser ›Realismus gegenüber dem Leben‹ über die früher herrschenden Vorurteile triumphiert haben. Jedes Zeitalter ist der Sklave seiner Konventionen. Und unsere Epoche ist in dieser Hinsicht nur noch schlimmer, weil sie sich einbildet, sie habe mit sämtlichen Konventionen abgeschlossen.«[11]

DIE ZEIT DER SEUCHEN

Doch erst nach dem Auftreten von Aids und durch entsprechende Schutzmaßnahmen erreichte die öffentliche Auseinandersetzung mit dem Thema einen Gipfel an Absurdität. Diesmal stand das Leben auf dem Spiel. Der jähe, aufsehenerregende Einbruch des Todes – der vor allem erschreckend greifbar war, verbunden mit den Gesichtern und Namen erkrankter Freunde – in die Domäne der Lust erschütterte die Ordnung weitaus mehr, als man zunächst annahm. Um die jüngsten Irrwege besser ermessen zu können, müssen wir uns zunächst an den besonderen kulturellen Kontext zu Beginn der achtziger Jahre erinnern, als die Seuche erstmals wahrgenommen wurde. Zunächst als Krankheit der Homosexuellen, die »Schwulenseuche«, mißdeutet und in ihrer Pathologie und ihrer Ausbreitungsfähigkeit verkannt, so daß sie phantastische Berührungsängste auslöste – Ansteckung durch Schweiß, Speichel und ähnliches –, erzeugte die HIV-Infektion vor allem und von Anfang an einen Katalog moralisierender Anklagen am Rande der Hysterie.

Wie man weiß, erblickten die Fernsehprediger der amerikanischen Moral Majority in Aids ein Zeichen der Vorsehung, das das Ende der allgemeinen Lüsternheit ankündigte. Sie deuteten die Krankheit als »göttliche Warnung« an die sündige Großstadt, ein neues Sodom der Ausschweifung, das dem Untergang geweiht war. Genauer gesagt, sie fanden darin eine nachträgliche Rechtfertigung für die anthropologischen oder religiösen Verbote bezüglich Sodomie, Menstruationsblut, ehelicher Untreue und so weiter.

Die moralisierende Predigt, die durch die Vereinigten Staaten und, in geringerem Ausmaß, auch durch Europa hallte, zielte im wesentlichen auf die homosexuelle Gemeinde ab, die gerade erst von der Schande befreit worden war und eine so junge wie zerbrechliche gesellschaftliche Anerkennung gefunden hatte.[12] Von neuem wurde sie aufs Korn genommen, für schuldig erklärt, verfemt und ausgegrenzt. Der Soziologe und Historiker Michael Pollack, Verfasser zahlreicher Werke zum Thema (und 1991 mit dreiundvierzig Jahren selbst an Aids gestorben), beschrieb sehr anschaulich die apokalyptische Atmosphäre der Jahre 1982 bis 1986 und das darauffolgende Entsetzen der Homosexuellen. »Sogar in den Kommentaren, die versuchen, sich jeglichen Moralisierens zu enthalten, erscheint Aids als das Ende der kurzen Zeit der Freiheit, das Ende auch einer bestimmten Art, Homosexualität zu leben.«[13]

Das repressive und denunziatorische Klima war mit anderen kollektiven Reaktionen vergleichbar, wie man sie bei jedem Auftreten einer entsprechenden gesundheitlichen Gefahr in der Geschichte immer wieder erlebt hatte. Zu Zeiten der großen Pestausbrüche im vierzehnten Jahrhundert beispielsweise wurden Minderheiten – Juden, Hexen, Sodomiten – als Sündenböcke auserkoren und verfolgt[14]; das geschah natürlich auch, als Krankheiten auftraten, die direkt mit Sexualität in Verbindung gebracht werden konnten: so zum Beispiel, als sich Ende des fünfzehnten Jahrhunderts von Frankreich aus die Syphilis über Europa ausbreitete – als »Franzosenkrankheit« bezeichnet, während die Franzosen selbst von der »neapolitanischen Krankheit« sprachen – und die durch die katholische Gegenreformation ausgelöste moralische Verhärtung begünstigte oder als die großen Syphilisepidemien zu Beginn des sechzehnten Jahrhunderts und später um 1630 das alte China verwüsteten und bei manchen Teilen der Bevölkerung zu einer neuen Tugendhaftigkeit führten, bei anderen zu einer frenetischen Jagd auf Lüste aller Art.[15] Dazu gehört auch eine weitaus weniger bekannte Episode: Gegen Ende des achtzehnten Jahrhunderts breitete sich in Frankreich eine merkwürdige Krankheit aus, die sogenannte *cristalline*[16], die bei den Homosexuellen gefürchtet war. Ihre Symptome wurden als flüssigkeitsgefüllte Pusteln in der Umgebung der Vorhaut oder des Anus beschrieben, die anscheinend infolge des Kontakts mit Sperma und Blut entstanden. Den Ärzten war verboten, die Erkrankung zu behandeln; sie diente dazu, die puritanische Strenge während der letzten Revolutionsjahre zu rechtfertigen.[17]

In demselben Klima beflissener moralischer Vergeltung oder »sexueller Konterrevolution« war also in den westlichen Gesellschaften die Immunschwäche Aids aufgetreten. Die Furcht, sie könnte der »Reaktion« als Alibi dienen, legte für sehr lange Zeit den Ton fest, in dem über das Phänomen gesprochen wurde. Ganz zu Anfang verleitete sie die Homosexuellenorganisationen – aber auch die Linke insgesamt – dazu, das Ausmaß der Gefahr zu leugnen. Man wollte auf keinen Fall ein Hirngespinst der Unterdrücker für bare Münze nehmen – eine verständliche, aber unverantwortliche Reaktion, die zehn oder zwölf Jahre später immer noch ein heikles Thema ist. Den Beweis dafür liefern die heftigen Ausbrüche, die Frédéric Martel 1996 in militanten Homosexuellenkreisen auslöste, weil er folgendes geschrieben hatte: »Im Lauf der achtziger Jahre haben sämtliche Interessensverbände (Vereinigungen, Zeitungen, Institutionen), die behaupteten, die Homosexuellen gegen die Gesellschaft zu verteidigen, paradoxerweise – und vielleicht muß man sogar sagen, *tragischerweise* – die Homosexuellen über die Wahrheit der Epidemie, die sie bedrohte, getäuscht.«[18]

Auf der einen Seite stand die Gefahr einer puritanischen Reaktion, auf der anderen die Leugnung des Risikos; Aids war, wie man sieht, nicht nur eine gesundheitliche und medizinische Herausforderung, sondern brachte einen ganzen symbolischen Apparat ins Wanken. Manche, bisweilen in gutem Glauben und ohne in moralisierende Exzesse zu verfallen, waren versucht, sich zu beglückwünschen, weil der Permissivität der siebziger Jahre damit eine »Warnung« erteilt worden sei. Andere hingegen schickten sich nun an, mit manischem Eifer darüber zu wachen, daß Aids nichts an den »sexuellen Errungenschaften« änderte. Auf der einen wie auf der anderen Seite ahnte man, daß das Auftreten von Aids und die Dringlichkeit von Aufklärung und Vorkehrungsmaßnahmen den Vorrang des Individualismus und die sexuelle Freiheit, also den Kern der westlichen Moderne, neuerlich in Frage stellen würden. So erklärt sich das sprachliche Blendwerk, dem man sich unterwarf, als man versuchte, die Vorbeugung zu organisieren.

EINE »GESUNDHEITSPORNOGRAPHIE«

Für den Zeitgeist war die symbolische Herausforderung alles andere als harmlos. Zunächst galt es, die Kopplung von Tod und Lust neu zu erlernen; den Begriffen Schicksalhaftigkeit, Infektion und Krankheit wieder einen zentralen Platz im Hedonismus der Liebe einzuräumen; eine auf Vorsicht gegründete Vorbeugung zu fördern, ohne deshalb die Phantasie und die erotische Vielfalt zu gefährden, die als feste Bestandteile mit der Vorstellung von der neuen Permissivität verbunden waren. Mit anderen Worten: Aids dramatisierte die Pseudodebatte über die Sexualität und karikierte sie zugleich ein wenig mehr. Als Hauptzeuge wurde nun der Tod geladen – von beiden Lagern.

Von nun an herrschte eine merkwürdige, morbide Symmetrie. Angesichts der Abwegigkeit der Argumente der Rechten über »Aids als Strafe« wurde eine ausgleichende, einigermaßen verrückte Heroisierung der Opfer in Szene gesetzt. Jenen, die die Verantwortung für die Krankheit auf das freiwillig praktizierte homosexuelle »Fehlverhalten« schoben – »Sie wollten es ja nicht anders« –, stellte man die jesusähnliche Figur des seropositiven Schwulen gegenüber, der gesellschaftlicher Gleichgültigkeit, geleugneten Gesundheitsrisiken und staatlichem Versagen zum Opfer gefallen war; ein Beispiel ist die symbolische Erklärung eines Mitglieds von *Act Up*, die Michael Pollack zitiert: »Ich wurde vor zwei Jahren infiziert, die Regierung ist dafür verantwortlich.«[19] Bald wurde der HIV-Infizierte oder Aidskranke mit abscheulicher Grausamkeit verfemt, bald wurde er in einen symbolischen, heldenhaften Leidenden verwandelt, »unterdrückt« von namenlosen Kräften.

Auf der einen Seite verwandelte sich vor dem Hintergrund des Hasses auf Homosexuelle und der Gleichgültigkeit gegenüber den Opfern eine tragische Epidemie in ein Alibi für den Rückschritt, und auf der anderen Seite wurde der Aidskranke und vielleicht sogar derjenige, der ihn infiziert hatte, von jeglicher individueller Verantwortlichkeit, ja selbst dem Gedanken eines fatalen Leichtsinns entbunden und als eindeutiges Opfer des Schicksals dargestellt. Auf den repressiven Irrtum folgte sein Gegenbild, das heißt die katastrophale Überbewertung der individuellen Schuldlosigkeit. Man war nicht einmal mehr für den eigenen Leichtsinn und die eigenen Entscheidungen verantwortlich. Angesichts der drohenden Geißel lösten sich die Freiheit des Sexualverhaltens und ihre Folge, die übernommene Verantwortung, in derselben unbestimmten Unschuld auf. So wurde Aids im Unterschied zu Krebs, Hepatitis B oder Herz-Kreislauf-Erkrankungen mit abstrakten Bedeutungen befrachtet. Es ging nicht mehr nur um medizinische, sondern auch um ideologische Aspekte.

Der Psychoanalytiker und Priester Tony Anatrella bemerkt in diesem Zusammenhang sehr zu Recht: »So war nach und nach eine regelrechte Gesellschaftsdramaturgie von Aids entstanden: eine Gesundheitsgeistlichkeit, eine militante Fraktion und ein Propagandasystem, begründet auf Schuld und Denunzierung, eine Verfahrens- und Medienliturgie und schließlich eine Doktrin, die geschickt die mit Sex verbundene Schuld auf symbolische Sündenböcke abwälzt.«[20]

Während der Vorbeugekampagnen grenzten diese Wortgefechte an Wahnsinn. Das Kondom, sein Gebrauch, seine Akzeptanz, die dafür betriebene Werbung, die Verschreibung für Minderjährige, sein Vertrieb stürzten die westlichen Gesellschaften in eine Raserei streitsüchtiger Beredsamkeit, die man gern belächelte, ginge es nicht um Leben und Tod.

Natürlich war an dieser Angelegenheit alles zwiespältig. Zunächst rechtfertigte die Notwendigkeit einer möglichst wirksamen Vorbeugung eine öffentliche Diskussion, präzise, konkret, pädagogisch und richtungweisend in bezug auf die Sexualität. Es ging darum, eine Beschreibung sexueller Praktiken zuzulassen und zu fördern, die sorgfältiger, genauer und detaillierter war als alles, was irgendeine Gesellschaft je zuvor erlebt hatte. Das Ausmaß der Gefahr und die Notwendigkeit wirksamer Gegenmaßnahmen ließen nicht zu, daß man sich mit Scham, diskreten Metaphern oder bildhaften Anspielungen belastete. Man war es sich nicht nur schuldig, die Dinge beim Namen und eine Fellatio eine Fellatio zu nennen, sondern es war auch nötig, die vom Alter oder der angeblichen Reife der Betroffenen abhängige traditionelle Zurückhaltung aufzugeben. Von der absichtlichen Unverblümtheit[21] der Werbekampagnen über Medien- und Schulpädagogik bis hin zu den Kondomautomaten in Schulen, brachte der Kampf gegen Aids binnen weniger Jahre einen neuen »sexuellen Diskurs« hervor, allgegenwärtig, hartnäckig, kalt, klinisch-sachlich, engagiert und ständig legitimiert durch eine niederschmetternde unausgesprochene Wahrheit: den potentiellen Tod.

Die notwendige Vorbeugung führte dazu, daß überall, auch im öffentlichen Alltag, auch bei jenen, die gar nichts verlangten, eine »Gesundheitspornographie« erfunden und gefördert wurde, die objektiv schockierend, jedoch vollkommen legitimiert und unanfechtbar war. Sie war bald zum Symbol der Aufklärungs- und Vorbeugungspflicht geworden und wurde, als solche, in staatlicher Verantwortung durchgeführt, richtete sich an jedermann, auch an Kinder und vorpubertäre Jugendliche. Derlei hatte man bis dahin nicht erlebt. Die dadurch ausgelösten Polemiken folgten in der Argumentation derselben Symmetrie. Wen die »unanständige« Offenheit der Vorbeugekampagnen abschreckte, dem wurde das Gewicht der medizinischen Notwendigkeiten entgegengehalten, und zwischen beiden Lagern flogen hochtrabende, stereotype Vorwürfe hin und her.

Ein Beispiel aus Dutzenden soll genügen: Im Juli 1995 warf das Pariser Schwulen- und Lesbenzentrum der Regierung vor, sie habe das Bild eines homosexuellen Paars aus dem Verkehr gezogen – in der endgültigen Version waren aus vier nackten Männerfüßen zwei

Paar Männerschuhe geworden –, ferner habe sie bestimmte Fotos, die darauf abzielten, die Praxis der geschützten Fellatio zu fördern, aus der Kampagne herausgenommen. Die Sozialisten versäumten nicht, die »herrschende Prüderie« anzuprangern und ihre Meinung zu bekunden, diese Angelegenheit erhelle »auf verstörende Weise die Rückkehr zur moralischen Ordnung«.

WENN ES DEN PAPST NICHT GÄBE

Man sah sich gezwungen, auf den dringend empfohlenen risikolosen Praktiken zu bestehen: gemeinsames Masturbieren, Fellatio interrupta, manuelle Zärtlichkeiten oder Cybersex und so weiter. Ohne sich dessen bewußt zu sein, wurde auf diese Art eine entschieden funktionelle, ichbezogene und extrem hygieneorientierte Einstellung gegenüber Sex gefördert, die beispielsweise mit den Empfindlichkeiten der Jugendlichen, der wichtigsten Zielgruppe dieser pädagogischen Kampagnen, wenig zu tun hatte. Die dringend nötige Vorbeugung rechtfertigte somit eine traurige Verarmung der Vorstellungen von Lust, die auf das Niveau einer Funktion, einer Geste oder, noch schlimmer, einer immunisierenden Strategie herabgewürdigt wurde.

»Die Jugend wird inzwischen als Risikogruppe behandelt!« beklagte die Drehbuchautorin Sophie Chauveau. »Aber welches Bild von Sexualität will man den jungen Menschen denn vermitteln, wenn von sexuellen Beziehungen nur im Zusammenhang mit Aids die Rede ist? Liebe und Lust und Sex als transzendente Erfahrung? Davon haben sie nie ein Wort gehört. Ach, vielleicht kommt es vor, daß sie ganz allein in ihren schmalen Betten träumen, aber sie finden niemanden, der ihnen in ihrer Verwirrung weiterhilft. Man klärt sie über die Gebote der Stunde auf: Aids, Aids, Arbeitslosigkeit, Arbeitslosigkeit ... wie das Ticken einer Zeitbombe.«[22]

Allen, die im Namen philosophischer oder religiöser Überzeugungen die kulturelle Armseligkeit dieser »Gesundheitspornographie« kritisierten, wurde vorgehalten, sie gingen einen Pakt mit dem Risiko ein und machten sich zu Komplizen der Krankheit, ja des Todes. Dieser Art von Einschüchterung, die sich auf den Appell ans Leben stützt, läßt sich schwer etwas entgegenhalten. Es wurde politisch korrekt, Liebe mit Sex gleichzusetzen, und Sex war eben die Hydraulik der Körpersäfte. Alles andere galt als mehr oder weniger bigott. Tatsächlich hatte noch nie eine Gesellschaft vor uns die Frage von Liebe und Lust auf derart rudimentäre Begebenheiten verkürzt.

Das Kondom hingegen war schon nicht mehr ein bloßer Gebrauchsgegenstand, sondern eine beeindruckende Standarte. Es war unsere Antwort auf das Verbrechen, unser Talisman gegen den Tod, das Zeichen unserer hartnäckigen Tapferkeit und der Beweis, daß wir sowohl die Zwangsläufigkeit des Schicksals als auch die Gebote des Moralismus ablehnten. Alles schien sehr einfach geworden zu sein: die Latex-Verfechter verkündeten ihr Vertrauen in den menschlichen Fortschritt, die anderen, Krämerseelen und Beckmesser jeglicher Couleur, stellten die traurige Armee der puritanischen Ordnung, die notorischen Komplizen der kriminellen Seuche. Von nun an prügelte man sich zu beiden Seiten der Gummimauer. Wer einzuwenden wagte, das Nachdenken über die Lust erschöpfe sich vielleicht nicht allein in der Frage des Kondoms, dem wurde unterschiedslos zurückgegeben: Sind Sie etwa ein Mörder?

Die Dringlichkeit gesundheitlicher Maßnahmen hatte die Wirkung einer Vereinfachungsmaschine. Vielleicht hatte man ja auf nichts anderes gewartet? In ihren Reflexen, ihren Begeisterungsstürmen, kollektiven Bewegungen oder jähen Panikausbrüchen, wehrt sich jede Gesellschaft gegen Komplexität. Nun war es tröstlich, in den Medien jeden zu lynchen, der sich der schlichten Kondombegeisterung verweigerte. Diese hauchdünne Gummimauer trennte nicht nur zwei Lager voneinander, sie schützte auch alle unsere Errungenschaften. Ihre magische Scheinherrschaft in Frage zu stellen, und sei es auch nur geflüstert, bedeutete, der Entsagung die Tür zu öffnen.

So entstand diese unglaubliche Kontroverse mit Papst Johannes Paul II., die jahrelang ein großes Interesse in der Öffentlichkeit fand. Hervorgegangen aus dem katholischen Traditionalismus Polens, wurde dieser Papst – mit einigem Recht – als die Karikatur des Konservativismus in Fragen der Moral angesehen; anders war dies auf wirtschafts- und sozialpolitischem Gebiet, wo seine Kritik am hemmungslosen Kapitalismus eher vom sozialen, der Linken nahestehenden Katholizismus geprägt war. In seinen Schriften und Enzykliken, in denen er sich mit der Moral befaßt, schien er, insbesondere in Fragen der Sexualität und Empfängnisverhütung, an die sittenstrenge und disziplinäre Haltung der Kirche zwischen den beiden Weltkriegen wiederanzuknüpfen. Da wäre zum Beispiel die Stellungnahme zu nennen, die Papst Pius XI. in seiner Enzyklika *Casti connubii* vom 31. Dezember 1930 zum Ausdruck brachte und die ein unmißverständliches Stoppsignal für die einigermaßen liberale Auffassung von der Ehe war. Mit diesem Text tötete Pius XI. bewußt eine geistige Strömung ab, die in den Jahren 1925 bis 1930 eine in bezug auf Empfängnisverhütung weniger obsessive und den Absichten der Eheleute aufgeschlossenere Moraltheologie ausbildete. »Es brauchte dreißig Jahre«, schreibt eine Expertin für diese Epoche, »bis diese Strömung mit neuer Kraft wieder ans Tageslicht kam und dem Konzil nutzte, um sich an die gesamte katholische Welt zu richten.«[23]

Im Hinblick auf Empfängnisverhütung, Präservativ und die Priorität der Aids-Bekämpfung verschanzte sich Johannes Paul II. hinter der Ablehnung des »sexuell Korrekten« und der Weigerung, sich der Kampagne für den Kondomgebrauch anzuschließen, und dies mit einer autoritären und unzeitgemäßen Starrheit, die selbst die praktizierenden Katholiken verstörte.

So war es regelrecht absurd, vom Vatikan zu erwarten, er möge aus seiner Rolle ausscheren, die Doktrin vergessen, den Geboten der Zeit gehorchen und »sich der beherrschenden, sterilen Auffassung anschließen: Nimm ein Kondom und mach, was du willst«[24]. Das war es jedoch, was die öffentliche Meinung und die Medien beharrlich forderten. Bald war nur noch vom Kondom und vom Papst die Rede, die entsprechend dem Geschmack der Zeit in Comic-Figuren verwandelt wurden. Papst und Kirche wurden immer expliziter aufgefordert, den Kondomgebrauch zu befürworten.[25] Weitere Ausflüchte wurden als »kriminell« bezeichnet; durch sein Schweigen mache sich der Papst »zum Mörder«, und ähnliches. Es war ein bedauerlicher Reduktionismus, aber ein höchst willkommener Streich. Das Kondom repräsentierte die unbekümmerte Schlichtheit eines gegen den Tod gespannten Gummis. Der Papst hingegen verkörperte, äußerst praktisch, das heißt in Form eines archaischen Verhaltens, das den Spott förmlich herausforderte, sämtliche Fragen, die zu stellen man sich weigerte.

4
ZUM GROSSEN GLÜCK DES KAPITALS

Unmerklich hat sich in den letzten zehn Jahren ein Bedeutungswandel in bezug auf die sexuelle Befreiung vollzogen, eine so einschneidende Umkehrung der Werte, daß wir sie im Moment noch gar nicht wirklich begriffen haben. Mit Hilfe eines unerwarteten Tricks hat die Geschichte die gestern noch frische »Subversion« in einen festen Bestandteil der etablierten Ordnung und die vor kurzem noch geforderten Freiheiten in Stützpfeiler der merkantilen Maschinerie verwandelt. Den Interessen der globalen Marktwirtschaft und den Geboten des Geldes schadet die überall herrschende Permissivität keineswegs, im Gegenteil, sie kommt ihnen unbestreitbar und auf tausenderlei Weise zugute. Der erotische Hedonismus fügt sich heute, wenn auch widerwillig, in den Rahmen eines gut ausgeschilderten Marktes ein. Wie ein Echo auf das Schlagwort »Bereichert euch!«, die von Guizot einst formulierte, berüchtigte Empfehlung der französischen Julimonarchie, geht heute in der öffentlichen Meinung die paradoxe Aufforderung um: »Genießt!« Sie nimmt die Forderungen von vorgestern beim Wort, nur um sie noch gründlicher zu verraten.

NEIN ZUR »BÜRGERLICHEN ORDNUNG«

Man braucht sich ja nur zu erinnern. Seit dreißig Jahren und länger vertraten die Verfechter der freien Liebe, die der moralischen Ordnung ihre Berechtigung absprachen und sich für die ungehemmte Hingabe an die Sinneslust einsetzten, mehr oder weniger dieselbe grundlegende Überzeugung: Die Unterdrückung der Sexualität in jeder Form sei in erster Linie durch die Sorge um Bewahrung einer Herrschaft begründet, um Bestätigung einer Macht bei gleichzeitiger Erfüllung der Produktionserfordernisse, also Erhalt der Arbeitsfähigkeit des Volkes. Diese Analyse, auf tausenderlei Weise dargelegt, lief darauf hinaus, daß die Sexualmoral, ob pragmatisch oder religiös begründet, stets als eine »Strategie« im Dienst des feudalen, des aristokratischen oder des bürgerlichen Systems gesehen wurde. Die Herrschaft, die sie zu verewigen suchte, war natürlich die Macht des Mannes über die Frau, des Reichen über den Armen, des Besitzenden über den Mittellosen. Das sei der einzige Zweck der Moral, hieß es, gleichgültig, in welches religiöse oder mystische Gewand sie sich auch kleidete.

Gewiß, das kollektive Gedächtnis hat die Erinnerung an die langen Jahrhunderte bewahrt, in denen die Zügellosigkeit ein Vorrecht des Adels gewesen war.[1] Ebenso erinnerte man sich, daß die bürgerliche Moral kurz vor der industriellen Revolution und das gesamte neunzehnte Jahrhundert hindurch von der Idee besessen war, man müsse die Sexualität der Arbeiter, die als hemmungslos und barbarisch galt, im Zaum halten, disziplinieren oder überhaupt unterdrücken. Es war das Wahnbild[2] von der Sittenlosigkeit des Volkes, die eine ständige Bedrohung nicht nur für die etablierte moralische Ordnung sei, sondern auch für den Frieden in den Fabriken.

Nach Marx neigt der Kapitalist ständig dazu, den Lohn auf das physiologische Minimum zu verkürzen und den Arbeitstag auf das physiologische Maximum zu verlängern, während der Arbeiter in der entgegengesetzten Richtung Druck ausübt. Die Sinneslust ist ein Luxus und eine Energieverschwendung, mit der die Industrie sich nicht abfinden will. Dies ist auch die These, die Engels in einem, wie es heißt, von Lenin empfohlenen Buch aufstellt: *Der Ursprung der Familie, des Privateigentums und des Staates*[3]. Seit den protestantischen Moralisten des siebzehnten und achtzehnten Jahrhunderts – den Begründern des Kapitalismus nach Ansicht von Max Weber, auf den wir noch zurückkommen werden – versteht es sich von selbst, daß die puritanische Auffassung vom Dasein an der Wiege des modernen *homo oeconomicus* gestanden hatte.[4]

Für Freud stellten die »Zähmung des Liebeslebens durch die Zivilisation« und die Förderung einer auf Triebunterdrückung begründeten »zivilisierten Sexualmoral« seit noch längerer Zeit eine Art ungleichen Vertrag mit der etablierten Ordnung dar. Jedes Individuum habe einen Teil seines Besitzes, seiner souveränen Macht, der aggressiven und rachsüchtigen Neigungen seiner Persönlichkeit abgetreten, schrieb er zu Beginn des Jahrhunderts. Die gesamte kritische und permissive Literatur der sechziger und siebziger Jahre ist noch von dieser Überzeugung geprägt: Die traditionelle Moral, die sich auf die monogame Ehe, die geburtenfördernde Familienideologie, auf Mäßigung beziehungsweise Enthaltsamkeit und auf die väterliche Autorität stützt, sei zuallererst eine Waffe in den Händen der Ausbeuter, die die »bürgerliche Gesellschaft« regieren.

Wilhelm Reich wiederum beteuerte unermüdlich, die konservative Sexualmoral sei »folgerichtig der Ausdruck der ökonomischen Interessen«. »Jede offizielle Sexualethik ist aber notwendigerweise sexualverneinend, mag sie im Kampfe mit den realen Erscheinungen des Sexuallebens auch manche Konzessionen an die Sexualbefriedigung machen, mag die herrschende Klasse ein dieser offiziellen Ethik noch so widersprechendes Sexualleben führen und fördern.«[5] Erwähnenswert ist in diesem Zusammenhang, daß zu Beginn des Jahrhunderts die ersten militanten Anhänger der französischen Anarchiebewegung sich auf diesem Gebiet als Reichs Vorläufer betätigten; sie forderten freie Liebe und Empfängnisverhütung, und sie konnten sogar einige talentierte Pornoschriftsteller vorweisen.[6]

In den Flugblättern, Slogans, Manifesten, die während und nach dem Mai 1968 verbreitet wurden, stößt man immer wieder auf die Anprangerung der »faschistischen«, »bürgerlichen« oder »merkantilistischen« Ordnung, die den Massen die freie Entfaltung ihrer Sexualität untersagt, um ihre Arbeitskraft besser ausbeuten zu können. Parallel dazu findet sich die Ablehnung des Autoritätsprinzips, das als Hauptinstrument der Unterdrückung vorgestellt wird. »Die einzige Lust des Bürgertums besteht darin, alle anderen Lüste niederzumachen«, verkündete im Mai 1968 ein Graffito recht anschaulich.

Die eher nüchternen Texte der Situationistischen Internationale aus dem Zeitraum 1959 bis 1969 nehmen außer in Form von Anspielungen und indirekten Illustrationen kaum je direkt Bezug auf die »sexuelle Subversion«. Doch die Errungenschaften im Hinblick auf Wirklichkeits- und Grenzüberschreitung und sexuelle Freizügigkeit werden darin von Anfang an ausdrücklich gefordert. »Das surrealistische Programm, das die Souveränität des Begehrens und der Überraschung fordert«[7], ist an konstruktiven Möglichkeiten weitaus reicher, als man gemeinhin annimmt, steht in einem Bericht von Guy Debord aus dem Jahr 1957, der für einen neuen Umgang mit dem Leben plädiert. Aus dieser Lebenseinstellung ging 1968 die berühmte Broschüre der Situationisten mit dem Titel *Über das Elend im Studentenmilieu*[8] hervor.

In der »rasenden« Rhetorik jener Jahre wird übrigens zwischen den Kämpfen der Arbeiter oder Antiimperialisten einerseits und den neuen Forderungen auf moralischem Gebiet andererseits – Homosexualität, Empfängnisverhütung, Feminismus und so weiter – immer wieder eine Verbindung hergestellt. »Euer Kampf ist der unsere«, verkündet ein Flugblatt der Bewegung vom 22. März den streikenden Arbeitern. »Wir besetzen die Universitäten, ihr besetzt die Fabriken.« Diese geforderte Verkettung zwischen dem proletarischen Erbe und den neuen Kampfplätzen im Alltag stützt sich auf die Anprangerung der immer gleichen »Unterdrückung«. Im übrigen kamen die Gründer von Organisationen wie der revolutionären homosexuellen Aktionsfront, der antipsychiatrischen Bewegung oder der Vereinigung für Informationen über Gefängnisse, die in den siebziger Jahren eine große Rolle spielten, politisch zum größten Teil aus der extremen Linken. Die damaligen Studenten wiederum lasen sowohl die Texte der Situationisten wie auch, beispielsweise, ein Werk des Philosophen Henri Lefèbvre mit dem vielsagenden Titel *La Proclamation de la Commune de Paris* (»Die Ausrufung der Pariser Kommune«).

VON DER POLITIK ZUR KULTUR

Die anfängliche Verknüpfung beider Arten von Revolution wurde im übrigen von der Frankfurter Schule ausführlich in Begriffe gefaßt. Evelyne Sullerot, einstige Mitstreiterin des militanten Feminismus, unterstreicht dies mit einer Spur rückblickender Ironie: »Die gesamte Frankfurter Schule – Adorno, Horkheimer, Fromm und vor allem Marcuse – setzte sich dafür ein, die Vaterfigur umzuinterpretieren, nämlich nicht nur in der Rolle der Autoritätsträgerin innerhalb der Familie, sondern auch – was ihr allen Argwohn und sämtliche Verwünschungen einträgt – als Vermittlerin von Autorität im weitesten Sinne, zumal der politischen Autorität. [...] Tatsächlich verstärkt die Autorität des rechtmäßigen Vaters die politische Macht. Das ist es. Damit sind wir beim ›Achtundsechziger-Gedanken‹, der nun die Gesellschaft in Brand setzt und die Jugend zum Kampf gegen die ›Unterdrückung‹ mobilisiert.«[9]

Mit dem Kampf für den Sturz der bürgerlichen Moral bereitet man nicht nur das Terrain für den postmodernen Individualismus, sondern bekämpft auch, sogar in erster Linie, die entfremdende Tyrannei des Geldes, die Vulgarität der Ware, das Gewicht des puritanischen Ökonomiedenkens. Später, sehr viel später, kommt es – im Handeln, nicht im Reden – zum Bruch »zwischen dem aktionistischen, gemeinschaftsorientierten, politischen Individualismus vom Mai 1968 und dem narzißtischen und apathischen Individualismus Ende der siebziger Jahre«, dessen Theoretiker Gilles Lipovetsky war, und zur Trennung zwischen der »politischen« und der »kulturellen Linken«.[10]

Das 1968 allgemein akzeptierte Postulat ist durchaus eindeutig: Wenn das sexuelle Verlangen seit Jahrhunderten mit nachdrücklicher Unterstützung der Geistlichkeit jeglicher Couleur und des bäuerlichen Aberglaubens unterdrückt wird, dann in erster Linie wegen des Vorteils, vor allem des wirtschaftlichen Profits, einer Minderheit. In der Einführung zu seiner langen Reflexion über die Geschichte der Sexualität nennt Michel Foucault explizit etwas beim

Namen, das uns allen als unwiderlegbare Wahrheit erscheint, auch wenn er selbst sich mit seiner Meinung zurückhält: »Steht nicht die geschwätzige Aufmerksamkeit, die seit zwei oder drei Jahrhunderten ihren Lärm um den Sex macht, im Dienste eines elementaren Bemühens, nämlich dem, das Bevölkerungswachstum zu sichern, Arbeitskraft zu produzieren, die Form der gesellschaftlichen Beziehungen aufrechtzuerhalten; kurz: im Dienste der Absicht, eine ökonomisch nützliche und politisch konservative Sexualität zu bilden? Ich weiß noch nicht, ob das letztlich das Ziel ist.«[11]

Diese Überzeugung ist noch nicht verschwunden, auch wenn sie sich nur in Form von Spuren, geistigen Reflexen oder politischen Vorurteilen äußert. In der Formulierung »moralische Ordnung« suggeriert das Wort »Ordnung« die Vorstellung einer disziplinarischen Gestaltung der Wirklichkeit zum Nutzen weniger. Dem gegenüber steht die unbestimmte Hypothese einer spielerischen, permissiven »Unordnung«, von der wiederum alle profitieren könnten. Wenn wir die moralisierende Nostalgie oder die tätigen Umtriebe der Neopuritaner anprangern, vermuten wir hinter dieser Art von geheimem Einverständnis instinktiv etwas anderes als lediglich eine Frage persönlicher oder religiöser Überzeugungen, nämlich den wenn auch noch so fernen und vagen Entwurf eines greifbaren »Nutzens« für eine Minderheit. Was der ist – die Stabilität einer Macht, eine aufrechterhaltene Ungerechtigkeit, eine erneuerte Knechtschaft –, spielt keine Rolle. Unserem Gefühl nach versteht es sich von selbst, daß jede »moralische Ordnung« ihre Nutznießer hat und folglich auch ihre Strategen, die dem Volk irgend etwas entziehen wollen. Aus diesem Grund ist jede Sexualmoral im strengsten Wortsinn suspekt. Im vorherrschenden Denken wird sie nach wie vor in erster Linie als Repression wahrgenommen, nicht als eine Gesamtheit verinnerlichter Werte.

Das alles jedoch ist heute von Grund auf ins Wanken geraten. Die Natur des Systems, das die Wirtschaft regiert, dieser riesige, wildwuchernde und expansive Markt, den man uns als unser neues Los präsentiert, und die stillschweigende, unangefochtene bürgerliche

Ordnung funktionieren nicht mehr wie früher, zu Zeiten der Manufakturen und der Schwerindustrie. Der neuen etablierten Ordnung ist der freie Sexkonsum in keiner Weise schädlich, im Gegenteil, er kommt ihren Erfordernissen entgegen und entspricht ihren Interessen.

Wir wollen uns nun genauer ansehen, warum dem so ist.

DIE RACHE DER WARE

Zunächst stellen wir fest, daß alle Lüste unwiderruflich zur Ware geworden sind, die festen Tarifen unterliegt. Das ist zwar gewiß keine neue Erkenntnis, dennoch können wir sie hier nicht einfach übergehen. Der Handel, die Vergütung, die Regulierung haben allein durch Angebot und Nachfrage heute nahezu alle Bereiche der Liebe mit Beschlag belegt. Von der Pornographie bis zur professionellen oder gelegentlichen Prostitution, von der zeitgenau erfaßten Befriedigung jeglicher Phantasie – über Telefonsex, elektronischen Versandhandel und ähnliches – bis hin zu »Service«-Unternehmen – Saunas, Bars, diverse Clubs –, von der Fachpresse zu den sogenannten Nebenindustriezweigen wird der Sex verdinglicht und immer käuflicher, je freier er ist, und zwar so, daß die buchhalterische Beschreibung dieser neuen Märkte inzwischen an die Stelle der moralischen Fragestellungen von vorgestern getreten ist. Das ist der anekdotischste und, sprechen wir es aus, der trivialste Aspekt der Frage.

Ein ziemlich pathetisches Bild aus dem Alltag illustriert diese Veränderung: Eine Hausfrau schiebt friedlich ihren Einkaufswagen an den Pornoregalen eines Supermarkts entlang. Zwischen einem Paket Windeln und einer Flasche Pastis wird die Videokassette, die sie sich ausgesucht hat, zur Registrierkasse befördert. Eine banale Einkaufsroutine, eine zellophanverpackte Grenzüberschreitung, die Wollust im Sonderangebot – was für ein weiter Weg!

Das ist nur ein Bild. Es gibt andere, nüchternere Wirklichkeiten. In Europa und in Amerika sind die sexuellen Minderheiten in den meisten Fällen eigene Lobbys geworden, die über eine erhöhte Kaufkraft verfügen; auf dem Markt stellt jede von ihnen eine eigene Zielgruppe dar, und dies schon seit langem. Jerry Rubin, eine der prägenden Persönlichkeiten der kalifornischen Gegenkultur der sechziger Jahre und Autor von *Do it*, verkündete dies bereits zu Beginn der achtziger Jahre in der *New York Times*: »Politik und Revolte prägten die sechziger Jahre, in den Siebzigern waren wir auf der Suche nach unserem Ich, und in den achtziger Jahren werden Geld und Macht das allgemeine Interesse mit Beschlag belegen.«[12] Daß seine Prophezeiung sich als richtig erwiesen hat, brauchen wir nicht auszuführen.

Der Gay-Forscher Michael Pollack war noch rigoroser; seiner Ansicht nach fand der Einbruch des Kommerzes bereits in den ersten Jahren der sexuellen Befreiung statt. »In den sechziger Jahren führte die Liberalisierung zunächst zu einer explosionsartigen Ausdehnung der Sex-Vermarktung. Neben zahlreichen neuen Bars, Kinos und Saunas entstehen die Homosexuellenpresse, die Pornographie und eine Industrie für sexuelle Hilfsmittel, die von Lederutensilien, Penisringen und Cremes bis hin zu den *poppers* reichen (das sind gefäßerweiternde Mittel, die als Aphrodisiaka verwendet werden). Wie die *Gay-Lib*-Aktivisten der ersten Stunde bemerken: ›Haben wir die Revolution gemacht, um das Recht zu haben, siebenhundert Lederbars mehr zu eröffnen?‹«[13]

Heute ist das Phänomen noch sehr viel ausgeprägter. Ein bezeichnendes Symbol unter vielen anderen: die provokanten Großdemonstrationen wie Gay Pride oder Christopher Street Day tragen inzwischen alle Anzeichen eines Showbiz-Unternehmens, mit detaillierter Planung, Sponsoren und Rentabilitätsberechnungen. Von der Entstehung dieses Schwulengeschäfts zehren inzwischen die Leitartikel und Kommentare in den Medien, bisweilen sogar mit einem Anflug von Melancholie. »Warum noch so tun, als wollten wir Interessenverbände und Militantismus fördern, wenn die Gay Pride ein Mega-Konsumereignis geworden ist, wenn sie von einem kommerziellen Unternehmen organisiert wird, dessen Ziele weniger militant als ökonomisch sind, und wenn wir statt politischer Forderungen nur noch Merchandising vorfinden: T-Shirts, Uhren und Badetücher in den Farben des Regenbogens und sogar ein Schwulenbesichtigungsausflug zu den Loire-Schlössern?«[14]

Dieselbe Bemerkung könnte für Versammlungen, Begegnungen, Demonstrationen, Privatinitiativen gelten, die gestern noch mit Tabuverletzungen und Militantismus in Verbindung gebracht wurden und heute vom Kommerz vollkommen verschlungen worden sind. Die Radikalsten unter den einstigen Kämpfern machen kein Hehl aus der traurigen Wut, die diese kommerzielle Trivialisierung der sexuellen Revolution bei ihnen auslöst. »Das Recht auf das Vergnügen«, schreibt Raoul Vaneigem, »wurde zu einem Eroberungszug, während das Vergnügen schon durch die Ware erobert worden war. […] Nicht von ungefähr fällt die demokratische Erschließung des Vergnügens mit der Eroberung neuer Märkte zusammen, auf denen der Genuß Komfort und das Glück Aneignung heißt. […] In einem gewissen Sinn haben die religiösen und moralischen Tabus und Verbote den Orgasmus gegen die Gefahr einer Rekuperation durch die Ware geschützt.«[15] Das neue Verbot im Zusammenhang mit Liebe und Lust läßt sich heutzutage mit einem Wort ausdrükken: Unentgeltlichkeit. Suspekt ist nur, was umsonst ist. Was für ein Elend!

Es stimmt, daß ein erheblicher finanzieller Einsatz mit der Kommerzialisierung verbunden ist. Kein Volkswirt, kein Statistiker war bisher in der Lage, den globalen Umsatz all dieser Industriezweige und der direkt oder indirekt mit dem weltweiten Sexmarkt verbundenen Serviceleistungen abzuschätzen. Aber die wenigen Angaben, die uns vorliegen, lassen darauf schließen, daß der Markt gigantisch geworden ist. In den Vereinigten Staaten ist allein die Pornoindustrie eine Schatztruhe und stellt doch nur einen winzigen Bruchteil des Ganzen dar. Nach Angaben des Nachrichtenmagazins *US News and World Report* gaben die Amerikaner im Jahr 1996 mehr als acht Milliarden Dollar für Videos, Peep-Shows, Filme und Live-Aufführungen, Kabelprogramme und Zubehör aus, mehr als die Einnahmen aus der gesamten Hollywood-Produktion. Noch vor zwanzig Jahren schätzte die amerikanische Regierung den Umsatz in diesem Geschäftsbereich auf magere zehn Millionen.

FÜR EINE HANDVOLL DOLLARS MEHR

Diese neue Industrie hat natürlich auch ihre Symbolfiguren vorzuweisen, ihre reich gewordenen Pioniere, phantastischen Tycoons und siegreichen Eroberer, die ihren Platz in der großen Saga der weltweiten Wirtschaftschronik eingenommen haben – so zum Beispiel der amerikanische Milliardär Larry Flint, Pornokönig, dem Miloš Forman einen Film (*The People vs. Larry Flint*) gewidmet hat. Dieser Mann, in dem die Zeitschrift *People* »die Alptraumversion des American Dream« erblickte, hat sich zum respektablen Pornogeschäftsmann gemausert. Seine erste Dollarmillion verdiente er mit der Veröffentlichung von Nacktfotos: Jacky Onassis auf einer griechischen Insel. Nachdem er Opfer eines Attentats wurde, lebt er seit 1978 in einem vergoldeten Rollstuhl in Beverly Hills.

Ein anderes Beispiel ist die inzwischen über achtzigjährige Beate Uhse, einstige Luftwaffenpilotin im Zweiten Weltkrieg, die heute über ein Versandhandelsimperium, Beate Uhse International, regiert, das mit Erotik und Sex jährlich mehr als hundertdreißig Millionen Mark Umsatz macht. »Bekannt bei nahezu achtundneunzig Prozent der Deutschen, ist Beate Uhse ein Modellbeispiel des Wirtschaftswunders. Mit über einer Million zusätzlicher Kunden seit dem Mauerfall sind an die fünfzig Franchise-Geschäfte über ganz Deutschland verteilt, zu denen noch die Versandhandelsfilialen in Großbritannien, der Schweiz, in Österreich und Slowenien kommen.«[16]

Jedes oder beinahe jedes Land hat seine eigenen Champions der Sexindustrie, zumal die ehemals kommunistischen Länder Osteuropas, vor allem Ungarn und die frühere Sowjetunion, die diese Marktlücken mit einer Brutalität und einem Zynismus ohnegleichen besetzten. Überall im Osten machen die verschiedenen Mafiaorganisationen, die auf den zerfallenen Staaten gedeihen, ein Vermögen nicht nur mit Drogengeschäften und Waffenhandel, sondern auch in der Sexindustrie. Seit beinahe zehn Jahren rückt das Tagesgeschehen im Osten immer wieder denselben Anblick in den Mittelpunkt der Medien: die ehemals kommunistischen Gesellschaften, puritanisch, ausgehungert und bespitzelt, die auf einmal von der Freiheit, aber auch von Ungewißheit, Pornographie und Prostitution überschwemmt werden. Die Eindrücke sind sinnbildlich: die Polinnen, Tschechinnen, Ungarinnen und Russinnen, die als menschliches Vieh in die Bordelle von Istanbul, Arabien und Europa geschickt werden; die ehemaligen Kämpfer des Komsomol, der kommunistischen Jugendorganisation, die auf die Straße gesetzt werden; die jungen Mädchen aus der Ukraine oder aus Litauen, denen die Aussicht auf leichtverdientes Geld und die Versprechungen der Schlepper aus dem Westen den Kopf verdrehen.

Das ist die Kehrseite einer neuen Permissivität, die sämtliche Prüderien des totalitären Regimes über Bord geworfen hat, aber bereits vom Geld regiert wird – viel grausamer, als man geahnt hatte. Gleichzeitig erscheint die Zunahme von Ungleichheit und Armut im Osten historisch als beispiellos.[17] Aus dem Leben der Ärmsten schwindet jegliche Hoffnung, die Kindersterblichkeit steigt, und so weiter. Die einstigen kommunistischen Länder bieten somit einen Grenzfall der »sexuellen Revolution«, die sich mit beschleunigtem, um nicht zu sagen rasendem Tempo vollzieht. Diese karikaturistische Verzerrung der Situation verweist uns auf unsere eigenen Enttäuschungen, obwohl eine derart merkantile Instrumentalisierung der neuen sexuellen Freiheiten bei uns keineswegs der verstörendste Aspekt ist.

Noch viel verstörender ist die Aneignung der permissiven Sprache durch den Kommerz, denn sie verändert und kompromittiert die Bedeutung der Worte. Vom Sexshop bis zum Versandkatalog, von der Subkultur der Pornovideos bis zur Subkultur des Internets bietet niemand seine Produkte oder Dienstleistungen an, ohne zu Werbezwecken auf eine »befreite« Sprache zurückzugreifen, die ihre Thematik und Terminologie der revolutionären Vulgata von vorgestern entlehnt. Die heute gewohnte banale Vermarktung von Sex bedient sich der Straßendirnenversion, der abgefeimten, um nicht zu sagen liederlichen Umformulierung der Glaubensbekenntnisse aus den siebziger Jahren und parodiert sie mit routinierter Werbewirksamkeit. Nicht weniger geschickt ist sie darin, die Verurteilung der »moralischen Ordnung« zu Reklamezwecken zu inszenieren; nie wird sie eine Gelegenheit versäumen, die erhabene Souveränität der Lust zu verherrlichen – werbemäßig diesmal, mit demagogischen Slogans. Immer häufiger ist es das Geld, das zu Demonstrationen und Protestkundgebungen aufruft, um anschließend im Fernsehen übertragen zu werden.

So wird die Schließung eines Eros-Centers, die Zerschlagung eines Zuhälterrings, das Verbot eines Pornohandels oder die Beschlagnahme einer Ladung Videokassetten aufgeregt als wiedererstarkter Puritanismus angeprangert. Nur die Naivsten nehmen dieses Werbespektakel ernst, das im Gewand fortschrittsorientierter Proteste daherkommt. Die Hypothese, daß die entsprechende Berichterstattung in den Medien schlicht und einfach mit Geld aus einschlägigen Quellen erkauft wurde, hat sich in einigen Fällen als richtig erwiesen.

Darin liegt die eigentliche Obszönität unserer Zeit. Sie besteht nicht in absichtlicher Provokation als erotischem »Spektakel«, sondern in der Zweckentfremdung, der Aneignung einer Revolte, einer Utopie und einer Sprache durch die Verfechter des Profits, die ihrerseits vollkommen gleichgültig gegenüber allem sind, was sich weder verwerten noch quantifizieren läßt. Es lebe der Sex, vorausgesetzt, er bringt Geld. »Jedoch enthüllt die Bourgeoisie«, schreibt Vaneigem, »damit die einzige Sünde, die unsühnbar ist, nämlich die, nicht zu bezahlen. Der Genuß ohne Gegenwert ist das absolute ökonomische Verbrechen.«[18] Die Inbesitznahme der Sprache der Liebe durch die Geschäftemacher läuft auf eine ontologische Kehrtwende hinaus, deren Verrücktheit nicht genug hervorgehoben werden kann. Pathetisch zwingt sie eine Revolte zu ihrem Ausgangspunkt zurück. Eine Forderung interpretiert sie als »Nachfrage« und serviert auf der Stelle ein »Angebot«. Das ist die Umkehrung der Utopie: Obszönität und perfektes Verbrechen. Als Marx gegen die Verlogenheit des bürgerlichen Moralismus zu Felde zog, verfolgte er damit das Projekt, die Liebe zu befreien, und nicht, sie auf neue Irrwege zu schicken. Wenn allein die aus Liebe geschlossene Ehe moralisch sei, schrieb er, so sei auch nur die Ehe moralisch, in der die Liebe andauere. Als die Studenten im Mai 1968 »Lust ohne Grenzen« und »Nehmt eure Wünsche für Wirklichkeiten« an die Mauern des Quartier Latin schrieben, hätten sie nie gedacht, daß sie damit künftige Werbesprüche für den Pornomarkt erfanden. Genau das aber ist geschehen. Den einstigen Slogan der Revolte »Verlangt alles und das sofort« hat heute die Werbung usurpiert.

Einst zogen wir in den Krieg gegen die Herrschaft des Geldes, und jetzt stellen wir fest, daß wir seinen Interessen dienen. Die Reise war verlockend, doch ihr Ende stimmt melancholisch.

VERGREIF DICH NICHT AN MEINEM MARKT!

Dennoch bleiben wir mit diesen paar Erinnerungen im unwichtigen Bereich. Ihre einschneidendsten Wirkungen erzeugt die Kehrtwende auf einer ganz anderen, tieferen Ebene. Daß der Markt eine derart überragende Bedeutung hat, das Wechselspiel von Angebot und Nachfrage die Weltwirtschaft beherrscht, liegt bekanntlich am globalen Projekt der freien Marktwirtschaft. Das heute vorherrschende Denken knüpft wieder an das Credo *laissez faire, laissez passer* des Liberalismus des neunzehnten Jahrhundert an, wonach sich nur die von staatlichen Eingriffen freie Wirtschaft positiv entwickelt. Aus diesem Blickwinkel gilt die Aufstellung irgendeiner Regel, die dazu dient, die Brutalität des Marktes zu mäßigen, als veraltet. Die neue Utopie, der man jetzt frönt, ist die Vorstellung eines chemisch reinen Marktes, der von sämtlichen außerwirtschaftlichen Zwängen befreit ist. Kulturelle Besonderheit, gruppenorientierter Partikularismus, politischer Voluntarismus – eine nach der anderen werden die alten Formen der Regulierung zum Verschwinden aufgefordert, und zwar allein zum Vorteil des Marktes, von dem man ein ideales, perfektes Funktionieren erwartet. Auf ihre alten Tage erweist sich sogar die Psychoanalyse, um einen Ausdruck von Jacques-Alain Miller zu benutzen, als »Komplizin der marktwirtschaftlich orientierten Phase, denn auch der Markt läßt Identitäten zerbröckeln«.[19]

Unsere Vorstellungen von der Sexualität sind in diesem Kontext angesiedelt. Die Tabus oder Verbote von vorgestern werden ebenfalls als uralte, von der Geschichte überholte Regulierungsversuche abgetan. Notfalls werden diese Überreste einer Moral, die Vorschriften oder Zwänge nicht im Namen der Freiheit, sondern im Namen des Liberalismus verworfen, was nicht ganz dasselbe ist. Was man ihnen vorwirft, ist nicht mehr durch einen philosophischen, sondern durch einen ökonometrischen Einwand begründet. Die Beschwerde gegen die traditionelle Sexualmoral lautet, sie stelle eine Form pedantischer Kodifizierung dar, die nicht den Erfordernissen des Freihandels entspreche.

Dieses volkswirtschaftliche Paradox zeigt sich deutlich in bestimmten Polemiken, zum Beispiel bei der Auseinandersetzung über das Internet. Die Forderung, den unkontrollierten weltweiten Datenaustausch zumindest einer gewissen Überwachungsmöglichkeit zu unterwerfen, um die allzu unmoralischen Angebote zu unterbinden – wie etwa die Verbreitung der rechtsradikalen »Auschwitzlüge«, von Pädophilie oder Mädchenhandel –, stößt auf ein Hindernis, das nicht nur technischer, sondern ideologischer Natur ist. Jedes noch so bescheidene, noch so harmlose Projekt einer gesetzlichen Regelung verstößt auf empörende Weise gegen das nicht in Frage zu stellende Prinzip des Marktes. So sehen sich moralische Bedenken aufgefordert, vor der Überlegenheit des wirtschaftlichen Dogmas zu kapitulieren. Das ist ziemlich verrückt, wenn man es recht bedenkt.

Im Fall des Internets – das haben wir bei bestimmten Urteilen deutscher Gerichte im Jahr 1996 erlebt – werden jedem Versuch, der

Maschine Moral beizubringen, nicht ein, sondern zwei entkräftende Einwände entgegengehalten. Zunächst, wird betont, könnte eine eventuelle Gesetzgebung ausschließlich auf nationaler Ebene beschlossen und angewendet werden. Sie stünde also in der Tradition eines nicht mehr zeitgemäßen Nationalismus, der mit der Idee einer freien, weltweiten und grenzübergreifenden Kommunikation, als deren flammendes Symbol sich das Internet präsentiert, nicht vereinbar sei. Außerdem verstieße sie gegen den Katechismus der freien Marktwirtschaft, der heutzutage ebenso unumstößlich ist wie der erste Zusatz zur amerikanischen Verfassung.

So ergreifen ein nachgiebiges Denken und eine radikal neue Sprache kaum merklich Besitz vom Territorium der Sexualmoral. Die neuen Verfechter der Permissivität kopieren die Semantik des Handels. Sie sind durchdrungen von einer Weltsicht, die in der Tat liberal ist, allerdings im wirtschaftlichen Sinn des Wortes, wie ihn die amerikanischen Libertarians definieren, die die uneingeschränkte Gedanken- und Handlungsfreiheit des Individuums postulieren. Damit legen sie eine neue Form von Zynismus an den Tag, die man als unschuldig bezeichnen könnte. Wenn sie jede moralisierende Anwandlung ablehnen, so nicht mehr im Namen individuellen Aufbegehrens, des Wunsches nach Tabuüberschreitung, Amoralität oder Provokation, sondern lediglich, um den Sachzwängen des modernen Merkantilismus zu gehorchen. Mit anderen Worten ausgedrückt, gehört die Regulierung durch moralische Kriterien ihrer Ansicht nach in dieselbe Kategorie wie verstaatlichte Fabriken, der Status der Gewerkschaftler oder der Wohlfahrtsstaat ihrer Großväter: ein rührendes, aber kitschiges Überbleibsel des sozialen Voluntarismus.

Erinnern wir uns in dem Zusammenhang, daß die amerikanischen ultraliberalen Libertarians, deren Anführer Robert Nozick ist, der Verfasser von *Anarchie, Staat, Utopie*[20], bisweilen auch Anarcho-Kapitalisten genannt werden. In der Tat sind sie, als Anhänger einer integralen Marktwirtschaft, jeder moralisierenden Reglementierung feindlich gesinnt. Als Verfechter einer radikalen sexuellen Freiheit sind sie der Auffassung, der Markt sei von allein imstande, die angeblich »moralischen« Widersprüche unserer Gesellschaft zu regeln.[21] Ebendiesen Nihilismus werfen ihnen die amerikanische Linke und manche Theoretiker des Europagedankens vor, wie beispielsweise Amitai Etzioni, der einer der »Gurus« des Labour-Chefs und britischen Premierministers Tony Blair war. »Die Geisteshaltung [der Libertarians]«, schreibt Etzioni unnachsichtig, »wird ausgezeichnet durch jene Abhandlungen veranschaulicht, die uns nahelegen, das Duell sei eine hervorragende Methode, um einen Streit beizulegen; die sich fragen, ob der Versuch, Flugzeugentführungen zuvorzukommen, finanziell gerechtfertigt sei; oder die ›beweisen‹, daß es effizienter sei, Babys auf einem freien Markt zu kaufen und zu verkaufen, statt Adoptionsregeln aufzustellen und damit das Risiko einzugehen, daß ein Schwarzmarkt entsteht.«[22]

DIE »VERLAGERUNG« DES BEGEHRENS

Bei uns herrscht recht häufig eine vereinfachte, karikierte Version des liberalistischen Zynismus vor, ohne daß man sie als das identifizieren könnte, was sie ist. Die Kehrtwende ist in der Tat spektakulär. Die sexuelle Überschreitung hatte einst mit der Ablehnung des bürgerlichen Kapitalismus zu tun, und nun ist sie plötzlich wieder da, genehmigt, gerechtfertigt, ausgebeutet und geschützt durch denselben Kapitalismus, der in verjüngter Form und nunmehr unter dem Namen »Liberalismus« auftritt. Sonderbarerweise hatten einige scharfsichtige Köpfe bereits vor dreißig Jahren diese Aneignung geahnt, sogar vorausgesagt, waren aber zu ihrer Zeit kaum gehört oder verstanden worden. Zitieren wir Autoren wie Lars Ullerstam oder mehrere Soziopsychoanalytiker der sechziger Jahre, die damals darauf hinwiesen, daß »die herrschenden Klassen jedes Interesse haben, die Sexualität in Form eines gesetzlich geregelten Genitalkonsums, einer funktionalisierten und entgeistigten und folglich manipulierbaren Sexualität zu befreien«, und sich fragten, ob »die sexuelle Befreiung, die wir derzeit erleben«, in Wahrheit nicht vielmehr »eine viel stabilere Homogenisierung der Gesellschaft bewirkt als die brutale Repression zu Anfang des Jahrhunderts«.[23]

Offensichtlich stecken wir mitten in diesem Homogenisierungsprozeß. Der heutige uneingeschränkte Liberalismus sieht in der Freiheit, auch der sexuellen, nur noch eine Form der Anpassung an den globalen Markt. Diese neue Sicht der Dinge ist erbarmungslos und naiv zugleich. Sie gewinnt um so leichter an Terrain, als die erotische Sprache selbst von einer wirtschaftlichen Terminologie unterwandert wurde: Leistungsfähigkeit, Konkurrenz, Konsum, kurze Laufzeit und so weiter.

In aller Unschuld verrät das Vokabular der Werbung und der »Kommunikation« diese sprachliche Durchdringung. Sie porträtiert ein ideales Individuum, männlich oder weiblich, das von sich selbst wie von einem Unternehmen spricht. »Eine derartige Vermischung von Ebenen«, bemerkt eine Expertin für Werbung, »weist manchmal einen pathologischen Charakter auf. So wird beispielsweise die Kosmetikwerbung zu einem regelrechten Kurs in Mikroökonomie. Die Person ›verwaltet‹ ihren Energie›haushalt‹, benutzt ›leistungsstarke Produkte‹, ›vitalisiert das System‹, ›kontrolliert‹ ihre Körperform, ›optimiert‹ ihr jugendliches ›Potential‹ und ›investiert‹ in ihre Schönheit. Kurz, sie hält sich für ihren eigenen Manager.«[24]

François Brune, einer der wenigen Essayisten, die sich auf die Entschlüsselung und die Kritik der Werbesprache spezialisiert haben, unterstreicht das folgende Paradox: »Aus diesem Blickwinkel stellt die Zensur der traditionellen Moral für das Reich der Werbung ein Hindernis dar – so sehr, daß sie womöglich für die Rettung der menschlichen Freiheit eine Rolle spielt. So sehen wir Plakate oder Werbespots, die an moralische Verbote erinnern, um sie gleich darauf wieder zu verwerfen. ›Winston – so gut, daß es fast eine Sünde ist‹. Alles liegt in diesem ›fast‹: Damit wird das alte Schema der Versuchung heraufbeschworen, um dem Lustversprechen den Anstrich des Verbotenen zu verleihen; doch gleichzeitig leugnet man das Schuldgefühl, das betont wird, indem man es mehr oder minder humorvoll in Abrede stellt.«[25]

Was die Wirklichkeit betrifft, so stellen wir verblüfft fest, daß sich die gegenwärtige Sichtweise der Lust (oder des Begehrens) und das effektive Funktionieren der Weltwirtschaft einander immer mehr angleichen. Die Nachfrage wird zur Schau gestellt, das Angebot vervielfältigt sich; die Konkurrenz ist global, und in zahlreichen Magazinen wird die Wettbewerbsfähigkeit beurteilt; der Partnerwechsel beschleunigt sich, während die Nutzungsdauer der Körper sich verkürzt. Werden wir demnächst auch die Just-in-time-Produktion einführen? Wie in der Industrie erleben wir, wie Märkte entstehen und neue Bedürfnisse sich entwickeln. Der Sextourismus entspricht ziemlich genau einer »Verlagerung« des Begehrens, und die Prostitution in anderen Erdteilen legt die Vorstellung eines erotischen Dumpings nahe. Das Elend hingegen, das sich weit in der Ferne abspielt, erlaubt eine vorteilhafte, natürlich nach unten korrigierte Neubewertung der traditionellen Moral- und Schambegriffe, die angesichts des reichen Ausländers nichts mehr zählen. In den Straßen von Bogota, Manila oder São Paulo legt man die Scheu ab, wenn es ums Überleben geht.

Selbstverständlich kommt diese allgemeine Deregulierung weder den Armen noch den Schwachen zugute. Das Geld tritt nun wie eine Polizei des Begehrens auf, unendlich brutaler und ungerechter als alle moralischen Systeme der Welt, und das ist sehr wohl ein Aspekt der Problematik, den näher zu untersuchen, man sich fürchtet, so sehr stört er unsere gewohnten Denkmuster. Das Wesentliche ist jedoch leicht zu verstehen und zu überprüfen. Sobald der Markt die altgewohnte Sortierung zwischen erlaubten und verbotenen Vergnügen, befriedigten und unerfüllten Wünschen, verfügbarer und unzugänglicher Wollust selbst vornimmt, ist nicht die geringste Menschlichkeit, nicht das geringste Mitgefühl mehr damit verbunden. Die Sortierung ist brutal, ohne Nuancierung und ohne Entgegenkommen oder Absprachen. Man kann zahlen oder nicht. Man ist gezwungen, seinen Körper zu verkaufen, oder nicht. Man wird für leistungsfähig oder für wertlos befunden. Kein Raum für Verhandlung, keine Flexibilität, keine Spiele im mechanischen Sinn des Wortes, das heißt, keine Liebeskultur mehr.

Die armen Länder sind nicht die einzig betroffenen. Auch bei uns hat sich eine Form von sexuellem Elend gehalten, das mit Elend als solchem, mit Armut zu tun hat, auch wenn darüber kaum je gesprochen wird. Umgekehrt drücken viele Überschreitungen die reine Arroganz des Geldes aus, das sich zu sicher ist – oder zu sein glaubt –, ungestraft davonzukommen. Beim Kindesmißbrauch, um nur dieses eine Beispiel zu nennen, wurde der merkantile Aspekt viel zu lange unterschätzt. Der Soziologe François de Singly ist einer der wenigen Experten, die diesen Punkt hervorheben. »Einer der Exzesse dieser rein individualistischen Gesellschaft«, bemerkt er, »entsteht aus dem Umstand, daß die individualistische Logik die Kräfteverhältnisse verschleiert. Aber nur weil der Status abgeschafft wird, heißt das noch lange nicht, daß es keine Schwachen und Starken mehr gäbe. Der Pädophile jedoch profitiert von der Statusentwertung und kann die Möglichkeiten, die ihm das Ende der Autorität und der Verbote bietet, maximal ausnutzen. Er entfremdet die persönliche Identität zu seinem ausschließlichen Nutzen: Ich habe bestimmte Bedürfnisse, ich profitiere von der Gesellschaft, wie sie ist, um sie zu befriedigen. [...] Das Kind steht im Mittelpunkt des kapitalistischen Marktes. Es repräsentiert einen Textil-, einen Nahrungsmittelmarkt. Ein sehr erheblicher Teil des Familienbudgets wird für das Kind aufgewendet. Das Kind steht also nicht mehr außerhalb dieser marktwirtschaftlichen Logik. Wenn wir die Logik ins Extrem steigern, kann das Kind zu einem Konsumobjekt unter vielen werden.«[26]

Fügen wir noch hinzu, daß es mittlerweile in vielen Fällen der Markt ist, der ohne irgendeine Gemütsregung die Schwere einer Überschreitung definiert und den Preis dafür festsetzt. Daran erinnerte Agnès Fournier, eine auf den Kampf gegen Kindesmißbrauch spezialisierte Interpol-Fahnderin, die in einem Interview mit der Presse im Juni 1997 im Zusammenhang mit dem Vertrieb illegaler Videokassetten sagte: »Je jünger das Kind ist, desto schneller ist der Gipfel des Grauens erreicht, und desto mehr kostet die Kassette.«[27]

DIE GRENZEN DES »MORALISCHEN FORTSCHRITTSDENKENS«

Über die Realität der sexuellen Befreiung im Verhältnis zu gesellschaftlicher Ungerechtigkeit ließen sich umfangreiche Überlegungen anstellen, die man jedoch, zumindest in Europa, peinlich zu vermeiden sucht. Es ist allerdings eine politisch nicht korrekte Problemstellung, denn sie läuft auf die Frage hinaus, ob die ostentative Freizügigkeit manchmal nicht einem Klassenkampf mit anderen Mitteln entspreche: indem, wie wir gesehen haben, die Verfechter der freien Liebe durch ihre Freizügigkeit einerseits ihre »fortschrittliche Gesinnung« zur Schau stellen können, während sie in Wahrheit eine ungerechte Ordnung bestätigen, und indem sie andererseits bestimmte unvorhergesehene Folgen eines ausschließlich auf die Moral angewandten »Fortschrittsdenkens« dauerhaft vertuschen.

Ein Sozialarbeiter, der die Nachteile einer »Verführungsgesellschaft« aufzählt, stellt fest, daß niemand sich je ernsthaft gefragt hat, ob sich die grundlegende Umwälzung der Sexualität im Westen auch im Interesse der Ärmsten vollzogen habe. Bedeute die zunehmende Zerbrechlichkeit der Familien, fragt er weiter, nicht eine Benachteiligung der Kinder bescheidener Herkunft?[28] Den angeblichen Verteidigern der »Familienwerte«, politisch meist rechts orientiert, hält der Autor umgekehrt vor, daß sie vom Leben benachteiligter Familien praktisch nichts wüßten. Handelt es sich um eine isolierte Aussage im ringsum herrschenden Chaos? In Europa ist dem vielleicht so, in den USA hingegen werden diese neuen sozialen Ungerechtigkeiten, die eine direkte Folge der Entwicklung der Gesellschaftsmoral sind, sehr viel offener zur Sprache gebracht, und dies nicht allein von den Anhängern der Moral Majority, auch wenn diese sie als Beweis für ihre Argumentation nehmen.

Gewiß, in Amerika sprechen die Zahlen über die unterschiedliche Entwicklung der Familien je nach Umgebung und Gruppe eine deutliche Sprache. Eine der perversen Auswirkungen des überbetonten Individualismus sind die spezifischen Ungleichheiten, die dieser hervorgebracht oder verschlimmert hat. Die zerrütteten Familien, die Alleinerziehenden, die vaterlosen Kinder sind in den sozial schwachen Schichten natürlich sehr viel zahlreicher. Drogen, Kriminalität, schulischer Mißerfolg sind in den unteren Schichten der Gesellschaft also unvergleichlich häufiger, während die bürgerlichen Familien in die auf Universitäts- und Hochschulbesuch ausgerichtete Ausbildung ihres Nachwuchses immer mehr als das Nötigste investieren.

In den Vereinigten Staaten ist die Debatte natürlich mit der Rassenfrage verknüpft. »Gewiß haben sich die Heime für ›alleinstehende Mütter‹ auch bei den Weißen vervielfacht, weil sich ihr Anteil zwischen 1940 und 1984 von sechs auf zwölf Prozent verdoppelt hat. Doch unter der schwarzen Bevölkerung nahmen die vaterlosen Familien von sechzehn auf neunundvierzig Prozent zu. Außerdem sind die ›alleinstehenden Mütter‹ heute nicht mehr grundsätzlich geschiedene, sondern ledige Frauen. Meist haben sie mehrere Kinder und von verschiedenen Vätern, und keiner dieser Väter lebt bei der Familie.«[29]

Akademiker unter den demokratischen Abgeordneten, wie Robert Reich oder Benjamin Barber, beide Mitarbeiter von Bill Clinton, äußerten sich ebenfalls ausführlich zu diesem Thema, und dies eher im Weltuntergangston.[30] Die spektakuläre Zunahme der sozialen Benachteiligung in Amerika seit etwa zwanzig Jahren führt uns also auf diesem Umweg zur Frage der Moral. Es wäre falsch, über den Moralismus zu spotten, der mit Macht, in pedantischen oder puritanischen Formen zurückkehrt, bisweilen auch geradezu erschrekkend wie im Fall der militanten Abtreibungsgegner Pro Life. Im ganzen gesehen, sind moralische Bedenken nicht mehr das angestammte Terrain der Rechten. Sie zeugen von einer neuen Sensibilität für Sackgassen, Ungerechtigkeiten, Verlagerungen, die zum Teil auf das Scheitern der Permissivität der siebziger und achtziger Jahre zurückzuführen sind.

Die perversen Auswirkungen des Kulturpessimismus könnten im übrigen auch von anderer, unmittelbar politischer Art sein. Die liberale Linke in Amerika beginnt allmählich zu begreifen, was die Aufsplitterung in identitäts- und gruppenspezifische Fragen als Ergebnis der »sexuellen Revolution« sie an politischem Einfluß gekostet hat. Diese Verzettelung und die Exzesse, die damit verbunden waren, spalteten die Demokraten und erleichterten seit Beginn der achtziger Jahre den Aufstieg der rechtskonservativen Kräfte, der auf politischem und wirtschaftlichem Gebiet schließlich zu der großen konservativen Rückwärtsbewegung der Reagan-Ära führte.

»Die Liberalen«, schreibt ein Beobachter der amerikanischen Politik, »die über ihr Scheitern nachdenken, könnten sich vielleicht eine brauchbare Alternative zur ›Politik der Identitäten‹ (*identities politic*) vorstellen, die in den sechziger Jahren eingeführt wurde. Der Zerfall der Linken in eine Vielzahl von Gruppen (Schwarze, Frauen, Homosexuelle ...) scheint nach Ansicht mehrerer Intellektueller[31] der eigentliche Grund zu sein, weshalb eine gemeinsame politische Zielsetzung, die für den Kampf gegen Ausgrenzung und Armut dringend erforderlich wäre, nicht zustande kommt. Ohnehin sind beim gegenwärtigen Stand der Dinge, nämlich auf diesem ›Markt der Identitäten‹, in den sich der öffentliche Raum (oder vielmehr der Medienraum) in Amerika verwandelt hat, die ›Armen‹ nicht in der Lage, sich zu autonomen Gruppen zusammenzuschließen.«[32]

In Europa hat sich seit Mitte der neunziger Jahre ein ähnlicher Spalt aufgetan. Um diese Zeit gewöhnte man sich an die Gegenüberstellung einer »moralischen Linken« und einer »politischen Linken«, und immer häufiger kommt es vor, daß deren Auffassungen und Empfindlichkeiten auseinanderklaffen. In Deutschland und in Frankreich war dies im Zusammenhang mit dem Umweltschutz und mit Aids der Fall und noch einmal, im Februar 1997, im Zusammenhang mit illegalen Einwanderern, die ohne Papiere ins Land kamen. Sollte die Kluft sich vertiefen, wird sie zweifellos dieselben Auswirkungen nach sich ziehen wie in den Vereinigten Staaten.

Eines steht bereits fest: Die seit dreißig Jahren stattfindende Zersplitterung der Gesellschaft je nach sexuellem Verhalten, nach Gruppen und Identitäten, die mit der Revolution der Sitten einhergeht, hat weder den »Kapitalisten« schlaflose Nächte bereitet noch das Geld daran gehindert, seine Macht auszuüben. Heute müssen wir wohl oder übel feststellen, daß die Situation den »Wichtigen« mehr nützt, als sie die »Gequälten« tröstet.[33]

FRAUEN UND KLASSENKAMPF

Es gibt noch andere, subtilere Formen, die Ärmsten durch die Liberalisierung der Moral zu bestrafen. Wir sollten nicht länger hinnehmen, daß sie nur verschwiegen werden, weil ihre Erwähnung angeblich »der Reaktion in die Hände spielt«; dieses Erpressungsmuster hat ausgedient. Die Themen offen zur Sprache zu bringen bedeutet nicht, daß wir Errungenschaften wie die Befreiung der Frau oder die Anerkennung der Homosexualität etwa in Zweifel ziehen. Tatsache ist jedoch, daß der Umgang mit Symbolen, die dieser Art von Veränderung entsprechen, niemals harmlos ist.

François de Singly wirft eine wichtige Frage auf, wenn er auf bestimmte Folgen eingeht, die sich durch das Vordringen der Frauen in unserer Gesellschaft, die Veränderung der symbolischen Bilder und den allmählichen Wandel der herrschenden Kultur ergeben. Die wachsende Rolle der Frauen etwa wurde logischerweise von einem parallelen Verlust der ältesten gesellschaftlichen Werte begleitet, wie Männlichkeit, Körperkraft, maskuline Autorität und so weiter. Diesen Bedeutungsverlust begünstigte der Umstand, daß die sozialen Gruppen, die das Geschlechterverhältnis am nachhaltigsten in Frage stellten, die Mittel- und Oberschicht waren, für die das »symbolische Kapital«, dargestellt durch Männlichkeit oder Körperkraft, ohnehin nur eine geringe Bedeutung hatte, ebenso wie die von der Frau einst erwarteten »Hausfrauenqualitäten«, die sich infolge der Entwicklung der Gesellschaftsmoral relativiert hatten, keine wirkliche symbolische Bedeutung mehr besaßen.

Das galt freilich nicht für die anderen gesellschaftlichen Klassen – Arbeiter, Angestellte, Landwirte –, die aus leicht nachvollziehbaren kulturellen Gründen den traditionellen geschlechtsspezifischen Unterschieden sehr viel enger verhaftet waren. Was auf der einen Seite als Befreiung erlebt wird, kann auf der anderen als Werteverlust wahrgenommen werden.

»Es sieht so aus«, schreibt François de Singly, »als sei die Neudefinition des Geschlechterverhältnisses auf dem Rücken der unteren Gesellschaftsschichten ausgetragen worden. Der körperliche Wert der Arbeiter – ihr einziger Reichtum – ebenso wie die Fähigkeiten der Hausfrauen aus dem Volk dienten den Männern und Frauen aus den fortschrittsorientierten Kreisen auf Managementebene stets als Kontrast, vor dem man sich positiv abheben konnte: Sobald sie lächelten, wenn die Rede von diesem uralten Hut Klassenkampf war, beteiligten sie sich daran, indem sie sich auf den Kampf gegen das Alte, gegen die Überreste männlicher Kraft, gegen das, was sie als die Erscheinungsformen von roher Gewalt (auf seiten der Männer) oder Routine (auf seiten der Frauen) empfanden. Die ›Geschlechtsneutralität‹, auf der die Männer und Frauen aus Managementkreisen zum großen Teil beharren, hat allerdings keine weiter gehende Destabilisierung ihrer sexuellen Identität zur Folge. Beide Seiten sind überzeugt, daß nicht die geringste Notwendigkeit besteht, außer beim Spiel der Verführung, ihre Männlichkeit beziehungsweise Weiblichkeit zu betonen; solche veralteten Gewohnheiten haben sie an der Garderobe abgegeben. [...] Diese Strategie, ob bewußt oder nicht, von seiten der Männer (der Manager) beruht auf einer Hierarchisierung der unterschiedlichen Formen von Kapital. Der ›Bauer‹ Körperkraft (und demonstrative Männlichkeit) wurde geopfert, um die anderen Bauern zu retten, die mehr wert sind, insbesondere das wissenschaftliche Kapital. Anscheinend ist es den Männern gelungen, die Risiken des Geschlechterkriegs in Grenzen zu halten, indem sie eine abgewandelte Form des Klassenkampfs daraus machten. Die Männer, die gesellschaftlich und in bezug auf Bildung über das größte Kapital verfügen, haben den ärmsten Männern die Solidarität aufgekündigt.«[34]

Man wird sich wohl entschließen müssen, die zahllosen Bedeutungsverschiebungen, Entwertungen beziehungsweise Neubewertungen und Wertumstellungen eingehend zu untersuchen, die einerseits zwar die individuelle Freiheit förderten, nichtsdestoweniger aber dazu beitrugen, ganze Bevölkerungsgruppen in schweigende Erniedrigung und dauerhafte Orientierungslosigkeit zu stürzen. Auf moralischem Gebiet wurden die unteren Schichten der Gesellschaft irgendwie zu »Fossilien« erklärt und manchmal auf ihren eigenen Konservativismus zurückverwiesen. Dieser Aspekt der »sexuellen Revolution« der letzten dreißig Jahre kommt am seltensten zur Sprache, weil er am heikelsten ist. Unbewußt haben wir mit einer sehr alten gedanklichen Tradition gebrochen, wonach die Verdammten der Erde als die Avantgarde des menschlichen Fortschritts galten – das Proletariat als Hoffnungsträger –, und uns angewöhnt, Armut mit Konservativismus gleichzusetzen. Aus dem heroischen Proletarier von gestern, dem kämpferischen und bewunderungswürdigen APO-Anhänger der sechziger Jahre ist das Stimmvieh geworden, das ganz rechts wählt. Das war die Veränderung in der Wahrnehmung. Jedenfalls zeigen die meisten Umfragen über traditionelle Werte – Familie, Moral, Kinder –, daß die am stärksten Benachteiligten in vielen Fällen auch die traditionellsten Einstellungen vertreten, zu schweigen von den Gefängnisinsassen am untersten Ende der gesellschaftlichen Stufenleiter, die sich infolge eines paradoxen Moralismus als weitblickender, das heißt strenger, in bezug auf Kindesmißbrauch erwiesen als der Rest der Gesellschaft.[35]

Das Problem, das sich in letzter Instanz stellt, ist ein politisches. Kein gesellschaftlicher Bruch, keine Diskrepanz zwischen der Elite und dem Volk ist auf lange Sicht so bedenklich wie diese. Als Antwort auf die sich stellenden Fragen angesichts der Zunahme der rechtsextremen Wähler werden in der Regel die sozioökonomischen Erklärungen vorgezogen: Arbeitslosigkeit, Ungerechtigkeiten, Ausländer, Unsicherheit und ähnliches; daß auch die kulturellen Faktoren eine Rolle spielen könnten, wird zu Unrecht nicht in Betracht gezogen.

DIE RENTABILITÄT DER UNORDNUNG

Es bleibt noch ein Detail. Aber ist es denn ein Detail? Nach der traditionellen, sagen wir Reichschen Auffassung von der bürgerlichen Repression, bei der die Sexualität im Namen der Arbeit, der Produktion, des durch menschliche Mühen erzielten Mehrwerts unterdrückt wurde, ruhte alles auf einer einleuchtenden Gewißheit: Das Bürgertum brauchte diese Arbeitskraft. Seit der Entstehung der bürgerlichen Gesellschaft und den Anfängen der industriellen Revolution verbreiteten sich die angelsächsischen Erfinder des Kapitalismus fortwährend über diese Notwendigkeit. Es war die Arbeitskraft der Armen, der Arbeiter, ihrer Frauen und ihrer Kinder, deren Vergeudung es zu verhindern galt. Sexuelle Mäßigung und Enthaltsamkeit erfüllten diese Funktion. Erinnern wir uns daran, daß im England des siebzehnten Jahrhunderts sogar der Sport aus ebendiesen Gründen verboten war, und dies auf derart rigorose Weise, daß die Könige Jakob I. und später Karl I. sich bemüßigt sahen, dem übermäßigen Einfluß der Puritaner entgegenzuwirken und ein *Book of Sports* zu veröffentlichen, das sportliche Aktivitäten zumindest sonntags erlaubte.

Max Weber kommentiert: »Die monarchische und feudale Gesellschaft schützte die ›Vergnügungswilligen‹ vor der aufkommenden bürgerlichen Moral und den autoritätsfeindlichen Asketenbünden auf dieselbe Weise, wie heute die kapitalistische Gesellschaft dafür sorgt, die ›Arbeitswilligen‹ vor der Klassenmoral und den antiautoritären Gewerkschaften zu schützen.«[36] Für die Kapitalisten der ersten Stunde war die Sorge um die Leistungsfähigkeit ihrer Arbeiter also ein einigermaßen zwanghafter Gedanke; tatsächlich ist sie einer der Stützpfeiler des sexuellen Puritanismus. Die freie Verfügbarkeit der Lust hätte den Profit gefährdet, denn die Voraussetzung dafür, daß überhaupt Gewinne erzielt wurden, war ja die Arbeit der Ärmsten – ohne Moral keine ausreichende Arbeit und ohne Arbeit kein Profit.

Aber mit zunehmender Modernisierung unserer Wirtschaft

stimmte diese elementare Gleichung, die schon zu Zeiten Reichs fragwürdig war, immer weniger. Die neue Weltwirtschaft hat heute fast keinen Bedarf mehr an ihren Arbeitern. Genauer gesagt, ist die Arbeit im Überfluß vorhanden, ist ausbeutungsfähig und steuerpflichtig und wird ununterbrochen zugunsten des Kapitals entwertet, wird in Billiglohnländer verlagert, aus dem Betrieb ausgegliedert, von Regeln, Tarifen, festen Zeiten befreit. Die Arbeit der großen Masse ist für die Schaffung von Reichtum kein bestimmender Faktor mehr. Die anhaltende Arbeitslosigkeit ist ein deutliches Zeichen dafür. Ist nicht überall die Rede vom Ende der Arbeit? Eines ist sicher, die neuen Kapitalisten brauchen die »Massen« ebensowenig, wie die Neureichen die Armen brauchen. Folglich soll das Volk mit seiner Lust doch anfangen, was es will. Aus Sicht des Kapitalisten ist die Sache klar, wenn auch verrückt: die permissive Unordnung ist heutzutage rentabler als die moralische Ordnung.

5
DIE LAST DER LUST

Prostitution war nicht immer, was sie heute ist. Im alten China zum Beispiel war sie ein anerkanntes und geschätztes Gewerbe; für erwachsene Männer war sie manchmal eine Möglichkeit zur Flucht vor dem Sex. Tatsächlich erlegten die Polygamie und die gesetzliche Verankerung der Eheregeln den Männern derart detailliert geregelte Pflichten auf, daß aus der Lust ein Frondienst wurde. Solange in China die Tradition der berühmten »Leitfäden der Liebe« mit den raffiniertesten Techniken aufrechterhalten wurde, lastete auf den Männern eine regelrechte »sexuelle Pflicht«. Der *coitus reservatus*, das heißt der Geschlechtsverkehr ohne Ejakulation, der die Regel war, sollte ihnen die Pflichterfüllung ermöglichen.

Die Liebesverpflichtungen eines gesunden Mannes, zumal wenn er Aristokrat oder Großbürger war, duldeten keine häuslichen Rückzugsmanöver. Die sexuellen Gewohnheiten des chinesischen Kaisers im sechsten Jahrhundert sind ein anschauliches Bespiel für diese Zwänge. Im Palast, der von Gattinnen und Konkubinen wimmelte, war das Liebesleben des Monarchen durch ein ebenso minutiöses wie einengendes Protokoll geregelt. Nachdem die Zahl der Palastfrauen im Lauf der Dynastien stetig gewachsen war, hatte sich die Notwendigkeit einer exakten Buchführung über die kaiserlichen Vergnügungen ergeben, und man hatte sich angewöhnt, das Datum und die Uhrzeit jeder gelungenen Vereinigung festzuhalten, ebenso wie die Menstruationszyklen jeder einzelnen Frau, die ersten Anzeichen einer Schwangerschaft und so weiter. Aus diesem Ritual der Wollust gab es kaum ein Entrinnen.

Der bedeutende Sinologe Robert van Gulik, der von dieser Tradition berichtet, meint, eine derart kontraproduktive Haltung gegenüber der körperlichen Lust sei noch beklemmender als die strengste Enthaltsamkeit. Im ausschweifenden China der ersten Jahrhunderte unserer Zeitrechnung versuchten die Männer also, sich den Wolllustverpflichtungen zu entziehen, indem sie eine andere Gesellschaft suchten. »Wenn die Männer des gehobenen Bürgertums mit den Kurtisanen Konversation betrieben«, schreibt van Gulik, »so geschah dies nicht nur, um einen fest verwurzelten gesellschaftlichen Brauch zu erfüllen, sondern sehr häufig auch, um der fleischlichen Liebe zu entrinnen und fernab der Frauengemächer mit ihrer bisweilen bedrückenden Atmosphäre und den erzwungenen Liebesbeziehungen eine Art der Erleichterung zu finden. Mit anderen Worten, sie hungerten nach spontaner weiblicher Freundschaft ohne sexuelle Verpflichtung. Mit einer Kurtisane konnte ein Mann eine gewisse Intimität herstellen, ohne sich gezwungen zu fühlen, sie durch den Vollzug des Liebesakts zu krönen.«[1]

VON DER BEFREIUNG ZUM GEBOT

Sind das sexuelle Verpflichtungen unter Strafandrohung bei Zuwiderhandlung? Begehen wir inzwischen denselben Fehler? Haben auch wir uns den Reiz der Lust verdorben, weil wir sie zu sehr hofiert und ins Riesenhafte aufgebläht haben? Der Philosoph Jean Guitton kannte dieses dreizehnhundert Jahre alte Beispiel aus China vermutlich nicht, als er Anfang der siebziger Jahre sagte, er fürchte vor allem eines: daß das Leben im Abendland unter dem Vorwand lauthals verkündeter Freizügigkeit eine einzige, gewaltige »Fron im Dienst der Lust« würde. Solche Sorgen fielen damals aus dem Rahmen, mehr noch, sie wurden als das Gefasel eines alten christlichen Moralisten abgetan. Könnte die Lust, die man gerade von Prüderie und Scheinheiligkeit, von den moralischen Zwängen und Tabus der Vergangenheit befreit hatte, je wie eine Strafe erscheinen? Selbstverständlich nicht. Der anarchistische Optimismus der siebziger Jahre fand die Frage idiotisch.

Dreißig Jahre später hat sich das Denken sichtlich weiterentwickelt, und die von Jean Guitton geäußerte Besorgnis ist nicht mehr so lächerlich. Das Recht auf freie Liebe erscheint in unserer modernen Gesellschaft schon nicht mehr nur als schlichte Befreiung, sondern wurde ein zeitgemäßes *Gebot*, eine *Aufforderung* zu Spaß und Wohlbehagen. Um dies zu erkennen, brauchen wir nur irgendeinen Werbespruch genauer zu untersuchen. »Die Lust wird darin nicht [mehr] als fakultativ, sondern als zwingend dargestellt. Der Lust gebietet man ebensowenig Einhalt wie dem Fortschritt: sie ist nicht nur allgegenwärtig, sondern auch überlegen. Ihr Widerstand zu leisten wäre ein Irrtum, eine Mißdeutung, eine Verfehlung gegenüber dem Fortschritt ebenso wie gegenüber der allgemeinen Regel. Was die Werbung [jetzt] festschreibt, ist die *Pflicht zur Lust*. Und diese Pflicht verbirgt sich selbstverständlich im Gewand einer Befreiung.«[2]

Das Ergebnis ist bei Gott nicht das, was wir erwartet haben, als wir die alte Welt über den Haufen warfen. Der alte Theoretiker der Situationisten, Raoul Vaneigem, beklagt sich darüber in ziemlich grimmigem Ton: »Die verbotene Lust wird durch die obligatorische Lust ersetzt. Man stellt sich dem Genuß wie einem Examen – mit Aussicht auf Erfolg oder Mißerfolg: Trinken, Essen, sich der Liebe widmen gehören von nun an zum Zierat des guten Rufs. Gebt hier das durchschnittliche Stundentempo eurer Orgasmen für den Beweis eurer Radikalität an! [...] Früher stürzte man sich in die Vergnügungen wie in einen hoffnungslosen Kampf. Jetzt hingegen stürzen sich die Vergnügungen auf uns.«[3]

Das ist eine erstaunliche sinnbildliche Kehrtwende in nur drei kurzen Jahrzehnten – von der Befreiung zur Aufforderung, von der errungenen Permissivität zum Zwangsvergnügen, vom Verbot zur Schwerarbeit. Führt uns der zurückgelegte Weg etwa zum Ausgangspunkt zurück, also auf das schlichte Problem der Freiheit? Die Frage ist nicht unangebracht. Schon breiten sich sonderbare Verweigerungen, eine unfaßbare Auflehnung gegen die neue Zwangsarbeit in unserer Epoche aus. Vor ein paar Jahren noch unvorstellbar, hat die Verweigerung heute nichts mit religiösem oder persönlichem Moralismus zu tun, auch wenn sie die Gegenposition der Befreiungsparolen von gestern einnimmt; sie ist vielmehr dieselbe Reaktion wie die der entnervten Chinesen im sechsten Jahrhundert: Der hartnäckigen Allgegenwart von Sex kann man sich nur entziehen. Angesichts der Parolen des offiziellen Hedonismus wird man zum Dissidenten. Dies geschieht keineswegs im Namen der Prüderie, sondern aufgrund einer freien Entscheidung, und zwar indem man den Begriff Permissivität wörtlich nimmt.

Es vergeht kaum eine Woche, ohne daß in den Medien nicht über dieses postmoderne Syndrom diskutiert würde: die Rückkehr zur freiwilligen Enthaltsamkeit, der neue Hang zur Keuschheit, der eher durch eine mit Überdruß gemischte Verweigerungshaltung als durch eine im traditionellen Sinn moralische Reaktion begründet zu sein scheint. Die Beschreibung des Syndroms Low Sexual Desire (LSD) beispielsweise ist für die westlichen Journalisten zur Fundgrube geworden. Im März 1995 verkündete der *Stern* in einer Titelgeschichte »das Ende der Sexorgien« und berief sich dazu natürlich auf die unvermeidliche Meinungsumfrage, in der jeder dritte Deutsche zwischen siebzehn und fünfunddreißig meinte, auf sexuelle Beziehungen langfristig verzichten zu können.

In den angelsächsischen Ländern mobilisierte 1997 eine von Amerika ausgehende Kampagne, die von derselben Reaktion inspiriert war, mehr als fünfhunderttausend junge Freiwillige. Unter dem Namen True Love Waits machen sie sich die feministischen Anliegen und Schlagworte der siebziger Jahre zu eigen und fordern die jungen Mädchen auf, ihr »Recht, nein zu sagen« zu verteidigen und den Pansexualismus unserer Zeit aus ihrem Leben zu verbannen. Dieses ungewöhnliche Keuschheitsgelöbnis wird interessanterweise keineswegs als reumütige Rückkehr in den Schoß der Verbote erlebt, sondern als Bekundung einer selbstverantwortlichen Freiheit. »Ich bin Feministin«, erklärte eine der Anhängerinnen gegenüber dem britischen *Guardian*, »und ich bin der Meinung, daß meine Enthaltsamkeit ein weitaus besserer Beweis meiner Emanzipation ist.« Tatsächlich zeigen die neuesten Untersuchungen über das sexuelle Verhalten der jungen Amerikaner »zum ersten Mal seit den allerersten Umfragen eine fünfprozentige Zunahme der jungen Frauen, die vor der Ehe keine sexuellen Beziehungen haben«.[4] In den Vereinigten Staaten schießen heute völlig neuartige Therapiezentren aus dem Boden; deren Patienten lassen sich wegen einer als exzessiv erlebten sexuellen Aktivität behandeln, die als krankhaft oder als Abhängigkeit auf Kosten des freien Willens empfunden wird.

Die Flucht vor Sex drückt durchaus den Willen zu einer Wiederaneignung des Freiheitsbegriffs aus, allerdings im umgekehrten Sinn. Handelt es sich um einen simplen Zwischenfall, um nebensächliche Medienereignisse, wie sie jede Epoche erlebt? Das ist nicht so sicher. Die Beschreibungen dieses Verhaltens und die Voraussagen über ihr Ausmaß sind nicht alle frivol, ganz im Gegenteil. Auch der Psychoanalytiker und Verhaltensforscher Boris Cyrulnik bemerkt das Auftreten einer sonderbaren verkehrten Permissivität, die Erlaubnis, nein zu sagen, in unserer Gesellschaft: »Seit etwa zwanzig Jahren kann man in den USA Menschen erleben, die sich als *sexaholic* bezeichnen, als sexuell abhängig – ein Phänomen, das sie als Entfremdung betrachten, wenn nicht gar als eine Art Drogensucht –, und deshalb den Arzt aufsuchen. Der Hauptgedanke dabei ist, die Unterdrückung des sexuellen Verlangens stelle einen Zuwachs an persönlicher Freiheit dar. Dieses Phänomen macht sich allmählich auch in Frankreich bemerkbar. Patienten und Patientinnen mit starker Libido suchen mich auf, damit ich ihnen ein Medikament zur Unterdrückung ihrer Begierden verschreibe. Männer vertrauten mir ihre Erleichterung an, nachdem sie impotent geworden waren: endlich könnten sie in Frieden leben! Frauen sagen mir, sie fühlten sich abhängig, wenn sie durch ihren Partner einen Orgasmus erlebten, und litten unter dieser Abhängigkeit. Sogar in Europa nimmt die Häufigkeit solcher Fälle zu.«[5]

Der Gipfel der Paradoxie ist, daß auch die moderne Psychoanalyse den Eindruck vermittelt, als würde die Sexualität aus der Praxis verbannt, so daß manche orthodoxeren Analytiker ihre Kollegen bereits des »Verrats an Freud« bezichtigen. Dieser Vorwurf wird in mehreren Werken aus neuerer Zeit erhoben, beispielsweise von André

Green, einem Psychoanalytiker der Schule Lacans, geboren 1927. Green meint, die Sexualität sei bedauerlicherweise nahezu vollständig aus der psychoanalytischen Theorie und Praxis verschwunden. Seiner Ansicht nach habe die Kritik an der Triebtheorie, insbesondere durch Melanie Klein, aber auch durch Jacques Lacan selbst, zur Entwertung der Funktion von Sexualität beigetragen; das sei aber nicht der einzige Grund. Denn schließlich – und hier wird seine Erklärung interessant – sei die Rolle des sexuellen Aspekts in der psychoanalytischen Praxis *umgekehrt proportional* zu dem Platz, den die Sexualität in einer effektiv freieren Gesellschaft als zu Zeiten Freuds einnehme. Mit anderen Worten, die Allgegenwart von Sex im Sozialleben, im öffentlichen Diskurs, in der Kunst und in den Medien habe ihn, psychoanalytisch gesprochen, entwertet.[6] Wird hier nur psychoanalytisch gesprochen?

IM NAMEN DER FREIHEIT

Wer die Lust, die Wonnen körperlicher Liebe oder ganz einfach die Suche nach dem Glück für wertvoll und erstrebenswert hält, wird all diese Erscheinungen eher unerfreulich finden. Ablehnung von Sex, Mißtrauen gegenüber der Libido, der Wunsch, die individuelle Freiheit nicht durch, sondern gegen die freie Liebe zu bekunden, Sehnsucht nach relativer Keuschheit, die nach dem allgemein erotisierten Klima ringsum als Erleichterung erlebt wird – diese neue Empfindlichkeit ist in der Tat das Gegenstück zu der strahlenden Zukunft, wie sie die Reichsche Vulgata in den siebziger Jahren verhieß. Deshalb nehmen wir sie mit so viel Unglauben zur Kenntnis. Aber ist sie so neu und außergewöhnlich, wie man anzunehmen versucht ist? Das ist ganz und gar nicht sicher.

Was diese regressiven Anwandlungen so interessant macht, ist nicht die Tatsache, daß sie so radikal anders und fremdartig sind, sondern daß sie, im Gegenteil, mehr oder weniger erkennbar an Sicht- und Verhaltensweisen anknüpfen, die im Lauf der Jahrhunderte immer wieder auftraten und den Historikern bestens bekannt sind: der Standpunkt Platons zum Beispiel, der in den *Gesetzen* die Fähigkeit, dem »Tyrannen Eros« zu widerstehen, als Beweis für persönliche Freiheit wertete, oder das Verhalten der jüdischen Essener oder der frühen christlichen Gemeinschaften, die in der Enthaltsamkeit keineswegs einen Verzicht auf Freiheit sahen, sondern im Gegenteil deren flammende Bestätigung.

Peter Brown, Experte für die Spätantike und enger Freund von Michel Foucault, hat wunderbar diese enkratitischen (enthaltsamen) Versammlungen von Männern und Frauen beschrieben, die »in die kleinen Kirchen Syriens und Nordiraks gedrängt« und überzeugt seien, aus freier Entscheidung eine anhaltende Gelassenheit und eine Art keuscher Freundschaft zwischen den Geschlechtern erlangt zu haben.[7] Er zeigte auch, in welchem Ausmaß das Bekenntnis zur Keuschheit, das manche römischen Frauen im vierten Jahrhundert mit ihrer Konvertierung zum Christentum ablegten, nicht eine Unterwerfung bedeutete, sondern eine Auflehnung gegen die Sitten des Römischen Reiches war, die Ablehnung der väterlichen Autorität und zugleich eine Forderung nach Freiheit, die wir heute als feministisch bezeichnen würden.[8]

Sogar die Grenzfälle und die eindeutig pathologischen Beispiele für Lustverzicht sind weder so neu, wie wir meinen, noch das Schicksal einer verrückt gewordenen Moderne. Erinnern wir an den erschütternden Fall jener kalifornischen New-Age-Sekten, nach deren kollektivem Selbstmord in San Diego im März 1997 entdeckt wurde, daß sie ihre Jünger zur freiwilligen Kastration drängten, damit sie der Herrschaft der sexuellen Triebe entgingen. Aber sogar die Idee einer zu diesem Zweck vollzogenen Selbstkastration ist ein bekanntes und belegtes Phänomen, das zu allen Zeiten sogar recht häufig war, nicht nur während der ersten Jahrhunderte des Christentums oder des Islam – Origenes ist das berühmteste Beispiel dafür –, sondern seit Babylon und der grauen Vorzeit.

»Damit sie nicht durch Geschlechtsverkehr befleckt würden, sondern reine und heilige Mittler zwischen den Menschen und dem

Gott oder der Göttin sein könnten, haben sich viele heidnische Priester entmannt. Kultische Entmannung findet sich zum Beispiel in Babylonien, im Libanon, in Phönizien, auf Zypern, in Syrien, beim Artemiskult in Ephesus, im Osiriskult in Ägypten, im phrygischen Kybele-Attiskult, der sich im Morgen- und Abendland weit verbreitete.«[9]

Selbst in unseren namenlosesten Ängsten oder Wahnideen erfinden wir nichts, sondern greifen zurück, ohne es zu wissen, tasten uns rückwärts durch die Jahrhunderte. Die Frage ist, wohin und warum. Diese tausend verschiedenen Arten, »freiwillig« auf Sex zu verzichten, um sich vor der Lust zu hüten, verraten wahrscheinlich die unterschwellige Enttäuschung über eine Utopie, die sich abgenutzt hat, die Annäherung an eine schwierig zu definierende Grenze, der schleichende Anstieg eines Ekels, der eher instinktiv als überlegt ist. Vieles erinnert nicht zuletzt an die berühmte Desillusionierung der römischen Dichter, die zu Beginn unserer Ära den Niedergang des Römischen Reiches mit einigen gereimten Satiren begrüßten, an den Ingrimm eines Juvenal oder Martial[10], um nur diese beiden zu nennen, die lautstark verkündeten, welchen Abscheu ihnen die »Überfülle« an Vergnügungen, Geld und Spielen einflößte, wie der erste es bezeichnenderweise nannte.

DAS VERSAGEN DER LUST

Empfinden wir dieselbe Sättigung? Einige Anzeichen fordern uns auf, diese Frage zu stellen. Parallel zu den obengenannten Keuschheitsbestrebungen treibt eine andere Angst das Unbewußte der Moderne um, lebt mit ihr zusammen und beleuchtet sie. Vielleicht sagt sie noch mehr über unsere Liebesverwirrung aus. Es ist die Angst vor dem Verschwinden der Begierde an sich, die Furcht vor Impotenz aufgrund einer aufkommenden Gleichgültigkeit, der Schrecken eines gewaltigen kollektiven Fiaskos zur Strafe für die Exzesse dessen, was Foucault die »sexuelle Predigt« nannte.[11] Unsere aggressiv erotisierten Gesellschaften werden von der Schreckensvision des Nichtbegehrens verfolgt, wobei diese Schreckensvision wiederum die Erotisierung verstärkt und so weiter. Um so beharrlicher reden wir vom Sex, je mehr wir das Bedürfnis empfinden, dieses dumpfe Grauen zu beschwören. In jeder Auseinandersetzung, jeder öffentlichen Äußerung zum Thema zitieren wir die sexuelle Begierde herbei, um zu verhindern, daß sie womöglich kapituliert, und um uns selbst einigermaßen zu beruhigen.

Der Auftrieb, den bestimmte Ausdrücke in letzter Zeit durch die Medien erfuhren, verrät dieselbe Beklommenheit: das Wort »Phantasien« im Plural zum Beispiel. Gestern noch war es ein potentieller Fehler, den eigenen Phantasien nachzugeben, und eine erträumte oder gehegte Verwerflichkeit, die verstörende Projizierung eines verbotenen und möglicherweise katastrophalen Gelüsts einzugestehen. Heute werden pietätvoll die Phantasien herbeigerufen, wie lauter kleine Waisen, die unserer gesamten Aufmerksamkeit bedürfen, zerbrechliche Schätze, ausgehungerte und vom Aussterben bedrohte kleine Gesellen. Man rät uns dringend, ja fleht uns beinahe an, sie zu verhätscheln und aufzubauen, sie zu hegen und zu pflegen, damit sie nur ja nicht zugrunde gehen. In den Frauenzeitschriften dreht sich das meiste um sie. Jeder Leserin wird empfohlen, ihre Phantasien zu kultivieren, als handelte es sich um eine höchst selten gewordene Spezies, manchmal auch unter Hinzusetzung jenes Esperantoausdrucks aus der Wirtschaft: Achten Sie auf Ihr Kapital an Phantasien. Die erotischen Träumereien, die jeder von uns insgeheim hegt, seien unser neuer intimer Schatz, auf den wir ein wachsames Auge haben müßten, damit er sich nicht verflüchtige.

Diese humanitäre Rhetorik, auf das sexuelle Verlangen angewandt, verrät eine neue Unruhe: die Angst vor einer schleichenden Entschärfung, einer unerbittlichen Verweichlichung unserer Triebe. Dreißig Jahre später geht es schon nicht mehr darum, gegen die Unterdrückung der Lust zu kämpfen, sondern im Gegenteil ihren Bankrott zu verhindern.

Dasselbe gilt für die Art und Weise, wie wir um den Begriff der

Überschreitung bangen. Die Überschreitung wird nicht mehr als zersetzende Kühnheit, als Umsturz des Verbotenen im Namen der Begierde wahrgenommen, sondern als eine alte Bequemlichkeit, die leider wirkungslos geworden ist. Jetzt bedauern wir schon laut die Zeiten der Sünde, idealisieren eine Vergangenheit, in der es noch ein paar Verbote gab, die überschritten werden konnten. Diese Nostalgie äußert sich häufig mit einer rationalisierenden und allzu spitzfindigen Naivität, wie sie für unsere Zeit typisch ist.

1990, kurz nach dem Fall der Berliner Mauer und der deutschen Wiedervereinigung, wurden in der Westpresse etliche Reportagen über die Frauen aus der ehemaligen DDR veröffentlicht, die, kaum von der Tyrannei befreit, das heißt noch unbeeindruckt von unserer befreiten Banalisierung der Sexualität, wesentlich heftigere Orgasmen empfänden als die westdeutschen Frauen. Solche journalistischen Kopfgeburten sprachen für sich selber. In einer anderen geistigen Kategorie machen Werbekampagnen aus unserer Sehnsucht nach der Sünde attraktive Slogans für Schokolade. Die Verlage geben Anthologien und Reihen heraus, die blauäugig eine »Entführung in die sinnliche Welt der Sünde« versprechen. Und das Fernsehen strahlt mit großem Erfolg Serien aus mit Titeln wie »Die sieben Todsünden« und »Liebe Sünde«.

Mit tröstenden Hintergedanken werden Ausstellungen über dasselbe Thema veranstaltet, so zum Beispiel die Ausstellung 1996/97 im Pariser Centre Pompidou über die Todsünden, die ihr Kurator Didier Ottinger mit folgenden Worten vorstellte: »Die Sünden sind der Ausdruck eines Spiels mit dem Mechanismus der Überschreitung, obwohl es nichts mehr zu überschreiten gibt.« Gilles Lipovetsky, der den zeitgenössischen Individualismus besingt, drückte sich noch naiver aus: »Die Sünde«, sagte er, »läßt uns nicht mehr träumen, aber sie dient dazu, das Verlangen wiederzubeleben.«[12]

TÖDLICHE LIEBE

Die nostalgische Sehnsucht nach der verlorenen Sünde zielt darauf ab, ein ermattetes Verlangen wiederzuerwecken. So liebenswürdig ist sie nicht immer. Wie man weiß, äußert sie sich manchmal auch darin, daß die Grenze des Verbotenen ständig weiter hinausgeschoben wird, daß eine schreckliche und vergebliche Eskalation stattfindet, die am Ende nur in den Tod münden kann. Für diesen verzweifelten Flirt mit dem letzten Verbot ließen sich tausend Beispiele nennen, aber begnügen wir uns mit einem einzigen, der offen bekannten Faszination für ungeschützten Geschlechtsverkehr in Zeiten von Aids, von jungen Leuten »russisches Roulette« genannt. »Auf einmal«, bestätigt ein homosexueller Mann, der zu diesem Thema befragt wurde, »mußte ich darüber nachdenken, warum ich Risikobeziehungen vorzog, und begriff, daß die Gefahr *einen Teil der Anziehung ausmachte*.«[13]

Eine dumpfe Gier nach Gefahr und Gewalt, aber auch der Tod selbst prägen unsere Zeit. Diese Gier steht in einem gewissen Zusammenhang mit dem Versagen der Lust, das wiederum nichts anderes ist als ein Lebensversagen. Der kanadische Film *Kissed*, von einer Frau gedreht und 1997 bei den Filmfestspielen in Cannes vorgeführt, stellte diese Frage unverblümt und verriet auch gleich das Geheimnis. In der Tat geht es darin um eine junge Frau, Sandra Larson, die durch den Tod sexuell erregt wird, besonders durch Leichen, die in ihr eine heftige körperliche Reaktion auslösen. Eine auflagenstarke Zeitung brachte dazu einen Bericht unter dem vielsagenden Titel: »Tödliche Liebe. *Kissed*: ein stilisierter Film, der die Nekrophilie salonfähig machen will.«

Der Umgang mit dem Tod wäre somit das äußerste Aphrodisiakum für unsere erloschene Libido. Die abendländische Moderne hingegen, die in den sechziger Jahren so sehr darauf bedacht war, den Sex zu entdramatisieren, entdeckt auf einmal gegen ihren Willen und mit kindlichem Entsetzen, daß die Lust ein Bündnis mit Gewalt und Tod geschlossen hat. Was für eine Erkenntnis! Wußten das nicht die meisten menschlichen Kulturen schon seit einer Ewigkeit? War dies nicht seit Jahrhunderten genau *das* Problem im Zusammenhang mit Sex?

In einer spielerischen und ritualisierten Form drücken die sadomasochistischen Praktiken, die derzeit sehr im Trend sind, noch immer die verworrene Suche nach einer »echten« Überschreitung aus. Eine SM-Anhängerin bezeichnet mit klaren Worten, was sie für sich persönlich erwartet: »Es besteht überhaupt kein Zweifel, daß die sexuelle Befreiung vor nicht allzu langer Zeit und das neue Körperbild die Schwelle vor der Grenzüberschreitung höher gesetzt haben. Die bloße Nacktheit, die früher noch ausreichte, um sexuelles Verlangen auszulösen, ist banal geworden. Für eine Überschreitung braucht es mehr, und vielleicht ist SM heute dafür der ideale Ort geworden.«[14]

Im Zusammenhang mit Sadomasochismus fällt ein merkwürdiger Widerspruch auf. Die SM-Adepten, die von der Permissivität ringsum angesteckt sind, betrachten sich als eigene Gemeinschaft, als ehrenwerte Minderheit, die folglich allen Grund hat, als solche zur Kenntnis genommen zu werden und öffentlich ihre Daseinsberechtigung zu fordern. In diesem Sinne marschierten sie am 15. September 1996 durch die Londoner Innenstadt, ein fröhlicher Zug mit einem falschen Gladiator im Latexröckchen an der Spitze, der seinen Freund in einem Karren hinter sich herzog. Es war die fünfte *SM Pride;* der ursprüngliche Anlaß dieser Paraden war eine polizeiliche Maßnahme gegen SM-Partys in Birmingham gewesen. Zeitungen wie *The Guardian* oder *The Independent* hatten sich zugunsten dieses neuen Verfügungsrechts über den eigenen Körper ausgesprochen[15], dies wiederum führte zur Mobilisierung militanter Anhänger und zur Einführung solcher fröhlicher Paraden. Unauflöslich und eigentlich recht komisch ist jedoch der Gegensatz zwischen einem achtbaren und geachteten SM-Anhänger, der zwischen Familienmüttern und gutmütigen Bobbies über den Trafalgar Square zieht, und der Suche nach einer düsteren, dämonischen Grenzüberschreitung, die den eigentlichen Zweck des Kults bildet.

Eine geforderte Freiheit, eine zur Schau getragene Gruppenzugehörigkeit, eine banalisierte Vorliebe, aber allem und allen zum Trotz die empfindliche Verherrlichung des Verbotenen – eine wahrlich einzigartige Mischung. Sie ist durchaus bezeichnend für eine Epoche, die auf dem Gebiet der Lust alles auf einmal will, gleichzeitig in einem Meer der Unschuld schwimmen und im Feuer der Sünde verbrennen, und die daran selbstverständlich scheitern muß. Aber wieso ist das eigentlich so?

Dieser *unauflösliche* Widerspruch zwischen sexuellem Verlangen und der Abschaffung sämtlicher Verbote scheint Pionieren wie André Breton recht zu geben, der am Ende seines Lebens die Befürchtung äußerte, das Übermaß an Enthüllung und Freizügigkeit werde das Verlangen letztlich seiner Kraft berauben. Diese Befürchtungen teilte auch Georges Bataille. »Meiner Ansicht nach«, schreibt er, »ist sexuelle Unordnung zum Untergang verurteilt. In dieser Hinsicht stelle ich mich, dem Anschein zum Trotz, der heute vorherrschenden Tendenz entgegen. Ich gehöre nicht zu jenen, die in der Abschaffung sexueller Verbote einen Erfolg sehen. Mehr noch, ich denke sogar, daß die menschlichen Möglichkeiten von diesen Verboten abhängig sind.«[16]

In zahlreichen Texten singt dieser große Verfechter der Grenzüberschreitungen und der Sinneslust ein Loblied auf das Verbot und betont wiederholt, eine zu radikale Abschaffung des Verbots sei eine Gefahr für das Verlangen als solches und letztendlich für die ganze Menschheit. »Es scheint mir, daß sich das Verbot zunächst gegen die Begehrlichkeit als solche richtete: wenn das Verbot im wesentlichen sexueller Art war, so betonte es höchstwahrscheinlich den sexuellen Wert des Verbotenen (oder vielmehr seinen erotischen Wert). Genau das ist es, was den Menschen vom Tier trennt: die Grenze – im Gegensatz zur ungehinderten sexuellen Aktivität –, die dem, was für das Tier nur ein unwiderstehlicher Trieb war, vergänglich und bedeutungsarm, einen neuen Wert verlieh.«[17]

Die Furcht vor einer möglichen Verarmung der Erotik in Ermangelung von Verboten durchzieht Batailles gesamtes Werk ebenso wie der Gedanke, in diesem Fall gebe es keine andere Möglichkeit mehr, als symbolisch die Niedertracht heraufzubeschwören, die gespielte Gewaltsamkeit, die schmutzigen Worte, die Pantomime der Verkommenheit, um dem Verlangen dadurch neue Nahrung zuzuführen. Auf ihre Art, die häufig trivial ist, scheint unsere Epoche dies mit zunehmender Verzweiflung zu praktizieren. Zum Beweis braucht man sich nur die Sprache anzusehen, deren sich der kommerzielle Sex bedient. Nachdem erotische Grenzüberschreitungen niemanden mehr in Wallung versetzen, wird unermüdlich eine verbale und beschreibende Gewalt zu Hilfe genommen, die wie eine Ersatzüberschreitung wirkt. Eine unendliche Zahl sprachlicher Tricks wird aufgeboten, um die ersterbende Flamme wiederzubeleben, mimetische Situationen oder Partnertausch, Entfesselung simulierter Gewalt, Experimente mit sexueller Versklavung und Beschimpfungen.

Das Böse, das da herbeizitiert wird, ist aus Pappmaché, wie Georges Bataille schon bemerkte: »Sie [die Prostituierte] möchte auf seiten der Freidenker sein; aber eher nimmt sie ihre Zuflucht zur Gewaltsamkeit jener, die jedes Verbot, jede Scham verneinen und diese Verneinung nur gewaltsam festhalten können, als daß sie den Sinn für das ursprüngliche Verbot aufgeben würde, ohne den es keine Erotik gibt.«[18] Wir sollten uns nur klarmachen, daß diese Sorte von Gewaltsamkeit sich nicht mit Simulation und Pappmaché zufriedengibt.

DIE ZEIT DER SEXOLOGEN

Angesichts dieses Chaos, dieser Fehlschläge, dieser Ängste ist die Verlockung groß, sich auf die Suche nach dem einen Fehler zu machen, der am Anfang des gesamten Prozesses stand – sofern es ihn gibt. Was ist auf früheren Etappen des Weges passiert? Welche Irrtümer haben wir begangen, welche Verdrängungen hingenommen, während wir im Westen drei Jahrzehnte hindurch diese große Umwälzung der Moral durchführten, eine so radikale Umwälzung, daß die Historiker uns versichern, sie sei in der gesamten Menschheitsgeschichte ohnegleichen? In der Tat müssen wir uns zuerst und vor allem das Ausmaß dieser Revolution ins Bewußtsein rufen.

Georges Duby fordert uns mit wenigen Zeilen dazu auf; in seinen Worten, die aus dem Jahr 1984 stammen, schwingt noch die lyrische Begeisterung jener Jahre mit, doch sie drücken das Wesentliche aus: »Mit einer Heftigkeit, die so manchen sprachlos machte, sind unter unseren Augen Gerüste eingestürzt, die seit Jahrhunderten errichtet waren, um die Beziehungen zwischen den Geschlechtern zu regeln. Verbote sind aufgehoben worden. Körper haben sich entblößt. Man hat sich daran gewöhnt bei gewissen Themen nicht mehr zu erröten. Verhaltensweisen, die früher sorgfältig verheimlicht wurden, wagen sich allmählich ans Licht der Öffentlichkeit, während das Eheleben sich neu gestaltete. Noch entscheidender war die Revolution – sie war grundlegend, sehr viel tiefgreifender als alle Veränderungen, die seit Generationen in der Wirtschaft oder im kulturellen Bereich eingetreten sind; die anderen Erschütterungen, die wir ebenfalls Revolutionen nennen, wirken im Vergleich mit dieser oberflächlich und flüchtig – die Revolution, sagte ich, die, indem sie die seit den Anfängen des Menschengeschlechts bestehenden Vorschriften aufhebt, die Verteilung der Rollen und der Machtbefugnisse zwischen Männern und Frauen von Grund auf verändert hat.«[19]

Wenn wir uns an den ungeheuren Umfang dieser »sexuellen Revolution« erinnern, können wir ihre Mißerfolge relativieren. Das wahre Ausmaß dieses historischen Bruchs zu ermessen hilft uns, die anfängliche Einfalt und die Irrtümer aufzuspüren. Aus dem Abstand heraus scheinen sie uns dermaßen auffällig, daß wir es kaum begreifen, wie sie überhaupt durchgehen konnten.

Einer dieser Irrtümer war, daß von Anfang an die Sexualität mit einer Funktion gleichgesetzt wurde, was in der gesamten Geschichte noch niemals der Fall gewesen war. Die Idee einer Funktion führte sofort auch die Vorstellung einer Funktionsstörung ein und damit den Begriff der sexuellen Gesundheit, mit dem wiederum die quantitative Beurteilung und das Konzept von Leistung einhergingen. Daraus ergab sich die Vorstellung einer Norm, die nicht mehr moralisch oder kulturell war, sondern physiologisch und arithmetisch: Wie oft? Mit welcher Intensität? Mit welchem Ergebnis? An die Stelle früherer Verbote traten nicht etwa Freiheit, sondern das Projekt meßbarer Entfaltung oder Heilung, die Utopie vollkommener sexueller Gesundheit, die Aussicht auf Triumphe der Wollust, wissenschaftlich bestätigt, und therapeutische Perspektiven, die zu sämtlichen Hoffnungen Anlaß gaben und alle Forderungen rechtfertigten.

Einige geringfügige, neue Begriffe genügten, um die gesamte geistige Landschaft des Abendlands von Grund auf umzupflügen und das Bild, das wir uns von der Lust im Verhältnis zum Glück, zum Willen, zur Freiheit machten, bis in die Vorstellung unserer eigenen Wünsche und Begierden hinein zu verändern. Das außerordentliche Ereignis in diesem Zusammenhang ist, daß dieser tiefgreifende Wertewandel damals nicht zur Kenntnis genommen, geschweige denn begriffen wurde. Man stritt sich über den Fortbestand dieses oder jenes Verbots, über diesen oder jenen Rest an Scham oder obszönen »Skandal« der Pariser Chronik, ohne zu verstehen, daß das wirkliche Geschehen auf einer ganz anderen Bühne stattfand, der Bühne der gemeinsamen Werte. Die eigentlichen Risse blieben wie immer unsichtbar.

Auf dem Gebiet der Sexualität zum Beispiel geht es längst nicht mehr darum, das Normale dem Anomalen, das Erlaubte dem Verbotenen, das Moralische dem Unmoralischen gegenüberzustellen, sondern man hat eine organische Normfunktion, um daran etwaige Funktionsstörungen festzustellen. An die Stelle der Priester, der Moralprediger oder Beichtväter von gestern sind Männer in weißen Kitteln getreten, die mit Meßapparaten, obskuren Fachausdrücken und Statistiken bewaffnet sind. Die Eiszeit der Sexologen ist angebrochen. Die wissenschaftliche Macht, die sie an sich raffen und dauerhaft ausüben, ruht auf der Fähigkeit, eine allgemeingültige Definition von sexueller Gesundheit aufzustellen – eine Vorstellung, die einem Zeitgenossen von Ovid oder Brantôme sonderbar, um nicht zu sagen verrückt erschienen wäre. Daraus entstanden, etwa mit den

Untersuchungen von William H. Masters und Virginia E. Johnson[20], Ende der sechziger Jahre ein bis dahin beispielloser therapeutischer Ansatz und einige revolutionäre Definitionen – des idealen Orgasmus beispielsweise, der unsere Auffassung von Sexualität weitaus tiefer und endgültiger erschütterte als sämtliche Freiheitsverkündigungen.

Die Utopie vollkommener sexueller Gesundheit, die fortan jeder anstreben kann, die Auffassung von Sexualität, die beinahe schon ein Anliegen der öffentlichen Gesundheit ist, wird unsere Vorstellungen von Lust logischerweise verschieben: von der Freiheit zur Pflicht, von der Erlaubnis zur Aufforderung. Ein Forscher des CNRS, des nationalen Forschungsrates in Frankreich, schreibt: »Gemäß dieser Logik wird alsbald aus dem Recht auf Glück, das heißt unter anderem aus dem Anspruch auf Orgasmus eine ›Pflicht zum Orgasmus‹. Da die zuständigen Vormundschafts- und Schirmmächte uns das Recht auf sexuellen Genuß einräumen, wäre es töricht, es nicht nach Kräften zu nutzen. So hätte man immerhin etwas für sich, hätte es dem Tod, dem Staat oder den anderen abgetrotzt (der gemeinsame Orgasmus ist, mehr noch als der ›Egoismus zu zweit‹, eine kurzzeitige Zurückweisung der kollektiven Zwänge, ein stummer Protest gegen die Gesellschaft). Wir sind also geradezu verpflichtet, Orgasmen zu produzieren oder, allgemeiner, uns zu vergnügen, das heißt Stachanows des Hedonismus zu werden. Aber Vorsicht, keine (allzu offenkundige) Rücksichtslosigkeit! Denken Sie an Ihren Partner, helfen Sie ihm zu funktionieren!«[21]

Für Masters und Johnson steht fest, daß sexuelle Untauglichkeit ein gesellschaftliches Übel ist, das bisweilen mit einer »neuen Krankheit« verglichen wird und das es auszurotten gilt wie seinerzeit die Pocken oder das Sumpffieber. In den fünfziger Jahren ermutigten sie die Sexologen, sich zu Verbänden zusammenzuschließen, neue Orgasmuskliniken zu gründen, deren therapeutische Aufgaben idealerweise eines Tages von der Gesamtheit übernommen werden sollten. Die sexuelle Lust wurde ein Thema für die Medizin, und man plante ihre gerechte Verteilung. »Lustdefizit« gilt heute als Funktionsstörung wie viele andere Leiden, die medizinisch behandelt werden müssen.

Allein die Art, wie jeder von uns die Suche nach Befriedigung betreibt, hat sich tiefgreifend verändert. Schuldgefühle zum Beispiel werden anders erlebt als früher. Sie verschwinden zwar nicht, wie man naiverweise geglaubt hatte, aber sie verändern ihre Natur. »Man akzeptiert es leichter – und ist manchmal stolz darauf –, einer sexuellen Minderheit anzugehören. Umgekehrt fühlt man sich schuldig, wenn man nicht richtig ›funktioniert‹.«[22]

Worauf bezieht sich schlecht? Sicher bezieht es sich nicht auf eine kulturelle oder moralische Norm, denn die gibt es nicht mehr. Nein, fortan ist jeder versucht, die Normalität der eigenen Sexualität in bezug auf die statistischen Durchschnittsangaben einzuschätzen. Es ist eine schleichende Regression und eine phänomenale kulturelle Verarmung, die unsere Gesellschaft ohne eine Regung hinnimmt, weil sie wie gelähmt auf die Verheißungen der sexuellen Revolution starrt. Fortan, räumt der Sexologe Gilbert Tordjmann ein, lege man den Leuten »Normen, Zahlen, Vergleichspunkte [vor], und sie beginnen, sich selbst zu beobachten. […] Die Massenmedien haben auf allen Gebieten und insbesondere im Bereich der Sexualität eine gewaltige Nachfrage geweckt. Sie haben eigentlich erst die sexuelle ›Beschwerde‹ geschaffen.«[23]

Diese neuartige Klage, das heißt die Einklagung einer Lust nach dem Muster von Lohnforderungen oder Sozialhilfeansprüchen, wird binnen weniger Jahre ein banaler Bestandteil der Landschaft. Sie drückt eine gesellschaftliche Forderung wie auch eine Besorgnis aus. Die Forderung ist das Recht auf Lust, das allen verheißen und in die Verantwortung des Wohlfahrtsstaats gelegt wird. Die Besorgnis ist die Angst, dem vorgegebenen neuen Modell nicht entsprechen zu können; nicht mehr der Heilige oder der Held ist heute das Vorbild, sondern der Leistungssportler, der Athlet des Orgasmus. Der Keim aller künftigen Mißverständnisse liegt in diesem Anspruch.

AM ANFANG WAR KINSEY

Wie konnte man sich über das Wesen der Sexualität derart blenden lassen? In Wahrheit liegt der Ursprung dieser naturwissenschaftlichen und streng normativen Auffassung länger als zwei Jahrzehnte zurück. 1948, gleich nach dem Krieg und zu Beginn dieses gewaltigen Wirtschaftsaufschwungs der »dreißig fetten Jahre«, wurde in den Vereinigten Staaten eine Untersuchung veröffentlicht, die bald darauf weltweit als der »Kinsey-Report«[24] in Übersetzungen erschien. Als liberale angelsächsische Version der von Wilhelm Reich vorgelegten Utopie präsentiert der Bericht die erste objektive, das heißt werturteilsfreie Beschreibung des tatsächlich gelebten Liebeslebens der Amerikaner. Gestützt auf Fragebögen, Umfragen, statistische Erhebungen, betrachtet er mit sachlichem Blick die verschiedenen Erscheinungsformen von Sexualität und versucht Häufigkeiten, Erfolgsquoten, die sozioökonomische und geographische Aufteilung und so weiter zu ermessen. Alfred C. Kinsey, der sich nie um die psychologischen, kulturellen oder sozialen Auswirkungen dieser oder jener sexuellen Praxis kümmerte, bezog sich auf ein einziges Kriterium: die statistische Aussagekraft, so etwa den Prozentsatz der Sodomiten, der Cunnilingus-Anhänger, der Fetischisten und so weiter.

Wir müssen uns klarmachen, was eine Veröffentlichung dieser Art im Jahr 1948 bedeutete. Im noch puritanischen Amerika der Nachkriegszeit wurde die Nacht des Geheimnisses mit einem Schlag taghell erleuchtet. Da wurde ein Bericht publiziert, der die verborgene Seite des Lebens ans Licht zerrte und der ein großartiger Katalog endlich gelüfteter Geheimnisse war, eine Aufzählung entlarvter Heucheleien, banalisierter und entdramatisierter »Schändlichkeiten«; in allen Ländern des Westens ist die Veröffentlichung des Kinsey-Reports der Beginn einer neuen Epoche.

Eigentlich ist dieser Bericht nicht wegen seiner dokumentarischen Ergiebigkeit, seiner Funktion als Bestandsaufnahme interessant, sondern vor allem, weil er die Aufgabe erfüllte – und dies äußerst wirkungsvoll –, die Menschheit als Individuen und als Gesamtheit von Schuldgefühlen zu befreien. Ist ja alles halb so schlimm, versicherte er uns, wegen irgendeiner sexuellen Vorliebe oder eifriger Masturbation brauchen wir bestimmt nicht die Flammen der Hölle zu fürchten. Das wichtigste ist, daß diese »Schuldbefreiung« nicht wie in der Vergangenheit durch eine fortschrittsorientierte Neuinterpretation der Moral, durch Verbote oder die Forderung nach angemessener Zerknirschung vonstatten ging, sondern sie geschah durch Nachahmung. Meine eigenen Gewohnheiten werden legitimiert durch die des anderen, des Nachbarn, des Kollegen oder Leidensgenossen, der von denselben Phantasien umgetrieben wird; meine eigenen Schrullen werden durch die ordnungsgemäß inventarisierte Menge all jener entschärft, die mir ähnlich sind; meine Frustration wird besänftigt durch das Elend, das ich mit soundso viel Prozent der erwachsenen Menschheit teile. Die anderen machen's genauso, wieso soll ich mich noch länger schämen? Belegt durch eine Fülle von Zahlen und Daten, streng rational berichtet, und geeicht wie eine verbesserungsfähige Funktion, war die Sexualität nicht mehr jener dunkle Kontinent, erschreckend und faszinierend zugleich, bei dessen Erwähnung man sich einst bekreuzigte. Sondern sie wurde eine simple Frage von Erfolg und Mißerfolg, Minderheit und Mehrheit, Neuerung und Gewohnheit, Investition und Ertrag.

Dieser Bericht legte eine liberale Großzügigkeit – sollen sich nur alle Phantasien entfalten und ausleben – und Zukunftsgläubigkeit an den Tag, die beide dem Grundton der Zeit entsprachen. Er übertrug auf die Sexualität den Nachkriegsoptimismus à la Keynes. Das Konsumverlangen, nicht zuletzt dank Verschuldung, als Hauptantrieb der Wirtschaft und die Hoffnung auf vollkommene Lust als Antrieb des Gemeinschaftslebens: die beiden entsprechen einander. Der Kinsey-Report schien jedenfalls derart kühn in seinem Vorgehen und so wohlwollend in seiner Intention, daß kaum jemand seinen unglaublichen Reduktionismus kritisierte.

Es wird sehr lange dauern, bis wir begreifen, daß wir mit den besten Absichten der Welt die Lust ihrer innersten Wahrheit und ihrer wesentlichsten Freude beraubt haben; bis wir begreifen, daß die

Sexualität keine Funktion, sondern eine Kultur ist und daß genau dies die falsche Abzweigung war, die wir eingeschlagen haben. Damals wurden die Übersetzungen des Kinsey-Reports überall als Beweis einer Befreiung begrüßt. Man wollte ihn nicht hinterfragen. Nur ein paar aufsässige Geister mahnten zur Vorsicht und Zurückhaltung. Georges Bataille gehörte zu ihnen. Obwohl er Kinsey prinzipiell Sympathie entgegenbrachte, wandte er ein, alle diese Kurven, Graphiken, Statistiken seien unfähig, das »unauflösbare Element der sexuellen Aktivität« hervortreten zu lassen, nämlich »das Intime«, das seiner Ansicht nach »unfaßbar für den Blick von außen [bleibt], der nur Häufigkeit, Art und Weise, Alter, Beruf und Klasse feststellt. Wir müssen sogar direkt fragen: Sprechen diese Bücher überhaupt vom Sexualleben? Sprächen wir vom Menschen, wenn wir uns auf Zahlen, Messungen, Einteilungen nach Alter und Augenfarbe beschränkten? Was in unseren Augen den Menschen ausmacht, liegt zweifellos jenseits dieser Begriffe: sie drängen sich der Aufmerksamkeit auf, aber sie fügen einer schon vorhandenen Erkenntnis nur unwesentliche Aspekte hinzu.«[25]

Doch sein Einwand blieb ungehört. Mehr noch, der Kinsey-Report markiert den Beginn einer Epoche, die noch nicht zu Ende ist: die Zeit der Sexologen, der funktionalen Lust und der Pflicht zum Orgasmus, die, wird sie nicht erfüllt, als »Funktionsstörung« abqualifiziert wird.

»Tatsächlich«, schreibt fünfzig Jahre später der amerikanische Philosoph Allan Bloom, »verfolgte Kinsey eine politische Absicht, die noch dazu durchaus unverblümt war, auch wenn sie in keiner Weise von irgendeinem perversen persönlichen Interesse motiviert war. Er gehörte zu jenen Wissenschaftlern, die getreu einer reduzierten Version der Aufklärung fest damit rechnen, daß die Wissenschaft den Menschen letztlich glücklich machen wird. Er war überzeugt, die Statistiken würden für sich selbst sprechen und jedermann vor Augen führen, daß es eine außerordentliche Vielfalt sexueller Praktiken gebe und daß die offizielle Lesart falsch sei, die uns glauben machen will, die große Mehrheit der Menschen finde ihre Befriedigung, im wesentlichen und wie es sich gehört, in der monogamen Ehe. Diese statistische Vorgehensweise würde beweisen, daß die untersuchten Praktiken unumstößliche Realitäten seien, die darüber gefällten moralischen Urteile hingegen lediglich Vorurteile.«[26]

DIE LOGIK DER LEISTUNG

Die wiederkehrende Angst vor einer Lust, die zur Last geworden ist, die dumpfe Frustration, die uns umtreibt, während doch »alles erlaubt« ist, die undefinierbare Verwirrung in der Liebe, die instinktive Verweigerung und wiederbelebte Askese, die Aussicht auf den Zusammenbruch unseres Begehrens unter der Last der Gebote unserer Zeit – sollte dies alles auf diesen einen, einzigen Navigationsfehler zurückzuführen sein? Haben wir an diesem Punkt eine falsche Abzweigung eingeschlagen? Die »sexuelle Revolution« hat trotz allem sehr wichtige Errungenschaften und Fortschritte erbracht, die wir nicht ablehnen können. Wer trauert schon der Unerfahrenheit und Schamhaftigkeit früherer Zeiten nach? Man würde nicht einfach das eindeutig negative Fazit unterschreiben, zu dem Allan Bloom gelangt: »Alles in allem werden wir, wenn wir ihren Beitrag zur Abschaffung harter und stumpfsinniger Gesetze in die eine Waagschale legen und in die andere den durch sie bewirkten Verlust einer Perspektive des Menschen auf die Liebe, zu dem Schluß gelangen, daß die wissenschaftliche Sexologie uns sehr viel mehr Schlechtes als Gutes angetan hat.«[27]

Eines ist dennoch sicher: Die veränderte Wahrnehmung der Sexualität, durch den Kinsey-Report eingeführt, dann von der gesamten Sexologie übernommen und letztlich durch die zeitgenössische Vulgata kolportiert, hat eine ganze Reihe unvorhergesehener »Nebenwirkungen« mit sich gebracht, und heute haben wir alle Mühe, uns wieder davon zu befreien. Wir haben die Lust in einen verhängnisvollen Kreislauf des Leistungsdenkens eingesperrt. Wir vertreten nun die Überzeugung, wie die Gesundheit sei auch die Sexualität, technisch gesehen, unendlich verbesserungsfähig und dabei gehe es um unser Glück auf Erden. Die Sinneslust ist für uns nicht mehr der positive Effekt einer Freiheit, sondern das Ziel einer sportlichen Herausforderung, der wir uns Tag für Tag zu stellen haben. Was uns jetzt quält, ist nicht mehr das moralische Urteil, sondern der Leistungsvergleich. Pascal Bruckner, der 1979 zusammen mit Alain Finkielkraut das optimistische Werk *Le Nouveau Désordre amoureux* (»Die neue Liebesunordnung«) verfaßt hatte, stellt heute mit leisem Verdruß fest: »Der Pornofilm ist die vorerst letzte der schönen Künste zur Heimgestaltung, neben der Küche und der Gartenarbeit. [...] Das sexuelle Einverständnis ist heute das Kriterium schlechthin für den Erfolg eines Paares: daher die Flut von Rezepten und Ratschlägen in der einschlägigen Presse, denn ›schöner Vögeln‹ gehört inzwischen zum Lifestyle des modernen Paares.«[28]

Als erste hatten die amerikanischen Feministinnen in den siebziger Jahren das Leistungsdenken, das in der pornographischen Produktion allgegenwärtig ist, und dessen verheerende psychologische Auswirkung aufgezeigt. Zitieren wir als Beispiel für zahlreiche andere Bemerkungen eine von Helen Gary Bishop aus dem Jahr 1978: »Der Schwanz muß mindestens dreißig Zentimeter lang sein. Sonst zählt er nicht. Und das ist eine Lüge. Und die Lüge traumatisiert die Männer. Sie führt dazu, daß jeder der keinen Riesenschwanz hat, der nicht mindestens stundenlang steif bleibt, sich hoffnungslos unterlegen fühlt. Die Pornos stellen Normen auf. Und diesen Normen entspricht nichts in der Wirklichkeit, weder bei den Frauen noch bei den Männern.«[29]

Seit 1978 sind diese olympischen Forderungen noch strenger geworden und setzen Sexualität mit einer »Übung« gleich, die technisches Können, Beharrlichkeit, Kondition voraussetzt. In Ermangelung jeglicher symbolischer Bedeutung verkommt der Sex zur reinen Muskelfunktion, und nebenbei ist dieser Sport eher ein einsames als ein gemeinsames Vergnügen. Die Körperfunktion Lust muß ebenfalls anhand von Patentrezepten entsprechend einem einzigen Imperativ gesteigert werden: der meßbaren Leistung.

»In einer Zeit, in der überall Lobeshymnen auf den weiblichen Orgasmus gesungen wurden«, schreibt Gilbert Tordjmann, »konsultierten die Frauen den Sexologen und wollten wissen, weshalb sie nicht auf dieselbe Weise oder ebenso intensiv Lust empfanden, wie sie es in den Zeitschriften gelesen hatten. Am Ende brachten diese angeblichen Normwerte für Dauer oder Intensität eingebildete Krankheiten hervor.«[30]

Frauenzeitschriften sind natürlich das bevorzugte Forum für die neue biotechnische Predigt. »Wie lange dauert es, bis Sie sich mit einem Mann sexuell wohl fühlen?« fragt *Elle.* Ziehen Sie das *Handbuch der Sinnlichkeit* zu Rate, empfiehlt *Marie-Claire.* »Haben Sie schon einmal einen Sexshop besucht? Zu dritt Liebe gemacht? Einem Mann das *Kama Sutra* geschenkt? Einen Pornofilm aufgenommen? Mit einer Frau geschlafen?« fragt *Cosmopolitan*, während *Biba* für seine Leserinnen »heiße Spielsachen, die funktionieren« getestet hat, vom »fluoreszierenden Godemiché« bis zu den »Geisha-Kugeln«. *Réponse à tout* bietet »den siebten Himmel in sechs Lektionen« an.[31]

Das Fernsehen und natürlich das Kino führen ebenfalls fortwährend sehr normative Modelle für Sexualverhalten vor. Sich nicht daran halten zu können wird häufig als beschämende Minderwertigkeit, wenn nicht gar als Leiden empfunden. Soziologen, die sich mit der Sexualität Jugendlicher befassen, erzählen: In den amerikanischen Filmen sei der Orgasmus grundsätzlich mit Geschrei verbunden. Folglich gewöhnten sich die jungen Mädchen mit dem Beginn ihres Sexuallebens an zu schreien, auch wenn sie gar nichts spüren. Um zu reproduzieren, was sie auf der Leinwand erlebten, und um »normal« zu erscheinen, benähmen sie sich wie Expertinnen der Lust. Während des gesamten Liebesaktes konzentrierten sie sich auf die schauspielerische Leistung, und dadurch werde die Beziehung zum Partner natürlich verfälscht.

Man mag darüber lächeln, aber es ist nichts anderes als die Weiterführung des Prozesses, den Kinsey vor einem halben Jahrhundert eingeleitet hatte – die Medikalisierung und Verdinglichung der Sexualität. Die Lust wird zum Bestandteil des Konzepts vollkommener Gesundheit erklärt, das, wie Lucien Sfez zeigt, nicht nur die große Utopie unserer Zeit ist, sondern vor allem eine *Ideologie*[32], die um so totalitärer ist, als sie im Prinzip des vollkommenen Marktes eine schicksalhafte Entsprechung findet. Zum Beweis sei hier die unverblümte Erklärung eines Urologen zitiert: »Die großen Pharmaunternehmen haben mit den sexuellen Funktionsstörungen ein großartiges Forschungsgebiet aufgetan. Für die Pharmaindustrie ist das ein sehr wichtiger Zukunftsmarkt.«[33]

ALLEIN IN DER HÖLLE

Der zweite Effekt der Kinseyschen Logik besteht darin, daß sie uns in ein beängstigendes mimetisches Labyrinth geschickt hat. Wenn es keine Sünden mehr gibt, um uns zu quälen, müssen wir uns vor einer neuen, modernen Hölle hüten. Rimbaud hatte wohl schon 1873 eine Ahnung verspürt, als er ausrief: »Ich glaube mich in der Hölle, also bin ich darin.« Hundert Jahre später formulierte es René Girard genauer, indem er Sartres berühmten Satz abwandelte: Die Hölle sei, daß jeder sich allein darin glaube.[34] Diese Bemerkung trifft sehr genau das Paradox unserer permissiven und trotzdem unglücklichen Zeit.

Wir kämpfen heute nicht mehr gegen unsere Begierden an, aber während wir sie gern unabhängig, frei und überlegen hätten, sind sie in Wahrheit an der Wurzel verdorben durch einen Tropismus, ein Nachahmungsstreben, das gefährlich für unsere Freiheit ist. Unsere Begierden, auch die sexuellen, sind schon lange nicht mehr autonom, sondern auf die der anderen ausgerichtet – die Begierden der Masse, der Zeitschriften, der Volksmeinung. Der Druck des Konformismus, den wir vertreiben wollten, kehrt durch die Hintertür wieder zurück. Heute strecken wir vor diesem Imitationsdenken die Waffen.

Die Zeitschriften, aber auch die zahllosen Umfragen und Erhebungen über Sex befriedigen unsere Sensationslust. Alle informieren uns über die angeblichen Wünsche einer Mehrheit – dieser Mehrheit, der sich anpassen zu müssen irgend etwas in uns angstvoll glaubt. Die erotische Literatur hingegen besteht heute nicht mehr aus den großartigen und einzelnen Texten, sondern aus den mittelmäßigen Geständnissen des Normalbürgers, dessen Alkovengeheimnisse wir uns gierig einverleiben. In Wahrheit interessiert nichts uns mehr, als unsere eigenen Begierden an den Wünschen jenes »anderen« zu messen, dem wir uns freiwillig als »Geiseln« ausgeliefert haben. Diese Art von Konformismus ist noch verschlagener und vielleicht noch anstrengender und einschränkender als der Zwang der archaischen Moral, dem wir so stolz entronnen sind.

Frei, aber als Sklaven unserer Modelle laufen wir einander dumm und jämmerlich hinterher. Dazu kommt noch, daß wir alle ein und derselben Illusion anhängen: Jeder von uns ist überzeugt, daß der andere, dieses beneidenswerte Gegenüber, in seinen Wünschen und Sehnsüchten vollkommen autonom sei. Das Spiel verläuft im Kreis; die anderen beneiden uns ebenso wie wir sie. Und so imitiert und kopiert man einander fieberhaft, in einem Reigen medienwirksamer, instrumentalisierter, öffentlich zur Schau getragener Begierden, allesamt Ausdruck derselben Knechtschaft, die sich hinter permissiven Schlagwörtern verbirgt.

Eine Freiheit der Liebe könnte sein: Begehre, wen du willst, aber vergewissere dich, daß die Entscheidung deine eigene ist. Begehre nicht sklavisch, was dir die anderen vorschreiben, passe dein Verhalten nicht blindlings an die Tyrannei der Nachahmung an. Aber niemand versucht, sich von den Zwängen zu befreien. Jeder redet sich ein, er habe die Fesseln gesprengt, und berauscht sich an einer eingebildeten Freiheit, während er sich furchtsam einem Modell unterordnet und ihm fraglos gehorcht.

Roland Barthes war schon Ende der siebziger Jahre auf den grundlegenden Widerspruch gestoßen, der in der Permissivität liegt. »Die Massenkultur«, schrieb er, »ist eine Wunschvorzeigemaschine: hier ist das, was Sie interessieren wird, sagt sie, als ob sie erriete, daß die Menschen unfähig sind, von allein darauf zu kommen, wen sie begehren.«[35]

Der dritte negative Effekt des Kinsey-Reports besteht in einer Verschärfung des Wettbewerbs. Alles sieht danach aus, als verstärkten sich die traditionellen Vorsichtsmaßnahmen in bezug auf die Sexualität – die uralte Furcht vor Rivalität in der einen oder anderen Form. Der Wettbewerb als das eigentliche Fundament der Verbote und anthropologischen Tabus, zumal des Inzesttabus, verschärft sich mit zunehmender Freiheit automatisch. Wir sind in ein Universum der Konkurrenz eingetreten, das keine Pause und keine Gnade kennt, einer erbitterten Liebeskonkurrenz, die nach Vladimir Jankélévitch das herausragendste Merkmal der Dürre unserer Zeit ist.

Diese »erstickende, bedrückende« Erotik, schrieb er, »ist weder die Ursache noch die Folge der herrschenden Dürre, sondern ist die Dürre selbst. [...] Wo es an Freude, Aufrichtigkeit, leidenschaftlicher Überzeugung, Spontaneität des Herzens fehlt, ist nur Platz für die Erotikindustrie. Erotik und Gewalt sind die beiden Alibis einer Zeit, die von Grund auf lieblos ist und in der sexuellen Überhitzung irgendeinen Ausgleich für ihre unheilbare Dürre sucht.«[36]

Ist unsere Gesellschaft nicht schon auf anderen Gebieten von gnadenlosem Wettbewerb und dem Gebot der Perfektion beherrscht? Welche Zuflucht bleibt uns denn noch, wenn sogar die Lust denselben fatalen Zwängen gehorcht? Besonders erschreckend ist in diesem Zusammenhang die Feststellung, die Boris Cyrulnik trifft: »Wer in einer Gesellschaft, die auf dem Kult des Individuums und der Effizienz aufgebaut ist, auf Sex verzichtet, tut dies wohl deshalb, weil er meint, je mehr er einen Sexualpartner begehrt, desto mehr geht er das Risiko ein, dadurch seine individuellen Leistungen zu verringern; folglich glaubt er, seine sozialen Leistungen steigern zu können, wenn es ihm gelingt, seine Libido zu unterdrücken.«[37]

Das hat alles nichts mehr mit der freien und unbeschwerten Lust zu tun, von der wir einst träumten. Hat es sich gelohnt, mit der Vergangenheit reinen Tisch zu machen? Heute sind wir uns nicht mehr sicher, ob wir darauf wirklich mit Ja antworten sollen. Jetzt, am Ende des Jahrhunderts, haben wir allerdings eine Lektion gelernt: Jede Modernisierung beginnt mit einer aufmerksamen und kritischen Sondierung unseres Gedächtnisses.

ZWEITER TEIL

DAS VERLORENE GEDÄCHTNIS

Die Auffassung, die religiösen Überzeugungen der gesamten Menschheit seien eine breitangelegte Mystifikation, der wir uns als einzige mehr oder weniger entziehen können, ist zumindest voreilig. René Girard, 1972

6
DIE IMAGINÄRE ANTIKE

Warum erinnern wir hier an die griechisch-römische Antike und nicht etwa an Babylon oder die Hethiter? Weil in sexueller Hinsicht kaum ein Mythos zählebiger ist als die Vorstellung von einer freizügigen Antike und wenige Irrtümer hartnäckiger und folgenreicher sind. Was immer über Sexualität geschrieben wird, was immer sich auf diesem Gebiet ereignet, unsere kollektive Bilderwelt weist dieser kaum definierten, nebelhaften »griechisch-römischen Welt« einen bestimmten Platz zu: das verlorene Paradies. Jene vorchristlichen Jahrhunderte zitieren wir im Geist herbei, sobald von der Unschuld des Verlangens, von friedlichem Hedonismus oder endloser Sinnenlust die Rede ist. Aufs Geratewohl vermischen wir die Liebesfresken aus Pompej mit den Unverblümtheiten eines Petron oder Aristophanes, die angebliche Verfeinerung der Homosexualität in Griechenland mit den sinnlichen Gedichten Ovids, die unzüchtigen Szenen auf griechischen Tontöpfen mit den Bacchanalien des Römischen Reichs, von denen Sueton berichtet, und schwelgen in Gedanken an eine griechisch-römische Vergangenheit voll seliger Wollust, triumphierender Körper und übermächtiger Erotik vor dem Hintergrund Vergilscher Wohllaute.

Diese imaginäre Antike stellt für uns eine »Zeit vorher« dar, der die Erfindung der Sünde den Garaus machte, eine ursprüngliche, lichterfüllte Glückseligkeit, die die monotheistischen Religionen unter der Decke argwöhnischer Prüderie erstickten. In unserer Vorstellung ist diese verschwundene Seligkeit nach wie vor die Welt unbeschwerter Sinnesfreude und unschuldiger Lust ohne Sünde. Sogar durch unsere Sprache ziehen sich noch Spuren dieser nostalgischen Illusion: römische Orgien, griechische Statuen, lockige Jünglinge und sanfte Krieger, beritten von geschmückten Frauen, Überschwang der Dichter. Auf dieses Universum ohne Scham und Schuld verweisen die Künstler gern, wenn sie die machtvolle Freude des von allen Zwängen befreiten Begehrens heraufbeschwören wollen. Noch heute ist kaum eine Debatte über Erotik, Sexualität und »religiöse Tugendhaftigkeit« denkbar, die nicht zu irgendeinem Zeitpunkt das leuchtende Vorbild der Antike ins Spiel bringt.

Die griechisch-römische Epoche, jenes unwiederbringliche Eden, das der Menschheit geraubt wurde, nimmt in der abendländischen »Zeit« denselben Platz ein wie das Kythera der Dichter innerhalb ihres geographischen Raums und mehr noch O'Tahiti mit seinen polynesischen Inseln, bevölkert von sehnsüchtigen Frauen und unschuldigen Begierden; von Frauen, die sich unserer Leidenschaft darboten, wie es 1768 der Graf von Bougainville, Entdecker Ozeaniens, beschrieb: »Die Mehrheit dieser Nymphen war nackt, denn die Männer und die Greisinnen, die sie geleiteten, hatten ihnen den Lendenschurz abgenommen, in den sie sich für gewöhnlich einhüllen. Von ihren Einbäumen aus schäkerten sie zunächst ein wenig mit uns.«[1] Und so weiter.

So, wie dieses imaginäre Tahiti sogar noch bei Diderot den Mythos eines irdischen Paradieses entstehen ließ, das der moderne Mensch durch »Ernst« und zwanghafte Schamhaftigkeit verloren habe, wurde die Antike zum Beweis für die Existenz einer ursprünglichen, verlorenen Harmonie herbeigerufen. Um zu demonstrieren, wie sehr er den herrschenden Moralismus und die lustfeindliche »Dummheit« der Religion ablehnt, liebt es der moderne Mensch, sich auf die süße Freiheit dieser Griechen und Römer zu berufen, die einander ohne Scham unter dem Himmel liebten. Er ist überzeugt, daß die Schuld bei den Religionen liege, vor allem dem Christentum, denn in bezug auf die Sexualität hätten sie den Mann und die Frau des Abendlandes Jahrhunderte hindurch mit der Last der Sünde in Ketten gelegt. Die Hauptaufgabe dieser erträumten Antike besteht darin, eine Zeit »vor« dem Juden- und Christentum zu verkörpern, die glücklicher gewesen sei als alle späteren Epochen.

DIE ERFINDUNG DER »SCHAMTEILE«

Diese Vorstellung von der griechisch-römischen Welt ist ebenso phantastisch und verklärt wie der Blick, mit dem die seefahrenden Entdecker des achtzehnten Jahrhunderts Polynesien betrachteten. In den Schriften aller ernsthaften Historiker, die sich mit der Geschichte Athens oder Roms befassen, schwingt derselbe Ärger mit, dasselbe mit Bedauern gemischte Befremden über derartige Fehldeutungen der Sexualmoral im Altertum. »Wenn es einen von Legendenbildungen umrankten Aspekt des antiken Lebens gibt«, schreibt Paul Veyne, »dann ist es die Liebe. Gemeinhin glaubt man, in erotischen Belangen hätten im Altertum repressionsfreie Verhältnisse wie im Paradies geherrscht und erst das Christentum habe den Gewissenswurm der Sünde in die verbotene Frucht transplantiert. In Wirklichkeit konnten sich die Heiden vor Verboten kaum retten. Das Gerücht von der heidnischen Sinnlichkeit beruht auf einer Reihe traditioneller Fehlinterpretationen. Die berühmte Geschichte von den zügellosen Ausschweifungen des Kaisers Elagabal (Stefan Geoges »Algabal«) ist schlicht ein Schwindel, den die Verfasser der *Historia Augusta*, einer späten Fälschung, in Umlauf gebracht haben. Und in naiven Gemütern löste schon der Gebrauch eines ›schlimmen Wortes‹ einen Schauer perverser Anmutungen oder betretenes Gekicher aus: Pennäler-Erotik.«[2]

In zahlreichen weiteren Texten kommt Veyne auf das wiederkehrende Mißverständnis im gegenwärtigen Diskurs zurück, dessen Beharrlichkeit er unermüdlich anprangert. »Sich vorzustellen«, schreibt er, »das Heidentum sei gleichbedeutend mit der Abwesenheit von Sünde, ist ein Irrtum. Die heidnische Epoche war auf ihre Weise repressiv.«[3]

Die Kenner dieser Zeit sind ebenso verwundert und überrascht. Zwischen der Antike unserer Phantasie und der Realität jener Zeit klafft ein Abgrund. Michel Foucault greift die Frage in seinem Werk *Sexualität und Wahrheit* mehrmals auf, ebenso Autoren wie Georges Dumézil, Jean-Pierre Vernant, Pierre Grimal, Jean-Noël Robert,

Peter Brown oder John Boswell. Die Experten der Antike und die der abendländischen Erotik und ihrer Geschichte sind sich einig. »Ein zähes Vorurteil«, schreibt beispielsweise Alexandrian in der *Geschichte der erotischen Literatur*, »ist die Überzeugung, das Christentum sei der Feind der erotischen Literatur gewesen, das Heidentum hingegen ihr bedingungsloser Verfechter. In Wirklichkeit waren es nicht die Kirchenväter, sondern stoische Philosophen wie Seneca, die begannen, die Geschlechtsorgane als ›Schamteile‹ oder *pudenda* zu bezeichnen (*oidia*, wie die Griechen sagten).«[4]

Merkwürdigerweise vermögen die zahlreichen Widerlegungen von qualifizierter Seite nicht die Überzeugung anzukratzen. Eine so beharrliche wie dauerhafte Fehldeutung hinsichtlich der vermeintlichen Fleischeslust im Altertum läßt sich nicht nur durch Unwissen oder absichtliche Unaufrichtigkeit erklären, sondern deutet darauf hin, daß der Beweggrund ideologisch ist. Zwei Jahrtausende hindurch wurde unermüdlich die falsche Sicht der Antike beschworen, und immer mit einer Absicht. Die griechisch-römische Zeit wurde bei der Neuübersetzung und -interpretation der griechischen und lateinischen Autoren unermüdlich überprüft, neu bewertet, idealisiert oder – seltener – verteufelt, je nach Epoche. Die Instrumentalisierung der Antike stand in einem gewissen Zusammenhang mit unserer eigenen Auffassung vom Christentum, das heißt dem Negativ, als dessen »Vorläuferin« sie fungiert. Die Idealisierung der antiken Moral war zunächst und ist nach wie vor eine Waffe im Widerstand oder im Kampf gegen das Christentum.

Ebenso wie das Epos der Kreuzzüge, das die Historiker neun Jahrhunderte lang beschäftigte und ganze Bibliotheken füllte, hat unsere Sicht der Antike selbst eine Geschichte, die zu rekonstruieren sich die Mühe lohnt – nachdrückliche Lobpreisung während der Phasen der Kritik oder der Loslösung von der Religion oder systematische Herabwürdigung des »Heidentums« bei jeder Gegenreform oder christlichen Erneuerung. Unsere modernen Vorurteile im Hinblick auf Rom und Athen fügen sich in die fortlaufende Geschichte der Interpretationen.

DIE LESEFRÜCHTE DES GILLES DE RAIS

Eine lange Geschichte, in der Tat. Schon im spätmittelalterlichen zwölften Jahrhundert, schreibt zum Beispiel John Boswell, »waren die Berührungspunkte mit der mediterranen Welt sowohl Ursache als auch Wirkung dieses kulturellen Aufblühens: die Kreuzzüge und die spanische Reconquista brachten die Christen in engeren Kontakt mit dem Islam, und je mehr die Europäer über den vom Islam bewahrten Schatz des klassischen Wissens erfuhren, desto häufiger begaben sie sich nach Spanien und Sizilien, um die Weisheit von Athen und von Rom kennenzulernen.«[5]

Drei oder vier Jahrhunderte später entdeckten Italien und danach Frankreich im Zuge der Renaissance nicht nur den Neuplatonismus wieder, sondern auch den Überschwang der Fleischeslust, den sie der vorchristlichen Zeit zuschrieben und gerade im Gegensatz zur katholischen Sittenstrenge verherrlichten. Davon zeugt auf höchst anschauliche Weise der Wunsch nach sinnlicher Provokation, wie er mitten im sechzehnten Jahrhundert in den Gemälden von Michelangelo zum Ausdruck kommt; sie ist so stark gegen die damalige Kirche gerichtet, daß der Papst, Paul IV., die »Bedeckung« der anstößigen Blößen durch Daniele da Volterra, einen mittelmäßigen Maler, verlangte, was diesem den Spottnamen Braghettone (»Hosenmacher«) eintrug.

Die relative Toleranz der Renaissance gegenüber der Sodomie beruhte ebenfalls auf einer Wiederentdeckung der Antike und wurde von einer Hingabe an die Frau und die weiblichen Werte begleitet, die nicht ohne Erotik war. In der Literatur kam diese beispielhafte Hingabe bei Petrarca in bezug auf Laura, bei Dante in bezug auf Beatrice, bei Maurice Scève in bezug auf seine Délie, ein Anagramm für »l'idée«, zum Ausdruck.

Ein weniger bekanntes, wenngleich bezeichnendes Detail ist das folgende: Im Jahr 1434 erklärte Gilles de Rais, beschuldigt der Vergewaltigung und Ermordung von nahezu zweihundert Kindern, bei seinem Prozeß, zu seinen Verbrechen habe ihn die Lektüre Suetons getrieben, bei der er Vertraulichkeiten derselben Art entdeckt habe, welche gewissen römischen Kaisern zugeschrieben würden. »Ich las in diesem schönen Geschichtsbuch, erklärte er seinen Richtern, daß Tiberius, Caracalla und andere Cäsaren mit Kindern spielten und bei ihrer Marterung ein einzigartiges Vergnügen empfanden. Ich beschloß somit, besagte Cäsaren zu imitieren, und noch am selben Abend fing ich damit an, indem ich mich an die in dem Buch dargestellten Bilder hielt.«[6]

Im siebzehnten und achtzehnten Jahrhundert war die zweckgerichtete Beschwörung der Antike ein bei den Libertinern höchst beliebtes Argument. 1760 erfreute sich Restif de la Bretonne am klugen Wohlwollen Athens oder Roms, »wo die Sitten unter dem Paragraphen Eheschließung sehr viel weniger streng waren als heute bei uns« und wo »die Reinlichkeit und Empfindsamkeit der griechischen und römischen Kurtisanen ihresgleichen suchten«, so daß »wir in dieser Hinsicht hinter den Alten weit zurückstehen«.[7] In den erotischen Texten des Grafen Mirabeau, insbesondere in *Erotika biblion*[8], wimmelt es von bewundernden Verweisen auf die angeblich überschwengliche Freizügigkeit der Antike. Im *Erotika biblion* wollte Mirabeau beweisen, daß es sinnlos sei, den Zeitgenossen ihre Zügellosigkeit vorzuhalten, denn die alten Griechen und Römer seien sittlich noch weitaus verdorbener gewesen. In zehn Kapiteln mit bizarren Titeln, die aus dem Griechischen oder Hebräischen abgeleitet sind – »*Anelytroida*«, »*Ischa*«, »*Tropoid*«, »*Thalaba*«, »*Anandryme*«, »*Akropodie*«, »*Behemah*«, »*Anoskopie*« –, zeichnete Mirabeau mit expliziten Absichten ein Schaubild der Onanie, der Sodomie, der Päderastie, des Lesbianismus und anderer sexueller Praktiken des Altertums. Die angebliche Zügellosigkeit der Antike, insbesondere des griechisch-römischen Altertums, war ihm sehr willkommen, um seine eigenen Forderungen nach Lockerung der Sitten zu begründen.

Während der Revolution und das ganze neunzehnte Jahrhundert hindurch fuhren die »Freigeister«, Utopisten, Libertins und Anhänger eines militanten Antiklerikalismus fort, in der Antike Beispiele zur Rechtfertigung freier Sitten und ungehemmter Wollust zu suchen. Man weiß, welchen Gebrauch der Marquis de Sade von diesen »Zitaten« machte. Später drückte Nietzsche in ein und demselben Atemzug seine Bewunderung für Napoleon und seine Leidenschaft für das vorchristliche Altertum, die Tragödie, Homer und Griechenland aus. Mitten im Revolutionsgetöse, schrieb er[9], habe sich ein unerhörtes Ereignis mit bis dahin unbekannter Großartigkeit zugetragen: das Ideal der Antike sei der Menschheit in Fleisch und Blut wiedererstanden.

So stieß jeder Versuch der Historiker, die Wahrheit über Griechenland oder den »römischen Eros«[9] wiederherzustellen, jede Widerlegung der naiven Ansichten, die in der öffentlichen Meinung vorherrschten, lange Zeit auf taube Ohren. Einen Mythos, der eine Funktion erfüllt, gibt man freilich nicht gern auf. Noch heute ernten wir Unglauben, sobald wir erklären, daß sämtliche sexuellen Verbote, die der jüdisch-christlichen Tradition oder dem Islam zugeschrieben werden, bereits in der Antike galten und daß folglich die vermutlich aufschlußreiche Prüfung dieser Verbote in keinem Fall mit einer Kritik der Religionen, besonders des Christentums, verwechselt werden kann.[10] Dies ist so, obwohl die Phasen der Massenverdummung und extremen Prüderie, wie die Kirche sie unbestreitbar erlebt hat, glauben machen könnten, sie gründeten auf eigenen und ursprünglichen Glaubenssätzen.

Foucault faßte die vier Hauptvorwürfe der herrschenden Meinung gegenüber dem Monotheismus zusammen: Er habe als erster das Geschlecht und das »Fleisch« mit Sünde gleichgesetzt, die Frau erniedrigt und dem Mann unterworfen, sexuelle Enthaltsamkeit gepredigt, die Homosexualitat verurteilt. Mit der Einführung dieser vier Verbote habe er zugleich mit sämtlichen heidnischen Traditionen gebrochen und die körperliche Lust für Jahrhunderte geächtet. Foucault erkannte dem Christentum zwar eine besondere, typische Ausprägung in der Definition von »Fleisch« zu, doch er bewies auch die Haltlosigkeit dieser vier Anschuldigungen.

Diese vier Kategorien der Verbote oder des Mißtrauens gegenüber der sexuellen Lust waren alle bereits in der Zeit des antiken Heidentums wohlbekannt und verbreitet. Dennoch sollten wir die Unterschiede je nach Epoche hervorheben. Es wäre ziemlich überheblich, sich pauschal auf eine römische Geschichte zu berufen, die sich mit allen nur denkbaren Entwicklungen und Schwankungen in der öffentlichen Moral über zwölf Jahrhunderte erstreckt. Während der die Tugenden hervorhebenden Republik vor und nach dem zweiten Punischen Krieg, der Blütezeit des Reiches, als ein Schwall der Wollust um sich griff, und der Zeit der um Sicherheit besorgten Antoniner, die zur einstigen *virtus* zurückkehrten, war der Umgang mit der Lust, wie man sich denken kann, sehr verschieden.

Gleichwohl waren, allgemein gesehen, die Sorgen um die Sexualmoral, auch die Anflüge von Strenge und Repression, in der Welt des Altertums immer präsent.

DER TYRANN EROS

Was ist mit dem Argwohn gegenüber Begehren und Lust? Wir brauchen nur Platon zu lesen. In den *Gesetzen* spricht er von der notwendigen Scham, die, weil sie die Häufigkeit der sexuellen Aktivität vermindere, deren »Tyrannei schwächt«; die sexuelle Betätigung sei zwar nicht zu verbieten, doch müßten die Bürger »dieses Tun mit Geheimnis umgeben« und »als Schande« empfinden, sollten sie sich ihm offen hingeben; dies entspreche einer Verpflichtung, die durch Brauch und ungeschriebenes Gesetz entstanden sei. Weil die Männer und Frauen im Hinblick auf ein gemeinsames Ziel eine bestimmte Rolle zu erfüllen hätten – die Zeugung künftiger Bürger –, seien sie auf exakt die gleiche Weise an Gesetze gebunden, die ihnen Zurückhaltung auferlegen.

Auch Sokrates versichert in *Politeia*, daß der vernünftige Mann sich nicht der bestialischen und vernunftwidrigen Lust hingebe; in *Gorgias* spricht Platon vom Körper als einem »Kerker der Seele«.[11] Und Aristoteles betont in der *Nikomachischen Ethik*, die sexuelle Lust verhindere das Denken.[12] Der Stoiker Seneca hingegen schreibt in seiner *Trostschrift für Mutter Helvia*: »Wenn du bedenkst, daß die Sexualität dem Menschen nicht zum Vergnügen gegeben wurde, sondern zur Arterhaltung, wird dich, dem dieses versteckte, tief im Innern verwurzelte Übel nichts anhaben konnte, jede andere Leidenschaft unberührt lassen. Nicht einzelne Laster bezwingt die Vernunft, sondern gleichzeitig alle miteinander. Insgesamt braucht der Sieg nur einmal errungen zu werden.«[13]

Ein Großteil der antiken Philosophen mißtraute also dem sexuellen Verlangen, nicht weil es an sich »schlecht« wäre, sondern weil es eine Energie, *energeia*, in sich berge, die zum Übermaß neige und deshalb möglicherweise Unordnung und Gewalt mit sich bringe. »Die beiden großen und wichtigen philosophischen Schulen«, schreibt Paul Veyne, »nämlich die Schule Platons und die Stoiker, deren Einfluß sich überall gleichzeitig ausbreitet, waren selbst sehr repressiv: Die Lust ist generell suspekt und nur dann angemessen, wenn sie einem Zweck dient, nämlich der Fortpflanzung. Die Epikuräer hingegen gelten zwar als die Jünger der Lust, doch sie selbst verstanden darunter nicht die bloße Sinnenlust, sondern die geistige Lust, die Heiterkeit, die in der Abwesenheit von Leidenschaften liegt. Sie predigen die Ruhe und verurteilen die Erotik.«[14]

Für die Griechen wie für die Römer spielte es eine große Rolle, daß der Mann seinen Begierden befiehlt wie der Herr seinen Sklaven, statt ihnen sklavisch zu gehorchen. Die Sexualität sei ein notwendiger Trieb, jedoch so mächtig, daß jeder Mann fähig sein muß, ihn mit Willenskraft zu beherrschen. Diese wachsame Kontrolle sei das Kennzeichen der Männlichkeit schlechthin, während Maßlosigkeit oder Hingabe an die Lust von einer ganz und gar weiblichen Trägheit zeuge. »Das Verhältnis zu den Begierden und Vergnügen wird als ein Kriegsverhältnis gedacht«, schreibt Foucault; »ihnen gegenüber muß man sich in die Position und die Rolle des Gegners begeben: entweder als Soldat, der sich schlägt, oder als Kämpfer in einem Wettbewerb. [...] Die lange Tradition des geistigen Kampfes [der Christen], der mannigfache Formen annehmen sollte, war im klassischen griechischen Denken schon klar vorgezeichnet.«[15]

Nach derselben Denkweise wird den Urchristen heute vorgeworfen, sie hätten als erste die Enthaltsamkeit so sehr verherrlicht, daß sie ihre gesamte Kirche auf dem Konzept der Keuschheit aufgebaut hätten. Auch dabei handelt es sich um eine Fehlinterpretation. Schon bei Philostratos, Xenophon, Sokrates und anderen wurde der tugendhafte und enthaltsame Held gepriesen: »Das Jungfräulichkeitsideal ist nicht erst ein christliches Ideal. Der Wundertäter Apollonius von Tyana (1. Jh. n. Chr.), so berichtet sein Biograph Philostrat, hat ein Jungfräulichkeitsgelübde abgelegt, an das er sich sein Leben lang hielt.«[16]

Für die meisten Menschen der Antike war das Loblied auf sexuelle Mäßigung oder gar Keuschheit – nicht anders als viel später im bürgerlichen neunzehnten Jahrhundert – Ausdruck einer weitverbreiteten Zwangsvorstellung: der Furcht vor der Schwächung des Mannes infolge Samenverlust. Diese fixe Idee brachte manche Philosophen oder Ärzte, Hippokrates und Galen zum Beispiel, lange vor den Kirchenvätern auf die Idee, die sexuelle Energie müsse ausschließlich der Fortpflanzung vorbehalten sein. »Im zweiten Jahrhundert v. Chr. betrachtet Soranos aus Ephesos, Leibarzt des Kaisers Hadrian, lange Phasen der Keuschheit ebenfalls als gesundheitsfördernd: in seinen Augen rechtfertigt allein die Sorge um den Nachwuchs die sexuelle Aktivität. Er beschreibt die schädlichen Folgen aller Exzesse, die über den simplen Fortpflanzungswunsch hinausgehen.«[17]

Ein anderes Beispiel sei genannt: Wie wir wissen, bemühte sich die katholische Kirche im frühen Mittelalter, die fleischlichen Lüste durch den liturgischen Kalender einzuschränken. Dieser legte gewissenhaft eine große Anzahl von Tagen fest, an denen die Gatten sich jeglicher Fleischeslust zu enthalten hatten. Das Studium, die Entschlüsselung oder die Kritik dieses Kalenders der Askese beschäftigte die Theologen jahrhundertelang und mobilisiert noch heute die Historiker, die auf diesem Gebiet spezialisiert sind, wie Jean-Louis

Flandrin.[18] Die Verbindung zwischen religiösen Feiertagen und zeitweiliger Enthaltsamkeit bestand jedoch schon in der Antike, lange vor der Entstehung des Christentums. In Griechenland hatten die verheirateten Frauen, die zu Ehren der Göttin Demeter die Thesmophorien feierten, die Männer unbedingt von sich fernzuhalten; während der drei Tage, die das Fest dauerte, war strenge sexuelle Enthaltsamkeit vorgeschrieben. Und die römischen Ehefrauen, die Matronen, versagten sich während der Feiern für die Göttin Ceres bis zum Ende der neunten Nacht die fleischliche Lust und jeglichen Kontakt mit ihren Gatten.[19]

Allgemein zeigt sich, daß der Rhythmus der *feriae*, der Feiertage in der römischen Religion, mit den späteren christlichen Zeiten der Enthaltsamkeit, wie sie im Kirchenjahr festgelegt sind, ziemlich genau übereinstimmt. Auch hier hat das Christentum nichts erfunden. »Die *dies festi* sind den Göttern geweiht; als Feiertage zeichnen sie sich durch *feriae* aus: eine Pause, eine Arbeitsniederlegung zu Ehren der Götter. Während der *feriae* eine profane Tätigkeit zu verrichten ist ein Mangel an Achtung gegenüber den Göttern, eine *pollutio feriarum*, eine vorübergehende Verunreinigung des göttlichen Gebietes und Beschmutzung der heiligen Ruhe. [...] Ein typisches Beispiel für die Verbannung jeglicher Gewalt ist das Verbot, junge Mädchen an solchen Tagen zu verheiraten: die Entjungferung bei der Hochzeit wird mit der Vorstellung einer Vergewaltigung gleichgesetzt, was sich darin zeigt, daß die Verheiratung von Witwen am selben Tag erlaubt war.«[20]

LIEBE IN DER DUNKELHEIT

Im Alltagsleben verrieten die Verbote der griechisch-römischen Zeit bisweilen eine pedantische und ängstliche Schamhaftigkeit, die mit der extremen Freizügigkeit und der angeblichen Zurschaustellung von Nacktheit, wie wir sie den Griechen und Römern unterstellen, wenig zu tun hat. Unter den Verboten, gegen die die Liebeselegie verstieß, nennt Paul Veyne den Liebesakt, wenn er unbekleidet und tagsüber beziehungsweise ohne vollkommene Dunkelheit vollzogen wurde, was als verwerflich galt und allenfalls das zweifelhafte Privileg eines Wüstlings war. Diesen erkannte man im übrigen daran, daß er absichtlich gegen drei grundlegende Verbote verstieß: »Er machte Liebe vor Einbruch der Dunkelheit (Geschlechtsverkehr bei Tageslicht war ein Vorrecht der Neuvermählten am Tag nach der Hochzeit); er machte Liebe im unverdunkelten Zimmer (frivole Dichter riefen als Zeugen ihrer Lust die Lampe an, die ihnen geleuchtet hatte); er machte Liebe mit einer Frau, die er zuvor völlig entkleidet hatte (nur gefallene Frauen liebten, ohne wenigstens den Büstenhalter anzubehalten, und Malereien aus pompejanischen Bordellen zeigen, daß selbst Prostituierte sich dieser letzten Hülle nicht entledigten). Lüstlinge nahmen sich nicht nur Zärtlichkeiten heraus, sondern auch Berührungen, allerdings einzig mit der Linken. Wollte ein anständiger Mann die Geliebte nackt erblicken, so mußte er warten, bis der Mond im richtigen Augenblick ins Zimmer schien. Von lüsternen Tyrannen wie Elagabal, Nero, Caligula und Domitian munkelte man, daß sie auch andere Tabus verletzt und mit verheirateten Frauen, jungen Mädchen aus gutem Hause, frei geborenen Jünglingen, Vestalinnen, ja sogar mit ihrer eigenen Schwester geschlafen hätten.«[21]

Um ins Detail zu gehen: Fellatio war in Rom derart verpönt, daß man sich von schändlichen Fellateuren erzählte, die ihre offenkundig gewordene Schande zu verheimlichen suchten, indem sie sich als passive Homosexuelle ausgaben. Als noch schmachvoller galt Paul Veyne zufolge der Cunnilingus.[22] »Der Gipfel der Schande sind Zärtlichkeiten mit dem Mund, die an Frauen verübt werden. Noch schlimmer war, wie ein erbitterter Seneca (im ersten Jahrhundert) erwähnt, jene Stellung, bei der die Frau sich über dem Mann befindet. Die Moral der antiken Stadt war rein männlich geprägt. In Rom herrschte eine Kasernenatmosphäre. Sich allzusehr für Frauen zu interessieren galt als verweichlichtes, weibisches Verhalten.« In seinen *Briefen an Lucilius* empörte sich Seneca über Natalis, der seine

»schamlose Zunge« den Frauen zum Vergnügen anbot, und über Mamercus Scaurus (einen Konsul), der, noch verwerflicher, Cunnilingus praktizierte, ohne sich von der Menstruation abschrecken zu lassen, indem er »seinen offenen Mund der monatlichen Blutung seiner Sklavinnen« darreichte.[23] Über unsere heutigen Sitten aber wäre manchmal wohl der zügelloseste Wüstling Roms entsetzt.

Zur Schamhaftigkeit der Antike bot Michel Foucault eine Erklärung an, die deren Bedeutung noch hervorhebt: »Als Grund, die Liebe nur in der Nacht zu praktizieren, führte man gern die Notwendigkeit an, sich den Blicken zu entziehen; und in dem Bemühen, sich bei diesen Beziehungen nicht sehen zu lassen, sah man ein Zeichen dafür, daß die Praktik der *aphrodisia* nicht etwas war, was dem Vornehmsten im Menschen Ehre macht.«[24]

Was hingegen die Szenen betrifft, die zwar spärlich sind, aber unzählige Male als »Beweise« für die Zügellosigkeit der Antike zitiert werden, so ist die üblicherweise dazu gelieferte Interpretation meist absurd. So glaubte man etwa, in der öffentlichen Masturbation des Diogenes ein Zeichen für die Freizügigkeit der Athener Sitten zu erblicken, während es sich in Wahrheit um eine »zynische Provokation« handelte, die sich gegen die in Athen herrschende Schamhaftigkeit richtete.

Doch die himmelschreiendsten Dummheiten wurden im Zusammenhang mit der symbolischen und realen Lage der Frauen kolportiert. Noch heute wird behauptet, Frauenfeindlichkeit sei eine Erfindung des Judentums, des Christentums oder des Islam, jedenfalls der monotheistischen Religionen. Nichts ist abwegiger; die meisten griechischen oder lateinischen Autoren legten sogar eine sehr aggressive Frauenfeindlichkeit an den Tag. Platon und Aristoteles vertraten beide die Ansicht, die Frau sei dem Mann von Natur aus unterlegen, denn sie bestehe nicht aus demselben Stoff. Für Platon war sie ein Wesen »aus zweiter Hand«, für Aristoteles ein mißlungener Mann. Nicht einmal Ovid machte in seinen *Liebeselegien* ein Hehl aus seiner Verachtung gegenüber Frauen und fand sogar für die Vergewaltigung eine Rechtfertigung: Eine Frau, die mit Gewalt genommen werde, freue sich darüber; diese Dreistigkeit sei für sie ein Geschenk. Und derselbe Ovid empfiehlt, Frauen ohne Zögern zu betrügen, und fügt hinzu, die Frauen seien in den meisten Fällen »eine skrupellose Rasse. Sie haben Fallen aufgestellt: sie sollen selber hineingehen.«[25]

»Bei den Heiden«, bemerkte die Theologin France Quéré, »erinnert der Pandora-Mythos daran, daß das Unglück infolge weiblicher Neugier zu den Menschen kam. [...] Für Platon wird das weibliche Geschlecht dem Mann auferlegt, der in einem früheren Leben versagt hat. [...] Aristoteles meint, die Frau sei Frau aufgrund ihrer Mängel.«[26]

In der Mythologie ist Pandora, sozusagen die griechische Eva, das Ergebnis des Hasses, den Zeus gegen die Sterblichen hegt. In den Schriften Hesiods wird sie explizit und mit äußerst heftigen Worten als die Essenz des Bösen dargestellt. Man urteile selbst anhand einiger Zeilen aus den *Werken und Tagen*: »[Den kommenden Männern] geb ich an Stelle des Feuers ein Übel, und alle werden es zärtlich umarmen, ihr Übel, das Herz voller Freude. [...] Und aus Erde formte sofort der ruhmvolle Hinkfuß [Hephaistos] gleich einem edlen Mädchen ihr Bild nach dem Willen Kronions. [...] Aber in ihrer Brust der Bote, der Töter des Argos, Lug und Trug und schmeichelnde Worte und diebisches Wesen schuf nach dem Willen des tosenden Zeus, und auch noch die Stimme gab der Herold der Götter ihr ein, und nannte die Frau dann, so wie sie war: Pandora, weil alle Olympos-Bewohner sie mit Gaben begabt, zum Leid den erwerbsamen Männern.«[27]

Ovid war der Meinung, in sexueller Hinsicht sei die Frau stärker als der Mann, folglich auch bedrohlicher und müsse besonderen Einschränkungen unterworfen werden – die alte Vorstellung einer »Hysterie«, einer von der Gebärmutter ausgehenden Raserei, die sich von Jahrhundert zu Jahrhundert auf die meisten Kulturen übertrug und als Alibi für die Unterdrückung der Frauen diente; eine Vorstellung, die Rousseau in *Émile* wieder aufgriff und ausführlich behandelte. In der *Liebeskunst* drückte Ovid sich folgendermaßen aus: *Acrior est nostra libidine plusque furoris habet* – die Begierde der Frau ist schärfer als die unsere und besitzt größere Raserei. Angesichts des unersättlichen weiblichen Verlangens wurde die männliche Kraft um so höher gepriesen, je stärker die vor allem römische Antike von der Furcht vor dem »Fiasko«, dem zeitweiligen sexuellen Versagen, heimgesucht wurde.

Crede mihi, non est mentula quod digitus – glaub mir, dem Penis befiehlt man nicht wie einem Finger, beteuert auch Martial in seinen *Epigrammen* [28]. Die fixe Idee der Römer war der böse Blick, der verhindern sollte, daß die *mentula,* der Penis im Ruhezustand, sich aufrichtet und zum *fascinum*, zum erigierten Penis, wird. Nur ein potenter Mann sei ein Mann. Im dritten Buch der *Liebeselegien* berichtete Ovid ausführlich von einem Fiasko und beschrieb die damit verbundenen Schrecken des Aberglaubens. »Daher stammt das unglaubliche, in den Museen niemals ausgestellte Arsenal an Amuletten, obszönen Gehängen, Gürteln, Ketten, komischen Zwergen, alle in unzüchtiger Gestalt, aus Gold, Elfenbein, Stein oder Bronze, die das Gros der bei archäologischen Grabungen zutage geförderten Trümmer ausmachen.«[29]

Von dieser männlichen Besessenheit zeugt auch der obskure und alte Kult des steinernen Phallus, bezeichnenderweise *fascinus* genannt: ein Talisman, der unter dem Wagen des siegreichen Kriegers befestigt und bei den Festen des Gottes Liber geehrt wurde, dessen Gunst nach Augustinus, »den Männern bei der sexuellen Vereinigung hilft, sich von dem Samen, den sie ausstoßen, zu befreien«.[30]

Tatsächlich erscheinen die Frauen innerhalb der im wesentlichen männlichen Moral der Antike entweder als reine Lustobjekte oder als Partnerinnen von geringerem Stand, die es zu erziehen und im Auge zu behalten galt. Bei den Griechen existierte der Begriff gegenseitiger Treue nicht, verboten war nur der Ehebruch der Frau. Die Frauenfeindlichkeit äußerte sich häufig recht ungestüm. So schrieb beispielsweise Plinius der Ältere im Zusammenhang mit der weiblichen Menstruation: »Nicht leicht aber wird man etwas finden, was seltsamere Wirkungen hervorbringt als der Monatsfluß der

Frauen. Most, dem sie in diesem Zustand zu nahe kommen, wird sauer, Feldfrüchte werden durch Berührung unfruchtbar, Setzlinge sterben ab, Gartenpflanzen verdorren, und die Früchte der Bäume, auf denen sie gesessen, fallen ab; der Glanz der Spiegel wird schon durch das Hineinsehen matt, das Eisen verliert seine Schärfe, das Elfenbein seinen Glanz, Bienenstöcke sterben aus, Erz sogar und Eisen befällt sogleich der Rost und widerwärtiger Geruch die Luft, Hunde, welche an dem Blut geleckt haben, geraten in Wut und ihr Biß wird durch unheilbares Gift verseucht.«[31]

Sogar Plutarch, der muntere und sanfte Plutarch, der so gewandt mit Frauen oder Jungen über die Freuden der Liebe plauderte, offenbarte ein ziemlich ausgeprägtes Männlichkeitsgefühl, das unsere heutige Empfindung verletzt. Niemals, soweit ihm bekannt sei, schrieb er in seiner Schrift *Über die Liebe*, habe eine Frau ohne Beteiligung des Mannes ein Kind zur Welt gebracht; die ungeformten Föten, die sich von selbst formten, wiesen nur das Aussehen von Fleischmassen auf. Man müsse indes darauf achten, daß dies nicht auch mit der weiblichen Seele geschehe. Denn wenn sie nicht den Samen erhabener Lehren empfange und an der Kultur des Mannes nicht teilhabe, bringe sie, auf sich selbst zurückgeworfen, alle Arten merkwürdiger Erzeugnisse, widernatürlicher Pläne und Leidenschaften hervor.[32]

Schließlich sei daran erinnert, daß die griechische Demokratie es für selbstverständlich hielt, die Frauen aus dem öffentlichen und politischen Leben ebenso auszuschließen wie die Sklaven ohne Bürgerrechte.

DIE EHEORDNUNG

Ein weiteres Beispiel für unsere falsche Auffassung von der Antike ist die Vorstellung des Familienlebens. Das Loblied auf die Familie und der absolute Vorrang des familienorientierten Denkens nahmen bei den Griechen und Römern bedrückende und zugleich tyrannische Formen an. Ein Philosoph wie Platon war weder der erste noch der letzte, der erklärte, daß – mit Foucaults Worten – »auch die Sorge um die Nachkommenschaft die Wachsamkeit [motiviert], die man im Gebrauch der Lüste üben muß«.[33] Es ging dabei um das Interesse des gesamten Staates. In den *Gesetzen* äußerte sich Platon diesbezüglich sehr deutlich: »Nun ist das Geschlecht des Menschen etwas mit der gesamten Zeit eng Zusammengewachsenes, das unaufhörlich diese begleitet und begleiten wird, indem es in der Weise unsterblich ist, daß es Kindeskinder hinterläßt, dabei aber stets dasselbe und eines bleibt und so durch Zeugung an der Unsterblichkeit teilhat.«[34]

Unter den Griechen war Xenophon der erste, der mit *Oikonomikos* ein Traktat über das Eheleben verfaßte. Ein Gedanke zieht sich durch den gesamten Text: die Vorstellung einer Zuflucht, die den Menschen und ihren Nachkommen einen sicheren Ort bietet und ihnen ermöglicht, »nicht im Freien zu leben wie das Vieh«. Innerhalb dieser Zuflucht, unter dem Dach, werden die Rollen zwischen Mann und Frau exakt und geschlechtsspezifisch aufgeteilt: Der Mann bestellt draußen den Boden, während die Frau das Haus verwaltet, sich um die Ausgaben kümmert und für die Bedürfnisse des Nachwuchses sorgt. Schon damals war die Hausarbeit das Spezialgebiet der Frau.[35]

Plinius der Ältere lobt in seiner *Naturkunde* ausdrücklich die Elefanten, die nicht nur als getreue, niemals ehebrecherische Paare lebten, sondern sich überdies als tugendhafter erwiesen als alle anderen Tiere. »Aus Schamhaftigkeit begatten sie sich nur im Verborgenen [...] Die Begattung findet alle zwei Jahre statt und zwar, wie man sagt, nie länger als fünf Tage [...] Ehebruch kennen sie nicht«.[36] Diese erbauliche Bemerkung wurde von mehreren christlichen Theologen als Argument für die Unauflöslichkeit der Ehe übernommen.

Nach Ansicht Lukrez', des Verfassers von *De rerum natura*, sollte allein das Anliegen der Fortpflanzung und nicht etwa das Streben nach Lust das Verhalten der Gattin bestimmen. Allerdings habe die Ehe auch nichts mit Liebe zu tun; für Lukrez hatte die Ehefrau keineswegs jene »wollüstige Bewegung« zu vollführen, die zwar »den

Mann erregt und aus seinem Körper Ströme von Flüssigkeit hervorquellen läßt«, doch leider die Empfängnis zu verhindern drohe, indem sie die Samenflüssigkeit von dem Ort, dem sie zugedacht sei, ablenke. Die Huren indes, fügte Lukrez hinzu, pflegten sich auf diese Weise zu bewegen, denn das liege in ihrem eigenen Interesse, sowohl um nicht allzu häufig schwanger zu werden – denn die Schwangerschaft hindere sie an der Ausübung ihres Gewerbes – wie auch um die Lust der Männer besser zu begleiten: eine Wissenschaft, an welcher die Frauen keinerlei Bedarf hätten.[37]

In der Antike war das Haus kein Ort der Liebe oder Lust. Die Ehe mit dem Gedanken an Sinnenlust zu verbinden wäre der Gipfel der Ausschweifung oder Schamlosigkeit gewesen. Im übrigen zählte die Lust der Frau, ob verheiratet oder nicht, in dieser Männergesellschaft ohnehin nicht viel, im Gegenteil, dieser »Nebensache« auch nur die geringste Bedeutung einzuräumen war schlecht angesehen. Das bekam Ovid deutlich zu spüren. In der *Liebeskunst* hatte er die Zweiseitigkeit der Lust gefordert – »Ich verabscheue jene Vereinigungen, bei denen sich nicht beide hingeben« –, doch in den Augen eines Römers hatte diese Vorstellung etwas Schamloses. Ovid wurde jedenfalls ins Exil geschickt, zuerst von Augustus, dann von Tiberius; der Grund ist nicht bekannt.

Neben der zwanghaften Sorge, nur ja nicht den männlichen Lebenssaft zu vergeuden, bestand die zweite fixe Idee der Römer darin, die »Familienordnung«, das hieß die soziale Regulierung durch das Haus (*domus*) und die Hausfrau (*domina*) festzulegen und aufrechtzuerhalten. Innerhalb dieser Ordnung zählte vor allem die Spermalinie, also die Deckung der tatsächlichen und der legitimen Kinder seiner Frau. Nichts entsetzte einen römischen Ehemann mehr als die Aussicht auf ein Kind, das womöglich nicht von ihm gezeugt worden war. Dieser Ordnung wurde die Ehemoral mit Brutalität und Zynismus unterworfen.

Die von der Frau verlangte eheliche Treue war also nicht durch Gefühl begründet, sondern allein eine Frage der Fortpflanzung. Eine Ehebrecherin wurde freigesprochen, wenn sich herausstellte, daß sie unfruchtbar oder zum Zeitpunkt des Ehebruchs bereits schwanger war. Ebenso konnte ein freier Bürger mit einer Frau tun, was ihm einfiel, vorausgesetzt, sie war weder verheiratet noch Sklavin. Drohte hingegen ein Zweifel an der Legitimität des Nachwuchses, setzten sich die Gebote der Moral durch: Wurde eine verheiratete Frau vergewaltigt, mußte sie sich auf der Stelle umbringen. Diese Vorschrift befolgte beispielsweise Lucretia sechshundert Jahre vor Beginn unserer Zeitrechnung, die von Sextus Tarquinus vergewaltigt worden war. Nach Auskunft von Titus Livius durchbohrte sie sich das Herz, nachdem sie erklärt hatte: »Wenn ich mich auch der Schuld freispreche, so kann ich mich doch nicht der Strafe erwehren. Auf daß keine entehrte Frau sich je auf Lucretias Beispiel berufen möge, um ihr Leben zu behalten!« Hunderte von Römerinnen, die von den westgotischen Eindringlingen vergewaltigt worden waren, folgten im Jahr 410 ihrem Vorbild, weil die heidnische Moral ihnen gebot, sich das Leben zu nehmen.[38]

Diese außerordentliche Strenge der Ehemoral erfuhr natürlich unterschiedliche Ausprägungen je nach Gesellschaftsschicht und vor allem je nach Epoche. Als das Christentum aufkam, warf die römische Aristokratie diese Zwänge ohne weiteres ab. Wenn wir Paul Veyne glauben, so standen die Damen in ihrem Benehmen – oder vielmehr in ihrer Liederlichkeit – den Männern in nichts nach.[39] Innerhalb der Aristokratie unterschied sich die Lage von einer Familie zur anderen so erheblich, daß eine Verallgemeinerung falsch oder irreführend wäre. Im wesentlichen steigerte sich jedoch die moralische Härte während der ersten drei oder vier Jahrhunderte unserer Zeitrechnung, in der Spätantike.

Zu manchen Zeiten wurden Ehegesetze erlassen, um dic Ehe zu regeln, den Staat sittlich zu heben, Geburten zu fördern und den Ehebruch ebenso wie die Ehelosigkeit zu bestrafen – Gesetze von unvorstellbarer Strenge, wie etwa die *Lex Julia de maritandis ordinibus* und die *Lex Julia de adulteriis* im Jahr 18 v. Chr. oder die *Lex Papia Poppaea* im Jahr 9 n. Chr., wonach alle Bürger, eingeschlossen die Witwer und Witwen sowie die Geschiedenen, gezwungen waren, zu heiraten und auf der Stelle Kinder zu zeugen, widrigenfalls sie Strafen zu gewärtigen hatten.

»Zu Beginn der spätantiken Epoche hatte jedoch das gewaltige Gewicht des Reiches sichergestellt, daß das römische Ideal ehelicher Eintracht eine kristalline Härte angenommen hatte: Das Ehepaar wurde nicht so sehr als ein Paar von gleichen Liebenden dargestellt, sondern vielmehr als beruhigender Mikrokosmos der gesellschaftlichen Ordnung. [...] Die Oberklassen des Römischen Reiches, in seinen letzten Jahrhunderten, Heiden wie Christen, lebten nach Regeln sexueller Zurückhaltung und öffentlichen Anstands, die sie sich gern als kontinuierliche Fortsetzung der virilen Strenge des archaischen Roms dachten. Sexuelle Toleranz war im öffentlichen Bereich fehl am Platz.«[40]

Ab dem Jahr 200, lange bevor das Römische Reich sich zum Christentum bekehrte, hielt eine äußerst repressive moralische Ordnung Einzug, wie Paul Veyne beschrieb. Im autoritären und populistischen Staat war der Einfluß der Aristokratie nicht mehr tragbar. Der Kaiser legte Wert darauf, seine Macht zu stärken. Homosexualität wurde zum ersten Mal verboten, und für Ehebruch und Entführung sah das Strafgesetz strenge Sanktionen vor. Die Literatur unterlag der Zensur, und aus der gesellschaftlichen Moral verschwanden die letzten Freiheiten. Die repressive Sexualmoral war also keineswegs christlichen Ursprungs. In ihrer strengsten Version herrschte sie bereits am Ausklang der heidnischen Zeit und trug den politischen Erfordernissen eines autoritären Regimes Rechnung.

EIN ZWEITRANGIGES KRITERIUM

Die augenfälligsten Fehlinterpretationen, die in dieser verschwommenen, glückseligen Antike unserer Phantasie herumspuken, sind jedoch die Mißverständnisse im Zusammenhang mit Homosexualität. Im Unterschied zu tausendfachen schriftlichen oder mündlichen Beschwörungen sei es »nicht exakt, daß die Heiden die Homosexualität mit Nachsicht betrachteten. Die Wahrheit ist, daß sie sie nicht als ein besonderes Problem ansahen.«[41] Die Griechen und Römer beurteilten Sexualität nicht nach dem Geschlecht des jeweiligen Partners; das hatte nur eine ziemlich nebensächliche Bedeutung und war eine Frage des Geschmacks, der Vorliebe, der Umstände. Bei manchen Autoren, Plutarch beispielsweise, finden wir geduldige, ausführliche Diskussionen, deren Thema die Abwägung der jeweiligen Vor- und Nachteile bei der Liebe mit einem Jungen oder einer Frau ist. Das Kriterium der Homosexualität wurde nur sehr beiläufig in Erwägung gezogen; das Wort »Homosexualität« stammt übrigens aus dem Jahr 1869. Für Plutarch ist der Liebhaber der menschlichen Schönheit beiden Geschlechtern gleichermaßen zugetan; Männer und Frauen unterschieden sich im Hinblick auf die Kleidung, nicht aber im Hinblick auf die Liebe.[42]

Nach John Boswell drückte »Xenophon die Meinung der meisten Griechen seiner Zeit [aus], als er sagte, die Homosexualität sei ein Aspekt der ›menschlichen Natur‹. Alle Debatten der Platoniker über die Liebe gründen auf das Postulat der universellen homosexuellen Anziehung, so daß die Heterosexualität in bestimmten Fällen wie eine eher zweitrangige Präferenz erscheint«.[43] Zwar übten Platon in den *Gesetzen* und Xenophon in den *Memorabilia* ausdrückliche Kritik an der Homosexualität – »Es ist nicht statthaft«, schrieb Platon, »Männer und junge Knaben als Frauen zu benutzen« –, doch in erster Linie wandten sie sich dabei gegen die Irrungen der Leidenschaften und die Verweichlichung. Mit anderen Worten, die homosexuelle Frage interessierte weder die Griechen noch die Römer; sie war einfach kein Thema.

Diese relative Gleichgültigkeit gegenüber dem Geschlecht der Liebespartner bedeutet freilich nicht, daß die Antike liberal oder permissiv gewesen sei. Man fällte Urteile aufgrund anderer Kriterien als wir heute. Im Hinblick auf Homosexualität galten vier verschiedene Anhaltspunkte als entscheidend, vier Parameter, die Anlaß zu zahlreichen Debatten gaben: die Fähigkeit oder Unfähigkeit, die eigenen Wünsche und Begierden zu beherrschen, freie Liebe oder eheliche

Treue, aktive oder passive Rolle beim Liebesakt und schließlich der Status des Partners als freier Mann oder Sklave.

Gegenüber dem, was wir heute Homosexualität nennen, mochten sie gleichgültig oder wohlwollend sein, gegenüber der »Passivität« allerdings nicht. Für einen freien Mann galt es unwiderruflich als Schande, als passiver Partner homosexuelle Beziehungen zu haben. Weichheit, Verweichlichung, das Verhalten eines Mannes, der weibliche Manieren nachahmt, waren Zielscheiben des allgemeinen Hohns in der griechischen und vor allem der ausgesprochen männlich orientierten römischen Welt. Zitieren wir als Beispiel für zahlreiche andere einen Text von Seneca dem Älteren, genannt der Rhetor, der heute als provokant gälte: »Die ungesunde Leidenschaft zu singen und zu tanzen erfüllt die Seele unserer Weichlinge; sich die Haare zu kräuseln, mit heller Stimme zu sprechen, um den schmeichelnden Ton weiblicher Stimmen nachzuahmen, mit Frauen um die Weichheit der Körperhaltung wetteifern, sich auf sehr obszönes Treiben verlegen, das ist das Ideal unserer jungen Männer. [...] Weich und kraftlos von Geburt an, bleiben sie es gern, immer bereit, die Scham der anderen anzugreifen, und unbekümmert um die eigene.«[44]

Noch strenger wurde »Unzucht«, das heißt Passivität, in der Liebe verurteilt, ob homosexuell oder nicht, wenn es sich um einen Mann des öffentlichen Lebens handelte. Menschliche Schwäche gegenüber Leidenschaften und Begierden wurde gefährlich für den Staat, wenn sie einen gewählten Vertreter für die Armee, einen Bürgersoldaten betraf. Deshalb wurde sie unbarmherzig verfolgt. In Athen zum Beispiel zog männliche Prostitution den Verlust der Bürgerrechte nach sich. Kam ein passiver Homosexueller auf die Idee, sich politisch zu betätigen, wurde er mit dem Tod bestraft. Er galt als noch niederträchtiger als die ehebrecherische Frau, die ebenfalls zum Tod verurteilt werden konnte. »Der Weichling, der *pathicus*, der als freier Bürger das Gesetz eines anderen, Freien oder Sklaven, erduldet, ist der Inbegriff der Unehre und der Verkommenheit. Nichts ist schändlicher als der Anblick eines Sklaven, der in seinem Herrn *wühlt*, um die Formulierung von Juvenal aufzugreifen.«[45]

Wie wir wissen, ist das große Paradox der griechisch-römischen Welt die Tatsache, daß Pädophilie weitaus eher akzeptiert wurde als die Homosexualität zwischen Erwachsenen. »Diese anerkannten und aufgewerteten päderastischen Beziehungen«, schreibt Maurice Sartre, »bilden nur einen Aspekt der griechischen Homosexualität. Wie wir gesehen haben, betreffen sie Paare, die aus einem jungen Mann *(pais)* zwischen zwölf, dreizehn und siebzehn, achtzehn und einem im allgemeinen noch jungen (kaum mehr als vierzigjährigen) Mann bestehen. Der ursprüngliche initiatorische Charakter der Beziehung verlangt, selbst wenn er bisweilen vergessen scheint, einen solchen Altersunterschied.«[46] Die Pädophilie war in jeder, nicht nur in sexueller Hinsicht eine Einführung.

Sie war jedoch nicht immer liebenswürdig und harmlos. Zum einen konnte sie sich in Prostitution verwandeln, in welchem Fall sie streng verurteilt wurde; in seinem Stück *Die Wolken* beklagte Aristophanes den allgemeinen Verfall der Sitten und die Verwandlung des jungen *eromenos* in einen käuflichen Lustknaben. Zum anderen aber wurde vor allem die geringste pädophile oder aktiv homosexuelle Anwandlung sofort mit der Todesstrafe geahndet, wenn sie von einem Sklaven begangen wurde. Im Grunde war das Problem, das jeden Bereich der griechisch-römischen Gesellschaft bestimmte, der fundamentale Gegensatz zwischen dem freien Mann und dem Sklaven. Wenn wir von den damals herrschenden Sitten, ihrer angeblichen Freizügigkeit und ihren verschiedenen Lustbarkeiten reden, vergessen wir in der Regel, diese augenfällige Wahrheit zu berücksichtigen. Das Gesellschafts- und Wirtschaftssystem in der antiken Welt beruhte größtenteils auf Sklaverei, und die Sexualmoral änderte sich je nach dem sozialen Status von Grund auf. Die Gleichheitsforderung war eine »Subversion« stoischer und später christlicher Herkunft.

EINE SKLAVENHALTERGESELLSCHAFT

Im Zusammenhang mit diesem Aspekt der römischen Moral, der gesellschaftlichen Ungleichheit, wird häufig Seneca der Ältere zitiert. In seinen *Controversiae* legte er dem Konsul Quintus Haterius den berühmt gewordenen Satz in den Mund: »Bei einem frei geborenen Mann ist Passivität ein Verbrechen; bei einem Sklaven ist sie absolute Pflicht; bei einem Freigelassenen ist sie ein Dienst, den er seinem Patron zu erweisen verpflichtet ist.«[47] Tatsächlich stand dem Herrn eine Art *Jus primae noctis* über seine Sklaven zu, allerdings nicht nur in der ersten Nacht, sondern ständig und unabhängig von deren Geschlecht; und die Sklaven machten aus der Not eine Tugend, wie sich in dem damals geläufigen Ausspruch zeigt: Es sei keine Schande, zu tun, was der Herr befehle.

Vom eigenen Herrn konnte man sich also ohne Schande sodomisieren lassen. Der Patron genoß uneingeschränkte Freiheit, und diese umfaßte das Recht, seinen Sklaven nach Lust und Laune zu besteigen und sogar zu töten. »Sodomie mit einem Sklaven treiben«, bemerkt Paul Veyne, »galt als harmlos, und sogar die strengen Zensoren mischten sich kaum in eine so untergeordnete Frage ein. Als ungeheuerlich galt es dagegen, wenn ein Bürger sich zu unterwürfig passiven Gefälligkeiten herabließ.«[48]

Die Gesellschaft der Antike war wahrlich nicht »sanft«. Das zeigt sich noch deutlicher, wenn wir die Verbindung zwischen der erdrückenden Realität der Sklaverei und der Prostitution herstellen, von der auch Kinder nicht verschont blieben. Dank Sueton kennen wir das abstoßende Beispiel von Kaiser Tiberius, einem pädophilen Wüstling, der sich Kinder im zartesten Alter hielt und *pisciculi*, Fischchen, nannte, weil er sie, während er schwamm, zwischen seinen Schenkeln spielen und sich von ihnen mit Zunge und Zähnen erregen ließ, und den Säuglingen steckte er seine Rute in den Mund, damit sie ihn von seiner Milch befreiten. Weniger bekannt ist hingegen, daß sich die wohlhabenden Herrschaften in der Spätzeit des Römischen Reiches Sklaven zum sexuellen Genuß kauften, junge Afrikaner, Ägypter, Nubier; sogar an den Nilufern und bis nach Äthiopien suchten die Sklavenhändler Nachschub.

Der lateinische Dichter Publius Statius, Verfasser der Gedichtsammlung *Silvae* und des Epos *Thebais*, beschrieb die Vorführung dieser menschlichen Ware auf einem Podium, neben anderen Erzeugnissen aus den barbarischen Ländern, und die Haltung dieser armen Kinder, die verpflichtet waren, Freundlichkeit vorzutäuschen, auswendig gelernte Worte aufzusagen, zurechtgelegte Scherze auszustreuen und sich lasziver Neckereien zu befleißigen, um mit dieser bedauernswerten Komödie die Libido irgendeines alten Wüstlings anzuregen und ihn zum Kauf zu bewegen. Er berichtete von den Kindern, die zum Vergnügen der Erwachsenen gekauft und mit Kosenamen benannt wurden – *delicati pueri,* zarte Knaben, *deliciae domini,* Wonnen des Herrn, *deliciolum,* kleiner Liebling, und so weiter. Dieser Kinderhandel erinnert an den heutigen pädophilen Sextourismus, freilich in sehr viel brutalerer Form und mit dem Unterschied, daß derlei Praktiken im alten Rom am hellichten Tag und unter aller Augen stattfanden.

John Boswell liefert eine noch deutlichere Beschreibung dieser römischen Tradition: »Die Sklavenhändler betrieben in großem Ausmaß die Kastration von Knaben, zum Abscheu mancher Römer; diese Praxis war anscheinend kraft der Bestimmungen eines Gesetzes aus der Herrschaftszeit Domitians verboten. In *Satyricon* legt Petronius seinem Helden Encolpius eine possenhafte Standpauke gegen diesen Brauch in den Mund, doch Seneca und andere sind aufrichtig empört. […] Die Verbindung von Homosexualität und der schlechten Behandlung von Kindern, die sich bereits im vierten Jahrhundert bemerkbar machte, rührte zum Teil von einem in der Antike außerordentlich verbreiteten Brauch her, den die modernen Industrienationen uneingeschränkt ablehnen: die Abstoßung unerwünschter Kinder, die als Sklaven verkauft wurden. Eine sehr große Zahl solcher Kinder wurden als Lustobjekte benutzt, zumindest zwischen ihrer Jugend und dem Zeitpunkt, zu dem sie sich unter die Sklavenarbeiter einreihten. Die Äußerungen heidnischer Schriftsteller (Justinus Martyr) und christlicher Apologeten (Klemens von Alexandria) lassen keinen Zweifel daran, wie verbreitet diese Praxis war.«[49]

Der sexuelle Mißbrauch von Kindern wurde generell betrieben, und vor allem hielt er sich zäh. »Erst gegen Ende des ersten Jahrhunderts n. Chr. verbietet ein Erlaß von Domitian die Prostitution der jungen Kinder.«[50] Und »erst im Jahre 374 wurde unter christlichem Einfluß die Tötung Neugeborener gesetzlich als Mord bezeichnet. Seneca († 65 n. Chr.) zum Beispiel hatte es als einen alltäglichen Vorgang in Rom, als eine vernünftige Handlungsweise betrachtet, mißgestaltete oder schwächliche Neugeborene zu ertränken (*De Ira*, 1, 15). Sueton (* ca. 70 n. Chr., Todesjahr unbekannt) erwähnt die Aussetzung Neugeborener als in das Belieben der Eltern gestellt (*Caius Caligula* 5). Plutarch († 120 n. Chr.), der bedeutende griechische Historiker, schreibt in seiner Biographie des Lykurgos (zwischen 11. und 8. Jh. v. Chr.), des Begründers der spartanischen Verfassung, daß bei den Spartanern Neugeborene zuerst von den Gemeindeältesten untersucht und schwächliche oder mißgestaltete Säuglinge von dem Felsabhang des Taygetos hinabgestürzt wurden, damit sie nicht dem Staat zur Last fielen. Er berichtet ferner, daß die Mütter ihre Neugeborenen in Wein baden, nicht in Wasser, weil die kränklichen und epileptischen Kinder dieses Bad nicht vertragen und sterben (*Vergleichende Lebensbeschreibungen*, Lykurgos 16).«[51]

Diese wenigen Beispiele machen deutlich, wie grausam die griechisch-römische Welt tatsächlich war, jedenfalls aus dem Blickwinkel unserer heutigen Stabilisierung, und lassen die Beschwörung des »Hedonismus in der Antike«, der durch den Beginn unserer Zeit zerstört worden sei, als lächerlich erscheinen. Die griechische und vor allem die römische Welt war auf bestimmten Gegensätzen aufgebaut – Sklaven und freie Bürger und Freigelassene, aber auch Matronen und Jungfrauen oder Patrizier und Plebejer –, deren Starre und selbstverständliche Aufrechterhaltung von Ungerechtigkeiten für den modernen Menschen ebenso undenkbar wären. Ebenso würde uns der verbreitete Brauch kollektiver Vergewaltigungen abschrecken, den

»die römische Moral den freien Jugendlichen zugestand, die, mit vierzehn oder fünfzehn Jahren entjungfert, in den heißen Straßen zu den Dirnen gingen, aus Spaß die Bürger verprügelten, denen sie nachts begegneten, oder, immer im Pulk, ins Haus einer verrufenen Frau eindrangen, um sie gemeinsam zu vergewaltigen.«[52]

Für den römischen Bürger war Sexualität zuallererst eine Form der Herrschaft. »An ihm ist es, die Hochmütigen zu bezwingen«, schrieb Vergil in der *Aeneis*; er ist der »unangefochtene Herr in seinem Haus und entscheidet über Leben oder Tod seiner Frau, seiner Kinder, seiner Sklaven«.[53] Das Herrscherdenken prägte selbstverständlich auch sein Liebesleben, wie die Sage vom Raub der Sabinerinnen bestätigt.

Unglaublich ist für uns auch die Käuflichkeit, die im spätrömischen Reich herrschte und den angeblichen Hedonismus weitgehend bestimmte. Paul Veyne lieferte dazu eine anschauliche Beschreibung: »Die römische Gesellschaft war derart am Geld interessiert, daß die Antisemiten sich als fixe Idee statt der Juden ebensogut Rom hätten aussuchen können, was nichts anderes bedeutet, als daß die wirtschaftlichen Aktivitäten weder das Fachgebiet einiger spezialisierter Gewerbe noch charakteristisch für eine bestimmte gesellschaftliche Schicht war: in Rom handelte jeder Reiche mit allem, jeder Senator verlieh Geld zu Wucherzinsen, und unter den Adligen war die Geschäftemacherei noch viel verbreiteter als am Ende des Ancien Régime, nur mit dem Unterschied, daß man sich nicht versteckte. Diese vielgestaltige Allgegenwart des Profits ersetzte das nichtvorhandene Bürgertum. Auch die aristokratischen Damen, begierig auf Geschenke, machten Geschäfte; sie waren auf Präsente aus, weil die Herren Mitgiftjäger waren.«[54]

Allmacht des Geldes, Grausamkeit der Sklavenhaltung oder der Zirkusspiele, Instabilität der Ehe und Frauen, die vor allem ab dem dritten Jahrhundert v. Chr. nach Belieben verstoßen werden konnten, Strenge der heidnischen Moral gegenüber ehebrecherischen oder vergewaltigten Frauen, sexueller Mißbrauch von Kindern und Sklaven – so sah die Landschaft aus, in der das Christentum auftauchte.

7

JUDEN UND CHRISTEN UND DIE FLEISCHESLUST

Bei diesem Thema sollten wir einen kühlen Kopf bewahren und uns nicht ereifern. Ohne Hast und Voreingenommenheit müssen wir diese große Frage, die Sexualität im Juden- und Christentum, untersuchen. Aber nichts ist heutzutage schwieriger. Die anklagenden Zornesausbrüche in diesem Zusammenhang stehen dem Wohlwollen, mit dem man immer noch und trotz aller Forschung die imaginäre Antike bewundert, in exakter Symmetrie gegenüber. Der permissive Diskurs wird nicht müde, das Christentum als den Erfinder der Sünde, des »sexuellen Pessimismus«, der übermäßigen Keuschheit, wenn nicht gar der Frauenfeindlichkeit schlechthin anzuprangern; er findet dafür einige gute Gründe in der jüngeren Vergangenheit, und die moralische Starre, die Papst Johannes Paul II. an den Tag legt, nachdem die Kirche während der Jahrzehnte zuvor in Bewegung zu kommen schien, ist dabei nicht hilfreich.

»Im Westen«, betont Evelyne Sullerot, »wird heute immer die jüdisch-christliche Tradition angegriffen: systematisch, ohne die geringste Prüfung, unterstellt man ihr alles, was der Frau feindlich gesinnt zu sein scheint, und diese unüberlegte Hast ist zweifellos auf die Tatsache zurückzuführen, daß wir nur noch in einer einzigen Kategorie denken können: Sex! Freiheit, Gleichheit, Rechte und so weiter beurteilen wir einzig und allein nach Maßgabe materieller Werte oder der sexuellen Freiheit. Die monotheistischen Religionen erscheinen als übermächtige Systeme mit dem Zweck, die Frau zu versklaven.«[1]

ÜBEREILTE VORHALTUNGEN

Die verbissen antireligiöse Einstellung rührt von einer reflexartigen Reaktion unserer Zeit her, die jedoch einigermaßen überspannt ist. Sonst hätten ganze Völker zwei Jahrtausende hindurch in neurotischer Gehemmtheit, in Elend und Frustration gelebt. Zweitausend Jahre lang wäre das gesamte Abendland unter der Fuchtel unterdrückter Begierden und dem Joch der Unfreiheit gestanden. Und erst heute könnten wir, die emanzipierten Individuen der Industriegesellschaften, unsere Vorfahren als von Pfarrern und Theologen verfolgte Kinder bezeichnen, als Passagiere in Ketten im Laderaum des Schiffes auf dem Weg in eine Welt der Freiheit, die heute endlich erreicht wäre: unsere Epoche.

Autoren, die der Bigotterie so wenig verdächtig sind wie Michel Foucault, John Boswell oder Peter Brown, spotteten über die Naivität der zeitgenössischen Haltung gegenüber der jüdisch-christlichen Tradition ebenso unmißverständlich, wie sie die hedonistische Verklärung der antiken Welt ablehnten. »Man muß sich davor hüten«, schrieb Foucault, »die christliche Lehre von den Ehebeziehungen schematisch auf den Zweck der Fortpflanzung und die Ausschließung der Lust zu reduzieren. Tatsächlich ist die christliche Lehre komplex, wird durchaus in Frage gestellt und kennt zahlreiche Varianten.«[2] Boswell hingegen, militanter Homosexueller und Begründer der *queer theory*, auf die wir noch zurückkommen werden, eröffnete seine ausführliche Untersuchung über die Homosexualität im Mittelalter mit folgenden Worten: »Dieses Buch verfolgt auf sehr vielen Seiten die ausdrückliche Absicht, die Unterstellung zu widerlegen, die Intoleranz gegenüber Homosexuellen habe ihren *Ursprung* in religiösen – christlichen oder anderen – Überzeugungen.«[3]

Wenn wir von Überspanntheit sprechen, so geschieht dies mit Absicht. Ist es etwa nicht überspannt, wenn wir von den Zeitgenossen eines Paulus, eines Klemens von Alexandria, der jüdischen Philosophen Philon Judäos und Flavius Josephus oder auch eines Augustinus und allgemein von unseren Ahnen sprechen, als seien sie entweder mitleiderregende Analphabeten oder aber ausgekochte Verschwörer gewesen? Bezeichnenderweise ist diese rückblickende Süffisanz vor allem die Sache moderner Essayisten, die voreilig urteilen, auch wenn sie vorgeben, sich mit der Theologie auseinandergesetzt zu haben.

Ein karikaturistisches Beispiel sei hier angeführt. Die katholische Theologin Uta Ranke-Heinemann, der wegen ihrer Kritik an den »sexual- und frauenfeindlichen« Tendenzen der Kirche die kirchliche Lehrbefugnis entzogen wurde, bezeichnet in ihrem Buch den Papst Siricus als »Sexualneurotiker«, wittert bei Augustinus eine »psychische Störung« und »pathologisches Verhalten«, vertritt die Meinung, daß »die von den kirchlichen Machthabern gegenüber den Frauen praktizierte Apartheid ebenso gegen die Gerechtigkeit [verstößt], wie es die politische Apartheid tut«, spricht von einer »irregeleiteten Sexualmoral, die ihre seit fast zweitausend Jahren angemaßte Diktatur über die ehelichen Schlafzimmer nicht aufzugeben bereit ist« und schließt mit der Verurteilung »dieser unerträglichen katholischen Häresie, nach der die wahren Übeltaten der Menschheit in den ehelichen Schlafzimmern begangen werden und nicht auf den Kriegsschauplätzen und in den Massengräbern«.[4]

Abgesehen von ihrer unbeabsichtigten Komik spiegeln solche starken Worte in überzeugtem Ton eine leider verbreitete Ungeniertheit wider. Vor allem zeugen sie von der Beschränkung auf das grobe Urteil, an das man sich heutzutage gewöhnt hat und das für die gedankliche Auseinandersetzung ziemlich verheerend ist. Wer immer sich die Mühe macht, die alten Texte, die Debatten der jeweiligen Epoche oder die Werke der Fachleute zu studieren, wird über die heutige Einschränkung, gelinde gesagt, verärgert sein. Die hastigen Vorhaltungen beschränken sich darauf, im nachhinein gegen das eine Lager zugunsten des anderen, gegen eine »repressive« Tendenz zugunsten einer nicht näher identifizierten »liberalen« Tendenz Partei zu ergreifen. Letztendlich stellen sie die Vergangenheit insgesamt im Namen der Gegenwart in Frage, ohne sich auch nur eine Sekunde des Anachronismus dieser Vorgehensweise bewußt zu werden, die versucht, die konzeptuelle Bühne eines Gerichts zehn oder fünfzehn Jahrhunderte zurückzuverlegen, um darauf die Darsteller von damals auftreten zu lassen. Sie tun so, als ließe sich eine letztlich sehr junge Errungenschaft, ein für den Blick der Geschichte außerordentlich neuer »Standpunkt«, nämlich der Individualismus, auch für eine bestimmte Epoche der Vergangenheit als gegeben annehmen. Dieser moderne Individualismus aber war in den holistischen Gesellschaften der Vergangenheit undenkbar. Aus dem Abstand von fünfzehnhundert Jahren die »Unterdrückung durch die Religion« anzuprangern hat etwas bestechend Bequemes und wohl auch Lohnendes.

DREI MILLIONEN ZEILEN

Das ist noch nicht alles. Manche jüngeren Exegeten klagen, die Bibel sei seit zweitausend Jahren falsch ausgelegt worden und die römisch-katholische Kirche bedauerlicherweise in einem Exegese-, wenn nicht gar Übersetzungsfehler gefangen, wie etwa eine politische Partei, der ein falsch formulierter Antrag nachhängt. Dagegen muß sogar der am wenigsten zur Religiosität neigende Geist einfach im Namen der Vernunft protestieren.

Wir protestieren gegen die allzu vereinfachende, rückwärts gewandte und vor allem herablassende These, wonach einem Thomas von Aquin infolge irgendeiner Gedankenlosigkeit eine Verwechslung in der Auslegung von Matthäus 19,12 unterlaufen sei oder ein Augustinus, Bischof von Hippo Regio, unter dem Eindruck seiner eigenen früheren Unzüchtigkeit das Evangelium anders, verzerrt gelesen und gedeutet habe. Instinktiv lehnen wir die Vorstellung ab, daß rein »technische« Übertragungsfehler fünfzehn oder dreizehn Jahrhunderte lang das Schicksal des gesamten Abendlandes umgelenkt hätten. Ebenso lehnen wir die unvermittelte Behauptung ab, heute sei die langersehnte Zeit der exegetischen Einsicht, der modernen, überlegenen Intelligenz gekommen, die mit diesen verhängnisvollen Fehldeutungen endlich aufräumen werde, wie ein Lehrer, der einen Schulaufsatz korrigiert. Der Hochmut und die Naivität dieses Vorgehens lassen einen sprachlos. Hat etwa unsere Zeit, was Einsicht und Scharfblick betrifft, so viel Erfahrung vorzuweisen, daß sie sich für klüger hält als, sagen wir, Pascal oder Joannes Chrysostomos, Maimonides, Bossuet oder Johannes vom Kreuz, Meister Eckhart oder Ignatius von Loyola?

Fraglos sollen wir zugeben, die Kirche habe sich zweitausend Jahre lang stur geweigert, die Geheimnisse der Sexualität und die Erfordernisse des Glücks zu begreifen. Denken wir daran, von was für ethischen Debatten die römischen Damen während der ersten Jahrhunderte des Judenchristentums, dann des Christentums mobilisiert wurden, jene begeisterten Anhängerinnen des lateinischen Stoizismus, des griechischen Platonismus, der jüdischen Weisheit, beredte und »pedantische« gelehrte Frauen, die den Weg eines Origenes oder Klemens von Alexandria kreuzten, stolze Patrizierinnen und wachsame Juristinnen, die unaufhörlich den Stellenwert der christlichen Episteln und die Lehren der jüdischen Sekten bedachten und beurteilten. Dienten die zahllosen Versammlungen der absichtlichen Verdummung? Waren die aufmerksamen Leser von Plutarch oder Epiktet so zurückgeblieben und ahnungslos, daß ein oberflächlicher Essayist der neunziger Jahre unseres Jahrhunderts, im Abstand von siebzehn Jahrhunderten, sie befragen und verächtlich korrigieren dürfte?

»Melanie [die Freundin von Hieronymus] hatte drei Millionen Zeilen Origenes und zweieinhalb Millionen Zeilen jüngerer Autoren, darunter der Kappadokier, gelesen. Das heißt, sie hatte eine Sammlung christlicher Literatur gemeistert, die dreihundertmal umfangreicher war als Homers *Ilias*.«[5] Haben wir etwa vergessen, daß in Rom zur selben Zeit »Marcella [Witwe, Hieronymus' Schülerin] und ihresgleichen Christen beiderlei Geschlechts [halfen], eine Welt zu verstehen, in der Briefe, Manuskripte und Lehraussagen aus dem griechischen Osten Italien überschwemmten«?[6]

Waren sie ahnungslos und naiv, unsere fernen Vorfahren? Unsere

Epoche sagt mit ihren Vorwürfen gegen die Vergangenheit und die Texte, die sie einfach nicht mehr lesen kann, in Wahrheit nur etwas über sich selbst aus. Die moderne Interpretation der religiösen Schriften spiegelt einen Augenblick der Geschichte wider; sie ist Ausdruck einer Suche, die wenig von sich selbst weiß. Die heutige eifrige Verurteilung ist zunächst ein Symptom der Unsicherheit, des Versuchs, sich durch Verwirrung und Gedächtnislücken vorwärtszutasten.

Dafür stehen jedoch die tatsächliche Verwirrung des Christentums in sexueller Hinsicht und die daraus folgende disziplinäre Starre außer Zweifel. Tatsächlich öffnet sich der Betrachtung hier ein weites Feld, auf das uns der kürzlich verstorbene Philosoph und Religionshistoriker Alphonse Dupront aufmerksam machte. Einige Zeilen, die er im Jahr 1993 schrieb, sollen hier zitiert werden, weil sie ohne Arroganz und ohne Naivität den Kern der Dinge treffen: »Ein christlicher Pessimismus, den seit langem jeder Versuch beunruhigt, die Gaben Gottes, den Körper eingeschlossen, zu verherrlichen, eine Auffassung von der Zeit als fortwährendem Abstieg seit den Zeiten des verlorenen Paradieses und die Angst um das ewige Seelenheil, immer noch quälend bis an die Grenze der Gegenwart, haben nicht aufgehört, die zunehmende Vergeistigung des Menschen zu betreiben: zuviel Engel und kaum noch Tier. Letzteres sprengt heute mit frecher oder freudiger Wucht seine Ketten, und die Kirche steht mit leeren Händen vor dem Überschwang oder dem Rausch der Körper. Ihre Gebote bleiben moralisch; es sind keine Regeln für die Annahme oder Aufrechterhaltung seiner selbst. Gerade dies aber wird wesentlich in einer Menschheit, die jetzt hemmungslos in ihrem Körper lebt. Andernfalls wird ein Monismus des Fleisches triumphieren, aus dem selbstverständlich die Gewalt hervorquillt. Ein beunruhigendes Zeichen für die Kirche: Je mehr der Körper anarchisch den gesamten Raum einnimmt, ohne einen anderen Zweck als sich selbst, desto mehr zieht sich der Katholizismus in die Religion zurück, in den ›Wahrheitsgeist‹, der in den Liturgien und Kulten das, was einst kollektive Therapie war, nämlich die Zeremonie, vernachlässigt oder gar ablehnt.«[7]

Tatsächlich ist während der ersten drei oder vier Jahrhunderte nach Beginn unserer Zeitrechnung, im Augenblick der Begegnung von griechischer Philosophie, Judentum und Christentum, etwas Unerhörtes geschehen, etwas, das uns zu Abendländern gemacht hat und das wir jetzt wohl oder übel wieder neu lernen müssen, wenn wir uns selbst begreifen wollen.

AN DER QUELLE DER VERBOTE

Hinsichtlich der Sexualmoral müssen wir mehr als auf jedem anderen Gebiet die im übrigen großartige Vorstellung eines Zusammenfließens im Sinn behalten. Die christliche Botschaft, wie sie während der ersten Jahrhunderte Gestalt annahm, berief sich direkt auf die griechisch-römische Philosophie und das Judentum. Auf diesem Gebiet fand am allerdeutlichsten die wunderbare Begegnung statt, aus der das Abendland hervorging. Aber kurz bevor das Christentum aufkam, erlebten die beiden großen Strömungen, die griechisch-römische und die jüdische Philosophie, eine puritanische Verhärtung. Auf heidnischer Seite war dies – unverkennbar, wie wir im vorhergehenden Kapitel gesehen haben – der Stoizismus, der wie später der Neuplatonismus den Leidenschaften der Liebe, des Begehrens, der Lust mißtraute. Er lehnte Unordnung und Regellosigkeit ab und führte neue sexuelle Verbote und moralische Gebote ein, die auf die ersten Kirchenväter einen beträchtlichen Einfluß ausübten, nicht umgekehrt.

Foucault hat gezeigt, daß einer der ersten großen christlichen Texte, die sich mit der sexuellen Praxis befassen, der *Pädagog* von Klemens von Alexandria, sich bereits »auf zahlreiche Grundsätze und Ratschläge [stützt], die direkt der heidnischen Philosophie entliehen sind. In diesen stößt man bereits auf eine Verbindung zwischen der sexuellen Betätigung und dem Bösen, auf die Regel der Monogamie zum Zwecke der Fortpflanzung, auf die Verurteilung der gleichgeschlechtlichen Beziehungen, auf das Lob der Enthaltsamkeit.«[8]

Weniger bekannt ist jedoch, daß dasselbe auch für das Judentum jener Zeit gilt, das Rabbinerjudentum, das seinerseits unter dem Einfluß verschiedener heidnischer Strömungen stand und von einer eindeutigen Verhärtung gekennzeichnet war. Die Ablehnung der sexuellen Unordnung und der Ausschweifungen, denen sich die griechisch-römische Welt hingab, spielte bei dieser Entwicklung eine entscheidende Rolle. Die institutionalisierte Prostitution und die Homosexualität, die das Alte Testament verurteilt, empörte die Rabbiner, deren Reaktion nach Josy Eisenberg die Scham der biblischen Zeiten in einen regelrechten Puritanismus verwandelte. Doch es zählten auch andere Faktoren. Eisenberg erinnert daran, daß die jüdische Gesellschaft zu Zeiten Pauls nicht mehr dieselbe war, insbesondere in ihrem Verhältnis zu den Frauen. Die biblische Religion hatte sich bereits zum Judentum der Rabbiner hin verändert. »Der größte Teil der Juden lebt nicht mehr in Judäa, sondern in der Diaspora. Die Natur der Religiosität ändert sich. Sie ist nicht mehr auf den Kult des Tempels, sondern auf das Gesetz ausgerichtet; und die geistigen Väter sind nicht mehr die Propheten oder gar die Priester, sondern eine neue Kategorie von Weisen: die Rabbiner. [...] So kommt es, daß das Wissen jetzt zur wahren Quelle der Macht wird: das Wissen, das heißt die Kenntnis der Thora und ihrer Erläuterungen. Aber dieses Wissen ist den Männern vorbehalten; so entsteht ein reales Ungleichgewicht zwischen der Stellung der Männer und der der Frauen.«[9]

Während der letzten Jahrhunderte vor dem Christentum verstärkten sich also die sexuellen Verbote und Ächtungen, die schon im Alten Testament und der Botschaft der Propheten wirksam waren. Aber um welche Verbote handelt es sich? Im ursprünglichen Judentum stützten sich beispielsweise die Vorschriften periodischer Enthaltsamkeit, in denen sich die Idee einer sexuellen Unreinheit verbirgt, auf drei Textstellen des Alten Testaments: »Um die Juden auf die göttliche Offenbarung auf dem Berg Sinai vorzubereiten, forderte Moses das Volk auf, zwei Tage lang keine Frau zu berühren (Ex 19,14). Der Priester Ahimelech gab dem ausgehungerten

David das geweihte Brot erst, nachdem er sich vergewissert hatte, daß er und seine Männer sich seit mehreren Tagen von den Frauen ferngehalten hatten (1 Sam 21,1-6). Und im Levtikus schließlich steht, daß sich Mann und Frau nach dem ehelichen Beischlaf beide in Wasser baden müssen und bis zum Abend unrein sind (Lev 15,18).«[10]

DAS JUDENTUM UND DIE FAMILIE

In der Praxis wurde die Überschreitung der verschiedenen sexuellen Verbote streng bestraft. »Die Todesstrafe«, schreibt Eisenberg, »war im allgemeinen die Strafe, die bei Verstoß gegen die sexuellen Gebote, die als die schlimmsten betrachtet wurden, angewandt wurde: diese waren – abgesehen vom Ehebruch – der Inzest ersten Grades, die Homosexualität und die Sodomie.«[11] Was die Bestrafung von Ehebruch angeht, so spricht der Levitikus eine deutliche Sprache: »Ein Mann, der mit der Frau seines Nächsten die Ehe bricht, wird mit dem Tod bestraft, der Ehebrecher samt der Ehebrecherin« (Lev 20,10); er ist nicht minder streng in der Frage der Homosexualität: »Du darfst nicht mit einem Mann schlafen, wie man mit einer Frau schläft. Das wäre ein Greuel« (Lev 18,22), oder: »Schläft einer mit einem Mann, wie man mit einer Frau schläft, dann haben sie eine Greueltat begangen; beide werden mit dem Tod bestraft« (Lev 20,13).

Im Unterschied zu den zahlreichen Priesterinnen, Vestalinnen oder Pythien der heidnischen Religionen waren die Frauen vom Kultus und vom Priesteramt ausgeschlossen. Die mit der Menstruation verbundenen Prinzipien der Unreinheit hätten es ihnen ohnehin schwergemacht, aber sie erregten zusätzliches Mißtrauen, dessen Ursprung zweifellos sexueller Natur war. »Wie die heidnische so betonte auch die jüdische Volksweisheit«, schreibt Peter Brown, »die Verführungskünste der Frauen und die zerstörerischen Folgen der Ansprüche, die Frauen als die Gebärerinnen ihrer Kinder und als ihre Bettgenossinnen an Männer stellen. Einfalt des Herzens war, daran müssen wir denken, eine zutiefst männliche Tugend: rechtschaffene Männer neigten dazu, Frauen als die Ursachen *par excellence* für ein ›doppelzüngiges‹ Verhalten zu sehen. Frauen stachelten, so meinte man, die Lust und die Eifersucht an, die Männer gegeneinander aufbrachten.«[12]

Im übrigen ist auch der Talmud gegenüber der weiblichen Verführungskraft feindlich eingestellt und verurteilt den »leichtfertigen Sinn« der Frauen, die er an verschiedenen Stellen mit Hexen gleichsetzt. »Selbst die beste Frau ist eine Hexe. Die Hexerei ist unter den Frauen verbreiteter.«[13]

Die Ausschweifung im allgemeinen wird von den Propheten viele Male verurteilt. Der Prophet Hosea beispielsweise brandmarkt die moralische Verderbtheit Israels: »Hört das Wort des Herrn, ihr Söhne Israels! Denn der Herr erhebt Klage gegen die Bewohner des Landes: Es gibt keine Treue und keine Liebe und keine Gotteserkenntnis im Land. Nein, Fluch und Betrug, Mord, Diebstahl und Ehebruch machen sich darin breit, Bluttat reiht sich an Bluttat.« (Hos 4, 1-2) Und Jeremias gebraucht in einer berühmten Textstelle noch schärfere Formulierungen, um die Ausschweifungen seiner Zeitgenossen zu verdammen: »Hengste sind sie geworden, feist und geil, jeder wiehert nach der Frau seines Nächsten.« (Jer 5,8).

Trotz der Allgegenwart der sexuellen Verbote stellt das Alte Testament Familie und Fortpflanzung über alles, wodurch die Strenge der Verbote ein wenig gemildert und umgelenkt wird. Alles im Judentum verherrlicht und privilegiert auf großartige Weise die Familie, die Mutterschaft, die Sorge um die Erziehung der Kinder. Diese Vorrangigkeit läßt das Lob der Keuschheit oder des Zölibats schwer vorstellbar erscheinen. Über eine werdende Mutter heißt es, sie sei »gebaut«, denn das Wort für Sohn (*ben*) leitet sich von dem Stamm *bnh*, »bauen« her. »Schlägt man die Bibel auf, stellt man also fest, daß ihr erstes Buch, die Genesis, fast zwanghaft um die Themen Sterilität und Mutterschaft kreist. [...] Die Ehefrauen der drei Patriarchen leiden unter Sterilität. Das ist der Grund, warum das Buch der Genesis ihren beschwerlichen Kampf, Leben zu geben, zum Hauptthema macht und damit Sterilität und Befruchtung geradezu zwanghaft für die ersten Zeiten der Bibel hochstilisiert.«[13]

Im Buch der Sprichwörter finden wir ein langes, nachdrückliches Loblied auf die Hausfrau: »Noch bei Nacht steht sie auf, um ihrem Haus Speise zu geben und den Mägden, was ihnen zusteht. [...] Trügerisch ist Anmut, vergänglich die Schönheit; nur eine gottesfürchtige Frau verdient Lob.« (Spr 31,15 und 30) Peter Brown faßt zusammen: »Im Judentum dagegen waren Frauen von der zentralen Aktivität der Rabbiner ausgeschlossen: Mit wenigen hervorragenden Ausnahmen beteiligten sich Frauen nicht an der Weitergabe der Tradition durch das intensive Studium der Thora. Dafür sorgte die verheiratete Frau für die biologische Kontinuität Israels. Sie besorgte das Haus, aus dem die Gelehrten und die Söhne der Gelehrten auszogen.«[15]

Der absolute Vorrang von Fortpflanzung und Familie ist so stark, daß im Alten Testament hin und wieder die Überschreitung gewisser sexueller Verbote hingenommen wird, wenn dabei die Mutterschaft und das Überleben des Volkes auf dem Spiel stehen. Am bezeichnendsten ist die Geschichte von Lots Töchtern nach der Vernichtung von Sodom und Gomorra durch das göttliche Feuer. In der Weltuntergangsatmosphäre flieht Lot mit seinen Töchtern, und diese beschließen, mit ihrem Vater Inzest zu begehen, um Kinder zu gebären. »Eines Tages sagte die Ältere zur Jüngeren: Unser Vater wird alt, und einen Mann, der mit uns verkehrt, wie es in aller Welt üblich ist, gibt es nicht. Komm, geben wir unserem Vater Wein zu trinken und legen wir uns zu ihm, damit wir von unserem Vater Kinder bekommen.« (Gen 19,31-32) Nirgendwo im Text wird dieses Tun verurteilt, obgleich Inzest ein außerordentlich schwerwiegender Verstoß gegen ein biblisches Verbot ist.

In dieselbe Richtung weist die Geschichte von Onan, die drei Generationen später in Abrahams Familie stattfindet: Tamar hat Er geheiratet, den erstgeborenen Sohn von Juda (der wiederum Abrahams Urenkel ist), doch dieser mißfällt dem Herrn und stirbt kinderlos. Nach dem Leviratsgesetz befiehlt Juda seinem jüngeren Sohn Onan, mit Tamar die Schwagerehe einzugehen, um seinem Bruder Nachkommen zu verschaffen. Onan wird also mit seiner Schwägerin verheiratet, doch statt sie zu schwängern, läßt er seinen Samen auf die Erde fallen und verderben. Es ist nicht die Tatsache, daß Onan einsame Vergnügungen vorzieht, sondern die Weigerung, sich fortzupflanzen, die streng verurteilt und sogar mit dem Tod bestraft wird: »Was er tat, mißfiel dem Herrn, und so ließ er auch ihn sterben.« (Gen 38,10)[16]

DIE RABBINISCHE VERHÄRTUNG

In den letzten Jahrhunderten v. Chr. erlebte das Judentum eine innere Verhärtung. Diese Entwicklung zeichnete sich bereits zwischen den verschiedenen Quellenschriften des Pentateuchs ab, den Erzählungen des sogenannten *Jahwisten* aus dem achten Jahrhundert v. Chr. und dem pedantischeren und klerikaleren Monotheismus der *Priesterschrift* dreihundert Jahre später.[17] In den sogenannten deuterokanonischen Büchern wurde Ehebruch dann noch schärfer verurteilt als bisher. Ein neuer Begriff tauchte auf, *jetser hara*, üble Neigung, der Trieb, die Libido, was Jean Daniélou als den Geist des Bösen, aber auch als Sexualtrieb interpretiert. »Die Sexualität erscheint als solche mit einem schlechten Prinzip des Menschen verknüpft. Damit begreifen wir andere Aspekte der jüdisch-christlichen Askese. Zu demselben Prinzip gehört die Sitte der Reinigungsbäder, unabhängig von der Taufe, die sich bei den Ebioniten und den Elkesaiten findet, der man anscheinend aber auch anderswo begegnet.«[18]

Ein weiteres augenfälliges Zeichen einer Verhärtung wäre zu nennen: Bestimmte jüdische Texte aus den ersten Jahrhunderten der christlichen Zeitrechnung enthalten Stellen, die von einer weitaus schärferen Frauenfeindlichkeit zeugen als die entsprechenden Passagen des Alten Testaments. Eisenberg nennt zwei Beispiele; einmal die folgenden Zeilen aus dem Jerusalemer Talmud über die Frauen:

»Sie verlieren ihr Blut, weil Eva Adams Blut vergossen und den Tod in die Welt gebracht hat; sie müssen Teig entnehmen, weil Adam der Teig der Welt war; und schließlich muß man ihnen die Sabbatlichter entzünden, weil sie die Lichter der Welt gelöscht haben«, zweitens eine noch heftigere Textstelle aus der Genesis Rabbah: »Warum muß die Frau sich parfümieren und der Mann nicht? Weil Adam aus Erde erschaffen wurde und Erde nicht stinkt, Eva hingegen wurde aus einem Knochen erschaffen. Wenn du aber Fleisch drei Tage liegen läßt, ohne es zu salzen, beginnt es zu stinken.«[19]

Diese Entwicklung im Judentum stand zumal unter dem Einfluß einer pessimistischen Strömung, die aus Persien und wahrscheinlich Indien herüberkam und sich selbst Gnosis[20] (»Erkenntnis«) nannte; sie verkündete die Vergeblichkeit des irdischen Daseins, lehnte die Ehe ab, ebenso den Genuß von Fleisch und Wein. Ihr Einfluß auf das Judentum äußerte sich unter anderem durch die Zunahme von Sekten, die sich zu radikaler Sittenstrenge bekannten. Durch die Entdeckung der Schriftrollen vom Toten Meer im Jahr 1947 und ihre Entzifferung erfuhren wir viel über jene Gemeinschaften, deren Einfluß auf das Frühchristentum entscheidend war. Zu den radikalsten gehört die Sekte der Essener aus Qumran (den Überresten einer Siedlung, benannt nach dem Namen des Wadi, das in der Nähe verläuft), die Jean Daniélou als Seitenlinie des Judentums bezeichnet. Die Essener, die sich als Krieger Israels betrachten, verlangen von ihren männlichen Angehörigen ein Zölibats- und Keuschheitsgelübde. Peter Brown schreibt dazu: »Man stelle sie sich vielmehr als die dichten Reihen einer erwartungsvollen Heerschar vor, die sich nicht in die ungeordnete Verfassung bloßer Zivilisten auflösen durfte, deren Samen ungehindert floß, wenn sie ungeniert mit ihren Frauen schliefen.«[21] Entgegen den heidnischen Traditionen hegten sie jedenfalls einen ungeteilten Abscheu vor Promiskuität, Nacktheit und homosexueller Liebe zwischen jungen Leuten in den antiken Gesellschaften und achteten gewissenhaft auf die Einhaltung der Säuberungsrituale, denen der Menstruationszyklus der Frau und der Samenausstoß des Mannes unterlagen.

Bei Plinius dem Älteren finden wir in der *Naturkunde* ein Urteil über diese puritanische Sekte, das einiges über die Denkweise ihrer heidnischen Zeitgenossen verrät: »[...] ein vor allen anderen Menschen sonderbarer Menschenschlag. Sie leben ohne alle Frauen, haben der Liebe völlig abgesagt. [...] So erhält sich, es klingt unglaublich, durch Jahrtausende fort und fort eine Gemeinde, in der kein Mensch geboren wird.«[22] Seine Beschreibung ist der Schilderung aus der Feder des jüdischen Historikers Flavius Josephus im Grunde nicht unähnlich, der nach dem Jahr 95 in Rom starb und neben anderen Werken *Die Geschichte des jüdischen Krieges* hinterließ. Die Essener, schrieb Flavius Josephus, wendeten sich vom Leben ab, als sei es ein Übel, und übten Enthaltsamkeit als eine Tugend. Von der Ehe hielten sie nichts Gutes. Sie mißtrauten der Unbeständigkeit der Frauen und seien überzeugt, daß keine von ihnen der Treue zu ihrem Mann fähig sei.[23]

In bezug auf die Sexualmoral wurden die ersten vier Jahrhunderte also durch den dreifachen Einfluß der heidnischen Stoa, der neuen Sittenstrenge des rabbinischen Judentums und der von der orientalischen Gnosis inspirierten jüdischen Sekten bestimmt. Der Kern der sexuellen Verbote, die man heute den Kirchenvätern zuschreibt, war in Wahrheit bereits in diesem entscheidenden Zusammenfluß enthalten.[24]

Eine Gestalt versinnbildlicht ihn vollkommen: Philon von Alexandria, ein Zeitgenosse Jesu und außergewöhnlich gebildeter Vertreter des hellenisierten Judentums, der eifrig an der Vereinigung des jüdischen Glaubens mit der griechischen Philosophie stoischer Prägung arbeitete. Die Sexualmoral, die er noch vor der Entstehung eines unabhängigen Christentums vertrat, war sehr streng. Für ihn war die Fortpflanzung der einzige Zweck der Ehe, und er verurteilte das Streben nach Lust noch schärfer als die Griechen, indem er Beziehungen mit bekanntermaßen unfruchtbaren Frauen verdammte, die allein durch fleischliche Begierde zustande kämen. Empfängnisverhütung war bei ihm verpönt, und die Homosexualität brandmarkte er mit unerbittlicher Strenge: Den weibischen Mann, der das Werk der Natur entstelle und seinerseits zur Verödung und Entvölkerung der Städte beitrage, indem er seinen Samen verderben lasse, solle man ohne Zögern töten.[25]

SUBVERSION DURCH ASKESE

Hat das Neue Testament also in unserem Zusammenhang keine Neuerungen eingeführt? Das stimmt nicht ganz. Mit dem Christentum verbreitete sich im brodelnden Orient des ersten Jahrhunderts eine Auffassung von »Fleisch«, die keinen Bruch mit der jüdisch-stoischen Sittenstrenge darstellt, sondern eine Abwandlung, die allerdings während der folgenden Jahrhunderte immer weit davon entfernt war, sich als Dogma durchzusetzen, und stets Gegenstand der Auseinandersetzung war. Man kann behaupten, daß diese frühchristliche Debatte im Verlauf der Geschichte nie beendet wurde, bis heute nicht.

Paul Veyne beschreibt die Verschiebung, die mit dem Christentum eintrat, anhand einer schönen Metapher: »Nachdem auf die Zeit, in der die Lüste verwaltet wurden, das Zeitalter der Fleischeslust und der Sünde folgte, ist der Mensch nicht mehr der Manager, der rational jede Einzelheit seiner Angelegenheiten kontrolliert, oder der Autofahrer, der die Wegstrecke seines Fahrzeugs Meter um Meter nach bestem Vermögen gestaltet, sondern ein Pionier, ein Reisender durch ein wildes Land, dessen Erforschung ständige Wachsamkeit und Vorsicht vor den wilden Tieren verlangt, die ihn jeden Augenblick anfallen könnten und die Versuchung zur Sünde heißen. Eines dieser wilden Tiere ist *la lonza leggiera e presta molto*, das ›buntgefleckte Panthertier‹ – nämlich die Ausschweifung, die den Reisenden Dante im ersten Gesang der Hölle beinahe verschlungen hätte.«[26]

Wir haben heute Schwierigkeiten, die Idee eines »Verzichts auf die Fleischeslust« zu begreifen, die jenseits aller Lehren auf einmal ganze Gemeinschaften von Männern und Frauen in Syrien oder Palästina erfaßte. Es waren weder Theologen noch Priester, die in der ersten Zeit den Gedanken entschlossener Keuschheit von Provinz zu Provinz trugen, sondern gemischte Gemeinschaften unter Leitung von Wanderpredigern, die in Armut lebten und singend durch die Länder rund um das Mittelmeer zogen, trunken von ihrer völligen Askese und der Erwartung des Himmelreichs. Unter dem ungläubigen Blick der Heiden boten sie ein für die damalige Zeit verblüffendes Bild »[...] die durchschnittlichen Praktiker der Enthaltsamkeit in Syrien [machen] einen bemerkenswert heiteren Eindruck auf uns. [...] Diesen Männer und Frauen hatte die christliche Taufe eine Fähigkeit gebracht, unbefangen miteinander zu leben. Die Gegenwart des Heiligen Geistes sorgte dafür, daß der furchterregende Strom, der einst durch ihren Körper geflossen war, mit Sicherheit abgeschaltet war. Kein verräterischer Funke sprang jetzt zwischen den einst geladenen Polen von Männlichem und Weiblichem über.«[27]

War es eine Art mystischer Wahn, eine Verwirrung des Geistes, die vergleichbar wäre mit den Sektenphänomenen unseres ausgehenden zwanzigsten Jahrhunderts? Jedenfalls wurde die Bewegung, die in direkter Linie auf die Essener-Sekten und die orientalischen Gnostiker zurückging, bald theoretisiert und organisiert. Schon Ende des ersten Jahrhunderts hatte sie ihre Theologen und Proselyten unter den Kirchenvätern, denen sich all jene entgegenstellten, die nach wie vor an Ehe und Fortpflanzung hingen. So entstand in der Frage der Sexualität sowohl innerhalb wie auch außerhalb der frühchristlichen Kirche, wie etwa im Fall der Häresie der Manichäer, ein extremistischer Pol, vergleichbar dem, was die jüdischen Sekten der letzten Jahrhunderte vor unserer Zeitrechnung für das Judentum gewesen waren. »Enkratitisch« nannte man diese Bewegung, nach dem griechischen Wort *enkrateia*, das Enthaltsamkeit bedeutet. Die fernen Erben der Enkratiten waren dann im zwölften Jahrhundert die Katharer.

Welche Motivationen trieben die ersten Enkratiten an? Zunächst waren sie überzeugt, daß sie in apokalyptischen Zeiten lebten und die Ankunft des Himmelreichs nicht mehr fern sei; genauer gesagt, waren diese Männer und Frauen überzeugt, wie Paulus selbst überzeugt war, daß sie noch zu ihren Lebzeiten das Ende dieser Welt erleben würden. Kein Versuch zur Deutung der enkratitischen Bewegung ist plausibel, solange er nicht von vornherein die apokalyptische Perspektive mit ins Spiel bringt. So handelten die Urchristen, als sie sich für die Askese entschieden, offensichtlich nicht aus dem Bedürfnis, eine »Moral« oder irgendeine dauerhafte »Zivilisation« zu begründen, wie man normalerweise annimmt – ohne Fortpflanzung wäre das sowieso absurd –, sondern sie wünschten und sahen darin sogar eine Pflicht, den Zusammenbruch der »diesseitigen Welt« zu beschleunigen, die bald »von der Sturzflut des Messias dahingerafft« würde.[28]

Angesichts der heidnischen Welt, der trübsinnigen, immer gleichen Fortdauer der irdischen Ordnung, dem *perpetuum mobile*, verhaftet, verstand sich ihr Handeln im wahrsten Wortsinn als subversiv. Wie Marcion, Tatianus oder Valentinus, drei der ersten Gnostiker und Verkünder der enkratitischen Lehre, bekräftigten, ging es darum, »den Brand, der das Universum verwüstet« und das »furchterregende Feuer«, die Sexualität, das »der Welt zu Hilfe kommt«, zu löschen. Enthaltsam leben hieß, die »herabstürzende Flut der menschlichen Rasse« zu beenden und die Auslöschung des »irdischen Reiches« zugunsten des neuen zu beschleunigen.

Diese Subversion richtete sich nicht nur auf sehr abstrakte Weise gegen die irdische Welt. Sie zielte auch auf den antiken Staat selbst und natürlich das römische Weltreich ab. Die christlichen Enkratiten lehnten nicht nur die Fortpflanzung ab, sondern auch die Gewalt und infolgedessen den Militärdienst. Im übrigen löste diese zweifache Ablehnung von Familie und Armee zu Beginn des dritten Jahrhunderts eine neuerliche Welle von Christenverfolgungen aus. Die erste, direkt gegen die Christen gerichtete juristische Handlung ist ein Erlaß des Kaisers Severius aus dem Jahr 202. »Als Severius im Hinblick auf eine Stärkung der Familie die Ehegesetze reformierte, verurteilten die frühen Christen die Ehe und riefen alle ihre Brüder zur Askese auf. Als im Osten die Parther und im Norden die Skoten vor den Grenzen des Reichs standen und alle Kräfte mobilisiert werden mußten, forderten die Christen zur Verweigerung des Militärdienstes auf.«[29]

DIE FRAGE NACH DER URSACHE

Bei der Entstehung der enkratitischen Bewegung spielten, jedenfalls zu Beginn, auch noch andere Motivationen eine Rolle. Nicht vergessen dürfen wir das Verlangen, dem Vorwurf der Ausschweifung zu entgehen, der während der ersten Jahrhunderte gegen die Christen erhoben wurde. Daß sie in gemischten Gemeinschaften lebten, also in der Promiskuität, daß sich beim Gottesdienst Männer und Frauen durcheinandermischten, brachte sie selbstverständlich in den Ruf der Sittenlosigkeit. Zahlreiche heidnische Schriftsteller, darunter Tacitus und Plinius der Ältere, hielten den Christen vor, sie begünstigten die Lockerung der Moral bis hin zur Homosexualität. Die Rechtfertigung und die Ausübung der Askese können also auch als eine Reaktion auf solche Anschuldigungen verstanden werden.

Aus demselben Grund erlebte die heidnische Tradition der freiwilligen Kastration, die tatsächlich uralt ist, während der ersten christlichen Jahrhunderte einen gewissen Aufschwung. Mehrere Evangelisten bezogen sich darauf; bei Lukas etwa ist die Rede von verheirateten Männern, die »um des Reiches Gottes willen Haus oder Frau, Brüder, Eltern oder Kinder verlassen« (28, 29) haben. Die klösterlichen Quellen berichten von etlichen blutigen und gescheiterten Versuchen der Selbstkastration verzweifelter Mönche während der Zeit des Urchristentums. Die *Johannesakten* berichten von einem jungen Mann, der sich auf spektakuläre Weise mittels einer Sichel entmannte.[30]

Zu Zeiten von Justinus dem Märtyrer bat ein junger Mann aus Alexandria den kaiserlichen Statthalter um die Genehmigung, sich kastrieren zu lassen, denn er hoffte damit die Heiden zu überzeugen, daß die christlichen Männer keineswegs die Gunst ihrer »Schwestern« im Sinn hätten. Und Origenes wiederum begab sich um das Jahr 206 ohne viel Aufsehen zu einem Arzt und ließ sich entmannen, um nach Auskunft seiner Anhänger die verleumderischen Stimmen über seine angeblichen intimen Beziehungen zu Christinnen zum Schweigen zu bringen.

Solche absichtlichen Entmannungen waren keine Einzelfälle, im Gegenteil, sie erreichten in den ersten zwei Jahrhunderten ein derartiges Ausmaß, daß mindestens zwei römische Kaiser sich gezwungen sahen, sie mit repressiven Maßnahmen zu unterbinden: Domitian und nach ihm Hadrian, der die Todesstrafe nicht nur über die Kastraten verhängte, sondern auch über die Ärzte, die Kastrationen vorgenommen hatten.

Doch die Entscheidung der Enkratiten für die Enthaltsamkeit hatte ein anderes, eher ideologisch begründetes Ziel: sich vom Judentum abzugrenzen, eine eigene »Identität« zu behaupten, wie wir heute sagen würden. Um als Gruppe Bestand zu haben, wollten sich die Enkratiten bereits Ende des ersten Jahrhunderts, als Judentum und Christentum noch sehr stark ineinander verflochten waren, mit Regeln ausstatten, die ebenso eindeutig identifizierbar waren wie das jüdische Gesetz. So berichtete Justinus, Jesus habe ihnen »ein Gesetz [...] gegen ein Gesetz [gegeben, welches] das vorhergehende außer Kraft setzt«[31].

Nun bestand aber bis dahin in den sorgfältig aufgestellten und sanktionierten sexuellen Verboten der Hauptunterschied zwischen Juden und Nichtjuden, und die christlichen Enkratiten glaubten sich verpflichtet, auf diesem Gebiet noch einen Schritt weiterzugehen. Ihrer Ansicht nach mußte die Sexualität nicht mehr nur einer Disziplin unterworfen werden, sondern war als Symptom der in Knechtschaft geratenen Menschheit radikal abzulehnen. So stellte Justinus, der als Märtyrer hingerichtet wurde, schon im zweiten Jahrhundert das Christentum als Religion dar, die sich von allen anderen durch die Strenge der sexuellen Regeln für ihre verheirateten Anhänger abhob.

»Indem sich die Christen der Epoche Justins«, schreibt Brown, »zielstrebig auf sexuelle Einschränkung und auf sexuellen Heroismus konzentrierten, hatten sie ihren Weg gefunden, sich als die Träger einer wahrhaft universellen Religion darzustellen: indem sie die Anfälligkeit aller Menschen für sexuelle Begierde hervorhoben, waren sie in der Lage gewesen, ›eine gemeinsame menschliche Befindlichkeit zu entdecken oder zu erfinden, die der Komplexität ... zugrunde lag ..., [wodurch sie] Einfachheit von Verwirrung ableiteten‹!«[32]

Schon im ersten Jahrhundert des Christentums oder vielmehr, in dieser Zeitspanne, des Judenchristentums war die enkratitische Strömung kraftvoll und stand in besonderem Ansehen. Ihre Anhänger galten als geistige Athleten, als Virtuosen der Selbstbeherrschung, die in der Lage seien, den Verlockungen des Fleisches ebenso friedlich entgegenzutreten wie der Gewalt und der Folter.

Sie umfaßten freilich nicht das gesamte Christentum – in diesem Punkt herrschen die meisten Mißverständnisse. Die paulinischen Briefe zeigen, daß in den christlichen Gemeinschaften im Hinblick auf Sexualität, Ehe und Fortpflanzung durchaus pluralistische Ansichten bestanden.

DAS »GESCHÄFT« DES PAULUS

Paulus von Tarsos, ehemaliger jüdischer Pharisäer der Diaspora, der sich »auf dem Weg nach Damaskus« zum Christentum bekehrte, wird – neben Augustinus – häufig als der eigentliche Begründer des Christentums verstanden, jedenfalls aber als hauptverantwortlich für die angebliche Sexualfeindlichkeit der katholischen Kirche. Manche seiner kirchlichen Exegeten sind für diese irreführende Interpretation der Paulinischen Schriften mitverantwortlich; zum Beispiel im vierten und fünften Jahrhundert Hieronymus, Bibelübersetzer und Urheber einer sittenstrengen und ungenauen Paulusauslegung. Viele Paulinische Texte wurden nach dem Tod ihres Verfassers verzerrt und instrumentalisiert. In bezug auf die Haltung gegenüber den

Frauen stellt sich Laure Aynard, eine moderne christliche Essayistin, die Frage: »Sollten wir nicht annehmen, daß Paulus höchst erstaunt (und hoffentlich auch betrübt) wäre, wenn er wüßte, daß die Empfehlungen über anständiges Verhalten, die er angesichts der Indiskretion einiger korinthischer Damen erteilte, neunzehnhundert Jahre lang in der gesamten abendländischen Welt als theologische Rechtfertigung für die unterlegene Stellung der halben Menschheit dienten?«[33]

Das gesamte Leben des Paulus von seiner Bekehrung bis zu seinem Märtyrertod in einem römischen Gefängnis um das Jahr 67 erscheint in der Frage der Sexualität eher wie ein endloses Verhandeln oder, wenn man so will, wie die unermüdliche Suche nach einem Kompromiß zwischen dem Extremismus der Enkratiten und der maßvollen Haltung der heidnischen Gemeinden und Familien Kleinasiens (im Gebiet der heutigen Türkei und Griechenlands), die sich nach und nach zum Christentum bekehrten.

Als theologisch geschulter Jude kannte Paulus die Verbote des Levitikus und der Essener natürlich sehr genau. Als Verkünder des Evangeliums vor Nichtjuden mit dem Auftrag, die Heiden ins Himmelreich einzuführen, war er sich ebensosehr der besonderen Bedürfnisse dieser neuen Christen aus Korinth, Ephesos und Thessaloniki bewußt, die Wert darauf legten, ihr Familienleben während der nicht absehbaren Zeit vor der »Ankunft unseres Herrn Jesus Christus und aller Heiligen« weiterzuführen. In vielen seiner Briefe scheint ein Bemühen um Versöhnung durch, das die späteren Kommentatoren eilig vergaßen. Ebenso gewöhnte man sich an, zu vergessen, daß Paulus sich, zumal wenn er die Frage der Enthaltsamkeit anschnitt, immer im Hinblick auf das Ende der Zeit äußerte: Paulus war überzeugt, daß er die Apokalypse noch persönlich erleben werde und die Ankunft des Himmelreichs unmittelbar bevorstehe.

Diese Überzeugung wird in den Briefen mehrmals ausgedrückt: »Jeder soll in dem Stand bleiben, in dem ihn der Ruf Gottes getroffen hat.« (1 Kor 7,20) – »Wir, die Lebenden, die noch übrig sind, wenn der Herr kommt.« (1 Thess 4,15) – »Wegen der bevorstehenden Not« (1 Kor 7,26) und »Die Zeit ist kurz. Daher soll, wer eine Frau hat, sich in Zukunft so verhalten, als habe er keine« (1 Kor 7,29), »denn die Gestalt dieser Welt vergeht« (1 Kor 7,31).

Ansonsten hatten die zeitgenössischen Experten ein leichtes Spiel, mit Hilfe von tausend Annäherungen, wenn nicht gar Manipulationen, Paulus als den schaurigen Erfinder des Puritanismus darzustellen. Nennen wir nur ein paar Beispiele. Die zu diesem Thema zitierten Sätze stammen aus dem siebten Kapitel des ersten Korintherbriefs: »Den Unverheirateten und den Witwen sage ich: Es ist gut, wenn sie so bleiben wie ich. Wenn sie aber nicht enthaltsam leben können, sollen sie heiraten. Es ist besser zu heiraten, als sich in Begierde zu verzehren.« (7,8-9) – »Wegen der Gefahr der Unzucht soll aber jeder seine Frau haben, und jede soll ihren Mann haben.« (7,2) – »Entzieht euch einander nicht, außer im gegenseitigen Einverständnis und nur eine Zeitlang, um für das Gebet frei zu sein.« (7,5)

Dabei versäumt man häufig, darauf hinzuweisen, daß 7,2 die Antwort auf eine Frage ist, die ihm Enkratiten schriftlich gestellt hatten, nämlich jenen berühmten Satz: »Es ist gut für den Mann, keine Frau zu berühren« (7,1), der also nicht von Paulus stammt, wie Hieronymus behauptete, sondern von seinen Gesprächspartnern. Außerdem hat er es mit jungen Korinthern zu tun, von denen manche ein Loblied auf die Prostitution singen und andere gegenüber dem Inzest Toleranz üben; wieder andere sind Erleuchtete oder Enkratiten. Mit seiner Antwort lehnt Paulus die Askese ab, bestreitet jedoch nicht, daß darin auch eine gewisse Wahrheit liegt. Im wesentlichen sagt er seiner Gemeinde: Mutet euch nicht zuviel zu. Wer zu hoch hinaus will, fällt um so tiefer.

»In seinen Worten drückt sich ganz einfach sein gesunder Menschenverstand aus«, faßt Xavier Léon-Dufour zusammen, »ohne den wahren Kern der Lehre zu leugnen, dessen Verzerrung die enkratitische Lebensweise ist. Es ist gut, keine Frau zu berühren, sagt ihr? Vorsicht! Das muß im Einklang zwischen dem Ehepaar geschehen, ›symphonisch‹ (um seinen griechischen Ausdruck zu gebrauchen), und nur für eine gewisse Zeit. Schließlich – vor allem – geht es nicht um die reine Askese, den Verzicht auf irgendeine Sexualgymnastik, die eine Karikatur der Wirklichkeit ist: diese Enthaltsamkeit hat ihren Sinn allein im Gebet.«[34]

Außerdem vergißt man im allgemeinen, daß den zitierten Sätzen im selben Brief Aussagen in ganz anderem Tenor folgen: »Der Mann soll seine Pflicht gegenüber der Frau erfüllen und ebenso die Frau gegenüber dem Mann. Nicht die Frau verfügt über ihren Leib, sondern der Mann. Ebenso verfügt nicht der Mann über seinen Leib, sondern die Frau. Entzieht euch einander nicht« (1 Kor 7,3-5) oder: »Der Verheiratete sorgt sich um die Dinge der Welt; er will seiner Frau gefallen. [...] Die Verheiratete sorgt sich um die Dinge der Welt; sie will ihrem Mann gefallen« (1 Kor 7,33-34).[35]

Über Paulus, der ganze Bibliotheken gefüllt hat, können wir uns hier nicht weiter verbreiten. Begnügen wir uns mit einer Feststellung, um das Folgende zu begreifen. Die endlose Exegese derselben hundert oder hundertfünfzig Worte aus den Paulinischen Briefen, die über Jahrhunderte betrieben wurde, erzielte ein dreifaches Resultat: Sie verdunkelte ihren Sinn und tilgte gleichzeitig die spirituelle Tragweite, sie beraubte sie jeder realen Konsistenz, und sie verlieh Aussagen, die manchmal nur simple Vermutungen und Beruhigungsversuche waren, dogmatischen Charakter. Zu schweigen davon, daß die Paulinische Botschaft im Lauf der Jahrhunderte manchmal willkürlich in moralisierender Absicht verzerrt wurde. Die ersten dreieinhalb Jahrhunderte – bis Augustinus – zeigten jedoch, daß die Debatte nicht beendet war.

ANGESICHTS DER HEIDNISCHEN UNORDNUNG

Nicht alle der sogenannten Kirchenväter waren Befürworter der durch die Enkratiten inspirierten Sittenstrenge. Vereinfachend könnte man versucht sein, die christlichen Lehrer der ersten Jahrhunderte in zwei große Gruppen einzuteilen. Den radikalen Puritanern aus der Schule Tertullians, des Verfassers einer *Ermahnung zur Keuschheit* – Tatianus, Hieronymus, Origenes, Gregor von Nyssa –, standen die Verteidiger der ehelichen Liebe, der Familie und sogar der legitimen Lust gegenüber.

Zum Beispiel wehrte sich bereits im dritten Jahrhundert ein großer christlicher Theologe gegen die enkratitische Strenge, der er die Rechtmäßigkeit eines geordneten ehelichen Liebeslebens gegenüberstellte. Mit der Sexualität befaßte sich Klemens von Alexandria ausführlich in zwei grundlegenden Texten, *Der Pädagog* und *Stromata* (»Teppiche«), deren drittes Buch eine leidenschaftliche Verteidigung der Ehe ist. Für Klemens war der Körper kein Gegner, sondern »der natürliche Verbündete und der Weggefährte der Seele«. Von der Stoa und der Platonschen Metaphysik inspiriert, versprach er idealerweise ein von allen Leidenschaften befreites Leben, das die *apatheia*, die innere Heiterkeit der Stoiker, anstrebt. Gleichwohl lehnt er jeden Gedanken an Bestrafung oder Kasteiung des Leibes ab.

Ebenso finden wir bei Joannes Chrysostomos, Johannes Goldmund, einem flammenden christlichen Rhetor aus der Stadt Antiochia, die damals noch heidnisch geprägt war, von Bettlern wimmelte und sich orgiastischen Spielen hingab, eine fortwährende Lobpreisung der Familie und vor allem des christlichen Heims, einer Zuflucht und einer Festung gegen die Unordnung der heidnischen Stadt. Seiner Ansicht nach war die Eheschließung junger Menschen an sich schon eine Geste der Subversion, nicht mehr nur ein Mittel, um die Energie der Ehegatten in den Dienst des Staates zu stellen, wie es die Ehe nach heidnischer Auffassung war, sondern im Gegenteil ein Bündnis, mit dem sich die Ehepartner gegenseitig halfen, den eigenen Körper zu beherrschen. Paradoxerweise war es die Erkenntnis der in einem jungen Körper lauernden sexuellen Gefahren, die das christliche Paar in dauerhafter Solidarität zusammenschmiedete.

In der Praxis neigten die Bischöfe, die Tag für Tag mit der entstehenden christlichen Gesellschaft in Verbindung standen, eher zur Mäßigung als zur flammenden und stolzen Sittenstrenge der Asketen. »Bei den Bischöfen begegnen wir viel eher der Sorge um das

Wohlergehen der Mehrheit, der Anteilnahme des Seelsorgers an seinem Volk, der Suche nach einem realistischen Christentum, dem Wunsch nach einer Einigung mit den Mächten.«[36]

Im Gegensatz zu solcher Mäßigung standen die Jünger Manis, die Manichäer, in der alten gnostischen und enkratitischen Tradition, die aus Persien kam, und bekannten sich zu strengster Askese. Geboren am Ufer des Tigris im Jahr 216 (276 vom Perserkönig hingerichtet), bei den Elkesaiten, einer judenchristlichen gnostischen Sekte, aufgewachsen, lehnte Mani die Geschlechtslust streng ab, weil durch Kinderzeugung der »Fürst der Finsternis« immer neue Kerker für die Seelen schaffe. Seinen Abscheu vor allem Körperlichen drückte er in Worten aus, die manche Passagen aus Jean-Paul Sartres *Ekel* vorwegnahmen. Die Manichäer wurden zwar von der Kirche und auch dem Römischen Reich scharf verfolgt und sagten sich vom Christentum los, doch sie stellten eine selbständige Denkweise dar, praktisch eine Religion, jedenfalls eine Volkshäresie, die weite Verbreitung fand und sich von den Grenzen Indiens bis nach Nordafrika ausdehnte, wo sie an Augustinus in dessen Jugend ihre vornehmste Eroberung machte.

DER MYTHOS DER WÜSTE

Doch die außerordentlich komplexen theologischen Auseinandersetzungen während der ersten Jahrhunderte, in denen weitere wichtige Häresien entstanden, wie der Donatismus und der Arianismus, unterlagen einer nicht zu übersehenden Tatsache, nämlich den Christenverfolgungen durch die vor dem Zerfall stehende Macht in Rom; bald wurde Rom von den Barbaren belagert und zusehends totalitär. Der Wunsch, Tod, Schmerz, Folter ertragen zu können, kommt in allen christlichen Texten jener Zeit zum Ausdruck, und ständig wird die Verbindung zwischen dem Mut im Angesicht des Todes und der Fähigkeit zur Beherrschung der eigenen Begierden beschworen. Die Heiden waren für diese christliche Version der *vir-*

tus nicht unempfänglich. Der berühmte Galenos, der heidnische Leibarzt von Mark Aurel, beglückwünschte die Christen, weil sie in der Lage seien, sich genauso zu verhalten wie jene, die sich von der Philosophie leiten ließen. Ihre Verachtung des Todes und seiner Folgen zeige sich im Alltagsleben ebenso deutlich wie ihre geschlechtliche Enthaltsamkeit.

Tatsächlich vergessen wir häufig, welcher Mut zur Friedfertigkeit von diesen frühen Christen verlangt wurde – ein Mut, der das Problem der Sexualität durchaus relativierte. »Die Furcht vor Tod und körperlichen Schmerzen und nicht der tückische Stachel der sexuellen Versuchung war der bedrohlichste Feind, den der Christ zu überwinden lernen mußte. Die Kontrolle der Sexualität war lediglich ein Beispiel – und kein sehr bedeutendes – dafür, daß es der Christ nötig hatte, einen Körper, der dem riesigen Schmerz der Welt unterworfen war, zu kontrollieren. Für Cyprian [von Karthago] war ›die Nachfolge Christi‹ nichts Geringeres als ein tägliches Martyrium.«[37]

Nun besteht allerdings ein direkter Zusammenhang zwischen der Realität der Christenverfolgungen, dem apokalyptischen Klima, das sie erzeugten, und den keineswegs übereinstimmenden Lehren der Kirchenväter insbesondere im Zusammenhang mit dem »Fleisch«.[38] Nach der Christenverfolgung durch Nero im Jahr 67 erlebte das dritte Jahrhundert immer wieder Pogrome in aufeinanderfolgenden Wellen, durchsetzt von Flauten, während deren sich die Beziehungen zwischen Christen und Heiden wieder besänftigten und vor allem enger wurden, als wir uns heute vorstellen. Die dritte große Verfolgungswelle wurde durch vier Erlasse des Kaisers Diokletian in den Jahren 303 und 304 ausgelöst und war von gnadenloser Brutalität: Zerstörung der Kirchen, Verhaftung von Geistlichen, Ausschluß der Christen aus allen öffentlichen Ämtern, Polizeirazzien, Hinrichtungen, Folterungen, Massendeportationen in die Bergwerke und so weiter.

So wurde für Jahrhunderte ein großer Teil der christlichen Sensibilität von der Grausamkeit der »diesseitigen Welt« geprägt. Die

Märtyrerverehrung wurde von den Christinnen eingeführt; dann kam die Verehrung von Heiligen und Reliquien auf, der Kult wundertätiger Jungfrauenfiguren und der Jungfräulichkeit – Die Hochzeiten bevölkerten die Erde, die Jungfräulichkeit das Paradies, schrieb Hieronymus –, das Grauen vor dem Aufruhr und der Unordnung der Heiden, die Abwendung von aller Entblößung des Fleisches und der gegenwärtigen Verkommenheit der Gesellschaft und so weiter. Die Lehren bestimmter Kirchenväter, die starke Verfechter der Askese waren, zumal von Origenes, der selbst in Cäsarea gefoltert und hingerichtet wurde, sind im Zusammenhang mit diesem repressiven Klima zu sehen.

Auch die gewaltige Rückzugsbewegung im vierten Jahrhundert, aus der letztlich das christliche Mönchswesen hervorging, hat ihren Ursprung zum Teil in den Verfolgungen. Die Anachoreten, die Einsiedler der Wüste – Paulos von Theben, Antonios der Große, Hermas und andere –, die gegen Hunger, Kälte, Einsamkeit *und* sexuelles Verlangen kämpften, brachten einen wahren Gründungsmythos hervor, den Mythos der Wüste. Schon im Jahr 400, hieß es, hätten sich an die fünftausend Mönche rund um Alexandria niedergelassen, und mehrere tausend weitere seien entlang dem Nil in gesamter Länge und sogar in den kahlen und wasserlosen Bergen an der Küste des Roten Meeres verstreut.[39]

»Die Lebensform, für die diese Einsiedler sich entschieden«, schreibt Marrou, »ist an sich nichts Neues: die Anachorese, wörtlich der ›Rückzug in die Wüste‹, im modernen Sinn das ›Aussteigen‹, ist für alle, die im damaligen Ägypten einen guten Grund hatten, die Gesellschaft zu fliehen – Kriminelle, Banditen, zahlungsunfähige Schuldner, Steuerschuldner, die von den Geldeintreibern der Obrigkeit verfolgt wurden, Asoziale aller Art –, der bevorzugte Ausweg; die verfolgten Christen hielten es ebenso, und der Mönch entscheidet sich aus spirituellen Beweggründen für die Wüste.«[40]

Doch diesmal war nicht mehr nur die Flucht vor der Welt die Ursache der Anachorese, sondern die Einsiedlermönche wollten dort »gegen die Kräfte des Bösen und vor allem gegen den Satan, seine

Verlockungen, seine Angriffe kämpfen; daher die wichtige Rolle der Teufeleien im *Leben des heiligen Antonius*, die, nachdem sie die Phantasie eines Breughel angeregt hatten, sehr oft die modernen Leser empörten, aber deren tiefere theologische Bedeutung wir erkennen müssen«.[41] In den Augen mancher Heiden, etwa Julians des Apostaten, waren diese Männer schlicht verrückt, doch letztlich kamen manche großen Bischöfe jener Zeit aus ihren Reihen.

EINE GROSSARTIGE »REIBUNG«

Die Tiefe und die Qualität der großen theologischen, metaphysischen und selbstverständlich moralischen Debatten der Spätantike sind ansonsten leicht zu erkennen. Mehrere Jahrhunderte hindurch blieben Heidentum, Judentum und Christentum innerhalb der Gesellschaft eng miteinander verflochten, sogar innerhalb der Familien, wenn ein Mitglied sich bekehrte, während die übrigen weiterhin heidnische Trankopfer und andere Feste zu Ehren der Götter feierten. Dies galt zum Beispiel für Augustinus, dessen Mutter Monika eine glühende Christin war, der Vater hingegen ein Heide. Überhaupt waren es in der Regel die Frauen, die den christlichen Glauben in die Familien einführten, während die Söhne, jedenfalls in der Öffentlichkeit, nach wie vor der heidnischen Religion des Vaters anhingen. In Rom konnte man sogar von einer Koalition zwischen den Frauen der Aristokratie und dem christlichen Klerus sprechen. Diese tägliche Konfrontation, diese großartige »Reibung«, fand natürlich auf geistigem Gebiet ihren Widerhall; daher die Überfülle an Kontroversen aller Art, die die Schriften und Lehren der Kirchenväter bereicherten.

Außerdem zog der unaufhaltsame Vormarsch des Christentums innerhalb des Römischen Reiches, der in der Bekehrung Kaiser Konstantins im Jahr 324 mündete, nach und nach die gesellschaftliche Elite an, vor allem jene, die man heute als »Intellektuelle« bezeichnete. Zu Beginn des dritten Jahrhunderts war der christliche Glaube schon nicht mehr die Religion der Armen und Ausgestoßenen des Römischen Reiches wie zu Anfang, was ihm den Spott gewisser heidnischer Schriftsteller wie etwa des Philosophen Celsus eingetragen hatte. Er erfaßte nun die herrschenden Klassen, die Provinzstatthalter, Richter, hohen Würdenträger am Hof, ja sogar die kaiserliche Familie selbst.

»Nachdem das Heidentum sich durch den Zahn der Zeit abgenutzt und verbraucht hatte«, schreibt Marrou, »stellt das Christentum nun den lebendigen Bereich dar, das aufsteigende Element, das herrschende Prinzip in der kulturellen Atmosphäre des vierten Jahrhunderts. [...] Statistisch gesprochen, gilt das Christentum als Gewinner; weshalb sollten wir uns also wundern, daß das neue Ideal der christlichen Kultur die Mehrheit der herausragendsten Denker der Epoche für sich gewann?«[42]

Was hingegen die Festschreibung der sexuellen oder der allgemein moralischen Regeln betrifft, so war die sittliche Besserung ihrer Zeitgenossen nicht unbedingt das größte Anliegen der damaligen Christen. Um das vierte Jahrhundert bemühten sich vor allem die Heiden darum, wieder Ordnung zu schaffen und die Regellosigkeit der römischen Gesellschaft zu mäßigen. Als Konstantin im Jahr 320 ein sehr strenges Gesetz gegen Ehebruch und die Flucht junger Mädchen erließ, berief er sich dabei auf die Zeiten des Kaisers Augustus und die einstige Sittenstrenge und sagte, er gebe Rom »neue Gesetze, um die Moral zu kontrollieren und das Laster zu zerschmettern. Die Keuschheit wurde gefestigt, die Ehe geschützt und das Eigentum gesichert«.[43] Den stürmischsten Beifall erntete er dafür von Nazarius, einem heidnischen Rhetor.

Umgekehrt beriefen sich die Christen, auch Augustinus selbst, gern auf die Sittenstrenge der Antike, um ihren Standpunkt auf diesem Gebiet darzustellen und zu zeigen, daß sie nichts Unmögliches verlangten – die Ablehnung von Abtreibung und Scheidung zum Beispiel, die allzu leicht geworden seien, wie schon Seneca beklagte. »Die Kirchenväter im vierten und zu Beginn des fünften Jahrhunderts«, schreibt Marrou, »stehen für einen besonders kostbaren Augenblick des Gleichgewichts zwischen einem vom Verfall noch recht wenig beeinträchtigten und absolut verinnerlichten Erbe der Antike einerseits und andererseits einer christlichen Inspiration, die nun selbst zur vollkommenen Reife gelangt war.«[44] In der Frage der Moral gab es keinen ernstzunehmenden Widerstand mehr.

Gewiß, die Bischofssynode von Elvira (Granada) in Südspanien im Jahr 303 war weitgehend den Sitten gewidmet; vierunddreißig der, im übrigen recht moderaten, einundachtzig Entscheidungen der versammelten Bischöfe galten Fragen der Ehe und des geschlechtlichen Anstands; ein Viertel der Entscheidungen forderte eine in bisher unbekanntem Ausmaß verschärfte Kontrolle über die Frauen der christlichen Gemeinde. Darüber hinaus erlegte das Konzil zum ersten Mal dem Klerus zwar noch nicht das Zölibat, jedoch den Verzicht auf Fortpflanzung auf: »Alle Bischöfe, Priester, Diakone und alle Geistlichen mit liturgischen Ämtern müssen sich von ihren Frauen fernhalten und dürfen keine Kinder zeugen.«[45] Bis zum Eheverbot für Priester brauchte es noch weitere achthundert Jahre und die verschiedenen Laterankonzilien.

Trotzdem, im langsamen, jahrhundertelangen Prozeß der Christianisierung der römischen Sitten, nachdem sich auch der Kaiser zum Christentum bekehrt hatte, waren es nicht mehr die Fragen im Zusammenhang mit der Sexualität, die eine klare Trennungslinie zwischen Heiden und Christen schufen; vor allem waren sie weitaus weniger grundlegend, als wir uns heute vorstellen. Vielmehr lag der Affront gegen die heidnische Kultur in erster Linie auf anderen Gebieten: in dem Anliegen, den Polytheismus ländlicher Opferbräuche auszumerzen und die heidnischen Opfer zu verbieten – dies unternahm Theodosius im Jahr 391 –, im Kampf gegen die Folter und die Grausamkeit in den Gefängnissen, im Protest gegen die massiven Repressalien der römischen Streitkräfte gegen die Völker[46], in der Verurteilung von Kindermord und Gladiatorenkämpfen – sie wurden zum ersten Mal im Jahr 325 verboten –, in mehreren Versuchen, die Bedingungen für die Sklaven zu verbessern, und so weiter.

Nach und nach übernahm also das römische Christentum die Verantwortung für die Regeln des Staates und der Gesellschaft. Dies bedeutete freilich auch, daß »Kompromisse« eingegangen wurden, so etwa in der militärischen Frage: Als unterdrückte Minderheit waren die Christen zu Zeiten Tertullians unerbittlich gegen den Krieg – Verweigerer aus Gewissensgründen, würden wir heute sagen –, doch als sie auf einmal selbst für ein Reich verantwortlich waren, das von allen Seiten von den Barbaren bedroht war, legten sie den Fundamentalismus ab und wurden »realistischer«. »So erleben wir«, schreibt Marrou, »wie die Erfordernisse des Welt- und des Gottesreichs miteinander in Widerspruch geraten.«[47] Es war Augustinus, der, nachdem er am 24. August 410 entsetzt die Einnahme Roms durch die Westgoten miterlebt hatte, die Lehre vom gerechten Krieg aufstellte.

AUGUSTINUS, »VATER DES ABENDLANDS«

Mit Augustinus rückte die Frage des »Fleisches« in den Vordergrund. Der römische Berber aus Afrika, in Tagaste in Numidien (Suk Ahras) geboren, der sich, getrieben von seinem leidenschaftlichen Temperament, in seiner Jugend einem recht lockeren Leben hingab, sich im August 386 aber zum Christentum bekehrte – während jener berühmten Szene in seinem Garten in Mailand – und von der katholischen Kirche als Heiliger verehrt wird, gilt heute als der »Erfinder« der Erbsünde, als unnachsichtiger Verfechter der Lehre von der Prädestination und einer streng asketischen Sexualmoral. Die Aussprüche, die häufig von ihm zitiert werden, stützen diese Interpretation, insbesondere einer, in dem er bekennt, zu der Erkenntnis gelangt zu sein, daß man nichts stärker fliehen müsse als die Beziehung zu einer Frau. Er glaube, es gebe nichts, was den Geist des Mannes mehr erniedrige als die Zärtlichkeiten einer Frau, als diese Verbindung der Körper, ohne welche man keine Ehefrau haben könne.[48]

Tatsächlich wurde und wird das Augustinische Denken maßlos

vereinfacht und karikiert, noch mehr als die Lehren des Paulus. Aber es stimmt auch, daß Augustinus, Verfasser eines gewaltigen Werkes – mehrere hundert Titel, Streitschriften und Korrespondenzen –, von aufbrausendem und kampflustigem Temperament und damit beeinflußbar war. Sein bewundernder Biograph Henri-Irénée Marrou ist nicht der letzte, der dies zugibt: Wenn, wie die Geschichte seines Einflusses zeige, seine eigentliche Philosophie so häufig schwerwiegenden Fehlinterpretationen ausgesetzt war, so sei Augustinus zu einem großen Teil selbst dafür verantwortlich.[49]

Es wäre abwegig, seine Lehren auf dem Gebiet der Sexualmoral hier zusammenzufassen; wir können nur mit einigen Beispielen darlegen, wie sehr auch das Gesamtwerk des »Vaters des Abendlandes« im Kreuzfeuer einer ungeheuren Auseinandersetzung steht, die bis heute nicht wirklich verstummt ist.

Von Vergil, Cicero und der neuplatonischen Philosophie herkommend, hatte Augustinus lange vor seiner Bekehrung zunächst die strenge Askese der Manichäer vertreten, gegen die er später seine ganze Beredsamkeit aufbot. In einer berühmten Streitschrift verurteilte er Manis asketische Häresie auf dieselbe Weise, wie Paul sich gegen die Enkratiten empört hatte. Doch nachdem er Bischof von Hippo geworden war, kämpfte Augustinus, insbesondere mit einer Streitschrift, an der entgegengesetzten Front, das heißt gegen die Unmoral des Pelagianismus. Dieser wurde begründet von dem britischen Mönch Pelagius, der behauptete, der Mensch sei zur Erlangung der Seligkeit nicht allein auf göttliche Gnade angewiesen, sondern dazu von Natur aus, aufgrund seines freien Willens in der Lage; Pelagius verwarf ferner die Lehre von der Erbsünde und den Skandal der Kreuzigung und gelangte so zu einer optimistischen und voluntaristischen Sicht des Heils. Gegen diese Lehre empörte sich Augustinus erbittert, so, wie er auch die zahlreichen christlichen Häresien, die man damals zählte – insgesamt achtundachtzig –, scharf verurteilte.

Augustinus, den Marrou als den Wortführer der beständigsten und authentischsten christlichen Tradition[50] bezeichnet, kämpfte nicht nur an mehreren Fronten, sondern stand vor allem genau im Schnittpunkt zweier großer »Tendenzen«, die, Polemiken und Exkommunikationen zum Trotz, mehr als tausend Jahre lang im Christentum parallel existierten. Auf der Seite der Asketen taucht die enkratitische und manichäische Strömung im Verlauf der Jahrhunderte immer wieder in verschiedenen Formen auf – als das Katharertum der Albigenser, als Puritanismus, als Jansenismus. Der niederländische Theologe Cornelius Jansen, Verfasser des *Augustinus*, berief sich zu Beginn des siebzehnten Jahrhunderts auf eine äußerst sittenstrenge Auslegung der augustinischen Lehre, um damit den »sehr bemerkenswerten Fürsprechern der Lust«, den Jesuiten, zu widersprechen. Für das geringe sittliche Niveau seiner Zeit, des »allerverdorbensten Jahrhunderts« (*saeculum corruptissimum*), das allein für die Fleischeslust (*delectatio carnalis*) lebe, machte Jansen die »neue Theologie« verantwortlich, die sich seiner Ansicht nach von Augustinus und den Kirchenvätern weit entfernt hatte. Daß sich die Jansenisten des Zisterzienserklosters Port-Royal und Pascal selbst auf diese Augustinus-Interpretation beriefen, ist durchaus logisch.

Die vom Pelagianismus vertretene Auffassung hingegen sympathisierte insgeheim mit dem Humanismus der Renaissance oder den verträglichen Moralvorstellungen bestimmter Jesuiten, vor allem des Theologen Thomas Sanchez, der im siebzehnten Jahrhundert der namhafteste Theoretiker über Ehe und Sexualität war und ein so umfangreiches wie berühmtes Traktat veröffentlichte, die *Disputationes de Matrimonii Sacramento*, von dem zwischen 1602 und 1669 zwölf vollständige Ausgaben und zahlreiche gekürzte Fassungen veröffentlicht wurden. In diesem Werk geht Sanchez so weit, sogar die Berechtigung von Zärtlichkeiten anzuerkennen, denn die Ehegatten »können sich gegenseitig berühren, um die Begehrlichkeit des Fleisches zu besänftigen oder einander ihre Liebe zu beweisen«.[51]

WAS UNS BESCHÄMT

Als zweites Beispiel wäre die vorrangige Bedeutung zu nennen, die Augustinus dem Begriff des Willens einräumt, wodurch er nichts Geringeres als einer der christlichen Begründer des modernen Individualismus ist. Nach seiner Auffassung ist die sexuelle Begierde deshalb eine so explosive wie beunruhigende Kraft, weil sie sich definitionsgemäß dem Willen entzieht. So entdecken wir in seinem Werk erstaunliche Ausführungen über die Erektion beziehungsweise das »Fiasko«, das sexuelle Versagen. Der Mann sei wahrhaftig nicht Herr dieses Organs. Manchmal trete diese Glut ungerufen und ungebeten auf; manchmal lasse sie das Verlangen im Stich; die Seele glühe, doch der Leib sei aus Eis. Die Zeugungsorgane hingegen seien durch die Sinneslust zur Knechtschaft verurteilt. Sie blieben reglos, falls es an Begehrlichkeit mangele und sie sich nicht spontan oder durch Erregung einstelle. Dies beschäme uns.[52]

Der geschlagene Wille, dieser Rest an Animalität im Menschen, der sich aus dem Zugriff des Geistes befreit, stellte für Augustinus die Definition des Sündenfalls schlechthin dar. Die physiologische Selbständigkeit der Sexualität, die unseren Willen verhöhnte, deutete auf eine grundsätzliche Verstimmung hin, ein *discordium malum*, ein »nicht auszuräumendes Prinzip der Zwietracht, das dem Menschen seit dem Sündenfall innewohnt« und aus ihm letztlich »einen verkleinerten Schatten des Todes« mache.[53]

Der Begriff des Sündenfalls ist fundamental. Nach Auffassung von Augustinus war die mit der Fortpflanzung verbundene sexuelle Lust beim Orgasmus vielleicht seit jeher Bestandteil des irdischen Paradieses, doch damals stimmte sie vollkommen mit dem Willen überein. Die Konsequenz des ersten Fehlers, des Sündenfalls, der nicht sexueller Natur ist, sei diese dramatische Loslösung: der Wille könne den Körper nicht mehr vollständig beherrschen, der Mensch sei schwach, die Begehrlichkeit, die ein negatives Vorzeichen trage, sei fortan eine fremde Kraft, die ihn bedränge. Dem Fleisch widerstehen hieße also, den menschlichen Willen mit der Gnade Gottes wieder in seine ursprüngliche Erhabenheit einzusetzen, denn was den Geist beschäme, sei dieser Körper, diese mindere Natur, die ihm untergeordnet sei und ihm dennoch Widerstand leiste.

Aufgrund des Vorrangs, den er dem individuellen Willen einräumte, verurteilte Augustinus eine besonders barbarische Forderung der heidnischen Moral an die Frauen. Bei der Plünderung Roms durch die Westgoten wurden Tausende Römerinnen von den Eindringlingen vergewaltigt; bei verheirateten Frauen war daraufhin der Selbstmord eine Pflicht. Augustinus beschwor die betroffenen Frauen, nichts dergleichen zu unternehmen, indem er eben die Frage des Willens den Wechselfällen des Körpers gegenüberstellte. »Mit besonderen Nachdruck sei daher festgestellt, daß die Tugend, die unser rechtes Leben ausmacht, von ihrem Sitz in der Seele aus über die Glieder des Leibes herrscht, und daß der Leib durch den Gebrauch eines heiligen Willens erst geheiligt wird. Wenn dieser Wille unerschütterlich und standhaft bleibt, wird nichts, was ein zweiter mit oder an einem Körper vollführt, sofern man sich nicht ohne eigene Sünde dagegen wehren kann, eine Schuld des Erleidenden bedeuten. […] Gewiß wird kein menschliches Gefühl zögern, solchen Frauen Verzeihung zu wünschen, die, um nicht derartiges zu erleiden, sich selbst ums Leben gebracht haben. Und andererseits wäre es sehr unverständig, denen einen Vorwurf zu machen, die sich nicht umbrachten, weil sie nicht mit einem eigenen Verbrechen ein fremdes vermeiden wollten«[54]

Diese Verteidigung stand nicht nur im Widerspruch zur heidnischen Lehre, sondern trug überdies eine historisch entscheidende »Vorliebe« in sich: die Bevorzugung des individuellen Willens entgegen den tyrannischen Forderungen einer holistischen Gesellschaft. Louis Dumont sieht darin, weit über die sexuellen Angelegenheiten hinaus, das erste Anzeichen eines ungeheuer tiefen kulturellen Bruchs, der durch das gesamte Abendland verläuft: hin zum Individualismus. »Ich meine allerdings«, schreibt er, »daß sich im einzelnen bei Augustinus ein subtiles Vorrücken des Individualismus ausmachen läßt.«[55]

Bis dahin erlaubten die verschiedenen »Weisheiten« – von der indischen Philosophie bis zur Stoa – die Emanzipation des Individuums nur um den Preis eines zeitweiligen »Verzichts«, einer Flucht aus der Welt. Wie der indische »Entsagende« mußte »der Stoiker der Welt gegenüber fremd, gleichgültig bleiben, sogar dem Leid gegenüber, das er allenfalls zu erleichtern sucht«.[56] Norbert Elias, einer unserer größten zeitgenössischen Soziologen, formuliert die antike Undenkbarkeit des Individuums im Sinne der westlichen Moderne mit folgenden Worten: »Die Vorstellung eines gruppenlosen Individuums, eines Menschen, wie er oder sie ist, wenn man ihn oder sie aller Wir-Bezüge entkleidet, wenn man dem Individuum, der einzelnen Person alleine, einen so hohen Wert beimißt, daß alle Wir-Bezüge, also etwa Sippen-, Stammes- und Staatszugehörigkeit, als relativ weniger wichtig erscheinen, lag in der sozialen Praxis der antiken Welt noch weitgehend jenseits des Horizonts.«[57]

Allein das Christentum, und insbesondere Augustinus, formulierte diesen unglaublichen Begriff zu einer Zeit, in der, nach den Worten von Louis Dumont, »der Holismus aus der Vorstellung verschwunden [ist], das Leben auf der Welt wird man sich in der Weise vorstellen, daß es völlig dem höchsten Wert angepaßt werden kann, das außerweltliche Individuum wird zum modernen innerweltlichen Individuum. Hierin scheint der historische Beweis für die außergewöhnliche Stärke der ursprünglichen Disposition zu sein.«[58] Der Christ war ein Individuum, das zum freiwilligen Verzicht fähig war, nun aber *in der Welt*.

Darin liegt eine ungeheure Neuheit für die kommenden Jahrhunderte: die Erfindung des Individuums. »Spürbar wird, wie mit Augustinus die eschatologische Sicht, von der die ersten Kirchenväter beherrscht waren und deren Karriere noch lange nicht beendet ist, schon beginnt sich in so etwas wie den modernen Glauben an den Fortschritt zu verwandeln.«[59] Wir sollten die Gründe in Erinnerung behalten, aus denen auch Hannah Arendt ein leidenschaftliches Interesse an Augustinus hegte, vor allem am *Gottesstaat*, auf den sie sich mehrmals bezog. Nach ihrer Meinung war Augustinus der einzige große Philosoph in einer Zeit, die der unseren in vielerlei Hinsicht ähnlich sei und in dessen Schriften diese Weltuntergangsstimmung sich niederschlage, die vielleicht nicht sehr verschieden von dem Klima sei, das auch wir kennen.

8
DIE EIGENTLICHE ERFINDUNG DES PURITANISMUS

Wir stellen uns gern vor, daß unsere Gesellschaft sich während der letzten fünfzehnhundert Jahre allmählich und schmerzlich von der sexuellen Zwangsmoral befreit hätte. Vom obskurantistischen Hochmittelalter über Renaissance und Aufklärung und schließlich zur industriellen Revolution habe der abendländische Mensch nach und nach seine Autonomie und sein »Recht auf Lust« errungen, je mehr er sich dem Zugriff der Religion entzog. Soweit mehr oder weniger die gängige Meinung. Das ist allerdings ein Vorurteil, falsch, aber so zäh, so festverwurzelt, daß hier der Widerspruch der Historiker kaum mehr Gehör findet als im Zusammenhang mit der Antike.

Es ist nicht falsch zu behaupten, daß die Entwicklung in vielerlei Hinsicht das exakte Gegenteil war. Das Mittelalter, so religiös es auch war, erwies sich in sexueller Hinsicht nicht als übertrieben repressiv. »Die Verdammung der Lust ist keineswegs eine Besonderheit der christlichen Philosophie. Vielmehr scheint sie sich mit der Angst vor dem Fleisch zu decken, die eine sehr viel weiter verbreitete Veranlagung des menschlichen Geistes ist. [...] Das Mittelalter hatte seine Tabus, seine Rhetorik und seine gesellschaftlichen Konventionen und empfand diese Angst deshalb kaum stärker als andere Epochen.«[1]

Was die puritanischen Tendenzen angeht, die manchmal bis zur Zwanghaftigkeit, insbesondere im Hinblick auf die Masturbation, moralisierend waren, so fiel ihr Auftreten paradoxerweise mit dem beginnenden Zeitalter der Aufklärung im siebzehnten und vor allem mit dem Triumph der bürgerlichen Gesellschaft im neunzehnten Jahrhundert zusammen. Außerdem war während der langen Jahrhunderte vor der Aufklärung das Gewicht der Religion und in einzigartiger Weise des Christentums nicht immer eine Last, so, wie wir es uns vorstellen. In vielen Fällen erwiesen sich die agnostischen Lehren oder Lehrer in sexueller Hinsicht als unendlich viel strenger als die Kirchenmänner.

Unter vielen anderen zitiert auch Jean-Louis Flandrin den Fall des »Libertins« Brantôme, der sich in seinen berühmten *Dames galantes* über gewisse Liebesstellungen empörte, die von den damaligen katholischen Theologen durchaus nicht als anstößig empfunden wurden. Er nennt außerdem den Fall jener Abgeordneten des dritten Standes von Agenois, die 1614 unter Punkt vierundfünfzig ihres Beschwerdebuches eine strengere Bestrafung des Ehebruchs forderten – entgegen der Meinung des Klerus. Ehebrecher, schrieben sie, die »ausreichend beschuldigt und überführt sind, [sollen] mit dem Tode bestraft werden, ohne daß die Richter die Strafe aus welchem Grund oder welcher Erwägung auch immer mäßigen können«.[2] John Boswell wiederum erwähnt dies im Zusammenhang mit der Homosexualität: »Nahezu ohne Ausnahme gehen die wenigen vor dem dreizehnten Jahrhundert erlassenen Gesetze über homosexuelles Verhalten auf zivile Behörden zurück, die ohne Unterstützung oder Empfehlung der Kirche handeln. In manchen Fällen ratifizierten die Konzilien oder die kirchlichen Behörden diese Gesetzestexte, häufig unter starkem Druck, die kirchlichen Dokumente selbst hingegen legen eine sehr milde oder gar keine Strafe fest.«[3]

Die gängige Interpretation, die Sexualität sei jahrhundertelang durch die Kirche unterdrückt und erst durch die Aufklärung und den modernen Rationalismus befreit worden, entspricht, wie wir sehen werden, keineswegs der Realität.

EINE ZEIT ZUM UMARMEN

Die Fakten sprechen für sich. Während der ersten Jahrhunderte des frühen Mittelalters weitete die Kirche ihren Machtbereich in Europa nach und nach aus und trat nach dem Zusammenbruch des Karolingerreiches im neunten Jahrhundert sogar an die Stelle der weltlichen Macht. Nun wurde das Episkopat zum Erben der kaiserlichen Herrschaft. Doch die Gesellschaften, die nun in der Obhut der Kirche standen, waren noch weitgehend heidnisch, und die bei den »barbarischen«, besonders den germanischen Völkern verbreitete Sexualmoral war häufig repressiver als die Regeln des augustinischen Christentums. Mit diesen Gesetzen und Traditionen mußte die Kirche nun zurechtkommen oder mußte gegen sie ankämpfen.

Der Einfluß der heidnischen Auffassung vom Körper äußerte sich häufig in repressiver Form; als Beispiel nennt der Mediävist Michel Rouche das Gesetz der fränkischen Volksgruppe der Salier aus dem siebten Jahrhundert, das jedem Mann verbot, den Körper einer Frau zu berühren, die nicht die eigene Ehefrau war. »Ein Freigeborener, der die Hand einer Frau berührte, mußte 15 Solidi Strafe bezahlen; 30 Solidi, wenn er ihren Arm unterhalb des Ellenbogens, 35, wenn er ihn oberhalb des Ellbogens berührte; 45 Solidi, wenn er an den Busen geriet. Warum war der Körper der Frau tabu? Aus einigen Bußbüchern geht hervor, daß sich bei gewissen heidnischen Zeremonien ein junges Mädchen oder eine junge Frau nackt auszog, um von den Göttern Fruchtbarkeit für die Felder, Regen usw. zu erflehen. Wer eine Frau berührte, griff also in Lebensprozesse ein. Es gab nur einen Ort, an dem Mann und Frau gemeinsam nackt sein durften: im Bett, wo sie für Nachwuchs sorgten. Nacktheit war etwas Heiliges.«[4]

Diese vorsorgliche Heiligung der weiblichen Nacktheit stand allerdings im Gegensatz zur christlichen Vorstellung von Nacktheit als freudiger Bestätigung einer Schöpfung, die gut war, aber abhängig von Gott. Bis zum achten Jahrhundert wurden Männer und Frauen am Karsamstag in dem achteckigen Becken getauft, das an jede Kathedrale angebaut war, vollständig nackt wie Adam und Eva nach der Schöpfung. Ihre Nacktheit hatte keinerlei sexuellen Beiklang. Dieser kam erst unter dem Einfluß der heidnischen Symbolik hinzu, und zwar mit einer Geschwindigkeit und in einem Ausmaß, daß schon ab dem sechsten Jahrhundert Kruzifixe verschwinden mußten, an denen Jesus nackt dargestellt war.[5]

Bei den Burgundern etwa wurde der Inzest zwar relativ milde beurteilt, Ehebruch jedoch galt als ein durch nichts zu sühnendes Verbrechen. Man sprach vom »Gestank des Ehebruchs«, und die ehebrecherische Gattin wurde verstoßen, dann erwürgt und im Moor versenkt. Bei den Franken war der Brauch noch strenger. »Nicht nur der betroffene Gatte selbst, auch seine ganze Familie sowie die Familie der ehebrecherischen Frau empfanden den Ehebruch als Makel auf ihrem Schild, und die schuldige Frau mußte sterben.«[6] Überhaupt waren in der noch von Stammestraditionen geprägten barbarischen Welt bestimmte grausame Praktiken gegenüber Frauen, wie zum Beispiel Verstoßung und Vergewaltigung, durchaus gang und gäbe; Karl der Große hatte selbst mehrere Konkubinen und verstieß seine erste, lombardische Ehefrau. Die Kirche hatte einiges zu tun, um mit diesen Gepflogenheiten fertig zu werden.

Der herausragende Kenner des Mittelalters Jacques Le Goff zeigte wiederum, daß die berühmten kirchlichen Bußbücher des Mittelalters, das heißt die Regeln über sexuelles Verhalten, die den Gläubigen die verschiedenen Verfehlungen nebst festgesetzer Buße aufzählten, zum großen Teil auf die Gesetze der Barbaren zurückgingen.

Natürlich blieb der christliche Glaube in den noch heidnischen Gesellschaften lange an der Oberfläche. Die Astrologie stand in hohem Ansehen, aber auch Magie und Hexerei waren verbreitet. Das Alltagsleben bestimmte vorläufig ein Ahnenkalender, den die Kirche erst allmählich durch ihren eigenen ersetzte. »Man weiß, welcher Tag günstig ist, um zu reisen, um Wolle zu spinnen; manche warten auf den Freitag, Tag der Venus, um zu heiraten; die Astrologie erfreut sich großen Zulaufs; der Neumond ist ein entscheidender Zeitpunkt für den Hausbau oder die Eheschließung.«[7]

Die Übernahme der uralten Jahresrhythmen, das Erbe eines weit zurückreichenden anthropologischen Gedächtnisses, und die Erstellung eines spezifisch christlichen liturgischen Kalenders mit Feier- und Fasttagen und Bußzeiten waren eine wichtige Angelegenheit in diesen Jahrhunderten des Mittelalters, denn auf diesem Weg und in Konkurrenz mit dem heidnischen und dem jüdischen Kalender band die Kirche das christliche Volk in eine umfassende gesellschaftliche und moralische Ordnung ein. Über den liturgischen Kalender bemühte sie sich beispielsweise, die Gewaltsamkeit von Privatkriegen einzudämmen, aber auch den ehelichen Geschlechtsverkehr bestimmten Regeln zu unterwerfen.

Im wesentlichen bezogen sich die sexuellen Verbote jener Epoche also auf die detaillierte Strukturierung der Zeit, die Jean-Louis Flandrin auf sehr anschauliche Weise untersucht und interpretiert hat.[8] Viel Raum nahmen im mittelalterlichen Christentum die wiederkehrenden Phasen der Enthaltsamkeit ein. Zu bestimmten Zeiten, die entweder mit liturgischen Ereignissen – Fastenzeit, Ostern und so weiter – oder mit den weiblichen Zyklen – Menstruation, Schwangerschaft – verbunden sind, war der Geschlechtsverkehr untersagt, und diese Regel wird selbstverständlich durch einen Ausspruch aus dem Ekklesiastes untermauert: »Für jedes Geschehen unter dem Himmel gibt es eine bestimmte Stunde: [...] eine Zeit zum Umarmen und eine Zeit, die Umarmung zu lösen [...] eine Zeit zum Lieben und eine Zeit zum Hassen.« (Koh 3,5/8)

Was die Regelung der Sexualität und überhaupt des Lebens im Jahresrhythmus bedeutete, zeigt sich, wenn wir uns klarmachen, welchen kulturellen und symbolischen Wert die Aneignung der sozialen Zeit mit Hilfe eines Kalenders hat, die bereits mit der Christianisierung des Römischen Reichs begann. »Um jede Spur des Heidentums zu tilgen, mußten die heidnischen Kalender – der Kalender des Staates und der Eliten ebenso wie die uns weniger bekannten Bauernkalender aus den verschiedenen Regionen des Reichs – durch einen christlichen ersetzt werden. Denn neutrale Kalender gab es damals überhaupt nicht: alle waren mit religiösen Bedeutungen befrachtet, so daß die Einhaltung eines Kalenders in gewisser Weise bedeutete, daß man sich an die Religion hielt, aus der er hervorgegangen war.«[9]

Abgesehen von zeitweiligen Verboten und Phasen der Enthaltsamkeit, dürfen wir nicht vergessen, daß die Kraft des Christentums – wie die anderer Religionen – lange in seiner Fähigkeit lag, einen alles umfassenden symbolischen Rhythmus zu übernehmen und fortzuführen, der häufig mit den Zyklen der Natur und des Menschen übereinstimmte, so daß es die Zwänge aller Art erklären und ins Leben integrieren und folglich das gesamte gesellschaftliche Gefüge regieren konnte. Alphonse Dupront hat gezeigt, in welchem Ausmaß die beinahe vollständige Auflösung der sozialen Rhythmen in der unmittelbaren Unbestimmtheit der Moderne das zeitgenössische Christentum geschwächt hat. »Man denke an die vollkommenen Übereinstimmungen zwischen dem astralen und dem liturgischen Jahreszyklus, die uns heute kaum noch in Erinnerung sind, an das so lehrreiche Segensritual am Karsamstag, an die vorbeugenden oder exorzistischen Besprengungsriten, an die frühmorgendlichen Prozessionen in der Bittwoche oder an die verschiedenen Formen der von der Kirche geregelten Feuerverehrung.«[10]

DIE HERRSCHENDEN SITTEN

Die Formulierung der sexuellen Verbote im eigentlichen Sinn war im Mittelalter eine ebenso feierliche wie peinlich genaue Angelegenheit. So unterschieden die katholischen Theologen zehn Kategorien der Ausschweifung – darunter drei widernatürliche: Masturbation, Homophilie und Sodomie mit Tieren –, die nicht alle gleich schädlich waren. Zum Beispiel erschien die Unzucht mit Prostituierten weniger verdammenswert als die Defloration einer Jungfrau, die ohne Eheabsichten verführt wurde, und der Ehebruch, der dem Diebstahl gleichgesetzt werden konnte; schließlich wurde die Ehre eines anderen gestohlen. Manche Konzilien, zum Beispiel 1120 in Nablus, beschäftigten sich hauptsächlich mit der systematischen und ausführlichen Erfassung der fleischlichen Sünden.

Doch die formal dramatisierten Verdammungen waren immer noch weit von einer tatsächlichen Repression entfernt. Historiker wie Jacques Rossiaud betonen die Notwendigkeit der Unterscheidung zwischen der prinzipiellen theologischen Strenge und »den weitaus nuancierteren Realitäten einer Gesellschaftsmoral, die aus der christlichen Lehre und dem Widerstand durch sozioökonomische Zusammenhänge, Gewohnheiten und herrschende Sitten hervorgegangen ist«.[11]

In sexueller Hinsicht war das Mittelalter von einer hinreißenden Unverblümtheit und Ungehemmtheit. Die Prediger waren selbst gezwungen, diese Gepflogenheiten zu berücksichtigen; mit ihren rüden Worten würden sie unser modernes Ohr zumindest überraschen. Die Unverblümtheit spiegelt sich sogar in der Ausdrucksweise der Bußbücher, die in ihrer anatomischen Präzision manchmal erheiternd sind. Bei näherer Betrachtung aber fallen sie vor allem durch ihren Pragmatismus und die im Grunde recht maßvollen Strafen für die verschiedenen Sünden der Ausschweifung auf, die häufig in Fasten und Bußen bestehen, wie die folgenden Beispiele zeigen.

Hast du Unzucht getrieben?

Diese Auszüge aus der Beichtbefragung stammen aus dem bekanntesten und weit verbreiteten Bußbuch, das seinerseits das neunzehnte Buch eines umfassenden, fünfundzwanzigbändigen Werkes über Kirchenrecht darstellt, des sogenannten Dekrets des Bischofs Burchard von Worms aus dem elften Jahrhundert. Burchard weist die Beichtväter an, »mild und gütig« Fragen zu stellen, auch die Strafen sind recht moderat bemessen. In seinem Fragenkatalog heißt es beispielsweise:

120. Hast du dich mit anderen von hinten gepaart wie die Hunde? Wenn du verheiratet bist und es ein- oder zweimal getan hast: zehn Jahre Buße an allen Fasttagen, davon einen bei Wasser und Brot. Wenn es eine Gewohnheit ist: 12 Jahre. Wenn es mit deinem Blutsbruder ist: 15 Jahre.

122. Hast du Unzucht getrieben mit einem anderen, indem du sein Glied und er das deine in die Hand genommen, um es abwechselnd zu bewegen und durch diese Lust deinen Samen zu vergießen? Wenn ja: 30 Tage Buße bei Wasser und Brot.

123. Hast du allein Unzucht getrieben, das heißt, indem du dein Mannesglied in die Hand genommen und an der Vorhaut gezogen, hast du es bewegt, um durch diese Lust deinen Samen zu vergießen? Wenn ja: zehn Tage.

124. Hast du Unzucht getrieben, indem du dein Glied in ein Holzbrett mit Löchern oder einen ähnlichen Gegenstand gesteckt hast, so daß du durch die Bewegung und die Lust deinen Samen vergossen hast? Wenn ja: 20 Tage.

126. Hast du Sodomie mit Männern oder Tieren getrieben, zum Beispiel

mit einer Kuh, einer Eselin oder irgendeinem anderen Tier? Hast du es ein- oder zweimal getan und hattest keine Ehefrau, um deine Lüsternheit zu befriedigen, wirst du 40 Tage bei Wasser und Brot fasten. Bist du verheiratet, wirst du 10 Jahre an den festgelegten Tagen fasten. Hast du diese Untat gewohnheitsmäßig begangen, wirst du 15 Jahre fasten. Hast du sie in deiner Jugend begangen, wirst du 100 Tage bei Wasser und Brot fasten.

166. Hast du den Samen deines Ehemannes getrunken, auf daß er dich wegen deiner teuflischen Verrichtungen mehr liebe? Wenn ja, wirst du 7 Jahre an den festgelegten Tagen bei Wasser und Brot Buße tun.

172. Hast du gehandelt, wie es die Frauen tun: sie nehmen einen lebendigen Fisch, führen ihn in ihr Geschlecht ein und lassen ihn dort, bis er tot ist, dann geben sie ihn gekocht oder gebraten ihrem Mann zu essen, auf daß er heftiger zu ihnen entbrenne. Wenn ja: zwei Jahre Fasten.[12]

Müssen wir daran erinnern, daß bis zum ersten Laterankonzil im Jahr 1123 der sogenannte Nikolaitismus, die Priesterehe oder das Klerikerkonkubinat, sehr verbreitet war? Nicht nur bestanden Priesterehen und eheähnliche Verbindungen auch noch lange nach dem ausgesprochenen Verbot, sondern die Priester hatten manchmal auch »Schwächen«, über die das Volk ohne übermäßige Strenge gern spottete. Ein trinkender Priester wurde schlechter angesehen als einer, der in wilder Ehe lebte. Es sei bezeichnend, bemerkt Jean-Louis Flandrin, »daß man damals von ›Pfarrersbräuten‹ sprach wie später von den ›Soldatenbräuten‹. Im Jahr 1536 sagt ein Mann namens Jean Maillet, der sich weigert, seine Braut zu ehelichen, vor Gericht aus, er werde ›Nicole nicht heiraten: weil sie sich unanständig benimmt und Verkehr mit Priestern hat‹. Vier- oder fünfmal befragt, ob er beweisen wolle, daß sie fleischliche Beziehungen zu anderen als ihm unterhalte, antwortet er beständig, sie gehe mit den Priestern.«[13]

Müssen wir außerdem daran erinnern, daß die Kirche sich vergleichsweise milde gegenüber der Prostitution zeigte, die sie für ein unvermeidliches Übel hielt und die der französische König Ludwig der Heilige vergeblich zu verbieten suchte? Jacques Le Goff berichtet in diesem Zusammenhang eine Anekdote, die viel über das damalige Klima aussagt: »Als um 1170 die Pariser Prostituierten dem Domkapitel von Notre-Dame anboten, ein Glasfenster zu Ehren der

Jungfrau zu stiften, fragten sich die Geistlichen, ob das Geld, das sie anboten, ehrlich verdient worden sei, das heißt ohne Absicht, den Kunden zu täuschen (durch Schminke und andere Mittel). Sie kamen zu dem Schluß, es sei ehrlich verdient, doch die Prostitution sei an sich eine moralisch verwerfliche Sache; allerdings werde sie toleriert.«[14] Die Toleranz gegenüber der Prostitution ging sehr weit; Regeln wurden vor allem in der Absicht aufgestellt, Kinder, Verheiratete und Klosterfrauen von diesem Gewerbe auszuschließen.

Die relative Nachsicht der Kirche bei der Umsetzung der sexuellen Verbote – die mit ihrer Strenge beispielsweise gegenüber Zinswucher in scharfem Kontrast steht – war natürlich nicht in jeder Epoche gleich. Bemerkenswert war sie vor allem im elften und zwölften Jahrhundert, einer Zeit der Öffnung und Toleranz in den meisten europäischen Gesellschaften. Der Liberalismus ging manchmal sogar vom Papst selbst aus, der damit auf den übertriebenen Moralismus mancher Frömmler reagierte. Das bekannteste Beispiel ist der Fall von Pierre Damiens, der Leo IX. im Jahr 1049 ein Memorandum mit dem Titel *Liber Gomorrhianus* (»Das Buch von Gomorrha«) vorlegte, in dem er die Sittenlosigkeit der Zeit verdammte und mehr Strenge insbesondere gegenüber den »Sodomiten« forderte. Der Papst, dem die Schrift gewidmet war, nahm die Forderung recht kühl auf und entgegnete ihrem Verfasser, er möge sich mäßigen. Wie man sieht, sind wir noch weit entfernt von der tugend- und schamhaften, von den Sünden des Fleisches besessenen christlichen Gesellschaft späterer Zeit.

Wenn das Mittelalter sexuellen Zwangsvorstellungen erlag, dann jedenfalls nicht in Form von Unterdrückung, wie man gemeinhin annimmt, sondern im Zusammenhang mit der lauernden Gefahr der Zeugungsunfähigkeit oder Unfruchtbarkeit, die man auf die Umtriebe der Hexen zurückführte. »Zahllos sind seit Anfang des 13. Jahrhunderts die Synoden, die sich gegen die Zauberinnen wenden, ›die die Eheleute verzaubern, so daß sie den ehelichen Verkehr nicht ausüben können‹. So die Synode von Salisbury 1217, von Rouen um 1235, von Fitzlar 1243, Valencia 1255, Clermont 1268, Grado 1296, Bayeux

1300, Lucca 1308, Mainz 1310, Utrecht 1310, Würzburg 1329, Ferrara 1332, Basel 1434.«[15]

Was hingegen die Homosexuellen und ihr Tun anlangt, so können wir sicher nicht alle Analysen, die der amerikanische Historiker John Boswell dem Mittelalter gewidmet hat, vorbehaltlos akzeptieren. Als militanter Homosexueller gibt er selbst zu, sein Vorgehen sei parteiisch. Er verfolgt das erklärte Ziel, die Homosexualität auch in den Augen der Gläubigen zu rehabilitieren, indem er zeigt, daß sie von der Kirche damals weitaus mehr toleriert wurde, als man glaubt, wenn nicht sogar akzeptiert; daher erklärt sich die Begeisterung, mit der er einige Beispiele anführt. Manche seiner Erkenntnisse sind allerdings nicht zu widerlegen.

Als die Homosexualität im Jahr 533 vom Kaiser Justinian gesetzlich unter Strafe gestellt wurde, geschah dies keineswegs auf Betreiben der Kirche. »Kein Text«, schreibt Boswell, »weist darauf hin, daß kirchliche Würdenträger das kaiserliche Vorgehen gegen die Homosexuellen nahegelegt oder unterstützt hätten. Im Gegenteil: die einzigen ausdrücklich genannten Personen, gegen die sich je Strafmaßnahmen wegen homosexueller Handlungen richteten, sind herausragende Bischöfe.«[16] Auch der Herrscher der spanischen Westgoten erließ im Jahr 650 ein im Prinzip äußerst strenges Gesetz gegen die Homosexuellen, das die Kastration der Schuldigen vorsah. Aber, bemerkt Boswell, es handelte sich dabei um ein rein bürgerliches Gesetz: Die Kirche war an seiner Verabschiedung nicht beteiligt.

»[Im elften und zwölften Jahrhundert] weigerte sich die Kirche kategorisch und wiederholt«, fügt Boswell hinzu, »wegen homosexuellen Verhaltens Strafen zu verhängen oder auch nur die theoretisch existierenden Sanktionen anzuwenden, und die Mehrheit des Klerus lehnte es schlicht ab, den hin und wieder von seiten homophober Christen vorgebrachten Beschwerden Gehör zu schenken.«[17] Die Homosexualität wurde zwar nicht ignoriert, doch sie galt als läßliche Sünde.

Erst in den Gesetzessammlungen ab dem dreizehnten Jahrhundert wurde homosexuelles Verhalten tatsächlich strafbar. Doch über die konkrete Anwendung dieser Maßnahmen besitzen wir kaum Informationen, und wie Boswell meint, deutet alles darauf hin, daß sie äußerst selten vollzogen wurden. »In den veröffentlichten Quellen ist nur von außerordentlich wenigen Fällen die Rede, in der allein wegen des Verbrechens der ›Sodomie‹ die Todesstrafe vollstreckt wurde.«[18]

EHE, FREIHEIT UND WEIBLICHE LUST

Im zwölften Jahrhundert, nach der gregorianischen Reform, gelang es der Kirche, ihre Auffassung von der Ehe als Sakrament und unauflöslicher Institution durchzusetzen. Um 1150 legte Pierre Lombard die Ehe endgültig als eines von sieben Sakramenten fest. Unsere moderne Denkart weist gern auf den einschränkenden Charakter dieser Reform hin, aber in der damaligen Wirklichkeit wurde sie anders erlebt: Verglichen mit den noch geltenden heidnischen Traditionen, handelte es sich eher um eine spektakuläre Errungenschaft des Individualismus.

Diese Auffassung entsprach der Absicht, im Hinblick auf die Ehe den vom römischen Recht übernommenen Grundsatz *consensus facit nuptias* einzuführen. Hugues de Saint-Victor verfaßte die erste große theologische Abhandlung über die Ehe, die als »spontane und rechtmäßige Einwilligung« ausgelegt wurde, »durch die der Mann und die Frau sich als gegenseitige Schuldner einsetzen«. Pierre Lombard wiederum beschwörte die zweifache Verbindung der Gatten »gemäß der Einwilligung der Seelen und gemäß der Verschmelzung der Körper«.[19]

So stellte sich die Kirche direkt einer herrschenden gesellschaftlichen Gepflogenheit entgegen, nämlich der arrangierten Ehe. Sich die Frau oder den Mann selbst auszusuchen war damals keineswegs üblich: seit undenklichen Zeiten entschieden die Eltern, bei den Adligen ebenso wie bei den Bauern, und daß die Kirche nun die Zustimmung des einzelnen erwartete, war geradezu revolutionär. »Die

Einwilligung, die sie [die Ehe] gültig macht, ist im Prinzip nicht mehr diejenige zweier Familien, sondern diejenige zweier Personen: Das ist eine radikale Neuerung, gefährlich für die Gesellschaftsordnung. [...] Die christliche Ehe steht der traditionellen [heidnischen] Auffassung der Familien entgegen.«[20]

Das entschiedene Eintreten des Christentums auf seiten des einzelnen gegen den gesellschaftlichen Holismus führte bisweilen zu offenen Konflikten mit der weltlichen Macht. Das Königtum versuchte mehrmals die Rechte der Familie gegen die Freiheit der persönlichen Einwilligung zu verteidigen. »In Frankreich«, schreibt Jean-Louis Flandrin, »herrschte zwischen dem sechzehnten und dem achtzehnten Jahrhundert eine starke Spannung zwischen der Lehre der Kirche und der staatlichen Auffassung. Der Staat versuchte ständig, die elterliche Macht auf Kosten der Freiheit ihrer Nachkommen und der Unantastbarkeit der ehelichen Verbindung zu stärken, indem er die kirchlichen Gesetze verdrehte und gleichzeitig ihnen gegenüber den tiefsten Respekt vorschützte. [...] Das berühmteste Gesetz, das auf diese Weise die väterliche Autorität stärkte, war das Edikt Heinrichs II. aus dem Jahr 1566 über die Verheiratung der Kinder einer Familie.«[21]

Wir müssen auch bedenken, daß der sakramentale Status der Ehe der Kirche die Möglichkeit einräumte, bestimmte Praktiken der Könige zu sanktionieren, wie etwa Verstoßung oder Ehebruch, deren Opfer die Gattin war. Indem die Könige den maßgeblichen Einfluß der Kirche auf das Ehepaar und die Familie akzeptierten, ließen sie auch zu, daß ihre eigenen Alkovengeheimnisse ans Licht gezerrt und dem öffentlichen Tadel ausgesetzt wurden.[22] So erklären sich die zahllosen Streitereien, die von nun an die katholischen Päpste und die französischen Herrscher in der Frage des Ehebruchs gegeneinander aufbrachten: Philipp I. und Urban II. im Jahr 1094, Philipp II. August und Innozenz III. 1200, Philipp der Schöne und Bonifaz VIII. 1295, Ludwig XIV. und Klemens X. und so weiter.

Die christliche Auffassung von der Ehe erscheint um so revolutionärer, als sie sich in bestimmten Fragen wie dem Ehebruch als weniger frauenfeindlich als das römische Recht oder die germanischen Sitten erweist. Tatsächlich behandelte die Kirche die Ehegatten als gleichberechtigt und verurteilte den Ehebruch des Mannes ebenso streng wie den der Frau. »Aus der Sicht der Laien (und folglich im bürgerlichen Recht) zählt im Gegenteil allein die Untreue der verheirateten Frau: Wegen der Gefahr, blutsfremde Kinder einzuschleppen, gilt sie als Bedrohung für das Gleichgewicht der Familie. Diese Auffassung ist dieselbe wie im römischen Recht, das im allgemeinen nur den Ehebruch der Frau bestraft, und wie im germanischen Recht, demzufolge der untreue Gatte keine andere Strafe zu erwarten hatte als den Verlust einiger pekuniärer Vorteile.«[23]

Als Zeitgenossen der Troubadoure und der höfischen Minne übten manche Theologen noch größere Nachsicht gegenüber der Liebe, während sie zugleich »das Gut der Familien und der Gemeinschaft« verteidigten. Der berühmteste Fall war jener des bereits genannten Pierre Lombard, dessen *Sentenzen* die Studenten bis ins sechzehnte Jahrhundert kommentierten.

Doch vor allem in bezug auf die weibliche Lust, den Orgasmus, steht die Realität des mittelalterlichen Christentums der späteren bürgerlichen und klerikalen Schamhaftigkeit im neunzehnten Jahrhundert diametral gegenüber. Tatsächlich geriet die christliche Theologie in die Position, »das Recht auf Lust« der verheirateten Frau mit Zähnen und Klauen zu verteidigen. Der ziemlich ungewöhnliche Fall verdient hier dargelegt zu werden, zumal er außer einem Kreis spezialisierter Historiker kaum jemandem bekannt ist.

Man muß wissen, daß die medizinischen Kenntnisse sich bis zum zwölften Jahrhundert auf Galen, einen der berühmtesten Ärzte des Altertums, beschränkten. Geboren in Pergamon im Jahr 131 unserer Zeitrechnung, galt Claudius Galenus (Klaudios Galenos auf griechisch) nächst Hippokrates als größter Gelehrter auf medizinischem Gebiet, und sein umfangreiches Werk wurde in viele Sprachen übersetzt, auch ins Arabische. Er war kein Christ, sondern Deist, gleichwohl aber folgte die christliche Kirche seiner Lehre. Weit mehr als ein Jahrtausend lang waren seine Schriften die Quellen, aus denen

Morgen- und Abendland ihre medizinischen Kenntnisse schöpften, und auch die Theologen stützten ihre Überlegungen auf Galens Werk, so daß man sagen konnte, seinen Lehren zu widersprechen hieß der Kirche widersprechen.[24] Doch mit Aristoteles entzweite ihn – ebenso wie Hippokrates – ein spezieller und folgenschwerer Punkt.

In seinem wichtigen Werk *De Semine*[25] erklärte er, für die Fortpflanzung sei das Aufeinandertreffen von zweierlei Samen erforderlich, dem des Mannes und dem der Frau. Damit jedoch, so seine Überlegung, die Frau ihren Samen ausstieße, müsse sie »ungetrübte Geschlechtslust« empfinden und die *voluptas plena mulieris,* die »vollkommene Wollust der Frau«, erreichen. Ein Geschlechtsakt, der nur zum »Nutzen« des Mannes vollzogen werde, könne nicht zur Fortpflanzung führen, sondern bleibe zwangsläufig fruchtlos. Dieser Standpunkt, den sich die Theologen zu eigen machten, widerspricht der von Aristoteles in seiner Abhandlung *Von der Entstehung der Tiere*[26] vertretenen Überzeugung, die Fortpflanzung habe mit dem Phänomen der Menstruation zu tun und stehe in keinerlei Zusammenhang mit der Lust.

Daß die Kirche bis zur Renaissance und sogar noch später Galens Thesen den Vorzug gab, bedeutet, daß sie sich zur Fürsprecherin des weiblichen Orgasmus machte. Tatsächlich erkannte die Theologie den Geschlechtsakt als legitim an, wenn sein Zweck die Fortpflanzung war, und nur dann. Nach strenger Logik handelte ein nachlässiger oder ungeschickter Ehemann, der die Lust seiner Frau außer acht ließ, wider das Gebot der Fortpflanzung, lud also Schuld auf sich.

Es wäre falsch, diese Problematik als nebensächlich abzutun. Wie Jean-Louis Flandrin berichtet, führten die Theologen zahllose Debatten über dieses Thema, etwa über die Frage: Darf die verspätete Gattin sich manuell erregen, um ihren Mann »einzuholen«? Flandrin zählt siebzehn Theologen, die sich mit der Frage befaßten; davon erteilten vierzehn die Erlaubnis dazu, nur drei lehnten ab. »In einer Gesellschaft, in der die Frau in allen Dingen dem Mann untertan war, verkündeten die Theologen unermüdlich, die Frau habe am Leib ihres Mannes dasselbe Recht wie der Mann an dem ihren.«[27] Die meisten von ihnen hielten es sogar für richtig, wenn der schnellere der beiden Gatten den langsameren durch Küsse und Zärtlichkeiten erregte. Angesichts der »naturgemäßen Scham der Frauen« erlegten sie dem Ehemann sogar die Pflicht auf, das Liebeswerben seiner Frau auch auf die bloße Andeutung hin zu verstehen.

Zur Bestätigung ihrer These bezogen sich die Theologen nicht allein auf Galens Medizin, sondern beriefen sich auf Paulus persönlich, der in seinem ersten Brief an die Korinther – in der bereits erwähnten Textstelle – schrieb: »Der Mann soll seine Pflicht gegenüber der Frau erfüllen und ebenso die Frau gegenüber dem Mann. Nicht die Frau verfügt über ihren Leib, sondern der Mann. Ebenso verfügt nicht der Mann über seinen Leib, sondern die Frau.« (1 Kor 7,3-4) Im übrigen, ergänzt Peter Brown in dem Zusammenhang, sei der Gedanke einer »eugenischen« Sexualität, die in der Lust der Frau ein Unterpfand für die gelungene Fortpflanzung sieht, bereits in den jüdischen Quellen vorhanden. Hingegen »[verpflichtete] die Idee des eugenischen Sex [...] den Mann ebenso wie die Frau auf Anstandsregeln im Bett, die eine Fortsetzung der öffentlichen Persönlichkeit darstellten«.[28]

Wie dem auch sei, es ist nicht falsch, entgegen der herrschenden Meinung die Existenz einer regelrechten christlichen Erotik im Mittelalter zu behaupten. Paradoxerweise waren es gerade die laizistischen oder heidnischen Schriftsteller, die sich gegenüber der weiblichen Lust als weniger großzügig erwiesen. Manche von ihnen vertraten sogar die Überzeugung, übermäßige Lust, die »zu heiße« Liebe, könne der Fortpflanzung schaden. »Anscheinend setzte sich die Antinomie Lust – Fortpflanzung weitgehend außerhalb der kirchlichen Kreise durch«, schreibt Flandrin.[29] Die Bedeutung, die im Namen der Theologie der notwendigen Lust der Frau eingeräumt wurde, damit die Fortpflanzung überhaupt gelang, hielt sich noch jahrhundertelang im kollektiven Gedächtnis. Der Historiker Alain Corbin betont, am

Ende des neunzehnten Jahrhunderts seien Äußerungen von Frauen gar nicht so selten zu hören gewesen, die sich »immer noch [bemühen], nicht zum Höhepunkt zu kommen, um jedes Risiko der Empfängnis zu vermeiden. Zahlreiche Ehefrauen reagieren verblüfft auf die Mitteilung, daß sie schwanger sind, obwohl sie doch keinerlei wollüstige Empfindungen gehabt haben.«[30]

Diese »christliche Erotik« im Mittelalter steht jedenfalls in starkem Kontrast zu dem außerordentlichen Egoismus, der während des prüden bürgerlichen neunzehnten Jahrhunderts vorherrschte, nachdem Pouchet und Négrier während der Julimonarchie (1830 bis 1848) die Mechanismen der Ovulation entdeckt hatten und beweisen konnten, daß zwischen Orgasmus und Fortpflanzung kein direkter Zusammenhang bestand. Manche Ärzte, erbitterte Puritaner wie Moreau de La Sarthe, behaupteten gar, eine frigide Frau empfange leichter als eine sexuell befriedigte Frau, denn »sie hält den Samen besser zurück«. Die Männer, fügt Corbin hinzu, »können [...] also in aller Seelenruhe die Reaktionen ihrer Partnerinnen vernachlässigen. [...] eine negative Periode für die Frau, in der ihr die Notwendigkeit der Lust offiziell verweigert wird. Es werden noch viele Jahrzehnte ins Land gehen, bevor die Mehrheit der Ärzte erneut den Ehemännern einschärft, ihre Partnerinnen zum Höhepunkt zu bringen. Doch dafür muß man bis zur Nachkriegszeit und auf den Aufschwung der neuen Sexualwissenschaft warten.«[31]

Manche zeitgenössischen Feministinnen und Nachfolgerinnen von Simone de Beauvoir wären gewiß überrascht, wenn man ihnen bewiese, daß sie mit ihrer Forderung eines »Rechts auf Lust« unwissentlich ein sehr altes, durch Paulus begründetes theologisches Anliegen wiederaufgreifen. Allerdings – und darin besteht der gravierende Unterschied – sind im Sinn der Feministinnen Lust und Fortpflanzung streng voneinander getrennt.

DIE RÜCKKEHR ZUM NATÜRLICHEN

Der relative Liberalismus des Mittelalters in der Frage der Sexualität verstärkte sich noch, wie schon erwähnt, vom zwölften Jahrhundert an. Diese Entwicklung, von der die Theologie insgesamt betroffen war, läßt sich nicht von der Wiederentdeckung des Begriffs Natur durch die Kirche und das Christentum trennen. Mehrere Faktoren spielten dabei eine Rolle. Der Einfluß des Islam, der die griechische Philosophie wieder ins abendländische Denken einführte und zur Entstehung der höfischen Minne beitrug, war daran beteiligt. Aber es zählte auch, vielleicht vor allem, die Absicht der Kirche, sich dem wachsenden Einfluß der Sekten entgegenzustellen, die Verzicht auf Fortpflanzung und Rückzug aus der Welt predigten.

Die Katharer, die »Reinen«, beispielsweise, die fernen Erben der Enkratiten während der ersten christlichen Jahrhunderte, lehnten jeden Gedanken an Arterhaltung ab. Für sie war die Ehe ein Zustand fortwährender Sünde, und die Fortpflanzung verabscheuten sie noch mehr als die Lust als solche, weshalb sie von den Inquisitoren homosexueller Praktiken beschuldigt wurden.

Was die Theologie jener Jahrhunderte und vor allem des dreizehnten Jahrhunderts ausmacht, ist der Kampf gegen die Ketzer, der in die schrecklichen Albigenserkriege mündete. Als indirekte Folge davon gingen die Kirche und die unter ihrem Einfluß stehende Universität dazu über, die Wohltaten der Natur zu rühmen. »Die großen Theologen des dreizehnten Jahrhunderts, darunter Thomas von Aquin, sind die Theologen der Natur, während die Dichter wie Jean de Meun die Dame Natur besingen, die Franziskaner sich an Bruder Sonne oder Schwester Mond wenden und in dic gotische Architektur die Vegetation Einzug hält.«[32]

Im Rahmen der Wiederentdeckung und der Verherrlichung der Natur müssen wir auch die Mode der Bestiarien sehen, die ab dem zwölften Jahrhundert die populärste Literatur in Westeuropa waren. Diese Tierkunde, reich bebildert und außerordentlich verbreitet, war den gewöhnlichen Menschen ebenso zugänglich wie den Kirchenmännern und brachte die tpyische Auffassung von der Natur als wohlwollender Schutzmacht zum Ausdruck. Auch die großen zoologischen Texte des Aristoteles wurden wiederentdeckt. Dieses Loblied auf »Mutter Natur« führte zwangsläufig zu einer mehr körperlich orientierten und enthemmteren Einstellung gegenüber der Sexualität. »Es stimmt«, bemerkt Jacques Le Goff, »daß sich im dreizehnten Jahrhundert der im Jahrhundert zuvor entstandene Naturgedanke ausbreitete, theoretisiert durch Thomas von Aquin, und mit ihm auch die Vorstellung einer menschlichen Natur, die ein Recht auf die Lust mit einschloß. Es stimmt auch, daß im dreizehnten Jahrhundert die Ehe rehabilitiert wurde, und mit ihr gewann die Sexualität einen rechtmäßigen Ort. Wir erleben also – innerhalb gewisser Grenzen – eine Art Legitimierung des Fleischlichen.«[33]

Hingegen wurden bestimmte Verbote im Namen einer »natürlichen Ordnung«, gegen die sie verstießen, wieder aufgewertet und bekräftigt. Der Gedanke, dem bedauerlicherweise eine grandiose Zukunft bestimmt war, es gebe »widernatürliche« Laster, war der Preis für das Wiedersehen mit der Wirklichkeit. So definierte Thomas von Aquin die Sünde als eine Art Anarchie, die keinen Respekt vor den angeblichen Gesetzen der Natur habe. »Das *vicium contra naturam*, das sowohl die Masturbation und Homosexualität wie auch Sodomie mit Mensch und Tier abdeckt, ist zuallererst die Mißachtung einer speziellen Ordnung, nämlich der Identität und des Unterschieds.«[34]

Zu Beginn des dreizehnten Jahrhunderts erlebte eine Abhandlung über die Liebe, *De Amores*, verfaßt von André Le Chapelain, einen bemerkenswerten Erfolg in Frankreich und erschien später übersetzt auch in Italien und in Deutschland. Sie ist in drei Bücher unterteilt, dessen erstes sich mit der Erlangung der Liebe befaßt, das zweite mit dem Erhalt der Liebe, nachdem sie gewonnen wurde, und das dritte mit der Heilung von der Liebe. 1227 wurde das Werk vom Pariser Bischof Étienne le Tempier verboten, in erster Linie deshalb, weil es behauptet, es gebe zwei Wahrheiten; die eine sei von der Vernunft und der Philosophie abhängig, die andere vom Glauben und von der Heiligen Schrift.

Ab dem dreizehnten Jahrhundert legten manche Theologen wie Richard Middleton oder Pierre de La Palud eine regelrechte Kühnheit an den Tag, als sie in bestimmten Fällen, beispielsweise während der Schwangerschaft, geschlechtliche Beziehungen zuließen, die nicht der Fortpflanzung dienten. Zwei Jahrhunderte später gingen andere Theologen, Paul Gerson oder Martin Le Maître zum Beispiel, noch weiter und akzeptierten die Vorstellung von sexueller Lust, die vom Zweck der Fortpflanzung vollkommen losgelöst war. »Wie von einem Zauberstab berührt, werden die Landschaften, Städte und Klöster Europas im Verlauf des elften und zwölften Jahrhunderts von der Liebe ergriffen. [...] Sie verwandelte die asketische Spiritualität der Wüstenheiligen in einen leidenschaftlichen Mystizismus, wie ihn der heilige Bernhard repräsentierte, [...] und mit dem Auftauchen christlicher Romane, die alles Vorausgegangene hinwegfegten, ließ sie die Vorstellung einer ausschließlich zweckgebundenen Sexualität, das Erbe der Theologie der Kirchenväter, in Vergessenheit geraten.«[35]

Für Jacques Le Goff ist König Ludwig IX. von Frankreich, genannt der Heilige, die Symbolfigur schlechthin für die maßvolle Begeisterung für Natur und Sexualität. Als er 1248 zum Kreuzzug aufbrach, nahm er seine Frau mit, um nicht auf die fleischliche Liebe verzichten zu müssen. Königin Marguerite brachte übrigens vier Kinder zur Welt, während sie im Heiligen Land weilte. Andererseits hielt sich Ludwig der Heilige streng an die Verbote und Gebote des liturgischen Kalenders, und Le Goff meint: »Er verkörpert in hervorragender Weise die beherrschende Idee des dreizehnten Jahrhunderts, nämlich das Maßhalten: es gelang ihm, eine gemäßigte Sexualität zu leben. Er machte sich jenes Ideal zu eigen, das den Christen in gleiche Entfernung zum Engel wie zum Tier setzt. Auch in diesem Sinne ist Ludwig der Heilige ein Vorbild für die Menschen seiner Zeit.«[36]

AUFKLÄRUNG UND SEHR VIEL VERDUNKELUNG

Die erbauliche Unverblümtheit des Mittelalters, der im zwölften Jahrhundert herrschende Liberalismus in der Liebe und die Lebenslust der Renaissance werden allerdings von den darauffolgenden Jahrhunderten überschattet. Auf den Puritanismus der protestantischen Reformer folgte im siebzehnten Jahrhundert die katholische Gegenreformation, die gegen die Nachlässigkeit der Kirche in moralischer Hinsicht, gegen die gotteslästerliche Sittenlosigkeit und die »Ausschweifungen« gewisser Mönche am Hof wütete. Diese Gegenreformation, in die Wege geleitet unter der Regentschaft von Katharina von Medici und unter Ludwig XIII. fortgeführt – bald ist die Rede vom »Jahrhundert der Heiligen« –, ging mit brutaler Gewalt gegen alle vor, die sich nicht an die katholischen Dogmen hielten. Die Geschichte vermerkt den Fall des Schriftstellers Théophile de Viau, Verfasser der fünfundzwanzig erotischen Stücke des *Parnasse satyrique*, der am 1. Juli 1625 verurteilt und in der Conciergerie gefangengesetzt wurde. Bemerkenswert und ziemlich erstaunlich ist übrigens, daß sein Hauptankläger, der Jesuit aus dem Kolleg La Flèche, André Voisin, ebenfalls verurteilt und in die Verbannung geschickt wurde. Offensichtlich ging es darum, sowohl die gotteslästerliche Unzüchtigkeit zu bestrafen wie den Exzessen eines zu strengen Puritanismus vorzubeugen.

Am Königshof praktizierten Ludwig XIV. und seine »feurige Kammer« nach der Giftaffäre eine strenge Repression gegen die Ausschweifung. Mit Madame de Maintenon gab ab 1684 die Partei der Frommen den Ton an. Das hieß jedoch nicht, daß die Zügellosigkeit des Adels ausstarb. Sagen wir einfach, sie wurde etwas taktvoller und weniger arrogant ausgelebt.

Paradoxerweise setzte sich der Puritanismus erst mit der Aufklärung zu Beginn des achtzehnten Jahrhunderts durch. Tatsächlich waren die Philosophen der Aufklärung und Verfasser der *Encyclopédie* in sexueller Hinsicht sehr viel weniger freizügig, als man sich vorstellt. Um ein Beispiel zu nennen: Voltaire verkündete mit starken

Worten seinen Abscheu vor der Homosexualität; in Artikel XIX »Über die Sodomie« verurteilte er gnadenlos diese »Schandtat«, die »Verworfenheit«, das »menschenunwürdige Laster«, wie er sich ausdrückte, und bekannte schließlich das Grauen, das ihm »dieser Unrat [einflößt, der] eher verdient, in der Finsternis des Vergessens begraben, als von den Flammen des Scheiterhaufens vor den Augen der Menge erleuchtet zu werden«.[37] Im *Geist der Gesetze* bezeichnete Montesquieu die Homosexualität ebenfalls als ein »Verbrechen wider die Natur«[38] und auch Rousseau bekundete seinen »Abscheu« vor der Sodomie.

Zum Glauben an die Natur und folglich der Abneigung gegen »Widernatürliches« und dem Wunsch, die Sittenlosigkeit, die ein Privileg des Adels war, zu verurteilen, gesellte sich noch der Antiklerikalismus mancher Enzyklopädisten, die besonders über die Ausschweifungen der Mönche herzogen. Bei den meisten freigeistigen Autoren der Epoche – zumal bei Sade – ergibt sich die Verbindung zwischen Unzucht und Klerus, dessen »Scheinheiligkeit« damit erklärt wurde, wie selbstverständlich. »Der originellste unter ihnen war sicher Jean-Charles Gervaise de Latouche, der im Jahr 1741, ehe er ins Pariser Parlament einzog, die *Histoire de Dom B. portier des Chartreux* veröffentlichte, einen pornographischen Roman, der auf der Stelle von der Polizei beschlagnahmt wurde. Das Buch wurde jedoch im Verlauf des Jahrhunderts immer wieder neu aufgelegt und erlebte einen solchen Erfolg, daß Madame de Pompadour ein Exemplar der Ausgabe von 1748 besaß und der Marquis de Paulmy das seine mit achtundzwanzig unanständigen Miniaturen auf Velinpapier verzieren ließ.«[39]

In sexueller Hinsicht war die Haltung während der Aufklärung und sogar zur Zeit der französischen Revolution also durchaus zwiespältig. Auf der einen Seite pries man die Freiheit des Menschen, den tätigen Widerstand gegen Dogmen, die Emanzipation, ja die Zügellosigkeit, und auf der anderen wurden mit übertriebener Sittsamkeit die Verworfenheit des Adels und die Ausschweifungen des Klerus verurteilt. Erinnern wir uns daran, daß in den Jahren vor der

Revolution zahllose Pamphlete in moralisierendem Ton Ludwig XVI., den Hof und vor allem Marie-Antoinette angriffen, die der Leichtfertigkeit und des Hochmuts, aber auch des angeblichen Wohlwollens gegenüber Lesbierinnen bezichtigt wurde. Die Schmähungen wurden immer schrecklicher, je weiter die Revolution voranschritt. 1792 wurde *Ein skandalöses und ausschweifendes Privatleben Marie-Antoinettes, vom Verlust ihrer Jungfernschaft bis zum 1. Mai 1791* in zwei Bänden veröffentlicht und im Jahr darauf neu aufgelegt, um die Öffentlichkeit auf die Hinrichtung der Königin vorzubereiten. Erinnern wir uns auch daran, daß die niederträchtigsten Beschuldigungen, die inbesondere von dem »Zeugen« Jacques-René Hébert vorgebracht wurden, der Königin ein inzestuöses Verhältnis mit ihrem eigenen Sohn unterstellten.

Diese »läuternde« und moralisierende Tonart setzte sich unter der Revolution fort und zeitigte praktische Auswirkungen. In seiner Anklageschrift gegen Madame Dubarry, die berüchtigte Mätresse Ludwigs XV., ging Fouquier-Tinville so weit, die Sittenlosigkeit der Frauen mit Prostitution gleichzusetzen, und sah in der sexuellen Laxheit eine Waffe in den Händen der Tyrannen – ein Argument, das im zwanzigsten Jahrhundert einen großartigen Aufschwung erlebte. Der Despotismus, rief er aus, sei seit jeher der Feind der öffentlichen Moral, die Prostitution sei eines der Mittel, die er anwandte, um seine Herrschaft zu stärken und die Versklavung der Bürger durch den Köder der Sittenlosigkeit und Ausschweifung aufrechtzuerhalten; ohne Zweifel seien die Höhlen der Prostitution die gewöhnlichen Zufluchtsstätten der Konterrevolutionäre, die mit Pitts Gold für ihre niederträchtigen Vergnügungen zahlten.[40]

Die Frauenfeindlichkeit gewisser Laienredner der Revolution überstieg schließlich jedes Maß, wenn sie sich ausgerechnet auf die »Gesetze der Natur« beriefen – so etwa Pierre Chaumette, ein erbitterter Feind des Klerus, der sämtliche Kirchen von Paris schließen ließ und an der Einrichtung der Schreckensherrschaft mitwirkte. Am Rednerpult des Konvents sprach er von den Frauen als »jenen minderwertigen Geschöpfen, die die Gesetze der Natur übertreten und verletzen wollen. [...] Seit wann ist ihnen erlaubt, ihrem Geschlecht abzuschwören und sich zu Männern aufzuschwingen?«[41]

Michelle Perrot, unangefochtene Expertin für die Geschichte der Frauen, führt aus, daß die französische Revolution, indem sie die Frauen aus dem öffentlichen Leben ausschloß, hinter bestimmte Sitten und Traditionen des Ancien Régime zurücktrat; im Namen der »Natur«, des »gesellschaftlichen Nutzens« und des Fortpflanzungsgebots schickten die Revolutionäre die Frauen, die nun als verträumt, flatterhaft, verletzlich und leicht erregbar galten, an den heimischen Herd zurück.[42]

Die Homosexuellen hingegen wurden trotz der Entkriminalisierung der Sitten während der Schreckensherrschaft vom Pariser Überwachungsausschuß verfolgt. Dieselbe Behörde ließ die Hersteller »obszöner Vorrichtungen« festnehmen, und wir wissen, daß im März 1794 in den Gärten des Palais Royal Razzien veranstaltet wurden. Nicht selten fanden sich Prostituierte in den Karren der Guillotinierten. Die Hinrichtung von Mademoiselle Leroy, einer jungen Schauspielerin vom Theater Louvois, die mehr oder weniger arbeitslos war, nachts ohne Papiere aufgegriffen und im Zuge der Gefängnisverschwörungen vom Messidor und Thermidor im Juli und August hingerichtet wurde, macht sehr deutlich, welcher fundamentalistische Wind in den blutigen Zeiten des Terrors wehte.«[43]

Doch am spektakulärsten, dauerhaftesten und zum Nachteil aller war diese puritanische Kehrtwende in ihrer Auffassung von fleischlicher Lust und Sexualität.

ONANIE UND PSEUDOWISSENSCHAFTLICHE WAHNIDEEN

Der Vereinfachung halber können wir sagen, daß in jener Epoche drei wichtige Faktoren zusammenwirkten, um mit der Zeit den Triumph einer Prüderie herbeizuführen, die sich die Kirche bis zum zweiten vatikanischen Konzil auf ihr Banner schrieb. Diese Faktoren waren der medizinische Positivismus, der Einfluß der angelsächsischen Puritaner, die Entstehung der Industriegesellschaft und des bürgerlichen Denkens.

Auf medizinischem Gebiet bemächtigte sich nicht erst im neunzehnten, sondern bereits im achtzehnten Jahrhundert ein pseudowissenschaftlicher Diskurs der Moral und der Sexualität, wie eine List der sittlichen Vernunft. Das auffälligste Beispiel war natürlich die Masturbation. Als »Weichheit« oder »Verweichlichung« war sie zwar schon bei den Beichtvätern des Mittelalters ein Thema und wurde später von manchen Predigern des siebzehnten Jahrhunderts wiederaufgegriffen. 1640 zum Beispiel behauptete Richard Capel, Prediger am Magdalen College, einer Hochburg des protestantischen Puritanismus, in seinem Werk *Die Versuchungen, ihre Natur, ihre Gefahr, ihre Behandlung,* die Masturbation sei die schlimmste aller Sünden wider die Natur, sie führe zu körperlichem Verfall, Eheunfähigkeit und vorzeitigem Tod, weil sie zum Selbstmord treibe. Doch mit den Ärzten der Aufklärung verändert die Verurteilung von Grund auf ihren Charakter: die Masturbation ist nicht mehr nur eine »Schuld«, sie wird zur »Krankheit«.

Offensichtlich vermischte erstmals im Jahr 1710 ein englischer Moralist namens Bekker medizinische Argumente mit dem traditionellen und noch vergleichsweise gemäßigten Tadel der »Verweichlichung«. Sein Buch mit dem endlosen Titel *Onania, or the Heinous Sin of Self Pollution, and All Its Frightful Consequences in Both Sexes Considered with Spiritual and Physical Advice to Those Who Have Already Injur'd Themselves by this Abominable Practise* erlebte einen bemerkenswerten Aufschwung und wurde bis in unser Jahrhundert immer wieder aufgelegt.

Jean-Louis Flandrin hat gezeigt, daß die Onanie als schwere Krankheit, die unvermeidlich zum Wahnsinn oder zum Tod führe, eine medizinische Erfindung des achtzehnten Jahrhunderts ist. Gern wird der Fall des berühmten Schweizer Arztes Tissot aus Lausanne zitiert, der 1760 ein ebenfalls immer wieder neu aufgelegtes Traktat verfaßte: *L'Onanisme, dissertation sur les maladies produites par la ma-*

sturbation.[44] Aber daß es im achtzehnten und neunzehnten Jahrhundert unendlich viele solche Polemiken gegen die einsame Lust gab, wissen wir in der Regel nicht. Flandrin, der den Katalog medizinischer Werke in der französischen Nationalbibliothek studiert hat, entwarf eine beeindruckende Graphik, die auf anschauliche Weise die Zunahme dieser Abhandlungen zwischen 1750 und 1850 darstellt, vor allem innerhalb zweier genau bestimmbarer Zeiträume: zwischen 1760 und 1785 mit einem Maximum von zehn Abhandlungen allein im Jahr 1775 und zwischen 1805 und 1850 mit einem Maximum von zwölf im Jahr 1830.[45]

Im neunzehnten Jahrhundert grenzte die Onaniebesessenheit an den Wahnsinn. Sie brachte alle möglichen Empfehlungen, Ermahnungen, Drohungen an die Jugend hervor. Was die Frauen betraf, so gingen manche Ärzte sogar so weit, eine Beschneidung, das heißt die Entfernung der Klitoris, zu empfehlen, wie sie heute noch auf unterschiedliche Weise in manchen arabischen und afrikanischen Ländern praktiziert wird. »In ganz Europa wurde im 19. Jahrhundert die Klitoridektomie als Mittel gegen das befürwortet, was man sich nicht scheute, ›die zu große Geilheit der Frauen‹ zu nennen. Die höchsten medizinischen Kapazitäten haben sie ohne Zögern praktiziert, und [der Istanbuler Arzt] Zambaco hatte einige von ihnen konsultiert. Er hatte die Beobachtungen von Professor J.-B. Fonssagrives, einem namhaften Hygieniker und erklärten Gegner der ›lasterhaften Gewohnheiten‹, gelesen und in London Doktor Jules Guérin von der Académie de Médecine getroffen; dieser hatte ihm versichert, mehrere junge Mädchen, die der Onanie ergeben waren, geheilt zu haben, indem er ihre Klitoris mit einem glühenden Eisen verbrannte.«[46]

Diesen absurden Terrorismus, der auf keinen Fall religiöser Herkunft war, verinnerlichten ganze Generationen von Europäern bis zur Mitte des zwanzigsten Jahrhunderts, und dies mit einer Macht, die wir uns überhaupt nicht vorstellen können: Sogar die bedeutendsten Geistesgrößen waren von der fixen Idee infiziert, Masturbation schade dem Gehör- und dem Gesichtssinn, zu schweigen von der geistigen und körperlichen Auszehrung jeglicher Art. Nennen wir zwei überraschende und anschauliche Beispiele: In seinem *Tagebuch* bekennt Benjamin Constant, er rufe bei jeder Masturbation seufzend aus: »Ach, meine armen Augen!« Friedrich Nietzsche wiederum war 1877 bei dem Frankfurter Arzt Eiser in Behandlung, dem er häufiges Masturbieren gestand, woraufhin dieser an Wagner schrieb, »angesichts der Hartnäckigkeit dieses Lasters« bestehe wenig Hoffnung, daß Nietzsche je zu seiner vollen Sehkraft zurückfinde.[47]

Abgesehen von dem nicht zu vernachlässigenden anekdotischen Aspekt, erkennen wir, daß es die Auffassung von der Sexualität war, die solche Zwangsvorstellungen nährte, der pseudowissenschaftliche, sehr naive Anspruch, »die Wahrheit über Sex zu sagen« und gegenüber der *ars erotica* der Antike einer *scientia sexualis* zum Sieg zu verhelfen, vor allem aber eine Auffassung, die vollständig vom Gedanken der Wirtschaftlichkeit, des sparsamen Umgangs mit Lebenskraft beherrscht war, wie Alain Corbin sehr anschaulich ausgeführt hat.

Denn man war felsenfest davon überzeugt, Spermaverlust ziehe den körperlichen Verfall nach sich. »Die französischen Gelehrten definierten die Erfordernisse eines ökonomischen Umgangs mit dem Sperma, um den auch die englischen Ärzte der viktorianischen Zeit äußerst besorgt sind. Der Ausstoß von Samenflüssigkeit, ›Leben in flüssigem Zustand‹ Doktor Réveillé-Paris zufolge, laut Doktor Alexandre Mayer ›reinster Extrakt des Blutes‹, erzwingt eine heftige Anstrengung. Hat man nicht errechnet, daß der Verlust von dreißig Gramm dieser Substanz, wie seinerseits Doktor Garnier anmerkt, ›demjenigen von tausendzweihundert Gramm Blut entspricht‹? Daher muß vor allem die Verschwendung, das heißt der unüberlegte Ausstoß, vermieden werden.«[48]

TRIUMPH DER BOURGEOISIE

In Wirklichkeit spiegeln diese pseudomedizinischen Erkenntnisse die Ideologie des Bürgertums wider, das im Begriff war, zur neuen herrschenden Klasse aufzusteigen. Diese Ideologie setzte eine betriebswirtschaftliche, verwaltungstechnische, arithmetische Sicht der Sexualität durch, die sich das ganze zwanzigste Jahrhundert hindurch hielt; und sie rechtfertigte jene repressive Geisteshaltung, gegen die sich später, in den zwanziger Jahren, Wilhelm Reich auflehnte. Dem Bürgertum, schreibt Alain Corbin, komme es vor allem darauf an, sinnlose Vergeudung zu vermeiden. »Mit dieser Kraft sparsam umzugehen verlängert das Leben und kann das Genie hervorbringen.«[49] Darin drückte sich ein grundlegendes Bedürfnis des Bürgertums aus, das erst kurz zuvor den Platz des Adels eingenommen hatte: der Wunsch nach Anhäufung, nicht nur in materieller Form, Reichtümer, Kapital und so weiter, sondern auch in symbolischer und kultureller Hinsicht. Die Beherrschung der Sexualität, glaubte man, fördere die Kreativität; die Unterdrückung des Geschlechtstriebs lasse sich in Leistungen umsetzen. Die arithmetische »Verdinglichung« der Sexualität, die der Kinsey-Report aus dem Jahr 1948 wiederaufnahm, hat hier ebenso ihren Ursprung wie der Quantitätswahn. Das gelte im übrigen für die gesamte Gesellschaft, fügt Corbin hinzu. »Während die Bordellbesitzer darüber wachen, daß ihre Kunden nicht ›zunehmen‹, notiert der junge Victor Hugo in seinen Notizbüchern die Leistungen seiner Hochzeitsnacht, und Michelet rekapituliert in seinem Journal, wie oft er im Jahr Geschlechtsverkehr hatte.«[50]

Und wieder fanden sich Ärzte, die mit »wissenschaftlichen« Argumenten die neuen Obsessionen des Bürgertums stützten. Ein gewisser Dr. A. Lutaud, ein erklärter Gegner der Kirche, verkündete, ein weiser Mann lasse zwischen einem Koitus und dem nächsten eine bestimmte Zeit verstreichen, deren Dauer je nach seinem Alter und seiner Konstitution einen und mehrere Tage betragen solle.

Wie weit entfernt sind wir inzwischen von den Vorschriften der mittelalterlichen Theologen über die Notwendigkeit weiblicher Lust! »Diese Serie von Geboten stimmt mit dem überein, was man von der Kürze der ehelichen Beziehungen im 19. Jahrhundert weiß. 1906 kommt der Schweizer Sozialwissenschaftler Auguste Forel in einem weitverbreiteten Buch zu dem Schluß, daß in seiner bürgerlichen Klientel die durchschnittliche Dauer des Koitus drei Minuten beträgt; und man weiß, daß ein paar Jahrzehnte später Kinsey zu einem recht ähnlichen Ergebnis kommt.«[51]

Diese bürgerliche Ideologie war eine wesentliche Voraussetzung für die industrielle Revolution und die Entstehung des Kapitalismus. Aus diesem Blickwinkel bestand eine unbestreitbare Verbindung mit dem protestantischen Puritanismus angelsächsischer Prägung, wie die Analysen von Max Weber gezeigt haben. Weber betonte den maßgeblichen Einfluß von Richard Baxter und insbesondere von dessen bedeutendem Werk *A Christian Directory or a Summ of Practical Theology and Cases of Conscience* auf den protestantischen Puritanismus, der den Kapitalismus begründet hat. »Demgemäß zieht sich eine immer wiederholte, zuweilen fast leidenschaftliche Predigt harter, stetiger, körperlicher oder geistiger Arbeit durch Baxters Hauptwerk. Zwei Motive wirken hier zusammen. Die Arbeit ist zunächst das alterprobte asketische Mittel, als welches sie in der Kirche des Abendlandes, in scharfem Gegensatz nicht nur gegen den Orient, sondern gegen fast alle Mönchsregeln der ganzen Welt, von jeher geschätzt war. Sie ist namentlich das spezifische Präventiv gegen alle jene Anfechtungen, welche der Puritanismus unter dem Begriff ›unclean life‹ zusammenfaßt – und deren Rolle ist keine geringe. [...] Wie gegen religiöse Zweifel oder skrupulöse Selbstquälerei so wird auch gegen alle sexuellen Anfechtungen – neben nüchterner Diät, Pflanzenkost und kalten Bädern – verschrieben: ›Arbeite hart in deinem Beruf.‹«[52]

Nach Webers Ansicht wollte der Puritaner ein keuscher und arbeitsamer Mensch sein; in gewisser Weise fühlte er sich dazu verpflichtet. »Denn indem die Askese aus den Mönchszellen heraus in das Berufsleben übertragen wurde und die innerweltliche Sittlichkeit zu beherrschen begann, half sie an ihrem Teile mit daran, jenen mächtigen Kosmos der modernen, an die technischen und ökonomischen Voraussetzungen mechanisch-maschineller Produktion gebundenen Wirtschaftsordnung zu erbauen, der heute den Lebensstil aller einzelnen, die in dies Triebwerk hineingeboren werden – nicht nur der direkt ökonomisch Erwerbstätigen –, mit überwältigendem Zwang bestimmt.«[53]

Die Kapitalbildung, führte Weber weiter aus, erfolgte durch »asketischen Sparzwang«. Gleichzeitig entstand ein Modell für die »rationale« Lebensführung, das bis zur Mitte der sechziger Jahre im Mittelpunkt unserer Moderne stand; in mancherlei Hinsicht ist dies noch heute der Fall. »Soweit die Macht puritanischer Lebensauffassung reichte, kam sie unter allen Umständen – und dies ist natürlich weit wichtiger als die bloße Begünstigung der Kapitalbildung – der Tendenz zu bürgerlicher, ökonomisch rationaler Lebensführung zugute; sie war ihr wesentlichster und vor allem: ihr einzig konsequenter Träger.«[54]

Nebenbei betont die *Protestantische Ethik* den Gegensatz zwischen der puritanisch-bürgerlichen Moral und der katholischen Tradition im Hinblick auf die Armut. Im zwölften Jahrhundert pries der alte Katholizismus des Mittelalters die »Besitzlosigkeit« der Bettelorden und Armutsgelübde. Für die protestantischen Puritaner hingegen hieß »arm sein wollen dasselbe wie krank sein wollen, es wäre als Werkheiligkeit verwerflich und Gottes Ruhm abträglich. Und vollends das Betteln eines zur Arbeit Befähigten ist nicht nur als Trägheit sündlich, sondern auch nach des Apostels Wort gegen die Nächstenliebe. Schon Calvin hatte das Betteln strikt verboten, und die holländischen Synoden eifern gegen die Bettelbriefe und Attestationen für Zwecke des Bettels.«[55]

DAS SYNDROM DES BÜRGER-EDELMANNES

Doch wir können die wachsende Vormachtstellung der bürgerlichen Ideologie nicht begreifen, ohne auf die komplexen Beziehungen einzugehen, die das Bürgertum das gesamte neunzehnte Jahrhundert hindurch mit dem Adel unterhielt, dem großen Vorbild, dessen Stelle es einzunehmen trachtete, das es verabscheute und bewunderte zugleich. Darin lag eine mimetische und leicht verrückte Verkrampfung. Das bürgerliche Denken wollte sich zunächst vom Adel abheben, indem es das Gegenteil vertrat. »Diese masturbationsfeindliche Manie, entstanden im Jahrhundert der Aufklärung, ist ein neuer ›Wert‹, den das Bürgertum erfunden hat, das nach jeder Art von Macht lechzte. Man mußte sich vom Adel abgrenzen, einer degenerierten Klasse, aus der beispielsweise so ekelhafte Gestalten wie der Marquis de Sade und Choderlos de Laclos hervorgehen, widerwärtige Gegner dieser ›Schicklichkeit‹, die die bürgerliche Familie seit dem Mittelalter als höchste Tugend preist. Ihr Kampf gegen jede Form von Sexualität, die nicht der Zeugung dient, war ebenfalls Teil ihres Strebens nach Ökonomie, einem anderen Wert, den sie das ganze 19. Jahrhundert hindurch der ›Sorglosigkeit‹ der Arbeiterklasse‹ entgegensetzte.«[56]

Michel Foucault verwendet eine noch anschaulichere Metapher: Während die Aristokratie ihre Identität durch das Thema »Blaublütigkeit« fortgeführt habe, das heißt, indem sie auf die Herkunft und den Wert von Bündnissen achtete, sei das entstehende Bürgertum im Gegenteil vom eigenen Nachwuchs, von Fortpflanzung und dem »gesunden« und produktiven Umgang mit der Sexualität besessen gewesen. »Das ›Blut‹ der Bourgeoisie war ihr Sex. […] Wenn die Affirmation des Körpers eine der Hauptformen des Klassenbewußtseins ist, so gilt dies gewiß für das Bürgertum des 18. Jahrhunderts, das das blaue Blut des Adels in einen kräftigen Organismus und eine gesunde Sexualität verwandelt hat. So wird auch verständlich, warum das Bürgertum so lange gezögert hat, bis es den anderen, eben von ihm ausgebeuteten Klassen einen Körper und einen Sex zuerkannt hat.«[57]

Doch diese mimetische Beziehung mit dem alten aristokratischen Modell war unterschwellig von Neid und folglich dem Bedürfnis nach Nachahmung geprägt. Die Gestalt der Mätresse und das bürgerliche Schreckgespenst beziehungsweise der Wunschtraum Ehebruch, die in der Literatur jener Zeit vorherrschen, veranschaulichen am besten den Wunsch, den Adel zu imitieren. »Allem Anschein nach übt ab dem Zweiten Kaiserreich [1852-1870] das Vorbild der Aristokratie eine ganz besondere Faszination auf das gehobene und selbst auf das Kleinbürgertum aus. Es geht diesen Schichten darum, ihre Position zur Geltung zu bringen. Sich in Begleitung einer Mätresse, zumal, wenn es sich um eine *femme à la mode* handelt, in der Öffentlichkeit zu zeigen, sich mit einer berühmten Kurtisane sehen zu lassen, ja sogar – aber das gilt eher für die Provinz – mit einer Sängerin vom *caf.conç'* [*café-concert*, eine Art Varieté] oder vom *beuglant* (Tingeltangel), geht ein in jene Strategie der Akkumulation symbolischer Werte, die sich auch darin äußert, daß es nunmehr fast schon zum guten Ton gehört, holländische Meister zu sammeln oder in den noblen Restaurants zu verkehren.«[58]

Der heimliche Ehebruch als Symptom der viktorianischen Scheinheiligkeit des neunzehnten Jahrhunderts hatte mit dem Abscheu vor dem »Skandal« zu tun – »lieber die Sünde als den Skandal« –, mit Scham und dem Bedürfnis nach Verheimlichung, die veraltet und bürgerlich waren. Selbst Marx war von dieser Heuchelei »kontaminiert«, denn er schwängerte zwar sein Dienstmädchen, wie es sich für einen guten Bürger des neunzehnten Jahrhunderts gehörte, doch er weigerte sich, das Kind anzuerkennen, um seine Anhänger nicht vor den Kopf zu stoßen. Diese bürgerliche Vertuschung war das Gegenteil der ostentativen Schamlosigkeit der Aristokratie. Aus diesem Grund erfand das neunzehnte Jahrhundert das »geschlossene Haus« – das Bordell. »Wenn man schon den gesetzwidrigen Sexualitäten einen Platz gewähren muß, so sollen sie ihren Lärm dort machen, wo sie, wenn schon nicht in die Kreise der Produktion, so wenigstens in die des Profits eingegliedert sind. Das Bordell und die Klinik werden diese Stätten der Toleranz sein.«[59]

So triumphierte der sexuelle Puritanismus in ganz Europa. Er drängte sich der gesamten Gesellschaft auf, weil er tatsächlich »das Volk zur Arbeit anhält«. Er war engstirnig, tugendhaft, sparsam und bestrafte jeden Fehler hart, mit einer für uns heute unvorstellbaren Strenge. Um 1830 konnte ein Historiker schreiben, daß »die Sitten in der Umgebung von Chateaubriand vollkommen lauter [sind], und wenn ein junges Mädchen das Unglück hatte, der Versuchung zu erliegen – was in diesem Lande allerdings recht selten vorkommt –, lebt die Erinnerung an diesen Fehler von einer Generation zur nächsten fort, und mit Verwunderung hört man über ein junges Mädchen sagen: ›Sie ist sehr sittsam, aber wie schade, daß ihre Großmutter gestrauchelt ist!‹ Häufig hat diese entehrte Ahnin niemand auch nur gekannt.«[60]

Im Zusammenhang mit der im neunzehnten Jahrhundert verbreiteten Verarmung und unsicheren sozialen Lage maßen die unteren Schichten der Bevölkerung der Familie und den familiären Beschäftigungen in der Tat einen besonderen Wert bei. Die Familie wurde nach den Worten von Philippe Ariès, zur Zuflucht, »abgeriegelt gegen den Rest der Welt«. Zwischen 1801 und 1846 verdoppelte sich die Bevölkerung von Paris von 550 000 auf mehr als eine Million Einwohner. In Lille machten die Bedürftigen im Jahr 1875 etwa zwanzig Prozent der Bevölkerung aus, aber viele Schriftsteller mußten ihre Zeitgenossen auf das extreme Elend dieses Teils der Bevölkerung erst aufmerksam machen. »Angesichts dieser Gesellschaft des neunzehnten Jahrhunderts, die sich mitten im Wandel befindet, die eroberungswillig und unternehmungslustig ist, aber hart gegenüber den Armen und Schwachen, messen Ehepaare, denen ihr Glück nun am Herzen liegt, der Familie einen großen Wert bei.«[61] Paradoxerweise trug die industrielle Revolution dazu bei, die Familienstruktur aufzubrechen, während sie dem Wert, den sie repräsentierte, gleichzeitig wieder eine enorme Bedeutung einräumte.

Ein Phänomen erscheint uns aus dem Abstand heraus sehr auffällig: die Hast, mit der die Kirche sich dem bürgerlichen Modell anschloß und den Puritanismus sogar noch steigerte. Traumatisiert von der Revolution, die sie in Jahrzehnten nicht verarbeitete, beruhigt durch die Restauration, die manche revolutionären Reformen revidierte und die Kirche wieder in ihre Vorrechte einsetzte, im strengsten Wortsinn reaktionär geworden, machte sich die Kirche diesen Moralismus so sehr zu eigen, daß sie das Christentum auf Dauer darin einsperrte. Wir werden später sehen, wie sie ab der Mitte des neunzehnten und während der ganzen ersten Hälfte des zwanzigsten Jahrhunderts dazu beitrug, ihn zu verbreiten und zu verteidigen, indem sie ihm ihre Geistlichen, ihre Beichtstühle, ihre Predigten und Katechismen als Unterstützung zur Verfügung stellte. So erhielt der zeitgenössische Puritanismus eine klerikale Nebenbedeutung, die er ursprünglich nicht gehabt hatte.

Indem sich die Kirche von ihren eigenen Traditionen löste, deren Reichtum sie fortan unterschätzte, handelte sie, als hätte sie das Gedächtnis verloren.

9
SEIT ANBEGINN DER WELT

Man muß sich vorstellen, welche Überraschung die Gefährten von Hernán Cortés empfanden, als sie am 7. Juli 1519 im Reich der Azteken in der Neuen Welt anlegten. Bald darauf, im November, wurden sie vom Herrscher Moctezuma II. empfangen, der diese behelmten Weißen für Götterboten hielt. Die Konquistadoren entdeckten am anderen Ende der Welt eine mächtige Zivilisation, die Städte und monumentale Paläste baute und schreckliche Opferrituale zu Ehren ihrer Götter abhielt – Quetzalcoatl im Osten und Huitzilopochtli im Süden. Aber die Überraschung war nur oberflächlich; Cortés' Haudegen waren mehr an Eroberung und Plünderung denn an ethnologischen Erkenntnissen interessiert. Es ist sehr zu bezweifeln, daß sie die Muße und vor allem die Lust hatten, um über die Fremdheit der Sprachen und die Pracht der Zeremonien hinaus Gemeinsamkeiten mit den Azteken zu entdecken – Ähnlichkeiten, die erstaunlich waren und die sie mit Sicherheit verwirrt hätten. An die Stelle der Überraschung wäre Verblüffung getreten.

Unter diesen Gemeinsamkeiten, die sehr viel später die Archäologen zutage förderten, betreffen einige das so universale wie intime »Mysterium« der Sexualität. Für die Soldaten und Seeleute aus dem streng katholischen Spanien, die mit bischöflichen Homilien und Sonntagspredigten vertraut waren, bestanden die Verbote vor allem im sehr heiligen liturgischen Kalender, der den Rhythmus der Tage, Monate, Jahre bestimmte. Für einen spanischen Christen des sechzehnten Jahrhunderts waren es vor allem das Datum, die Stunde, der Zeitraum des Jahres, die festlegten, ob der Mann in Liebe zu seiner Frau entbrennen durfte oder sich zurückhalten mußte. War das nicht, sind wir versucht zu sagen, eine wenn nicht dem Christentum, so jedenfalls den abendländischen Völkern eigene Gepflogenheit oder eine Manie?

Die Azteken, und das ist ein merkwürdiges Detail, hielten sich auf sexuellem Gebiet an Regeln, Verbote, Vorschriften, die gar nicht so verschieden waren. Sie hatten ihren eigenen liturgischen Kalender, dem sie auf gleiche Weise ihre Sehnsüchte und Begierden unterordneten. Während der Fastenzeiten waren Männern und Frauen alle sexuellen Beziehungen verboten. Man war überzeugt, daß Xochipilli, der Gott der Jugend, der Musik und der Blumen, jeden Verstoß gegen das Verbot mit Geschlechtskrankheiten, Hämorrhoiden oder diversen Hautausschlägen bestrafte. »Es herrschte der Glaube, daß der Mann oder die Frau, die sich unerlaubter Liebe hingaben, eine Art permanenter Verhexung um sich verbreiteten, die *tlazolmiquiztli* (durch Liebe verursachter Tod) genannt wurde, und daß die Kinder oder Eltern dadurch mit Schwermut und Auszehrung geschlagen würden. Es war eine sowohl sittliche wie körperliche Beschmutzung, von der man sich nur durch das Dampfbad, ein Reinigungsritual, und durch Anrufung der *tlazolteteo,* der Göttinnen der Liebe und des Verlangens, säubern konnte.«[1]

EIN UMFASSENDES GESELLSCHAFTLICHES PHÄNOMEN

Von den sonderbaren Benennungen dürfen wir uns nicht täuschen lassen. In vielen Punkten stimmten die Verbote und Reinigungsrituale der Azteken exakt mit den christlichen überein, die ihrerseits auf die jüdischen und griechisch-römischen Traditionen zurückgehen. Aber seit Menschengedenken hatte es keinerlei Austausch, keinerlei Kommunikation zwischen der Neuen und der Alten Welt gegeben. Sollte also jenseits aller Kulturen und Unterschiede eine Allgemeingültigkeit der sexuellen Verbote existieren? Die Historiker nennen viele Beispiele, welche die Frage bejahen.

Neben dem Ägypten der Pharaonen ist die Zivilisation Mesopotamiens die älteste, die uns schriftliche Zeugnisse hinterlassen hat. Fast eine halbe Million in Keilschrift beschriebener kleiner Tafeln, entstanden um 3000 v. Chr., berichten vom Alltagsleben der Sumererstädte und -reiche im Zweistromland zwischen Euphrat und Tigris. Manche von ihnen enthalten großartige Gedichte, die in durchaus unverblümten Worten die Liebe und die Sexualität verherrlichen. »Errege dich! Errege dich! Laß es stehen, dein Glied! Laß es stehen! Sei lüstern wie ein Hirsch! Sei scharf wie ein wilder Stier! [...] Mach es mir sechsmal wie ein Mufflon! Siebenmal wie ein Hirsch! Zwölfmal wie das Männchen des Rebhuhns! Liebe mich, weil ich jung bin! Liebe mich, weil ich glühe vor Verlangen! Liebe mich wie ein Hirsch!«[2] Die Praxis der Liebe und der Erotik gab dort sichtlich keinen Anlaß zu Schuldgefühlen.

Andere Tafeln lassen jedoch ein ausgefeiltes System von Zwängen und strengen Verboten erkennen. Ehelosigkeit wurde verachtet und geächtet, die streng monogame Ehe war die Regel und die Sorge um den Erhalt der Fortpflanzungsfähigkeit allgegenwärtig, während andererseits eine heilige Prostitution existierte, die detaillierten Vorschriften unterlag. »Nicht anders als bei uns waren in Mesopotamien die Triebe und die erotischen Energien traditionell durch kollektive Zwänge kanalisiert, um damit das, was als die Keimzelle des Sozialkörpers galt: die Familie, zu schützen und in ihrem Fortbestand zu sichern. Die eigentliche Berufung jedes Mannes und jeder Frau, die jweilige ›Schicksalsbestimmung‹, wie man es nannte, wobei man einen dem Ganzen zugrunde liegenden Willen der Götter unterstellte, bestand daher in der Ehe.«[3]

In den medizinischen Texten werden Liebesbeziehungen beschrieben, die als Sakrileg galten und folglich verboten waren: mit den Frauen, die den Göttern vorbehalten waren, oder mit nahen Verwandten, Müttern oder Schwestern. Auch hier waren Phasen der Enthaltsamkeit vorgeschrieben. Die Archäologen haben aber bis heute noch nicht deren Gründe aufgedeckt. Wir wissen lediglich, daß der Liebesakt an bestimmten Tagen des Jahres, am sechsten des Monats Tashrît zum Beispiel, verboten war. Im fernen Mesopotamien war keineswegs alles erlaubt, im Gegenteil.

Soweit die Neugier der Forscher reicht, deutet also alles darauf hin, daß die menschlichen Gesellschaften stets dafür Sorge trugen, die Sexualität, diese Kraft, die sie faszinierte und beunruhigte, zu strukturieren und Regeln zu unterwerfen. Mehr noch, anscheinend war die Zähmung der Lust für die verschiedenen Zivilisationen sowohl das Fundament als auch das Ergebnis ihrer Kultur. »Die menschliche Sexualität«, meint Georges Ballandier, »ist ein umfassendes gesellschaftliches Phänomen. [...] Sie ist offensichtlich eine Gegebenheit der Natur. [...] Aber ebenso offenkundig ist dieser Aspekt der menschlichen Natur derjenige, der am frühesten und am vollständigsten den Auswirkungen des gemeinschaftlichen Lebens unterworfen wurde.«[4]

Alles deutet darauf hin, daß die zahllosen menschlichen Gemeinschaften, die vom Anbeginn der Zeit die Erde bewohnten und die Geschichte prägten, gezwungen waren, jede auf ihre Weise eine mehr oder weniger unveränderliche Zahl entgegengesetzer Parameter miteinander in Einklang zu bringen: die spontane Neigung des Individuums zur Lust und ihrer Verfeinerung, die Notwendigkeit der Arterhaltung, die explosive und damit subversive Natur des Verlangens, die erforderliche Eindämmung der Gewalt, die durch rivalisierende Begierden ausgelöst wird, und so weiter. Jean-Louis Flandrin unterstreicht diese geschichtliche Konstante und sagt über die Leidenschaft, die sublimierte Erscheinungsform der Begierde: »Weil sie den Menschen dazu bringt, sich mit irgend jemandem, irgendwie, irgendwo, zu jedem beliebigen Zeitpunkt zu paaren, ist die Leidenschaft gefährlich, für den einzelnen wie für die Gesellschaft. Sie verursacht soziale Unruhen und individuelles Unglück. Das betonten sämtliche Moralisten des heidnischen Altertums immer wieder, und nicht nur die Stoiker. Alle verurteilten dieses wilde, irrationale Verhalten. [...] Gewissermaßen handelt es sich dabei um eine Eigenschaft der universellen Moral, denn alle Gesellschaften – mit Ausnahme vielleicht unserer postromantischen Gesellschaft – bekamen die Gefahr der Liebesleidenschaft in mehr oder minder starkem Maß zu spüren.«[5]

Diese vernünftigen Überlegungen verweisen die meisten unserer

Polemiken über Sexualmoral, die Last der Verbote oder die angeblichen Tricks des europäischen Moralismus wieder in die Schranken ihres liebenswürdigen Provinzialismus zurück. Tatsächlich sind solche wiederkehrenden Gedankenflüge über die Sexualität extrem ethnozentriert, als ließe sich die Frage auf einen rein abendländischen Faustkampf zwischen Puritanern und Hedonisten, Geistlichen und Laien, Rechten und Linken und so weiter zurückführen, während eine zumindest bescheidene Aufmerksamkeit für die anthropologischen Fakten den Horizont erweitern und die Gemüter kühlen könnte.

DER VON DER BRUNST BEFREITE MENSCH

Im fünften Buch seines *Emile oder über die Erziehung* brachte Jean-Jacques Rousseau mit zwei Jahrhunderten Vorsprung einen zentralen Punkt in der Überlegung über Sexualität zur Sprache. Beim Vergleich zwischen menschlichem und tierischem Verhalten meinte er im Zusammenhang mit der weiblichen Schamhaftigkeit und der nötigen Zurückhaltung der Frau auf diesem Gebiet: »Wenn die Tierweibchen nicht die gleiche Art von Scham empfinden – was folgt daraus? Haben sie, wie die Frauen, unbegrenztes Liebesverlangen, das von dieser Scham in Zaum gehalten wird? Sie kennen dieses Verlangen nur als Bedürfnis; ist das Bedürfnis befriedigt, hört das Verlangen auf, sie stoßen das Männchen nicht mehr nur zum Schein zurück, sondern in vollem Ernst – sie tun genau das Gegenteil dessen, was des Augustus Tochter tat: sie nehmen keine Passagiere mehr auf, wenn das Schiff vollgeladen ist.«[6]

Rousseau vermerkte diese sonderbare Eigenschaft der Frauen, die sie von fast allen weiblichen Tieren unterscheidet: ihre ständige Liebesbereitschaft, die Tatsache, daß ihr Verlangen, ebenso wie das der Männer, niemals auf natürliche Weise geregelt wird, nämlich durch jenen Zyklus, dem die Tiere gehorchen und den man Brunst beziehungsweise Östrus nennt, die Periode der Paarungsbereitschaft, in der zwischen den männlichen Tieren der meisten Spezies intensive und gewaltsame, jedoch zeitlich eng begrenzte Kämpfe ausbrechen. Und das ist noch nicht alles. Bei der menschlichen Spezies ist das weibliche Verlangen nicht nur das ganze Jahr hindurch wach, sondern ist darüber hinaus, zumindest theoretisch, von den physiologischen Einschränkungen, dem Fiasko, befreit, denen das Verlangen der Männer zu deren großem Bedauern unterliegt. Schon vor Rousseau hatten sich viele erotische Schriftsteller scherzhaft über diese männliche Schwäche verbreitet, aufgrund deren in Wahrheit die Frau zumindest in Liebesdingen das starke Geschlecht ist und die viel von der männlichen Angst vor der weiblichen Sexualität erklärt.

In seinen *Facetiae*, einer Sammlung witziger, zum Teil höchst unanständiger Geschichten berichtete Gian Francesco Poggio, großer Schriftsteller und Humanist des ausgehenden italienischen Mittelalters, von einem Gespräch, bei dem ein Mann eine Frau fragt: »Wenn der Mann und die Frau doch dieselbe Lust bei der Liebe empfinden, warum ist es dann meist der Mann, der um die Frau wirbt?« Die Frau antwortet: »Weil wir immer zur Liebe bereit und willig sind, ihr nicht; wir verschwendeten nur unsere Zeit, wenn wir in einem Augenblick um euch wärben, in dem ihr nicht dazu in der Lage seid.«[7] Im Mittelalter war die angsterfüllte Besessenheit des Mannes von der unersättlichen Frau ein wiederkehrendes Thema der erotischen Versdichtungen. »Das volkstümliche Mittelalter empfindet die Sexualität der Frau als verbrennend, beunruhigend. Um sie zu bannen, wurde sie gern als das Böse schlechthin abgestempelt. Die Frau erscheint als Hure, als ›Leckerin‹, als Hündin oder Wölfin.«[8] Das gilt zum Beispiel für Dame Hersant, die Frau des Wolfes Isegrimm, die davoneilt und sich von Reinecke besteigen läßt, sobald der Wolf fort ist. Der Titel einer dieser mittelalterlichen Dichtungen ist recht unverhohlen: *Der Ring, der den Stachel wachsen läßt.*

Für die Anthropologen ist der Unterschied zwischen den Frauen und den weiblichen Tieren, die sexuelle Dauerverfügbarkeit, eines der wichtigsten Ergebnisse der Menschwerdung. Die Frau, sagt man, »entgeht dem Östrus« oder »sie hat den Östrus verloren«. Der Ausdruck ist vom griechischen Wort *oistros* abgeleitet, das Raserei bedeutet. Im biologischen Zusammenhang bezeichnet er die Phase des Zyklus, die bei den Tieren den Eisprung und die Paarungsbereitschaft auslöst. Die ständige Wiederholung, Regelmäßigkeit und Unausweichlichkeit des Zyklus ersetzt bei den Tieren die Notwendigkeit einer Sexualmoral. Auch wenn der Frieden innerhalb einer tierischen Gemeinschaft zeitweilig durch die Brunst bedroht ist, wird er sich doch mit dem Ende des Paarungzyklus von selbst wieder einstellen. Nur zu bestimmten Zeiten sind die Männchen gierig und die Weibchen begehrenswert.

Nachdem diese zwangsläufige Regulierung, die wiederum von der großen biologischen Uhr abhängig ist, für die Menschen nicht mehr galt, mußte notwendigerweise eine Kultur an die Stelle der Natur treten, um die Sexualität zu kanalisieren und durch Bestimmungen zu regeln. So erklärt sich der Ausspruch eines Anthropologen: »Das Geschlecht macht die Gesellschaft.«[9] Eben in bezug auf diese grundlegenden Gegebenheiten müssen wir ständig daran erinnern, daß Sex keine Funktion ist, sondern eine Kultur. Das heißt genauer, daß er an der Nahtstelle zwischen dem biologischen und dem kulturellen Aspekt steht, im Mittelpunkt jenes berühmten Gegensatzpaars Gene oder Umwelt.

Doch die endlose Kontroverse »angeboren oder erlernt«, im neunzehnten Jahrhundert durch Sir Francis Galton entfacht, flammte in den sechziger Jahren von neuem auf, zunächst in den Vereinigten Staaten, dann in Europa. Das geschah, weil bestimmte Themen oder Problematiken auf ebendiese Frage zurückgingen, wie etwa die Rassentrennung in den USA und vor allem die Frauenemanzipation. Die Allgemeingültigkeit und die beinahe vollständige Übereinstimmung der Verbote innerhalb der verschiedenen Gesellschaften legen nahe, daß jede kulturelle Regelung der Sexualität auf dem von Françoise Héritier so genannten »Denken des Unterschieds« zwischen weiblich und männlich beruht, mit anderen Worten, auf der geschlechtsspezifischen Aufteilung der Funktionen und Aufgaben zwischen Mann und Frau. Dieser angeblich unauflösliche biologische Unterschied führt in der Regel zur Geringschätzung der weiblichen Rolle. Verständlicherweise kämpften der Feminismus und die westliche Befreiungsbewegung überhaupt gegen die drückenden Auswirkungen dieser Ideologie von »angeborener Minderwertigkeit«.

EIN FRAUENFEINDLICHER BUDDHA

Dem »Unterschiedsdenken«, aber auch der Angst vor einer weiblichen Sexualität, die als unersättlich und unbelastet von physiologischen Schranken erlebt wird, ist es zuzuschreiben, daß sich die Frauenfeindlichkeit in den menschlichen Kulturen so beharrlich hält. An Beispielen mangelt es nicht, aber begnügen wir uns mit einem einzigen, weil es so unerwartet ist: dem Buddhismus. Sogar der sanfte und friedliche Buddhismus, der den Unterschied zwischen den Geschlechtern als »illusorisch und vorübergehend« betrachtet, legt in seinen Urtexten eine ausgeprägte Feindseligkeit gegenüber den Frauen an den Tag. In den Gesprächen zwischen Buddha und Ananda, seinem bevorzugten Schüler, wie auch in anderen alten Texten, finden sich viele Passagen in so erbittertem Ton wie die folgende: »Eine Frau sollte ihren Körper als randvoll mit Fehlern betrachten. Dieser Körper ist ein Gefäß der Unreinheiten, voll mit ekelerregendem Unrat. Er ist wie eine Abortgrube, wie eine Kloake mit neun Löchern, aus denen Schmutz jeglicher Art hervorquillt. An diesem Körper hängen die Männer dumm und engstirnig fest! [...] Dieser Körper ist Nahrung für Raubtiere, für Wölfe und Hunde; deshalb wird er auf den Friedhof geworfen. Dieser Körper ist zusammengesetzt aus Schmerz und Leiden.«[10]

Während sich die Inderin früherer (vedischer) Zeiten einer relativen Wertschätzung erfreute, begann mit dem Brahmanismus der klassische Argwohn. In der späteren indischen Tradition verkörperte diesen Verdacht der Mythos der Parwati, einer der Gattinnen von Schiwa, die als verführerisches, lüsternes und unreines Wesen dargestellt wird. Die Kommentatoren weisen wiederholt auf Buddhas extreme Bedenken hin, unter seinen Schülern auch Frauen aufzunehmen. »Und doch wird die Frau, gefürchtet wegen ihrer verführerischen Kräfte, in ihrer Rolle als Mutter und Gattin gerühmt.«[11]

Es steht außer Zweifel, daß die Lehre von der naturgemäßen Unterschiedlichkeit der Geschlechter die am weitesten verbreitete »Philosophie« der Welt ist. Trotz gewisser Vorbehalte meint Françoise Héritier, es bestehe eine große statistische Wahrscheinlichkeit für die Universalität der männlichen Überlegenheit in dieser Frage.[12] Allerdings kann die historisch und anthropologisch bestätigte Überlegenheit nicht als Gegebenheit hingenommen werden, der wir uns unter Verzicht auf jegliche Weiterentwicklung beugen müßten. Die Ablehnung dieser uralten Unterwerfung war das Verdienst der westlichen Frauenbewegung. Aber wie hoch sind die Chancen wirklich, daß sich an der Situation brauchbar und dauerhaft etwas ändert? Das ist die eigentliche Frage hinter allen Streitereien. Mit anderen Worten: Kann sich Erworbenes vom Angeborenen vollständig befreien, oder müssen die beiden sich miteinander einrichten?

Bei einer so gewissenhaften Forscherin wie Françoise Héritier ist es frappierend, wie eng bei aller Aufrichtigkeit das militant-feministische Denken mit der Skepsis der Anthropologin verknüpft ist. »Ich bezweifle«, schreibt sie, »daß wir jemals eine idyllische Gleichheit auf allen Gebieten erlangen werden, insofern, als jede Gesellschaft nicht anders als auf der Gesamtheit miteinander verschweißter Schutzmaßnahmen aufgebaut werden könnte, als da sind: Inzestverbot, Aufgabenverteilung je nach Geschlecht, eine legale oder anerkannte Form von stabiler Vereinigung und, füge ich hinzu, die unterschiedliche Wertigkeit der Geschlechter. Wenn wir diese Konstruktion hinnehmen – obwohl sie nicht beweisbar ist, sondern lediglich eine große Wahrscheinlichkeit besitzt, weil dieses konzeptuelle Gerüst seinen Ursprung in unwandelbaren Gegebenheiten findet, an die sich die Menschen seit jeher halten: ihren Körper und ihre Umgebung –, dann besteht die Hauptschwierigkeit auf dem Weg zur Gleichheit darin, den Hebel zu finden, mit dem wir diese Verbindungen aufbrechen könnten.«[13]

Verbindungen aufbrechen – in ihrer ein wenig provokanten Radikalität läßt uns schon allein diese Formulierung die Bedeutung der Kontroverse »Gene oder Umwelt« ermessen, einer Auseinandersetzung, die gewonnen hätte, wenn sie auf breiterer Ebene und in pädagogischer Weise in die Öffentlichkeit getragen worden wäre. Sie erlaubt, bestimmte Streitpunkte, die zur Zeit aktuell sind, wie etwa die Festsetzung von Frauenquoten in der Politik – »positive Diskriminierung« –, wieder in die richtige Perspektive zu rücken. Der Anthropologe Michel Panoff definiert, worum es geht: »Wenn es uns gelingt, zu beweisen, daß zu Beginn der Menschheitsgeschichte Gleichheit zwischen den Geschlechtern herrschte, ist die Hoffnung nicht unberechtigt, wir könnten wieder dorthin zurückfinden, indem wir die gesellschaftlichen Verhältnisse verändern, die derzeit die Dominanz des Mannes begünstigen. Wenn sich andererseits beweisen läßt, daß die Männer seit jeher die Frauen beherrschten, und dies aus biologischen Gründen, dann wäre jeder Ausgleichsversuch zugunsten des weiblichen Geschlechts wider die ›Natur‹ und würde im Wandel der Gesellschaft sehr erhebliche Anstrengungen verlangen.«[14]

JÄGER UND SAMMLERIN

Natürlich behaupten wir nicht, wir könnten in diesem Rahmen anders als in äußerst knapper Form die wissenschaftlichen Grundlagen dieser Diskussion wiedergeben. Es geht uns hier nur darum, zu begreifen, warum und wie das von den Anthropologen formulierte Mißverhältnis noch heute direkt mit dem eigentlichen politischen Aspekt der Frage verbunden ist.

Wenn wir Panoffs Analysen folgen, so wurde von den zwanziger Jahren unseres Jahrhunderts bis in die sechziger die »soziale« gegenüber der »biologischen« beziehungsweise »genetischen« Erklärung bevorzugt, was auf den konstruktivistischen und optimistischen Fortschrittsglauben jener Zeit zurückzuführen ist, auf die Überzeugung, daß der menschliche Wille ausreicht, um *entgegen* den vermeintlichen Zwängen der Biologie die Welt zu verändern. Es ging auch darum, die radikalen Anhänger der Gentheorie zu bekämpfen, die ihrerseits die Verdrängung der realen Gegebenheiten, wie sie die Anhänger der Umwelttheorie praktizierten, für ziemlich naiv hielten. In den USA nahm die Auseinandersetzung übrigens eine zusätzliche Dimension an; dort traten und treten die Anhänger der anthropo- oder soziobiologischen Erklärung als Verfechter des WASP-Establishments und der Rassismuspropaganda auf.

Die Anthropologin Margaret Mead, Verfasserin des berühmten Werks *Mann und Weib*, gehörte zu den erbittertsten Gegnern der Biologisten. Sind wir – aus ideologischem Optimismus – zu weit gegangen, als wir ihrer Behauptung folgten, alles hänge nur von den Gegebenheiten der Umwelt ab? Oder wurde die Bedeutung der Biologie fälschlicherweise bagatellisiert, um dem Gegner keine Waffen in die Hand zu geben, wie Mead selbst sagte? Fest steht jedenfalls, daß die Biologisten Mitte der sechziger Jahre[15] in Amerika wieder die Bühne betraten, im selben Moment, als die Bürgerrechts- und die Frauenbewegung verstärkten Zulauf erhielten. Panoff meint dazu, nach vier Jahrzehnten Verpöntheit sei die biologische Determinierung des spezifisch Weiblichen von neuem für die Wissenschaft interessant geworden; so erkläre sich der Streit der Wissenschaftler in den sechziger und siebziger Jahren über den Ursprung der geschlechtsspezifischen Unterschiede.

Damals faßten zwei gegensätzliche Texte zugleich den Inhalt und die Virulenz der Auseinandersetzung zusammen. Der erste ist das Gemeinschaftswerk von Richard B. Lee und Irvin DeVore, *Man the Hunter*, 1968 veröffentlicht, in dem die Verfasser, militante Anhänger der Erblichkeitstheorie, sich auf das sogenannte Jäger-Argument beriefen und behaupteten, der menschliche Fortschritt habe seinen Ursprung in der Jagd. Die Jagd, aus naheliegenden biologischen Gründen dem Mann vorbehalten, habe ihn zum Erfinder der Kultur und die Frau von ihm abhängig gemacht.

Auf dieses Buch antwortete 1971 lautstark ein feministischer Artikel von S. Slocum, »Woman the Gatherer«. Darin erklärt die Autorin die grundlegende Rolle der Frauen bei der Entwicklung von Sammel- und Pflücktechniken, der Herstellung der ersten Behältnisse, der Transportkörbe für Kleinkinder – all dessen, was definitionsgemäß am Ursprung der Kultur steht. »Indem die Frauen auf diese Weise ihre Benachteiligung gegenüber den Männern verringerten, seien sie fähig gewesen, die ihnen von der Geschichte zugewiesene Rolle auszufüllen, die ihnen die Verfasser von *Man the Hunter* absprachen: nämlich nichts Geringeres als die Erfindung der Zivilisation.«[16]

Kurz und gut, die feministische Frage griff auf die Anthropologie und einige andere Fachgebiete über. Im übrigen werden wir im Zusammenhang mit den homosexuellen Forderungen noch sehen, daß eines der Ziele der *queer theory* das ziemlich anregende Vorhaben ist, unser bisheriges Wissen im Licht neuer Erkenntnisse einer weiteren Überprüfung zu unterziehen.[17] Trotzdem geht es darum, die Grenzen des militanten Voluntarismus auszuloten. Manche Ethnologen oder Anthropologen wie Panoff und Ducros verurteilen heute die Leugnung der Biologie über das vernünftige Maß hinaus, die lange Zeit zum guten Ton gehörte. »Auch wenn er im Prinzip durchaus gerechtfertigt war«, schreibt Panoff, »erzielte der feministische Protest innerhalb unserer Disziplinen anscheinend das perverse Ergebnis, daß die Aufmerksamkeit sich von den biologischen Gegebenheiten und Unvereinbarkeiten abwandte und statt dessen dem sozialen Aspekt der Geschlechtsunterschiede absoluten Vorrang einräumte. Die negativen Folgen dieser Umorientierung sind noch längst nicht alle zutage getreten. Nennen wir nur eine einzige: den Zustand wissenschaftlicher Hilflosigkeit, in den die von den Arbeiten der Soziobiologie ausgehenden ideologischen Kampagnen die Ethnologen stürzten.«[18]

Kritiker wie Panoff erinnern daran, daß Margaret Mead selbst offensichtlich den Rückwärtsgang eingelegt hatte und einräumte, der Unterschied zwischen den Geschlechtern sei weder sozial noch biologisch bedingt, sondern rühre von einer Dialektik zwischen beiden her. Diesen Gedanken der Wechselwirkung müssen wir ein wenig ausbreiten.

VON DER SCHAMLOSIGKEIT ZUR SCHWEINEREI

Aus den konkreten Beispielen im Zusammenhang mit Sexualität, die Françoise Héritier in den von ihr untersuchten afrikanischen Gesellschaften zusammengetragen hat, tritt klar zutage, daß die Biologie nicht als einzige unausweichliche Gegebenheit wahrgenommen wird. Bezüglich derart grundlegender Themen wie der Abstammung scheinen die sozialen und kulturellen Konstrukte, das heißt die willkürlichen Entscheidungen, eine ebenso wichtige Rolle zu spielen wie die biologischen Grundbedingungen. Ein besonders bezeichnendes Beispiel sind die Samo-Gemeinschaften aus Burkina Faso.

Für die legitime Ehe wird ein kleines Mädchen bereits bei der Geburt einem Ehemann aus einer Gruppe zugeteilt, die aufgrund bestimmter Verbote oder Vorlieben der Eltern in Frage kommt. Ehe das inzwischen heiratsfähige junge Mädchen ihrem Gatten übergeben wird, ist sie verpflichtet, sich einen Liebhaber zu nehmen, der ebenfalls aus einer der befugten Gruppen, jedoch nicht aus der Gruppe ihres Bräutigams ausgewählt wird. Die Heirat mit ihrem legitimen Ehemann findet erst nach einer gewissen Zeit statt: nach maximal drei Jahren, wenn sie kein Kind bekommt, andernfalls bei der Geburt ihres ersten Kindes, dessen Vater also der Liebhaber ist. Aber unabhängig von der biologischen Realität gilt dieses Kind als das erste Kind des legitimen Gatten, zu keinem Zeitpunkt als der Nachwuchs des eigentlichen Erzeugers. Die Frage der Abstammung wird folglich vom rein sozialen Gesichtspunkt aus betrachtet.[19]

Ein noch überraschenderes Beispiel: Bei den Samo brechen die legitimen Ehefrauen manchmal aus und haben außereheliche Abenteuer, die zur Geburt illegitimer Kinder führen. Wenn es dem Mann gelingt, die flüchtige Gattin zurückzuholen, gelten die Kinder, die sie mitbringt, als die des Ehemannes und genießen denselben rechtlichen Status wie ihre Halbgeschwister. Dieses Volk hat sich eine Abstammungstheorie zurechtgelegt, die biologische Fakten schlichtweg leugnet.

Die Samo-Gemeinschaften sind deshalb jedoch keineswegs übermäßig permissiv oder gleichgültig gegen die Idee sexueller Verbote. Im Gegenteil, ihre Tabus und Verbote sind so streng wie in den sogenannten puritanischen Gesellschaften. Nach einer präzisen hierarchischen Ordnung gestaffelt, fallen sie unter vier große Kategorien: *tia yé la*, Unanständigkeit, liegt beispielsweise vor, wenn eine Großmutter zu einem Zeitpunkt Kinder in die Welt setzt, zu dem bereits ihre Enkel sich fortzupflanzen beginnen; *gagabra*, Schamlosigkeit, bezeichnet die Kopulation im Busch, von der es heißt, sie könne das Ausbleiben des Regens zur Folge haben; *dyilibra*, Schweinerei, ist beispielsweise Inzest oder Ehebruch mit der Frau des Bruders, was Krankheit und Unfruchtbarkeit nach sich zieht; in der Rangordnung der Greuel ist schließlich *zama*, Nekrophilie, der Gipfel der Verwerflichkeit.

Bei den Mossi aus Yatenga steht hingegen die Zoophilie, insbesondere die Kopulation eines Mannes mit einer Eselin, als schlimmste Untat an der Stelle der Nekrophilie. Bei den Bwa aus Burkina Faso ist es der Inzest. Bei den Navaho wiederum ist die Masturbation von Frauen für Mißgeburten verantwortlich, während bei den Ojibwa frühere gleichgeschlechtliche Beziehungen zwischen zwei verheirateten Frauen später zur Geburt wasserköpfiger Kinder führen.

In solchen traditionellen Gesellschaften verhindert die Strenge der Verbote jedoch nicht, daß in Fragen der Abstammung oder Verwandtschaft auch der Voluntarismus eine Rolle spielt. Mit anderen Worten, der soziale Aspekt wird nicht absolut der Biologie untergeordnet. Zur Veranschaulichung dieses bedeutenden Randbereichs des »Erlernten« nennen die Anthropologen ebenfalls Beispiele aus matriarchalischen Gesellschaften, in denen die Frauen die eigentliche Macht ausübten. Berühmtheit erlangte die pazifische Trobriand-Insel unter anderem durch Margaret Mead und Bronislaw Malinowski; dort scheint es ein Vorrecht der Frauen gewesen zu sein, die sexuelle Initiative zu ergreifen. Noch klassischer ist das Beispiel der sechs Stämme der kanadischen Irokesen; es wurde bereits 1724 vom Jesuitenpater Lafitau untersucht, 1970 noch einmal von Judith Brown.

Bei den indianischen Stämmen genossen die Frauen Rechte und Befugnisse, die auf der ganzen Welt ziemlich einzigartig sind. Zum Beispiel legten sie die Abstammungsregeln fest und entschieden über den Wohnort. Das große Haus, in dem Frauen, Männer und Kinder einer Sippe zusammenlebten, wurde von einer »Matrone« geleitet; diese regierte außerdem über die Feldarbeit, die Domäne der Frauen, die auf den kollektiven Ländereien in ihrem Besitz verrichtet wurde. Die Matrone nahm selbst die Verteilung der Nahrung vor, die innerhalb der verschiedenen Familien der Sippe bereitet wurde. »Die Matronen waren, wenn nicht im Großen Rat der Sechs Stämme, so jedenfalls im Ältestenrat jedes Stammes durch einen männlichen Repräsentanten vertreten, der in ihrem Namen sprach und ihre Meinung bekundete. Und diese Stimme war tatsächlich nicht belanglos, denn in kriegerischen Angelegenheiten besaßen die Matronen ein Vetorecht, falls ihnen der geplante Krieg nicht zusagte.«[20] In jedem Fall konnten sie die Verwirklichung eines solchen Projekts verhindern, indem sie den Frauen befahlen, den Kriegern den nötigen Proviant in Form von getrockneter oder konzentrierter Nahrung zu verweigern.

Nach Ansicht von Françoise Héritier ist die Botschaft klar: eine geschlechtlich begründete Differenzierung, das berühmte »Unterschiedsdenken«, laufe nicht zwangsläufig auf eine Hierarchisierung der Machtbefugnisse zugunsten der Männer hinaus. Daß es meistens so sei, bedeute nicht, es müsse so sein; die angebliche Regel habe Ausnahmen.

Diese Argumente bringen uns auf Emile Durkheims Entwicklungsgedanken zurück. In seinem berühmten Buch *De la division du travail social*[21], erstmals veröffentlicht 1893, äußerte Durkheim die Vermutung, zu Anfang habe die Menschheit jede Differenzierung in den Aktivitäten oder im Verhalten von Frauen und Männern ignorieren können. Erst im Lauf der Weiterentwicklung sei aus Gründen der Effizienz eine Arbeitsteilung zwischen den Geschlechtern nötig geworden. Bemerkenswert an diesem Argument ist die Umkehrbarkeit: was die eine Entwicklung bewirkt hat, kann eine andere infolge einer anderen Auffassung von sozialer Effizienz wieder aufheben. Also kommt alles auf die Definition von Effizienz an, allerdings mit Rücksicht auf bestimmte unumgängliche Notwendigkeiten wie etwa die Kindererziehung. Die Frage bleibt jedenfalls offen.

Auf sexuellem Gebiet ist die Entwicklungsfähigkeit der Verbote zweifellos das Auffälligste, sobald wir den Beobachtungszeitraum ausdehnen. In keiner Zivilisation war die Sexualmoral je ein für allemal festgelegt; sie war nie statisch, sondern immer dynamisch, entwicklungsfähig. Sie wandelte sich im Lauf der Jahrhunderte und war immer von den besonderen historischen Umständen abhängig. Zwei herausragende Beispiele bestätigten dies: China und der Islam.

DIE CHINESISCHEN LIEBESHANDBÜCHER

Keine Kultur erlaubt so gut wie die chinesische, Entwicklungen über schwindelerregend lange Zeiträume nachzuzeichnen. Die chinesische Geschichte, die sich über Jahrtausende erstreckt, unterteilt in langwährende Reiche und Dynastien, grenzt an die Ewigkeit. Was wir von ihr wissen, bleibt hinsichtlich der am weitesten zurückliegenden Zeiten zwar fragmentarisch, doch können wir andererseits endlose Zeiträume überblicken, die anderswo unvorstellbar sind. Die Geschichte der chinesischen Sexualmoral ist allerdings eine der dynamischsten, die wir kennen. Zumindest zwei große Ereignisse haben dazu beigetragen, sie tiefgreifend zu erschüttern und zu verstärkter Zurückhaltung und Scham zu veranlassen: der Einbruch des Konfuzianismus vier Jahrhunderte v. Chr. und seine Renaissance im zwölften Jahrhundert, sowie der brutale Einfall der tungusischen Manchus im siebzehnten Jahrhundert, mit dem die T'sing-Dynastie zu Ende ging.

Wenn wir einschlägig bewanderten Sinologen wie Robert van Gulik glauben, so waren die Grundprinzipien, auf denen die Sexualität in China basierte, theoretisch sowohl auf Lust wie auf Fortpflanzung ausgerichtet. Nach der chinesischen Sicht vom Unterschied zwischen den Geschlechtern stehen sich bekanntlich zwei große Prinzipien gegenüber und ergänzen einander: das negative und weibliche *yin* und das positive und männliche *yang*, allerdings gilt die negative Yin-Energie manchmal als dem Yang überlegen. Durch den Geschlechtsakt stärkt der Mann seine Lebenskraft, indem er ein wenig von der Yin-Essenz der Frau aufnimmt, selbst dann, wenn er sie sodomisiert, was zulässig ist. Die Frau zieht ihrerseits einen körperlichen Nutzen aus dem Koitus, der ihre »schlafende Natur«, das heißt ihr Yin, in Bewegung versetzt.

In der altchinesischen, taoistischen Tradition galt jedenfalls eine raffinierte Sexualität als Garantie für Glück und körperliche Gesundheit. Welche Haltung die alten Chinesen gegenüber den Dingen der Liebe einnahmen, war klar, schreibt Gulik: »[…] mit Freude und ohne Einschränkungen die verschiedenartigsten Aspekte der menschlichen Fortpflanzung annehmen, von den winzigsten biologischen Details der fleischlichen Vereinigung bis hin zur erhabensten geistigen Liebe, der die Vereinigung das Siegel aufprägt und deren Wirklichkeit sie bestätigt. Weil er die menschliche Entsprechung des kosmischen Forpflanzungsprozesses ist, verehrt man den Geschlechtsverkehr, ohne ihn je mit moralischen Schuldgefühlen zu belasten oder die geringste Sünde darin zu sehen. [...] Man sah keinerlei Unterschied zwischen dem Regen, der die Felder benetzt, und dem Samen, der den Schoß befruchtet; zwischen dem reichen, feuchten Erdboden, der bereit ist, die Saat aufzunehmen, und der Vagina, deren Feuchte zur Penetration einlädt.«[22]

Die alten Chinesen hingen sehr an der Vorstellung von sexuellem »Erfolg« und pflegten deshalb ihre Beobachtungen und Erkenntnisse »Liebeshandbüchern« anzuvertrauen, die dazu dienen sollten, das Familienoberhaupt die bestmögliche Gestaltung der Beziehungen zu seinen Gattinnen zu lehren. Zu Tausenden waren solche didaktischen Abhandlungen über die Erotik vor zweitausend Jahren im Umlauf; noch im dreizehnten Jahrhundert wurden sie studiert.

Ziehen wir daraus jedoch nicht den Schluß, daß in dieser Gesellschaft, die so behutsam und aufmerksam in Sachen Lust war, keine sexuellen Verbote wirksam gewesen wären. Sie ergaben sich zunächst aus dem absoluten und vorrangigen Gebot, das die Sexualität in China bestimmte: dem Anliegen, eine Nachkommenschaft zu zeugen, die den Ahnenkult fortzuführen vermochte. Jeder Mann war angehalten, diese heilige Pflicht gegenüber seinen verstorbenen Eltern zu erfüllen, denn nur die noch lebenden Nachkommen konnten dank den regelmäßigen Opferungen das Wohlergehen der Wesen im Jenseits gewährleisten. Die Fortpflanzung, und insbesondere die Zeugung eines Sohnes, war eine ontologische Notwendigkeit. Im übrigen war sie der Grund für die Polygamie; falls eine Gattin sich als unfähig zur Erzeugung eines Sohnes erwies, mußten andere einspringen.

Aus diesem Grund war männliche Enthaltsamkeit ebenso verachtet wie die Ehelosigkeit der Frau. Unverheiratete wurden der übelsten Absichten verdächtigt und verfolgt. Verboten und verachtet war außerdem die Masturbation des Mannes, wenn sie zu Verlust von Lebensessenz führte. »Die medizinischen Werke entschuldigten die Onanie nur dann, wenn die besonderen Umstände den Mann weiblicher Gesellschaft beraubten und der ›devitalisierte Samen‹, *pai-king* (das heißt, der längere Zeit hindurch im Körperinneren aktivierte Samen), seinen Organismus verschmutzen könnte. Mit Besorgnis betrachtete man den unwillkürlichen Samenausstoß während des Schlafes, nicht nur weil dies einen unwiederbringlichen Verlust von Lebensessenz darstellt, sondern auch weil er von bösen Geistern verursacht worden sein könnte.«[23]

Sofern der Geschlechtsakt nicht auf die Zeugung abzielte, unterlag der Mann der Disziplin des *coitus reservatus,* das heißt des Koitus ohne Ejakulation. Das war eine schwierige Übung, die womöglich wenig befriedigend, jedoch gerechtfertigt war nicht etwa durch den Wunsch, der Frau Lust zu bereiten, wie im christlichen Mittelalter, sondern durch die unvermeidliche Dialektik von Yin und Yang. »Nach diesem Prinzip mußte der Mann lernen, den Koitus so weit wie möglich in die Länge zu ziehen, ohne zum Orgasmus zu gelangen; denn je länger das Glied im weiblichen Körper verweile, hieß es, desto mehr Yin-Essenz nehme der Mann auf, wodurch er seine Lebenskraft erhöhe und stärke.«[24]

Auch Fellatio war nur erlaubt, sofern sie abbrach, ehe die Ejakulation einsetzte und Yang vergeudet wurde. Masturbation bei Frauen war hingegen kein Problem, denn die Frau, hieß es, besitze eine unendliche Menge Yin. Aus demselben Grund zeigte man sich nachsichtig gegenüber lesbischen Verhältnissen, die keine Konsequenzen nach sich zogen. Die Schamhaftigkeit war jedoch äußerst ausgeprägt und erstreckte sich sogar auf den Kuß, der als Teil des Geschlechtsaktes galt und in der Öffentlichkeit daher undenkbar war.[25] Die recht seltene Homosexualität war je nach Epoche mehr oder weniger toleriert, es sei denn, sie wurde als Mittel zur emotionalen Epressung eingesetzt, was am Hof ziemlich häufig der Fall war.

MORALISMUS, ANTIKLERIKALISMUS UND PORNOGRAPHIE

Mit dem Aufkommen des Konfuzianismus setzte sich der Gedanke durch, die Gesellschaft brauche ein stabileres Familiensystem. Allerdings lassen sich die Lehren des Konfuzius – wie die der Stoiker oder der ersten christlichen Kirchenväter – teilweise wie ein Protest gegen den Verfall der Sitten seiner Zeit auslegen. »Bestürzt über die unmoralischen Neigungen seiner Zeitgenossen, hob er besonders *jen*, die ›Güte‹, als moralische Kraft hervor. [...] Nachdem die heiligen Familienbande sich lockerten, trat Konfuzius als Verfechter des *hsiao* auf, der ›kindlichen Liebe‹, und lehrte, eine streng organisierte und wohlgeordnete Familie sei das Fundament des Staates.«[26]

Den Frauen nützte der Sieg des Konfuzianismus wenig. Schon in manchen sehr alten konfuzianischen Texten, wie etwa dem berühmten *Tsuo-tchoan,* dem Anhang zu den »Frühlings- und Herbstannalen« (*Ch'un-ch'iu*), finden sich eindeutig frauenfeindliche Sätze wie dieser: »Das *tö* [Tugend, magische Kraft] eines jungen Mädchens ist grenzenlos; der Groll einer verheirateten Frau hat kein Ende.« Oder ein anderer: »Die Frau ist ein düsteres Wesen und fähig, das Herz des Mannes zu verderben.« Andere Aussprüche, die Konfuzius selbst in den Mund gelegt werden, zeigen eine Zunahme der Frauenfeindlichkeit. Im siebzehnten Buch seiner *Analekten* (*Lun-yü*) behauptet Konfuzius beispielsweise: »Mit Frauen und Personen von niedrigem Stand zu tun zu haben ist nicht angenehm. Bezeugt man ihnen zu große Freundschaft, werden sie zu stürmisch; hält man sie sich vom Leib, sind sie hingegen voller Groll.«

Die daraus abgeleiteten Vorschriften für Frauen ähneln jenen, die im Abendland gebräuchlich waren. Die als ideal geltende Frau nannte man *nei-jen*, wörtlich jene, die »innen ist«, das heißt, die sich um die häuslichen Aufgaben kümmerte und sich von den öffentlichen Angelegenheiten fernhielt. Unberührtheit war eine unabdingbare Voraussetzung für die Eheschließung, falls die Braut den Titel der Hauptfrau beanspruchen wollte. Darüber hinaus wurde zu Beginn unserer Zeitrechnung das Verbot für Frauen erlassen, während der Menstruation an den Familienriten teilzunehmen; sie waren verpflichtet, ihren Zustand durch einen roten Punkt auf der Stirn kenntlich zu machen.

Der Konfuzianismus, der strenge Geschlechtertrennung im Alltag, auch zwischen Ehegatten, preist, hat zahlreiche an die Frauen gerichtete moralisierende Abhandlungen inspiriert, deren älteste wohl die Schrift der Dame Pan aus dem zweiten Jahrhundert ist. Sie verfaßte das *Nu-kie* (»Gebote der Frauen«), worin sie die Unterwerfung unter den Ehemann und Ehrerbietigkeit predigt. Während der Ming-Periode, im Jahr 1405, erschien das Werk der Kaiserin Jen-hsiao, *Nei-hsun* (»Anweisungen für die inneren Gemächer«), dann das der Kaiserin Kiang, das *Nu-hsun* (»Anleitungen für Frauen«), worin auch Ratschläge für Schwangere erteilt werden. Diese beiden letzten Abhandlungen erlebten eine ungeheure Verbreitung in ganz Asien und wurden noch im neunzehnten Jahrhundert in Japan studiert.

Als Antwort auf den manchmal bedrückenden konfuzianischen Moralismus ließ die chinesische Gesellschaft jedoch bestimmte raffinierte Formen der Überschreitung zu, wie pornographische Literatur, Malerei und Dichtung. Sehr früh schon erlebte China eine umfangreiche erotische Literatur, die mehr oder weniger geheim war. Deren Verfasser setzten sich ungeniert über die Regeln und Verbote hinweg, die Konfuzius auf sexuellem Gebiet einführen wollte, und stritten mit den Moralisten konfuzianischer Prägung. Wie die erotischen Versdichtungen des mittelalterlichen Abendlands inszenierten die pornographischen Romane oder Gedichte der Ming-Periode von 1368 bis 1644 gern die angebliche Verworfenheit der buddhistischen Mönche und Nonnen. Auch in China stellte man sich die Klöster gern als Orte der Ausschweifung vor.

Dieser Entwicklung bereitete zunächst der Einfall der Mongolen im Jahr 1279, dann der Manchu aus der östlichen Mongolei, die das Geschlecht der Ming vom Thron absetzten und ab 1644 als Ch'ing-Dynastie selbst über China herrschten, ein Ende. Das bewirkte bei den Chinesen eine Rückbesinnung auf sich selbst und die Wiederkehr zur puritanischen Moral. Mit der Ming-Dynastie verschwand auch eine gewisse hedonistische Sorglosigkeit. Angesichts einer neuerlichen und lange anhaltenden Fremdherrschaft griff die chinesische Gesellschaft auf strengste Sittsamkeit konfuzianischer Prägung zurück, was den Vorteil hatte, daß das Privatleben und die Frauen vor den Eindringlingen geschützt wurden. An die Stelle der mehr oder minder freizügigen Auslegung der Verbote trat ein Moralismus, der alle Angelegenheiten der Liebe zur Privatsache erklärte und mit pedantischer Diskretion umgab. Nicht anders reagierten die Chinesen in der Neuzeit, als der Westen ins Land eindrang. Den Unternehmungen und der Neugier der Ausländer setzten sie die unüberwindliche Mauer der Scham und der »sexuellen Heimlichtuerei« entgegen, wie van Gulik es nannte: »So entstand eine regelrechte Angst vor der Verbreitung von allem, was mit Sexualität zu tun hatte, eine Phobie, die während der darauffolgenden vier Jahrhunderte typisch für das Verhalten der Chinesen bleiben sollte.«[27]

China veranschaulicht ein anthropologisches Prinzip, das sich im Lauf der menschlichen Geschichte viele Male bestätigt hat: Jede

Gesellschaft, die belagert, von außen oder von innen bedroht wird, neigt zur Verschärfung der Sexualmoral. Dann tritt automatisch der Louis Dumont so teure Holismus an die Stelle des Individualismus.

EIN ENDLOSER ORGASMUS

Das zweite große Beispiel ist der Islam. Kaum ein Paradox ist so pathetisch wie dieses: Vor allem seit Beginn der siebziger Jahre dieses Jahrhunderts verkörpert der islamische Fundamentalismus einen karikaturistischen Puritanismus, der die Frauen verschleiert und den Sex verpönt, während keine andere Religion die körperliche Liebe und das Glück der Sinne je so lyrisch und so eifrig besungen hat wie einst die des Propheten. »Nach den islamischen Lehren ist das ganze Leben in eine sexuelle Atmosphäre getaucht. Das geht bisweilen bis zur Besessenheit. Man muß heiraten. Man muß koitieren. Die Eltern müssen ihre Kinder verheiraten, und zu den Pflichten der Kindesliebe gehört es, verwitwete Elternteile wiederzuverheiraten. Der Liebesakt ist ein zwingendes Gebot, das durch nichts aufgehoben werden kann, nicht einmal durch die Hingabe an Gott.«[28] Gern wird der Satz aus einem *hadith*, einem Ausspruch des Propheten, zitiert: »Es war mir gegeben, von eurer Welt die Frauen und das Parfum zu lieben.«

Ein außergewöhnliches Detail ist folgendes: Die sexuelle Aktivität, im Islam ein Beweis für den »Ernst des Lebens«, ist, im Unterschied zu den Lehren sehr vieler anderer Religionen oder traditionellen Weisheiten, nicht ausschließlich auf die Fortpflanzung ausgerichtet. Liebesspiele (*muda'aba*) werden im Koran wärmstens empfohlen. Von *Tausendundeine Nacht* bis zu den *Ruba'iyat* (»Vierzeilern«) des Omar Khayyam über die *Djawami' al-ladhadha* (»Enzyklopädie der Lust«) oder *ar-Raud al-atir fi nuzhati al-khatir* (»Der duftende Garten zur Erholung«)[29] werden sie mit Ausdrücken einer Poesie und einer Freude verherrlicht, wie sie auf der ganzen Welt ihresgleichen suchen. Die islamische Literatur und Dichtung, die sich mit der Lust befassen, sind von unvergleichlichem Reichtum. Wenn ein Mann seine Frau ansehe, so der Prophet, und sie ihn, betrachte Gott sie mit einem barmherzigen Blick. Wenn der Mann die Hand der Frau ergreife und sie die seine, entwichen die Sünden durch die Zwischenräume ihrer Finger. Wenn er ihr beiwohne, umgäben sie die Engel von der Erde bis zum Zenit. Die Wollust und das Verlangen besäßen die Schönheit der Berge.[30] Diese reiche erotische Kultur zeigt die Spuren eines indischen Einflusses, wie mehrere Autoren bestätigen. So wissen wir beispielsweise, daß *Tausendundeine Nacht* aus indischen Legenden entstand, ebenso wie die Werke etlicher großer Autoren, etwa die von al-Mas'udi verfaßte Weltgeschichte mit dem Titel *Goldwiesen* (*murudj adh-dhahab*).

Für Lust, Begierde, Leidenschaft finden wir im Islam jedenfalls zahlreiche eindrucksvolle Metaphern. In den Hadithen wird die Vereinigung als »kleiner Honig« bezeichnet, der Liebesakt einer Tugend, gar einem Almosen (*sadaqa*) gleichgesetzt – »Im Werk des Fleisches eines jeden unter euch ist ein Almosen«, sagt der Prophet –, und Aischa, die Lieblingsfrau des Propheten, versichert, der Koitus »besänftigt die Seele, stärkt den Willen, klärt den Geist, verbessert die Augen, wendet Krankheiten ab, verhindert Wahnsinn und läßt den Körper geschmeidig werden«.[31]

Diese Regeln und der darin ausgedrückte Optimismus galten auch in der Praxis. In seinem *Kanon der Medizin* (*al-qanun fi t-tibb*) empfahl Ibn Sina, der große arabische Arzt des zehnten Jahrhunderts, die Wollust als Heilmittel gegen seelische und körperliche Qualen. »Laß den jungen Leuten freien Lauf in der Sexualität, dann geschieht ihnen kein Übel.«[32] Im übrigen sind der besondere Kult, den die Araber um die Aphrodisiaka errichtet haben, und die Bedeutung gewisser erotisierender Gepflogenheiten wie der Besuch des Hammam, des Bads, weithin bekannt. In vielen arabischen Ländern ist »den Hammam aufsuchen« ein metaphorischer Ausdruck für den Liebesakt; in der Tat ist die »große Reinigung« nach der Liebe eine Pflicht. »Bagdad rühmte sich im zehnten Jahrhundert seiner siebenundzwanzigtausend Bäder – anderen, gewiß übertriebenen Aussagen zufolge seien es sogar sechzigtausend gewesen. Cordoba besaß fünf- bis sechstausend Bäder. Während sich die römischen Thermen nur auf die Großstädte konzentrierten, ist der Hammam universal. Es gibt keinen kleinen Marktflecken und kein Dorf, das nicht seinen eigenen Hammam hätte.«[33]

Doch am aufschlußreichsten ist zweifellos die ausgesprochen erotische Auffassung vom Dasein nach dem Tod und dem Paradies. Es ist bevölkert von mythischen Gestalten, den Huris, die den besonders frommen Muslimen als Geschenk Gottes verheißen sind – ewig junge und jungfräuliche Mädchen mit Leibern aus Safran, Moschus, Ambra und Kampfer, sinnliche Wesen mit »verlockendem Geschlecht«, die dem Erwählten frei zur Verfügung stehen. In den Texten des berühmten Scheich Djalal ad-Din as-Suyuti aus dem zwölften und dreizehnten Jahrhundert finden sich die ergreifendsten Schilderungen dieses »Paradieses vierundzwanzig Jahre währender Erektionen und endloser Orgasmen«: »[Im Paradies] wird man von Tag zu Tag schöner«, schrieb Suyuti. »Der Appetit ist hundertmal so groß. Man ißt und trinkt nach Belieben. Auch die Zeugungsfähigkeit des Mannes hat sich vervielfacht. Man liebt sich wie auf Erden, doch jede Lust wird lang und länger und dauert vierundzwanzig Jahre. [...] Jedesmal, wenn der Mann mit einer Huri schläft, findet er sie von neuem jungfräulich. Und die Rute des Erwählten beugt sich nie. Die Erektion dauert ewig. Jeder Koitus wird begleitet von der allerköstlichsten Lust, die hiernieden so unvorstellbar ist, daß man besinnungslos niederfiele, könnte man sie erleben.«[34]

Diese unverblümt wollüstige Vorstellung vom ewigen Leben, die der Islam verkündet, ist allerdings schwer zu vergleichen mit der körperlosen, vollkommen vergeistigten Auffassung des christlichen Paradieses oder der nüchternen Beschreibung, die der Talmud vom Jenseits gibt: »Es gibt in der kommenden Welt weder Essen noch Trinken, weder Fortpflanzung noch Verkehr, weder Eifersucht noch Haß oder Rivalität, sondern die Gerechten sitzen mit bekröntem Haupt und erfreuen sich am Abglanz der göttlichen Gegenwart. [...] Etwas ist verheißen, doch dieses Etwas ist verborgen.«[35]

ACHTUNG VOR DER ORDNUNG DER WELT

Die vom Koran diktierten Verbote waren Gegenstand unzähliger Diskussionen und Streitgespräche, zumal seitdem die Fundamentalistenbewegung wieder die konservativste Auslegung des heiligen Textes in Kraft gesetzt hat, insbesondere die des syrischen Traditionalisten Ahmad Ibn Taimiyya. Der wichtigste Beweggrund, der diesen Geboten zugrunde liegt und der formell die Ausschweifung verbietet, wurde jedoch nicht in Frage gestellt. Eine der großen Prioritäten des Islam ist die Einhaltung der Geschlechtertrennung, die Achtung vor der Bipolarität der Welt, die zwischen Weiblich und Männlich aufgeteilt ist. Die Einheit wird erst – womöglich wieder – in der harmonischen und sachgemäßen Vereinigung der Geschlechter hergestellt: »Das beste Mittel, das von Gott gewollte Einvernehmen zu verwirklichen, besteht für den Mann darin, seine Männlichkeit anzunehmen, und für die Frau, ihre Weiblichkeit auszuleben. Die islamische Weltsicht nimmt die Schuld von den Geschlechtern, um sie einander verfügbar zu machen.«[36]

Aus der gottgewollten Bipolarität leitet sich die theoretische Ablehnung aller Formen von Sexualität her, die gegen die »antithetische Harmonie der Geschlechter« verstoßen: der verweiblichte Mann, die maskuline Frau, Masturbation, Sodomie. Gott, sagt der Prophet, habe jene verflucht, welche die Grenzen der Erde veränderten. Die männliche Homosexualität (*liwat*, im Koran *lutiya*) und in geringerem Maße auch der Lesbianismus (*sihaq, tasahhuq*) werden ebenfalls verurteilt, in fünfunddreißig Versen, verteilt auf sieben Suren. Nach malikitischem Ritus ist theoretisch sogar die Steinigung von Homosexuellen vorgesehen, während der Lustknabe (*khuntha*) lediglich verachtet wird. Gegenüber der von Chebel so genannten »Homosensualität« jedoch erwiesen sich die arabischen Gesellschaften in der Praxis meist als tolerant: »Gemeint ist ein bestimmtes Verhalten im gesamten Orient, und besonders unter den Arabern, das darin besteht, die Sinnlichkeit, die sich wegen der Geschlechtertrennung nicht auf das andere Geschlecht richten kann, unter den Geschlechtsgenossen auszuleben.«[37] So ist es etwa erlaubt, einander an der Hand zu halten oder den Arm um die Schulter zu legen, gemeinsam zu baden und, im Fall von Jungen, gegenseitig zu masturbieren.

Im Verlauf der Geschichte warfen die Christen den Muslimen vor, sie praktizierten Sodomie und Vergewaltigung. Wer sich mit der Geschichte der Kreuzzüge befaßt hat, wird vermutlich wissen, daß in dem Brief, den angeblich der byzantinische Kaiser Alexios Komnenos an Robert von Flandern im elften Jahrhundert schrieb, um ihn um Hilfe gegen die Türken anzuflehen, detaillierte Berichte über die sexuellen Gewalttaten der Muslime gegenüber Christen stehen. »Sie erniedrigen die Männer jeden Alters und jeglichen Rangs durch Sodomisierung, Kinder, Heranwachsende, junge Männer, Greise, Adlige, Domestiken und, schlimmer noch und verbrecherischer, auch Geistliche und Mönche und sogar, o Schande, was von Anbeginn an noch nie gesprochen oder gehört wurde, auch Bischöfe. Sie haben mit dieser abscheulichen Sünde sogar einen Bischof getötet.«[38]

Sehr wahrscheinlich handelt es sich um verleumderische Anklagen, so deutlich tritt die politische Absicht dieses apokryphen Briefes zutage, der dem ersten Kreuzzug von 1096 vorausging. Im Zusammenhang mit der Homosexualität war das Verbot für das, was wir heute Kindesmißbrauch nennen, besonders streng. Im Islam entscheidet das Fehlen beziehungsweise Vorhandensein von Behaarung, ob von Pädophilie die Rede sein kann oder nicht. Mas'ud al-Qanawi schreibt: »Der Bartlose ist wie eine Frau. Schlimmer noch, der auf ihn geworfene Blick ist auf andere Weise ebenso verbrecherisch wie der Blick auf eine fremde Frau.«[39]

Aufgrund der Verpflichtung, die Ordnung der Welt zu respektieren, stellt der Inzest eines der mächtigsten Tabus dar, wie die berühmte vierte Sure mit dem Titel »An-Nisa« (»Die Frauen«) verkündet: »Verboten sind euch (*hurrimat 'aleikum*) eure Mütter und eure Töchter und eure Schwestern, eures Vaters Schwestern und eurer Mutter Schwestern, die Bruderstöchter und die Schwestertöchter, eure Nährmütter, die euch gesäugt, und eure Milchschwestern und die Mütter eurer Frauen und eure Stieftöchter, die in eurem

Schutze sind, von euren Frauen, denen ihr schon beigewohnt.« (4, 23)

Die periodischen Verbote hingegen unterscheiden sich im Prinzip nicht wesentlich von den jüdischen und christlichen. Manche sind mit einem Rückzug in die Moschee verbunden, andere mit der weiblichen Menstruation. Sexuelle Beziehungen während des Fastens sind erlaubt. Die Sure »Al-Baqara« (»Die Kuh«) gebietet: »Haltet euch fern von Frauen während der Reinigung, und geht nicht ein zu ihnen, ehe sie sich gereinigt. Haben sie sich durch ein Bad gereinigt, so geht ein zu ihnen, wie Allah es euch geboten. Allah liebt die sich Bekehrenden und liebt die sich Reinhaltenden. Eure Frauen sind euch ein Acker; so naht eurem Acker, wann und wie ihr wollt.« (2, 222-223)

IM ANDEREN ARM DEN KORAN

Am erstaunlichsten ist angesichts der Intoleranz und Unterdrükkung, wie sie heute von den Fundamentalisten verkündet wird, die Tatsache, daß weder der Koran noch die Hadith-Sammlungen ausdrücklich frauenfeindliche Textstellen enthalten. Vielmehr setzte der heilige Text zu seiner Zeit Reformen durch, stärkte die soziale Position der Frauen, nicht zuletzt dank der großen Liebe des Propheten zu ihnen, und war somit ein großer Fortschritt gegenüber den grausamen Praktiken der präislamischen Gesellschaften. Zum Beispiel beugte er einer allzu hemmungslosen Polygamie vor und beschränkte die Zahl der Frauen auf maximal vier, je nach Vermögenslage, sorgte dafür, daß sie bei Erbschaften nicht übergangen wurden und im Fall einer Verstoßung nicht mittellos dastanden, und verbot gewisse weitverbreitete Untaten wie die Ermordung neugeborener Mädchen, die in vorislamischer Zeit als unwert galten und lebendig begraben werden durften. Die Hadith-Sammlungen enthalten einige Textstellen, die den Frauen sehr gewogen sind, wie zum Beispiel diesen Ausspruch: »Das Paradies liegt unter den Füßen der Mütter.«

Und die vierte Sure, »Die Frauen«, verkündet ohne irgendeine Zweideutigkeit, daß Männer und Frauen vom selben Wesen sind.

Natürlich sollten wir uns vor einer allzu idyllischen Sicht hüten, empfiehlt Denise Masson, eine französische Koran-Übersetzerin. »Tatsache ist«, schreibt sie, »daß der Mann eine viel größere Freiheit genießt als die Frau. So besitzt er etwa das Vorrecht, drei oder vier Tage mit einer Frau zusammenzuleben, ohne sie zu heiraten. Allerdings unter zwei Bedingungen: er muß sie entlohnen, und sie darf nicht dem Kreis seiner Familie angehören. Gegen Ende seines Lebens war der Prophet sich anscheinend nicht mehr ganz sicher, ob diese Praxis gerechtfertigt sei. Aber sie besteht bis heute. Die Tradition räumt dem Mann eine größere sexuelle Freiheit ein, solange er sich an die beiden Gebote hält, die das Leben des Muslims bestimmen: das Gesetz der Ehre und das Gesetz der Familie.«[40]

Dennoch steht der allgemeine Tenor des Korans im Zusammenhang mit den Frauen im Widerspruch zu den Ausbrüchen der Frauenfeindlichkeit anderer heiliger Schriften – der Buddhisten, der Hinduisten und anderer. Die Realität der sozialen Gepflogenheiten innerhalb der islamischen Welt ist darum nicht weniger bestürzend. Alle Experten sind sich einig, daß zwischen den religiösen Texten und ihrer Umsetzung in der Geschichte ein tiefer Abgrund klafft. Die sinnliche Begeisterung hat sich in Schamhaftigkeit verwandelt, und vor allem hat die allgemeine Frauenfeindlichkeit die Oberhand gewonnen. Natürlich gab es auch im Judentum und im Christentum solche Verschiebungen, doch sind sie nicht weiter erklärungsbedürftig. »Die schönen Gleichheitsprinzipien und demokratischen Bemühungen des Urislam«, schreibt Bouhdiba, »sind manchmal auf der Stufe frommer Absichten stehengeblieben, und der arabisch-muslimischen Gesellschaft blieben weder Ungerechtigkeit noch Adelsherrschaft, noch Feudalismus erspart. Es ist daher *a priori* vollkommen begreiflich, daß die überschwengliche Auffassung vom Leben im Islam in einer schamhaften und sittsamen Gesellschaft mündete.«[41]

Wie kam es zu dieser Abtrift? Einige Erklärungen werden angeboten, von denen die meisten sich auf die Wechselfälle der Geschichte berufen. Mehrere Faktoren wirkten sich gegen die muslimische Frau und für eine übertrieben schamhafte Auffassung von Sexualität aus: die arabische Sitte des Konkubinats, wobei die Konkubine, ursprünglich eine Sklavin, am Ende eine Art Antiehefrau wurde, die ausschließlich der Lust diente, und der Einfluß der Beduinenkultur und -lebensweise, die den liberaleren städtischen Traditionen entgegenarbeitete. Germaine Tillion spricht von der »wirtschaftlichen Grundlage der Endogamie, die die Praxis der Vetternehen einrichtet und damit die Rotation der Frauen, die Ausdehnung und die Äußerung jeglicher Liebe verhindert, die nicht mit den Gruppeninteressen im Einklang steht.«[42]

Vor allem müssen wir uns klarmachen, daß es eine Wechselwirkung zwischen der alten Beduinenkultur und der Entstehung der Sufiweisheit gab, die so lustfeindlich wie die christlichen Anachoreten der ersten Jahrhunderte gesinnt war. Der Sufismus übernahm von der strengen Beduinenkultur und der höfischen Liebe (*al-hubb al-'udhri*) die Ablehnung der Sinnlichkeit und Vergeistigung der Sexualität; die Liebe der muslimischen Mystiker war ganz und gar Gott zugewandt. Wie die Enkratiten des Urchristentums praktizierten im übrigen auch manche Sufis die freiwillige Kastration, der jedoch mehrere Aussprüche des Propheten entgegenstehen. »In ihren kühnen Spekulationen sind manche Sufis so weit gegangen, daß sie in sich nicht nur jede Anwandlung sinnlichen Begehrens negierten und jede Form der Begierde von sich wiesen, sondern sie sich auch des Penis als des sichtbarsten Zeichens ihrer Knechtschaft gegenüber den Leidenschaften beraubten.«[43]

In den islamischen Gesellschaften haben sich also die Auffassung und die Ausübung der Liebe im Verlauf der Geschichte je nach Einflüssen verändert. Restriktiv zur Zeit der Mystiker, der Derwische und der Gottesliebe, erblühten sie unter den verschiedenen aufgeklärten Dynastien des zehnten bis zwölften Jahrhunderts, in denen die islamische Zivilisation ihren Höhepunkt erreichte, und in den verschiedenen Regionen des großen Kreisbogens von Granada bis Isfahan, den der Islam einst bezeichnete. »Seither«, schreibt Chebel,

»befinden sich die Kunst, die Lebensart, die Kultur des Bettes und die Poesie der Liebe in unablässigem Niedergang. Darin folgen sie allen anderen Elementen der arabisch-islamischen Zivilisation.«[44]

Wie im Fall Chinas trugen schließlich die Angriffe von außen großenteils zu der puritanischen Verkrampfung des Islam bei, unter anderem die Kolonialisierung. Vor allem seit dem Einfall der Kolonialmächte, der wie eine Vergewaltigung erlebt wurde, wich die arabische Welt in sich selbst zurück. »Die arabische Gesellschaft verschanzt sich hinter Verteidigungsstrukturen rund um die Bereiche, die zu Recht als lebenswichtig angesehen werden: die Familie, die Frau, das Heim. Den kolonialen Einfluß von außen beschränken, aber die Innerlichkeit und Intimität des Daseins mit Zähnen und Klauen verteidigen: das ist die Strategie. [...] Fanatisch oder nicht, ›wild‹ und ›intolerant‹ oder nicht, gelang es dem islamischen Glauben jedenfalls, eine wirksame Barriere zwischen sich und den neuen Herren aufzurichten und jede Assimilationsbestrebung erfolgreich abzuwehren. Seither wurde die arabische Frau in die historische, unerwartete Rolle einer Traditionshüterin eingesetzt, damit betraut, die kollektive Identität zu bewahren.«[45]

Diese Zeilen wurden im Jahr 1975 geschrieben, wenige Jahre vor der schiitischen Revolution im Iran und der fortan erklärten Intoleranz eines Teils der muslimischen Welt, der sich heute von der Gleichmacherei der Kulturen nach westlichem Muster angegriffen fühlt – nach Ansicht der Fundamentalisten eine zweite Kolonisierung. Die Gewalttaten, die in Algerien im Namen Allahs begangen werden, die von der Welt abgeriegelten, verschleierten oder ermordeten Frauen, der puritanische Wahn in Afghanistan und anderswo – alle diese Extreme veranschaulichen, wie weit die beklemmende Rückzugsbewegung eines gedemütigten, vom Zweifel befallenen Islam, der wütend seine eigenen Reichtümer von sich weist, bereits fortgeschritten ist.

Doch im Gegensatz zu alldem, jenseits der schlimmsten Blutbäder, die jeder Religion und natürlich auch dem Islam fremd sind, tauchen hier und dort immer noch der Wille zur Überschreitung durch die Liebe und der Wunsch nach sinnlichem Glück auf. Auch dies entspricht der Tradition. Vom algerischen Raï zur anstößigen Folkore der Tuareg-Sängerinnen, vom kabylischen Izli zu den Berberversen, wie sie Mririda N'Aït Attik singt, von den wollüstigen Kantilenen, die man im Hammam vor sich hin summt, bis zur orgiastischen Musik in den Niederungen von Sidi-Bel-Abbès oder Mostaganem und dem lüsternen Geflüster der marokkanischen Hetären halten sich beharrlich Lust und Begehren, entgegen allen Hindernissen, zäh und unverwüstlich dem Geist jenes Vierzeilers von Omar Khayyam ergeben, der aus dem elften Jahrhundert stammt:

»In einem Arm den Krug, im andern den Koran,
Bald auf geradem Weg, bald auf verbotner Bahn,
So bin ich unter dem türkisgewölbten Dom
Kein ganzer Heide und kein rechter Muselmann.«[46]

10

UTOPIE UND ÜBERSCHREITUNG

Die Anthropologie, die Geschichte, die Literatur und natürlich die Dichtung erteilen uns eine hübsche Lektion: Zu jeder Zeit und unter jedem Himmel hielt sich unterschwellig ein hartnäckiger Widerstand gegen die Zwänge der Norm. Die Norm war vorhanden, aber die Überschreitung ebenso; ein holistischer Zusammenhalt wurde bewahrt, doch an den oder jenseits der Verbotsgrenzen gab es noch Spielraum. Das kollektive Gedächtnis und die Bilderwelt einer Gesellschaft zeugen von der Beständigkeit einer sexuellen Gegenkultur, einem anarchistischen Untergrund, einer Methode, sich mit den Regeln, auch den einvernehmlichsten, zu arrangieren. Es wäre sinnlos, verlorene Erinnerungen an den Umgang mit Sexualität heraufzubeschwören, räumten wir nicht auch jener verborgenen, jubelnden Seite des menschlichen Abenteuers ihren Platz ein.

Von einem Jahrhundert zum nächsten spielte sich überall auf der Welt eine parallele Geschichte der Liebe ab, bei deren Betrachtung wir zwei Fehler vermeiden müssen: abgeklärte Gleichgültigkeit und übertriebene Ehrerbietung. Denn dieser Spielraum, in dem die Ausschweifung stattfindet, verkörpert weder eine heroische Wahrheit der Freiheit im Gegensatz zur Lüge des Verbots noch ein hedonistisches Gutes, das sich glorreich einem puritanischen Bösen entgegenstellte, noch eine Art Samisdat, einen Untergrundverlag, der die Rhetorik des Tyrannen und die Dummheit der Zensur unterwandert. Vielmehr sollten wir von einem Scharfblick der Geschichte sprechen, einer immer wieder neu erfundenen Dialektik zwischen Verbot und Überschreitung. Beide gehen von der Vorstellung eines undefinierbaren sozialen Gleichgewichts aus, das ständig gesucht und ständig zerstört wird, eines Omegapunkts, den die Gesellschaften unermüdlich neu entwerfen, aber auch immer wieder in Frage stellen, als ahnten sie die Unmöglichkeit einer Stabilisierung im einen oder anderen Sinn, entweder im repressiven Holismus (Gruppenbewußtsein) oder in der anarchischen Regellosigkeit (Individualismus). Die Sexualität und ihre Regulierung sind Gegenstand dieses niemals abgeschlossenen Wechselspiels, und dies ist der Grund, weshalb sie uns so sehr faszinieren. Sie fassen im besten Sinn des Wortes die Menschlichkeit unseres Schicksals zusammen.

Wir beginnen mit dieser Unmöglichkeit, das heißt der stets begehrten, aber langfristig nicht praktikablen sexuellen Utopie. »Das Fleisch ist jener Exzeß in uns, der sich dem Gesetz des Anstands widersetzt«, schreibt Bataille. »[...] wenn es aber, wie ich glaube, ein vages und umfassendes Verbot gibt, das sich in verschiedenen, von Zeit und Ort abhängigen Formen der sexuellen Freiheit entgegenstellt, so ist *das Fleisch* Ausdruck für die Rückkehr dieser bedrohlichen Freiheit.«[1] Die Permissivität, die wir im Westen seit etwa dreißig Jahren erleben, weiß sehr wohl, daß sie von diffusen Repressionsängsten und unvorhersehbaren Verwerfungen bedroht wird. Machen wir uns klar, daß wir weder die ersten noch die letzten sind, die gleichzeitig sowohl die Anziehungskraft der permissiven Utopie als auch die Zwangsläufigkeit ihrer Grenzen verspüren.

ARISTOPHANES ALS RETTER DER HÄSSLICHEN

Seit jeher spuken sexuelle Utopien durch kollektive Bilderwelten. Seit Anbeginn träumten Männer und Frauen vom idealen Staat, in dem nichts ihre Sehnsüchte und Begierden durchkreuzte, sondern allein die Wonnen des Körpers und ihre Unschuld maßgeblich seien. Schon Aristophanes versuchte in seinem Stück *Weibervolksversammlung*, sich eine Gemeinschaft dieser Art vorzustellen, die bezeichnenderweise von Frauen regiert wird. Praxagora, die Heldin, die die Athenerinnen anstachelt, die Macht zu ergreifen, begründet mittels Dekret eine Güter- und Geschlechtsgemeinschaft. Fortan soll es weder Arme noch Reiche geben, und die Frauen werden nach Belieben mit allen Männern schlafen. Doch Aristophanes war viel zu sehr vom Gedanken der Gerechtigkeit beeinflußt, um nicht zu wissen, daß eine Staatsform dieser Art eine womöglich noch größere Ungerechtigkeit in sich birgt: die unweigerliche Bestrafung aller häßlichen Menschen, die durch die Brutalität der freigesetzten Begierden disqualifiziert würden, während die Schönen und Starken die einzigen Nutznießer sämtlicher Wohltaten der neuen Freiheit wären. (In seinem Theaterstück wird der Gerechtigkeitssinn ironisch unterstrichen, indem das Hinterteil dort *o aristodemos* genannt wird, denn dieser Körperteil ist, wie der Name sagt, dem Adel und dem Volk gemeinsam.)

Um der Gerechtigkeit willen läßt die Anführerin die *Weibervolksversammlung* eine Gesetzeserweiterung verabschieden, die ausdrücklich eine »Quotenregelung«, wie wir es nennen würden, für die Benachteiligten und Pechvögel in der Liebe festsetzt. Den Frauen ist erlaubt, sich nach freiem Ermessen den Schönen und Großen hinzugeben, jedoch erst nachdem sie ihre Gunst den Kleinen und Häßlichen geschenkt haben; ebenso sind auch die Männer verpflichtet, zuerst die alten und häßlichen Frauen sexuell zu bedienen – eine bewundernswerte Eingebung, von der wir in unserer heutigen Gedankenlosigkeit einiges lernen könnten. Mit dieser schlichten Randbemerkung erinnert Aristophanes daran, daß eine zu ungebremste Freiheit, in Liebesdingen ebenso wie auf anderen Gebieten, die Ungerechtigkeit nur verschärft, weil sie dem Egoismus der Bessergestellten ungehemmt seinen Lauf läßt.

Im siebzehnten Jahrhundert nahmen in Europa die literarischen oder philosophischen sexuellen Utopien offenbar im selben Maße zu, wie der Moralismus bedrückender wurde. In einem unzüchtigen Buch, *Civitas solis*[2], verknüpfte Tommaso Campanella pantheistische Gedanken mit dem Entwurf zu einer Neuordnung der Liebessitten. Der Verfasser war ein als Philosoph herausragender Dominikanermönch, der eine Verschwörung anzettelte, um seine Heimat Kalabrien vom Joch der Spanier zu befreien, von der spanischen Regierung wegen des beabsichtigten Majestätsverbrechens in den Kerker geworfen wurde, wo er siebenundzwanzig Jahre schmachtete, siebenmal auf die Folter gebracht wurde und endlich nach Frankreich floh, wo ihn Ludwig XIII. wohlwollend aufnahm und ihm eine Pension von dreitausend Pfund aussetzte. Im selben Geist schrieb Tiphaigne de La Roche 1725 in seiner *Histoire des Galligènes*, niemand solle irgend etwas für sich besitzen; alles gehöre der Republik, alles gehöre allen. Nie werde man sagen: Diese Frau sei mein, denn jede Frau werde die Gattin aller Bürger sein. Der Staat seiner Vorstellung lehnt jeden Gedanken an Besitz oder erzwungene Treue in Liebesangelegenheiten strengstens ab.

Im achtzehnten Jahrhundert war die interessanteste Persönlichkeit auf diesem Gebiet natürlich Charles Fourier, der politische Utopist und glühende Verfechter der sexuellen Befreiung. Geboren in Besançon, war er zunächst Kaufmann und Handelsreisender, wandte sich aber bald der Politik zu. Übererregt durch seinen eigenen Erfindungsgeist, lief er schlaflos, in Selbstgespräche vertieft durch die Straßen, zerstreut wie der sprichwörtliche Professor, war überzeugter Junggeselle und Kinderfeind, vermaß die Pariser Monumente mit einem Meterstab, begeisterte sich für die Geographie und hauste in einer winzigen, von Topfpflanzen überquellenden Wohnung am Montmartre. Dort arbeitete er das Prinzip eines idealen sozialistischen Systems aus, einer von allen Zwängen und repressiven Moralvorschriften befreiten sozietären Gemeinschaft. Über die Frauen und ihre Befreiung, auch auf sexuellem Gebiet, verkündete er seinerzeit völlig untragbare Ideen, die ihn uns sympathisch machen: »Das Glück der Männer in der Liebe ist proportional zu der Freiheit, deren sich die Frauen erfreuen.« Auch verteidigte er »das Glück der jungen Witwen, zumal wenn sie sich ihre Freiheit zu bewahren verstünden und nicht vom Regen in die Traufe gerieten, nämlich vom Joch eines Gatten unter das Joch eines sentimentalen Aufschneiders, sondern sich die Unabhängigkeit in der Liebe ebenso erhielten wie das Recht, den Liebhaber zu wechseln.«[3]

Das komplizierte Gerüst seiner *Neuen Welt der Liebe*, so der Titel eines seiner Bücher, besteht aus sexuellen Ordnungen und Kasten und stellt vorsorglich ein »Gesetz« der Polygamie auf. In diesem vollendeten Staat vollziehen sich selbst die Orgien wie eine mondäne, »omnigame« Quadrille, damit ein Mindestmaß an gesittetem Verhalten gewahrt bleibt. Dieser Entwurf einer Polygamie kann durch eine »schwenkbare Zuneigung« korrigiert werden, wie Fourier sagte, das heißt eine dauerhafte Präferenz in der Liebe. Mit einer für seine Zeit unerhörten Kühnheit sang er ein Loblied auf Päderastie und sapphische Liebe, wie es damals hieß, und wissenschaftsgläubig, wie er war, nahm er sich vor, die Intensität der Lust in ihren verschiedenen Erscheinungsformen präzise zu messen, nicht anders als Wilhelm Reich, der Entdecker der »Orgonenergie«, ein Jahrhundert nach ihm. Tatsächlich war Fourier in mehrerlei Hinsicht der Vorläufer Reichs, zum Beispiel auch in bezug auf gewisse kosmische Wahnideen; so sprach er etwa von der »Androgynie der Planeten« und versicherte, wie die Pflanzen begatteten sie sich selbst, um Leben zu erzeugen.

AUF DER SUCHE NACH DEM WEIBLICHEN MESSIAS

Claude-Henri de Rouvroy, Graf von Saint-Simon, Volkswirt und Philosoph und Begründer der ersten sozialistischen Schule, der einen erheblichen Einfluß auf das ganze neunzehnte Jahrhundert ausübte, legte eine verfeinerte Version der Utopien Fouriers vor. Nach seiner Vorstellung ginge es darum, eine um ein »Priesterpaar« organisierte mystische Religion der Liebe und Verführung zu verwirklichen, eine natürliche, wenn auch ketzerische Weiterführung des Christentums. So nennt sich eines seiner Hauptwerke, veröffentlicht 1825, treffend *Das neue Christentum*. Nach seinem Tod im selben Jahr wurde seine Botschaft von tatkräftigen Anhängern aufgegriffen, die eine Schule bildeten und die Theorien in die Praxis umsetzen wollten. Ihr Anführer war Prosper Barthélemy Enfantin, ein erleuchteter Guru, Sohn eines Bankiers und Absolvent des Polytechnikums. »Vater« Enfantin und seine »Apostel« arbeiteten unermüdlich am Entwurf eines Postchristentums, dessen Hauptziel die Rehabilitierung der Materie im allgemeinen und des Fleisches im besonderen war.

Als Verteidiger der Schönheit, der Sanftmut und des Charmes war das »Priesterpaar« nach der saint-simonistischen Religion damit betraut, auf gesellschaftlicher Ebene die »beständigen« und die »unbeständigen« Lieben miteinander zu versöhnen und im wörtlichen Sinn zu regulieren, die im übrigen merkwürdig an die »notwendige Liebe« und die »Zufallslieben« von Simone de Beauvoir und Jean-Paul Sartre erinnern. »Einmal«, schrieb Prosper Enfantin, »besänftigt das Priesterpaar den unmäßigen Eifer des Geistes oder mäßigt die entfesselten Gelüste der Sinne; dann wieder weckt es im Gegenteil den apathischen Verstand oder wärmt die erstarrten Sinne; denn es kennt all den Zauber von Anstand und Scham, aber auch all die Anmut von Hingabe und Wollust.«[4] Der Priester war seinerseits befugt, sexuelle Beziehungen zu seinen Gläubigen zu unterhalten.

Der religiöse Beiklang dieser Utopie ist unverkennbar. »Das Entzücken, in das uns der Genuß körperlicher Schönheit und aller Freuden der Sinne stürzt«, schreibt Alexandrian über Prosper Enfantin, »darf nicht mehr als ein Hindernis vor der moralischen Entwicklung betrachtet werden, sondern gilt als echte religiöse Inspiration. Die Religion sollte so aufgebaut sein, daß man zur Kirche geht, um dort schöne Männer und schöne Frauen zu sehen und sich von sinnlicher Begeisterung erfüllen zu lassen, was sonst allenfalls beim Besuch von Theatern und Tanzsälen gelingt. Abgesehen davon geht es jedoch nicht darum, im Gegensatz zum christlichen Vorurteil die Sinne über den Verstand zu erhöhen, sondern das vollkommene Gleichgewicht zwischen Geist und Leib zu schaffen.«[5]

In *Le Globe* begeisterte sich ein Kolumnist für diese künftige Gesellschaft und bemerkte: »Wir sähen Männer und Frauen, vereint durch eine Liebe, die beispiel- und namenlos wäre, denn sie erlebte weder *Erkaltung* noch *Eifersucht*; Männer und Frauen, die sich vielen hingäben, ohne deshalb aufzuhören, einander zu gehören, und deren Liebe im Gegenteil wie ein göttliches Bankett wäre: um so prachtvoller, je größer die Zahl und die Wahl der geladenen Gäste.«[6]

Im Jahr 1832 erlebte die Utopie Saint-Simons eine erste zaghafte Verwirklichung. Enfantin bezog mit einer Gruppe seiner Anhänger ein Haus in Ménilmontant. Dort bildeten sie eine Gemeinschaft von Intellektuellen, in der die manuellen Tätigkeiten gerecht verteilt und ergeben hingenommen wurden. Die Apostel waren bärtig und ungewöhnlich gekleidet – weiße Hose, violette Tunika und rote, im Rücken geknöpfte Weste –, was ihnen den Hohn aller Passanten eintrug. Im bürgerlich prüden Paris des neunzehnten Jahrhunderts erregten diese ersten Hippies natürlich Anstoß; bereits im August 1832 wurde Enfantin vor Gericht zitiert. Vor seinen Richtern prangerte er die Heuchelei der bourgeoisen Ehebrecher und die Schande der Prostitution an. Er wurde zu einem Jahr Gefängnis verurteilt.

Daraufhin veranstalteten die Saint-Simonisten etliche Reisen in den Orient, um dort den »weiblichen Messias« zu suchen, der die Prophezeiung erfüllen sollte. In Istanbul wanderten sie in ihren schrillen Kostümen durch Gassen und Suks, sangen Choräle und warfen sich vor jeder beliebigen Frau nieder, die ihren Weg kreuzte. Andere Gefährten zogen unterdessen durch den französischen Süden und verkündeten, das Reich der Frau sei nahe, bald werde uns die Mutter aller Männer und Frauen erscheinen. Sie ernteten keinerlei Wohlwollen, sondern wurden mit Schlägen und Steinwürfen empfangen. Doch vor allem in Äypten betätigten sich die Saint-Simonisten, besonders auf der riesigen Baustelle des Suezkanals, wo einige »Damen des Staudamms« nicht mit ihrer Huld geizten und Erinnerungen hinterließen, die noch heute lebendig sind.[7]

Aus dem Abstand ist es freilich leicht, über solche Irrungen und diesen bombastischen sexuellen Mystizismus zu lächeln. Der Zeitpunkt ihres Erscheinens ist jedoch sehr vielsagend: die Liebesutopien wurden immer phantasievoller und lebendiger, je stärker die Epoche sich dem Puritanismus verschrieb, wie es im neunzehnten Jahrhundert ohne Zweifel der Fall war. Doch dieses bürgerliche und positivistische Jahrhundert war außerdem von einer großartigen Zuversicht und dem hartnäckigen Glauben an den Fortschritt und die Macht des menschlichen Willens geprägt. Die Liebesutopie der

Saint-Simonisten drückte ebenso eine Auflehnung gegen die neue puritanische Scheinheiligkeit aus wie den unerschütterlichen Glauben an die Zukunft; insofern ist sie exemplarisch.

SEX ALS SUBVERSION

Die sexuellen Utopien, die der Geschichte zum Opfer fielen, nahmen freilich nicht immer eine ätherische, mystische oder spekulative Form an. Wir wissen, daß alle menschlichen Gesellschaften in regelmäßigen Abständen von revolutionären, politischen, ideologischen oder religiösen Turbulenzen heimgesucht wurden, die sich fast immer auf die Sexualmoral auswirkten – Zeiten, in denen die bis dahin geltenden Regeln absichtlich aufgehoben wurden und ein hedonistischer Freigeist sich Bahn brach; Phasen des Überschwangs, aus der Zeit ausgeklammert, auf die eine Periode der Strenge folgte, während der Gesetz und Ordnung wiederhergestellt wurden. Hier ist nicht die Zeit noch der Ort, um dieses lange Wechselspiel zwischen Ausgelassenheit und Buße genauer unter die Lupe zu nehmen und ein besonderes Augenmerk auf die dabei wirksamen Mechanismen zu werfen; dennoch können wir uns anhand einiger Beispiele fragen, welcher Natur das auftretende Hindernis und die entstandene Unordnung eigentlich waren. In beinahe allen Fällen werden wir feststellen, daß die Experimente an einer unkontrollierbar gewordenen Gewalt scheiterten.

Georges Bataille gehört zu jenen, die diese verworrene Verbindung zwischen Begierde und Gewaltsamkeit am klarsten durchschauten und analysierten. Paradoxerweise wurde er nicht müde, auf der im wesentlichen befriedenden Funktion des Verbots zu beharren. »Durch seine Aktivität«, schrieb er, »schuf der Mensch die vernünftige Welt, doch bleibt in ihm stets ein Grund von Gewaltsamkeit erhalten. Die Natur selbst ist gewaltsam; und so vernünftig wir auch werden, immer wieder kann uns eine Gewaltsamkeit beherrschen, nur daß diese jetzt keine bloß natürliche mehr ist, sondern die Gewaltsamkeit eines Vernunftwesens, das zu gehorchen versuchte, aber einer Regung unterliegt, die es nicht auf seine Vernunft zurückführen kann. [...] Die Verbote richten sich hauptsächlich gegen die Gewaltsamkeit.«[8]

Unserer Wachsamkeit entzogen, lauert hinter der Geschwätzigkeit unserer Zeit nach wie vor die schlummernde Energie der mit Gewalt verbundenen Begierde, dieser rohen Kraft, die stets bereit ist, Grenzen und Verbote zu überschreiten, und fähig, jeden Moment die Ordnung der Gemeinschaft umzustürzen. Manchmal sind die berühmten Phantasmen, denen unsere Zeit so viel Wert beimißt, das Eingeständnis dessen. Nehmen wir nur diese wenigen Sätze, die aus einer Sammlung von Aussagen stammen, die Frauen zum Thema Pornographie machten; eine gewisse Sylvie, zweiundzwanzig Jahre alt, bekennt: »An Revolutionen zu denken, finde ich heiß, das sind die erotischsten Geschichtsperioden. Da hat man Angst, da wird gekämpft, da kommt es zu Gewalt. Der Faschismus ist mir unerträglich, aber erregen tut er mich doch [...] Grundlose Gewalt finde ich am aufregendsten. Szenen, wo Kinder oder Frauen weh getan wird. Wo Unschuldige gefoltert werden.« Eine dreiunddreißigjährige Journalistin mit Namen Sophie geht noch weiter: »Das Pfählen«, sagt sie, »ist ohnehin die Hinrichtungsart, die mich am meisten aufregt, am meisten entsetzt und am meisten reizt.«[9]

Solche kriminellen Begierden sind natürlich Hirngespinste. Sie werden ausgesprochen, »ohne daß man sich was Böses dabei denkt« und ohne daß man sich auch nur eine Sekunde lang vorstellt, sie in die Tat umzusetzen. Aber gerade in ihrer Arglosigkeit drücken sie eine uralte Gefahr aus, die wir im Auge behalten müssen, wenn wir uns der Vergangenheit zuwenden. Dieser Gefahr beziehungsweise Bedrohung stand die Geschichte immer wieder gegenüber, an ihr scheiterten die meisten Utopien der Permissivität.

Seit Jahrhunderten erscheint die sexuelle Freizügigkeit entweder im Gewand einer Forderung an die etablierte Ordnung oder als Rückschlag nach einem politischen Zusammenbruch. Das alte China erlebte sexuell motivierte Untergrundbewegungen, die aus der Ausschweifung eine politische Waffe machten. Am Ende der Han-Dynastie, im dritten Jahrhundert unserer Zeitrechnung, fanden mehrere taoistische, von sexuellem Mystizismus dieser Art getragene Revolten statt, insbesondere der Aufstand der *Hoang-kin* (»gelben Turbane«), der zwar in einem Gemetzel unterging, doch den Sturz der Dynastie beschleunigte. Diese »Mystiker« ließen sich von einem Traktat inspirieren, dem *Huang-shu* (»gelben Buch«), in dem die Zügellosigkeit als »die wahre Kunst zur Erlangung der Lebensessenz« bezeichnet wird. In den darauffolgenden Jahrhunderten und bis ins neunzehnte Jahrhundert hinein flammten weitere sexuelle Utopien in China auf. Ein kaiserlicher Erlaß aus dem Jahr 1839 nahm auf eine dieser religiösen Bewegungen Bezug, eine Sekte, die sich *K'un-tan* nannte. Zugelassen waren nur Männer und Frauen, die paarweise die vorgeschriebenen Liebespraktiken vollzogen. »Sie versammeln sich abends, sie sind zahlreich in einem einzigen Raum, und die Lampen brennen nicht. Nun beginnt ein fleischlicher Verkehr in der Dunkelheit.«[10]

Die Tradition obszöner Subversion ist in der Geschichte Chinas so tief verwurzelt, daß sie noch mitten im zwanzigsten Jahrhundert wiederauftauchen konnte. Ende 1950 bemühte sich die junge maoistische Volksrepublik, eine taoistische Geheimsekte zu bekämpfen, die sich *Yi-koan-tao* nannte. Ihre Mitglieder waren dem kommunistischen Regime feindlich gesinnt und hielten orgiastische Opferriten ab. Robert van Gulik zitiert in diesem Zusammenhang die Zeitung *Kuang-ming-je-pao* vom 20. November 1950: »Die Anführer dieser Sekte, schamlose Wüstlinge, organisierten einen ›Schönheitswettbewerb‹ mit den weiblichen Sektenmitgliedern und forderten ihre Mitglieder auf, sich während des ›taoistischen Unterrichts‹ in Promiskuität dem fleischlichen Verkehr hinzugeben, wodurch die Teilnehmer Unsterblichkeit und ewige Gesundheit erlangten.«[11]

Erinnern wir noch daran, daß die revoltierenden Studenten während des »Pekinger Frühlings« im Jahr 1989 *dazibaos* an die Hauswände rund um den Platz des Himmlischen Friedens hefteten, in denen sie eine »offene Sexualität« forderten.

Während der Französischen Revolution ging die Verurteilung der angeblichen oder realen Schandtaten der Aristokratie, wie wir gesehen haben, mit allen möglichen spezifischen Beschwerden über die neue Zügellosigkeit einher, beispielsweise auf seiten der Homosexuellen. 1790 verfaßte eine Gruppe, die sich »Ritter vom Manschettenorden« nannte, einen merkwürdigen Text mit dem Titel: »Kinder von Sodom in der Nationalversammlung oder Abgeordnete des Manschettenordens an die Vertreter aller Stände aus allen sechzig Pariser Bezirken«. Darin werden gewisse Freiheiten für die »Ritter« gefordert, insbesondere in den Pariser »Rotlichtbezirken«; abgedruckt war ferner die Einleitung zur Rede des Herzogs von Noailles, eines Gruppenmitglieds: »Die Antiphysis, von ihren Gegnern höhnisch Schwulität genannt und aufgrund jahrhundertelanger Unwissenheit bis zum heutigen Tag als unstatthaftes Spiel der Geilheit betrachtet, wird jedoch in Zukunft eine anerkannte und in allen Schichten der Gesellschaft unterrichtete Wissenschaft sein.«[12] Es folgte eine Liste der Abgeordneten, in der Hinz und Kunz der damaligen Sodomitenkreise zu finden waren.

Aber erst während des Direktoriums, nach der Schreckensherrschaft, die von einem puritanischen Säuberungswahn bestimmt war – das Strafgesetz von 1791 hatte bereits den Begriff »widernatürliche Sitten« gestrichen –, gab man sich einer Vergnügungssucht und einer Gier nach ostentativer Ausschweifung hin, die um so entfesselter waren, als sie das Grauen der Guillotine vergessen halfen. Die ersten Warnungen wurden jedoch gerade zu diesem Zeitpunkt laut, und zwar wegen der Gewalt gegen Kinder. Die Pariser Sittenlosigkeit hielt nicht an. Dies bezeugt, unter vielen anderen Dokumenten, ein Polizeibericht, den der Bürger Picquenard, Kommissar der Exekutive, an den Bürger Merlin, den Präsidenten des Exekutionsdirektoriums, den berühmten Merlin de Douai, am 5. Prairial[13] des Jahres VI schrieb und worin er sich höchst beunruhigt über das Klima allgemeiner Zersetzung und Verderbtheit des Volkes äußerte. Er sprach von den »Päderasten«, die sich im Palais-Royal niedergelassen hätten, und berichtete, seit einiger Zeit würden dem Polizeiposten des Viertels männliche Kinder vorgeführt, die unter Geschlechtskrankheiten litten; die ältesten seien knapp sechs Jahre alt. Die Reaktion ließ nicht lang auf sich warten. Bereits 1810 führte das napoleonische Strafgesetz die zeitweilige oder lebenslängliche Gefängnisstrafe für Sittlichkeitsvergehen bei Gewaltanwendung an Minderjährigen unter fünfzehn wieder ein.[14]

OKTOBERREVOLUTION UND »SEXUELLES CHAOS«

Ein vergleichbares Szenario entfaltete sich im bolschewistischen Rußland. Zwischen 1917 und 1922 führten die revolutionären Umwälzungen und nach drei Jahren Krieg nun auch noch der Bürgerkrieg zu einer Zerrüttung von Gesellschaft und Familie, dessen Ausmaß nicht einmal die Kommunisten für wünschenswert hielten. Es existieren ergreifende Schilderungen der Tausenden von Familien, die über die Landstraßen irrten, ganzer Dörfer, die sich auf den Weg machten, um irgendwo Nahrung zu finden, der Frauen, die ihre Kinder im Stich ließen, sich zuerst gelegentlich, dann regelmäßig prostituierten, um zu überleben, während auch Jugendliche beiderlei Geschlechts Prostitution betrieben und »Kinderbanden« entstanden, sich selbst und ihren skrupellosen Ausbeutern überlassen, ständigen Vergewaltigungen und Gewalttaten ausgesetzt; Ende der zwanziger und Anfang der dreißiger Jahre tauchte in der kommunistischen Presse der Begriff »sexuelles Chaos« auf. Entsetzt über die Zunahme der Unordnung und privaten Gewaltverbrechen, denen häufig ein sexuelles Motiv zugrunde lag, warf man der Jugend vor, sie gebe sich den verwerflichsten Exzessen hin, und den Erwachsenen, sie habe jedes Gefühl für moralische Verantwortung verloren. Das Thema »Allgemeines sexuelles Chaos«, das breitgetreten und dem Volk eingehämmert wurde, diente letztendlich dazu, im Namen des Gemeinwohls den neuen Moralismus in der Gesetzgebung der dreißiger Jahre zu rechtfertigen.

In der *Sexuellen Revolution* schrieb Wilhelm Reich, das Chaos sei absichtlich überbewertet worden, damit die Rückkehr zur alten Ordnung leichter durchzusetzen sei – Verbot der Homosexualität, Förderung einer geburtenfreundlichen Familienpolitik. Aber er berichtete – ohne sich besonders darüber zu freuen –, wie einige »Kommunen« junger Russen spontan auf die Mechanismen freiwilliger Regulierung zurückkamen, um dem »sexuellen Chaos« vorzubeugen. So erhielt die Verfassung einer Moskauer Kommune den Zusatz: »Geschlechtliche Beziehungen der Kommunarden sind in den ersten Jahren der Kommune unerwünscht.«[15]

Während der beiden Revolutionsphasen in Frankreich und in Rußland waren es die Gewalt und die Anarchie, die als Gefahr für die Gruppe beurteilt wurden und die Utopie scheitern ließen. Sichtbar wird aber auch die Ambivalenz der Revolution selbst. Tatsächlich werden in Zeiten des Aufruhrs zwei widersprüchliche Prinzipien ins Extrem gesteigert. Zum einen wohnt der Revolution naturgemäß ein starker Trieb zu Zerstörung und Chaos inne. Sie sieht sich als brodelnde Aufwallung, die Anstand und Moral verschlingt. Es wurde viel geschrieben über die sexuelle Raserei, die 1789 das Pariser Volk ergriff, während es zum Angriff gegen die alte Welt stürmte, über diese Endzeitstimmung während des letzten Aufbäumens einer korrupten und verdorbenen aristokratischen Ordnung, auf die das Volk spie und die es zugleich beneidete.

Bataille erzählt träumerisch von jener wunderlichen Szene, die sich vor dem 14. Juli 1789 zutrug, als der Marquis de Sade, das lebendige, teuflische Symbol der Dekadenz und zu dem Zeitpunkt in der Bastille inhaftiert, in ein anderes Gefängnis verlegt werden sollte. Sade, der in der Tat für den Rausch des Augenblicks empfänglicher war als irgendwer sonst, hatte versucht, die Passanten aufzuwiegeln und aus seinem Fenster gebrüllt: »Volk von Paris, man erwürgt die Gefangenen!« – »Er durfte nichts mit sich nehmen, und das Manuskript der *Hundertzwanzig Tage von Sodom* wurde bei der Plünderung, die auf die Eroberung der Bastille folgte, gestohlen. Stöberer sammelten in dem Haufen verschiedener Gegenstände, die den Hof bedeckten, was ihnen des Interesses wert schien. Das Manuskript fand sich um 1900 bei einem deutschen Buchhändler wieder. Und Sade selbst sagte, er habe ›blutige Tränen‹ vergossen wegen eines Verlusts, der in Wirklichkeit die anderen betraf, die Menschheit im allgemeinen.«[16]

Doch selbst wenn sie absichtlich sexuelle Unordnung stiftet, lebt jede Revolution gleichzeitig auch in einem Traum von Läuterung und Tugend – dem genauen Gegenteil der Zügellosigkeit –, der allerdings nur zu oft schlecht endet. Es besteht ein direkter Zusammenhang zwischen Terror und Tugend. An der Spitze einer Armee von Heiligen, die von moralischer Aufrüstung träumten, schritt Cromwell zu unzähligen Massakern. »Wer hätte es gedacht? Sogar die Tugend braucht Grenzen«, schrieb Montesquieu weise.[17]

Sehr deutlich veranschaulichte Tolstoi die Ambivalenz des Revolutionsgedankens. In seinem Roman *Auferstehung* von 1898 führte er eine große Gruppe von Revolutionären und Terroristen im Gefangenenlager vor, die über Gewalt und Sexualität diskutieren. »Tolstoi«, schreibt Georges Nivat, »der Apostel der Gewaltlosigkeit, nimmt ihnen gegenüber eine zwiespältige Haltung ein, die nicht frei von Hinterlist ist: er versucht sie in Gute und Böse einzuteilen und die Gewaltbereitschaft der einen auf eine Störung der *Sexualität* zurückzuführen (was in den Korrekturfahnen unmißverständlich, aber auch in der Endfassung immer noch sehr deutlich ist), und es ist bemerkenswert, daß er den Frauen ein ganz besonderes Schicksal bereitet, indem er nämlich ihr ›Bekenntnis zur Gewalt‹ mit einem sexuellen Mangel erklärt, vergleichbar den Defiziten, die eine ›Bekehrung zur Religion‹ herbeiführen: siehe die Figur der Maria Pawlowna. Keuschheit ist die zweite Erscheinungsform der terroristischen Askese.«[18]

Eines ist sicher: Kurz bevor die Ordnung wiedereinkehrt, löst das – reale oder eingebildete – Chaos, das den Zusammenhalt der Gruppe bedroht, eine diffuse Angst und die obskure Forderung nach Wiederherstellung der Normalität aus, deren sich bekanntlich Demagogen und »Restauratoren« aller Art zu bedienen wissen. »Die meisten Katastrophen in der abendländischen Geschichte«, bemerkt

John Boswell, »ließen sich anscheinend mühelos als das Ergebnis der üblen Machenschaften einiger Minderheiten erklären; und selbst wenn kein eindeutiger Zusammenhang ersichtlich war, forderten Zorn oder Angst häufig dazu auf, ein inneres Unbehagen durch Angriffe gegen das Ausgefallene, die außergewöhnliche Natur, die Ausnahme von der Gesellschaftsmoral wettzumachen. [...] Im Rom des vierten Jahrhunderts, während der Zeit des Zusammenbruchs und der Gefahren, oder im Paris Ende des vierzehnten hatte jede Abweichung von der Norm einen düsteren, beunruhigenden Beigeschmack und wirkte an der Konstellation böser Mächte mit, die auf die Zerstörung einer vertrauten Ordnung abzielten.«[19]

NACH DEM TOD EINES KÖNIGS

Heute sind wir daran gewöhnt, nicht nur bei Revolutionen, sondern schon beim Ende einer autoritären oder jedenfalls konservativen Regierung eine spürbare Liberalisierung der Moral zu erleben. Das war zum Beispiel in Québec der Fall, als die »stille Revolution« Anfang der sechziger Jahre das Erziehungsmonopol der katholischen Kirche beendete. Dasselbe geschah 1975, unmittelbar nach Francos Tod, in Spanien, das sich sofort dem anarchistischen und zügellosen Fest der *Movida* hingab. In den osteuropäischen Ländern wie in der ehemaligen UdSSR begleitet eine rasende Gier nach Vergnügungen und Lust das Ende der kommunistischen Diktatur; Pornographie und Prostitution sind dabei der Aufpreis.

In jüngster Vergangenheit wandten sich die Blicke nach Südafrika. »Zwanzig Monate nach der Wahl Nelson Mandelas«, war am 4. Januar 1996 in der Wochenzeitung *Courrier international* zu lesen, »schießen in den Großstädten die Bordelle wie die Pilze aus dem Boden. In den eleganten Vororten von Johannesburg vermehren sich die Clubs mit beziehungsreichen Namen: Erotica, Oriental Palace, schreibt *The Independent*, der den größten Puff von Johannesburg besichtigt hat. Das Hotel Quirinale zählt vierzehn Stockwerke. Unten türmen sich auf vier Ebenen Bars und Sofas, oben wimmelt es von Mädchen. Sie kommen aus Moçambique, Swaziland und anderswoher. Ihre Kunden sind zumeist Weiße aus der Mittelschicht. Sie zahlen weniger als hundert Rand für ihre Befriedigung. Und verlangen noch einen Nachschlag. ›Ein Bordellbesuch ist ein bißchen wie auf die Jagd gehen. Wenn du nie eine Antilope geschossen hast, brauchst du unbedingt eine. Und an dem Tag, an dem du die erste gekriegt hast, willst du nur noch eines: mehr‹, kommentiert ein Offizier der Sittenbrigade.«

Diese zügellose Revanche des freien Individuums an der Gruppe, der Freiheit an der Vorschrift, der gefräßigen Anarchie an der asketischen Gemeinschaftsordnung, diese hedonistischen »Krisen«, die sich die Gesellschaft hin und wieder leistet, sind kaum langlebiger als die revolutionären Exzesse. Früher oder später fordert ein minimaler Holismus seine Rechte zurück. Und wir sind natürlich versucht, dieses Auf und Nieder mit politischen oder ideologischen Begriffen zu deuten: Sieg des Fortschritts, Rückschlag des Konservativismus, Komplotte aller Art und so weiter. Vielleicht ist das eine recht enge Sicht. Zweifellos sind uns die Anthropologie und die Ethnologie, die in längeren Zeiträumen denken, von größerer Hilfe.

In *Der Mensch und das Heilige* legte Roger Caillois eine Interpretation vor, die Georges Bataille sehr überzeugend fand. In mehreren Büchern bezog sich Bataille auf die Überlegungen seines Freundes Caillois über die anfallartigen Ausbrüche sexueller Freizügigkeit innerhalb bestimmter Gruppen. In Wahrheit, sagte er, entspreche sie uralten Ritualen, deren Spuren sich immer noch im kollektiven Gedächtnis fänden. »Im Angesicht des Todes, in der Erkenntnis, daß das menschliche Streben gescheitert ist, greift manchmal eine maßlose Verzweiflung um sich. Dann scheint es, als gewännen wieder diese schweren Stürme und Aufwühlungen der Natur die Oberhand, denen nachzugeben der Mensch sich normalerweise schämt. In diesem Sinne ist der Tod eines Königs ein möglicher Anlaß für die schrecklichsten Greuel und Entfesselungen. [...] Kaum wird das makabre Ereignis verkündet, laufen die Menschen wild durcheinander, töten, was sich ihnen in den Weg stellt, plündern und vergewaltigen um die Wette. Die sexuelle Zügellosigkeit, sagt Roger Caillois, ›beginnt nun der Katastrophe zu ähneln, die über das Volk hereingebrochen ist [...] Dem Volkszorn stellt sich nie der geringste Widerstand entgegen. Auf den Sandwich-Inseln begeht das Volk bei der Nachricht vom Tod des Königs alle Taten, die zu normalen Zeiten als kriminell gälten: es zündet an, plündert und mordet, während die Frauen verpflichtet sind, sich öffentlich zu prostituieren.‹«[20]

Der Gedanke einer periodischen Erholungsphase verstört uns, weil diese eine paradoxe Weisheit in sich zu bergen scheint, die der gesunde Verstand instinktiv erfaßt und in vielen Sprichwörtern und Redensarten ausdrückt: es ist nicht alle Tage Sonntag, auch die schönsten Dinge haben ein Ende, nach den fetten kommen die mageren Jahre, und so weiter. Mehr noch, diese Parenthese in der Zeit weiß selbst, daß sie vorübergeht. Im voraus verinnerlicht sie den illusorischen Charakter der Utopie und die Tatsache, daß wir bald wieder gezwungen sein werden, uns die Lust durch Tricks zu erschleichen, statt ihr – was gefährlich wäre – den absoluten Vorrang einzuräumen. Die andere Seite dieser Weisheit ist also die Nachsicht gegenüber Andeutungen, das beständige Wohlwollen, das die gesellschaftlichen Gruppen gegenüber der Überschreitung an den Tag legen. Mit anderen Worten, die Kulturen mißtrauen den Utopien, aber sie hören nicht auf, in aller Stille oder in gedämpftem Ton die erotische Kühnheit zu verherrlichen, sei sie symbolisch oder real erlebt.

BESTÄNDIGKEIT DER EROTIK

Es wäre möglich, unsere gesamte Vergangenheit, von der ägyptischen und mesopotamischen Zivilisation über den griechisch-römischen Staat und die Anfänge des Christentums, das Mittelalter und die Aufklärung bis zur Moderne, anhand einer Geschichte der erotischen Literatur und der künstlerischen Überschreitung aufzurollen. Nicht ein Jahrhundert, nicht eine Epoche, nicht eine Kunst, die nicht ihre eigene üppig ausgestattete »Hölle« besäße. Darin finden sich, in endlosen Variationen, ein und dieselbe Wissenschaft des Verbots, ein und dieselbe ambivalente Art, auf das Verbot zu pochen und ihm gleichzeitig zu trotzen. Heimlich oder nicht, ist die erotische Kultur wie eine überempfindliche Fotoplatte, ein Negativ der offiziellen Kultur, deren Wechselfälle, Entgleisungen oder Verkrampfungen sie mit jeweils umgekehrtem Vorzeichen registriert.

Die Kultur des Mittelalters zum Beispiel war unendlich subtiler oder, sagen wir, schlauer, als wir uns vorstellen. Sie reinterpretierte die herrschenden Verbote, und so können wir an ihr aus dem Abstand begreifen, wie sie das Begehren im Mittelalter formten. »Das Verbot bringt Hirngespinste und Träume hervor, es fordert zur Überschreitung auf. Daraus entsteht eine Bilderwelt, die sich auch in den Kosmographien jener Zeit widerspiegelt, in den *Bildern der Welt*, den *Imagines mundi*, die nun ihre Blüte erleben und uns den Mittelpunkt der Welt als Ort der kulturellen Werte darstellen; entfernt man sich versehentlich von der Mitte, so gelangt man in merkwürdige, phantastische Gegenden, die von Ungeheuern bevölkert sind. Deshalb beschreiben uns die Kosmographen des Mittelalters Völker, die an den Rändern des Universums leben – ganz im Osten oder ganz im Westen – und die auf sexuellem Gebiet alle Verbote umkehren: sie praktizieren Vielweiberei, Homosexualität, Sodomie.«[21]

Die Erotik, die Verlängerung des Begehrens, ist auch eine Gegenkultur. Das Mittelalter, das vom Christentum durchdrungen war, nahm gern die Kirche und ihre Geistlichen als Zielscheibe ihrer erotischen Dichtungen, ohne jedoch allzu harsche Reaktionen auszulösen. Das Mittelalter, erklärt Alexandrian, das wir häufig für eine Zeit des Obskurantismus halten, war voll von diesen Originalen, die Gelehrte und Scherzbolde zugleich waren, gute Christen, die nicht zögerten, fröhlich die Folgen der Ausschweifung aufzuzählen. Jean Molinet, der Predigten und liturgische Gebete parodierte, zum Beispiel in *Le Sermon de saint Billouart*, war zu Lebzeiten so geschätzt, daß der Erzherzog Maximilian ihn adelte und zu seinem Berater erhob. »Bei seinem Tod im Jahr 1507 bezeichnete ihn der große Dichter Jean Lemaire als Haupt und Herrscher aller Redner und Rhetoriker unserer gallikanischen Sprache [...], berühmt in allen Gegenden Europas, wo besagte Sprache gesprochen wird.«[22]

Zwischen dem Ende des zwölften und der Mitte des vierzehnten Jahrhunderts überall verbreitet und in den Herbergen und Schlössern von fahrenden Sängern, ehemaligen Mönchen, Spielleuten und Studenten auf Kneipentour vorgetragen, waren diese Verse allgemein bekannt und in allen Schichten der Gesellschaft geschätzt. Abgesehen von ihrer Obszönität zeugen sie von einer Dichtkunst, von einer Sprachbeherrschung und einem meisterlichen Umgang mit Metaphern, die von der trivialen Provokation unendlich weit entfernt sind. Die Virtuosität der Anspielung und der symbolischen Verschlüsselung hat sich nach der Renaissance weitgehend verloren. »Das Mittelalter ist hingerissen davon, daß man mit der Sprache alles sagen kann, vorausgesetzt, man hält gewisse Regeln ein. Der *Rosenroman* handelt nicht vom Gartenbau. Nun gab man sich aber ab Descartes alle Mühe, so direkt, so unmetaphorisch wie möglich zu sprechen. Und Sex kann nicht direkt besprochen werden. [...] Bei uns hingegen ist die Sexualsprache zum Herzerweichen arm geworden.«[23]

Die Minne hingegen, die ab dem elften Jahrhundert gefeiert wurde, war sicherlich weniger vergeistigt, als man gemeinhin annimmt. Wenn wir Experten wie René Nelli glauben, dem Autor eines Werkes über die Erotik der Troubadoure, so galt im Gegenteil ein Kode der Wollust, raffiniert und erotisch im wahrsten Sinn des Wortes. Nach einer Reihe von Prüfungen, die dem Liebenden vor der Eroberung seiner Dame auferlegt wurden, folgte ein Stadium, in dem es mit der platonischen Minne vorbei war. »Der höchste Lohn war die sogenannte Versuchung (*asag*), bei der die Zurückhaltung des Mannes auf die Probe gestellt wurde. Es galt herauszufinden, ob er dieser Selbstbeherrschung fähig war, der unverzichtbaren Voraussetzung der Höflichkeit. Die Dame forderte ihren Freund also auf, das Lager mit ihr zu teilen; dort lagen sie nackt die ganze Nacht und hatten zwar das Recht, einander zu liebkosen, durften jedoch nie ›zur

Sache‹ kommen. Falls der Mann der Versuchung erlag, war dies der Beweis, daß er nicht genug liebte; er wurde zurückgewiesen, für unwürdig erklärt; im entgegengesetzten Fall gewann er an Wert und konnte hoffen, bald zum regelrechten Liebhaber erkoren zu werden.«[24]

Nach Ansicht des Mediävisten Howard Bloch ist es falsch, die erotischen Versdichtungen und die allerhöflichsten mittelalterlichen Formen, mit ihren idealisierten Frauen und den langen Leiden des Wartens, die den dienenden Rittern auferlegt wurden, als einen Gegensatz zu betrachten. In Wahrheit haben »die beiden Genres, das eine realistisch, das andere idealistisch, eines gemeinsam: die Besessenheit von der Erotik, die einfach unter verschiedenen Blickwinkeln und in so klar unterschiedenen literarischen Formen präsentiert wird.«[25]

MISSERFOLG DER ZENSUR

All diese erotische Literatur zu ersticken und zu unterdrücken war nicht die Sache des Mittelalters. Manche Verfasser schamloser Dichtung oder Verteidiger der Wollust, die im Lauf der Jahrhunderte in Erscheinung traten, waren ansonsten bekanntlich gute Christen. Der Wunsch nach Zensur kam eigentlich erst zu Beginn des siebzehnten Jahrhunderts auf, nachdem man sich angewöhnt hatte, die Vorstellung von sexueller Ausschweifung mit Unglauben oder Gottlosigkeit gleichzusetzen. Das war ursprünglich nicht der Fall gewesen. Das Wort »Libertin« leitet sich vom lateinischen *libertinus* her, was »der Freigelassene« bedeutet, nämlich der freigelassene Sklave und im weiteren Sinn auch der Sohn des Freigelassenen. Calvin benutzte den Begriff als Bezeichnung für einen areligiösen Menschen, einen »Humanisten«, der die natürliche der offenbarten Moral, die Natur dem christlichen Glauben entgegensetzte. Der »Freigeist«, der zügellos lebende Mensch, war eine andere Sache.

»Die Unterdrückung der erotischen Literatur kam daher, daß die

Libertinage antireligiöse Erwägungen mit pornographischen Darstellungen vermischte. Diese priapischen Sammelbände wären weiterhin und mit Genehmigung des Königs veröffentlicht worden, hätte sich nur niemals die Gottlosigkeit eingeschlichen. Aber so, wie die Dinge standen, befürchtete man, Toleranz gegenüber der Freiheit des erotischen Ausdrucks würde als Genehmigung von Blasphemien ausgelegt. Pater François Garasse, ein erbitterter Gegner der Libertins (Verfasser der *Doctrine curieuse des beaux esprits de ce temps*, 1624) verkündete, die subversive Doktrin der Schöngeister setze sich aus zwei Bereichen zusammen, der Libertinage und dem Atheismus. [...] Nachdem die Ausschweifung in Atheismus abzugleiten drohte, wurde beschlossen, die Schriften zu verbieten, die zu zügellosen Vergnügungen anstachelten, um ein größeres Übel zu verhindern.«[26]

Selbstverständlich hatten die repressiven Anwandlungen und die Zensuren keinerlei Wirkung. Es trat sogar das Gegenteil ein. Ab dem siebzehnten Jahrhundert erwies sich die erotische Literatur als reichhaltiger, begabter und populärer denn je. In seinem berühmten »Brief über den Buchhandel« spottet Diderot über die nachweisliche Ohnmacht der Zensoren. »Je strenger das Verbot«, schrieb er, »desto höher stieg der Preis des Buches, desto mehr weckte es die Neugier der Leser, desto mehr wurde es gekauft und desto mehr gelesen.« Viele Akademiker und Buchhändler hätten die Richter gern angefleht: »Meine Herren, bitte, nur ein kleines Verdikt, das mich verurteilt.« Und die Arbeiter in den Druckereien klatschten Beifall bei der Ankündigung einer Verurteilung und riefen erfreut: »Hervorragend, noch eine Auflage!«[27]

So veröffentlichte das Zeitalter der Aufklärung Tausende von Büchern, Spottschriften, Gedichten, Theaterstücken in Versform, unanständigen Erzählungen und Parodien, während es gleichzeitig den bürgerlichen Moralismus erfand – als begleitete und kompensierte diese Überschreitung die puritanische Verhärtung. So wurden das schamhafte neunzehnte und gut die Hälfte des zwanzigsten Jahrhunderts von den pittoresken Händeln zwischen Autoren und der Zensur geprägt. Ein Gesetz vom 17. Mai 1819 versuchte in Frankreich eine Zensurpolitik einzuführen, die darauf hinauslief, bestimmte Werke, die bis dahin frei verkäuflich waren, zu verbieten, wie zum Beispiel *Le Chevalier de Faublas* von Louvet de Couvray.[28]

Im übrigen hatte auch England, die Heimat des protestantischen Puritanismus, seinen Anteil an literarischer Überschreitung. Zeitschriften wie *The Rambler's Magazine, The Bon Ton Magazine* und 1795 auch *The Ranger's Magazine* veröffentlichten Illustrationen und Texte, die mehr als schlüpfrig waren. Ein zotiges Gedicht, *The Plenipotentiary* von 1788, wies als Verfasser einen Freund des Prinzen von Wales aus, Captain Charles Morris. »Pornographie war in England zu jener Zeit gang und gäbe. Doch im Jahr 1797 veröffentlichte König Georg III. eine Proklamation gegen dieses Laster und rief seine Untertanen auf, es in allen seinen Erscheinungsformen zu bekämpfen. Die *Society for the Suppression of Vice*, gegründet im Jahr 1802, setzte es sich zur Aufgabe, sämtliche obszönen Schriften und Stiche aus dem Verkehr zu ziehen. Sie hatte sehr viel zu tun, [...] und kaum gerieten ihre Aktivitäten ins Stocken, florierten die unzüchtigen Werke im Untergrund. [...] Königin Viktoria, die 1901 starb, ahnte nicht, daß unter ihrer Herrschaft aus den Engländern insgeheim die ersten Pornographen der Welt geworden waren.«[29]

Dies alles vermittelt den Eindruck, als sei das Prinzip der Überschreitung nicht nur eine Verlängerung der Begierde und eine Gegenkultur, sondern auch eine Form von kollektivem Scharfblick. Als Beweis besitzen wir die Berichte von Fachleuten für Regionalgeschichte. In manchen Fällen beschränkte sich die kontrollierte Überschreitung, das heißt der kluge Umgang mit den »Randgebieten«, nicht auf Ausdrucksformen, sondern wurde durchaus konkret.

FELDRAINE UND HINTERZIMMER

Im neunzehnten Jahrhundert, während ringsum die bourgeoise Tugendhaftigkeit und Sittenstrenge triumphierte, hielten sich in etlichen französischen Provinzen Gepflogenheiten, die wir sogar heute für einigermaßen gewagt halten. Sie dienten dazu, ein Gegengewicht zur Borniertheit der offiziellen Moral zu schaffen und zugleich die Jugend in die Praxis einzuführen. Manche dieser Traditionen stellten, wie Jean-Louis Flandrin es formuliert, »ein Modell für Sexualverhalten *absque coitu*« vor, das den jungen Menschen erlaubt, Neugier und Gelüste zu befriedigen, ohne Konsequenzen fürchten zu müssen.

Darunter fielen Veranstaltungen wie beispielsweise die Mädchenkirmes oder die berühmten Probeehen aus dem Baskenland sowie eine Tradition, die in der Region Vendée verbreitet war und deren Einzelheiten wir einem Arzt verdanken, Marcel Baudoin, der im neunzehnten Jahrhundert in der Gegend tätig war und nach langen Feldforschungen ein ausgiebig dokumentiertes Buch über den Brauch der sogenannten *maraîchinage* veröffentlichte.[30]

Diese allgemein tolerierte Gepflogenheit zwischen Jungen und Mädchen wurde unter bestimmten Umständen vor aller Augen praktiziert: am Wegesrand, bei Einbruch der Dämmerung oder »im Schutz eines roten Regenschirms«, im Hinterzimmer eines Gasthauses oder unter einem vorspringenden Dach. Die Schilderungen, die Marcel Baudoin davon gibt, sind zwar von der wissenschaftsseligen Redeweise der damaligen Zeit geprägt und lassen darüber hinaus die leise Mißbilligung des Verfassers durchscheinen, doch sie sind darum nicht weniger anschaulich. »Man umschlingt sich; man drückt sich. Man wälzt sich auf dem Bett! […] Bald folgt auf dieses zunächst folgenlose kleine Spiel ein Erethismus [krankhafter Erregungszustand], der sich über die Nervenzentren ausbreitet und rasch in den Geschlechtsorganen beider Beteiligter lokalisiert. Handelt es sich um heißblütige Maraîchins, die des oralen Flirts noch nicht überdrüssig sind, geht dies sehr häufig sogar so weit, daß sich das Gefühl der Wollust einstellt, bei der Frau wie beim Mann. Es heißt sogar, daß beim Mann mitunter eine regelrechte Ejakulation erfolgt, und dies ohne örtliche Berührung oder Reibung. […] Manche behaupten, irgendwann leiste das übererregte Mädchen keinen Widerstand mehr und sei ihrem Galan ausgeliefert, welcher sie unter den gegebenen Umständen mehrmals masturbiere: dies mehrere Stunden lang und nahezu ohne Pause [...] Es heißt auch, das junge Mädchen gehe so weit, die Rute ihres Liebhabers zu berühren; ich erlaube mir allerdings zu bezweifeln, daß diese spezielle Genitalmasturbation ein allgemeiner Brauch sei.«[31]

Das Beispiel ist in mehrfacher Hinsicht interessant. Zunächst müssen wir uns klarmachen, daß sich dieser Brauch mitten in der konservativen und streng katholischen Region Vendée des neunzehnten Jahrhunderts ausprägt; der Pfarrer gibt zwar den Ton an, doch die alten regionalen Freiheiten wurden durch die Revolution keineswegs vollständig getilgt. Er zeigt uns, daß sich dort eine uralte Bauernkultur gehalten hat, deren Vielschichtigkeit wir in der Regel unterschätzen. Außerdem erwies sich die Maraîchinage als überaus wirkungsvoll für das soziale und familiäre Gleichgewicht, wie die statistischen Daten aus den dreißiger Jahren des neunzehnten Jahrhunderts zeigen: Laut Jean-Louis Flandrin war die Zahl der unehelichen Kinder in der Vendée sehr viel geringer als überall sonst in Frankreich. Bezeichnenderweise waren es die Bürgermeister der Dritten Republik, die den liebenswürdigen Brauch schließlich verboten.

In Savoyen gab es eine andere Gepflogenheit, die ebenfalls aus der Einsicht heraus entstand, daß man dem Feuer überläßt, was ohnehin nicht zu retten ist. Dem jungen Mädchen war erlaubt, ihren Anbeter mit ins Bett zu nehmen und dort die ganze Nacht verbringen zu lassen. Die jungen Leute genehmigten sich alle denkbaren Zärtlichkeiten mit Ausnahme des Koitus. Diese Tradition wurde 1609 unter Androhung der Exkommunikation verboten, starb aber nur sehr langsam aus.

Andere Gegenden scheinen ähnliche Sitten gekannt zu haben. Sie wurden zwar allenthalben praktiziert, blieben jedoch von relativer Diskretion umgeben. Paradoxerweise wissen wir von ihrer Existenz ausgerechnet durch ihre Feinde und Verleumder. So beschrieb im Jahr 1877 eine medizinische Streitschrift gegen die weibliche Masturbation den traditionellen, sehr weitgehenden Flirt der jungen Leute von Pas-de-Calais: »Bei einer Eheschließung unter Landbewohnern von recht geringem Stand ist es Brauch, daß sich die Hochzeitsgesellschaft, junge Mädchen und Burschen, nach dem Festessen und vor dem Tanz paarweise in ein Zimmer zurückzieht, immer vier, fünf oder sechs Gruppen gemeinsam, und nach Anzüglichkeiten von zweifelhaftem Geschmack finden sie sich dort passenderweise in völlige Finsternis getaucht. Nun setzen sich die Burschen ihre Begleiterinnen auf den Schoß, und die Mädchen, die sich sonst ihren Verehrern um keinen Preis hingäben, lassen sich dort mit Vergnügen befingern – so elastisch ist ihr Schamgefühl.«[32]

ZURÜCK ZU GEORGES BATAILLE

Gescheiterte Utopien, heimliches Glück in der Überschreitung – ist das etwa die Lektion, die uns die Geschichte erteilt? Wäre dies der Fall, so müßten wir uns nach der Verbindung zwischen der Überschreitung und der Lust an sich fragen. Wir haben ja schon gesehen, daß gerade diese Zusammenhänge die Unruhe einer Moderne schüren, die mit Entsetzen sieht, wie die Intensität ihrer Begierden umgekehrt proportional zu ihrer Befreiung abnimmt. Vor diesem Hintergrund sind die heute wiedererwachte Neugier auf Georges Bataille und die neuerliche Beschäftigung mit seinem Werk – aus deutlich anderem Blickwinkel – sicherlich nicht zufällig. In den sechziger Jahren, mitten in der sexuellen Revolution, wurde Bataille, zusammen mit Sade, Joyce, Nietzsche, als einer unserer großen Grenzüberschreiter gefeiert. Dreißig Jahre später ist dies nicht mehr ganz der Fall.

Ehemaliger Seminarist, gequält vom Christentum und dem, was er selbst die Religion seiner Jugend nannte, vertrat Bataille die Überzeugung, daß die Existenz des Verbots und seine Überschreitung das Verlangen selbst begründen. Er war durchdrungen von der Gewißheit, daß dem Verlangen eine tragische Dimension innewohne. »Wenn wir das Verbot befolgen, wenn wir ihm unterworfen sind, haben wir kein Bewußtsein mehr davon. Aber im Augenblick des

Überschreitens empfinden wir die Angst, ohne die es das Verbot nicht gäbe: das ist die Erfahrung der Sünde. Die Erfahrung führt zur vollendeten Überschreitung, zur geglückten Überschreitung, die das Verbot aufrechterhählt, und zwar es aufrechterhält, *um es zu genießen.*«[33]

Mehrmals sprach er davon, welches Entsetzen ihm die Vorstellung einflößte, die Verbote könnten aufgehoben werden, während er gleichzeitig die Überschreitung pries und selbst die Provokation kultivierte – zum Beispiel masturbierte er vor der Leiche seiner Mutter. Während er Sade und Nietzsche huldigte, beschäftigten ihn Themen, die direkt aus dem Christentum stammen, mit dem er abrechnen wollte.

Den halb erschrockenen, halb faszinierten Gedanken, das Charakteristische am sexuellen Verlangen sei der Umstand, daß es weder dem menschlichen Willen noch dem Verstand unterworfen sei, der von Augustinus kommt, kehrte Bataille in seiner Bedeutung radikal um. »Der Liebesakt und das Opfer decken beide dasselbe auf: *das Fleisch.* Das Opfer läßt an die Stelle der geordneten Lebensfunktionen des Tiers das blinde Zucken der Organe treten. Dasselbe gilt für die erotische Konvulsion: sie befreit die blutgefüllten Organe, deren blindes Spiel sich über das überlegte Wollen der Liebenden hinaus fortsetzt. Auf das überlegte Wollen folgen die animalischen Bewegungen der vom Blut geschwellten Organe. Eine Gewaltsamkeit, die von der Vernunft nicht mehr überwacht wird, beherrscht diese Organe, spannt sie bis zum Platzen, und plötzlich wird es zu einer Freude der Herzen, dem Überschwang dieses Sturms nachzugeben. Die Bewegung des *Fleisches* überwältigt eine Grenze, während der Wille abwesend ist. *Das Fleisch* ist jener Exzeß in uns, der sich dem Gesetz des Anstands widersetzt.«[34]

Für Bataille war die Lust unauflöslich mit dem hassenswerten Anteil an Animalität verbunden, den sie in uns wachruft. »Was uns am heftigsten widerstrebt, ist in uns.« Gern zitierte er Baudelaire, der verkündete: »Ich aber sage: die einzige und höchste Lust der Liebe ruht in der Gewißheit, das *Böse* zu tun.«[35] In einem herausragenden Abschnitt seiner *Histoire de l'érotisme* beschwor Bataille vor allem jenen unbezwinglichen Reflex, der uns im Augenblick höchster Lust dazu drängte, »unanständige« Worte hervorzustoßen, wie um »das enthüllte Geheimnis hinauszuschreien«.

Noch bezeichnender ist, daß er beinahe wortgetreu auf das Vokabular der enkratitischen Sekten der ersten christlichen Jahrhunderte zurückgriff, um den Schrecken des Menschen angesichts des orgiastischen, nie nachlassenden Mahlstroms der Natur zu beschreiben. Seiner Ansicht nach drückt das sexuelle Verbot eine Weigerung des Menschen aus, die Weigerung, der endlosen, ausufernden Vergeudung der Natur nachzugeben, die unermüdlich den Tod aufarbeitet, um Leben daraus zu schaffen, Wesen und Materie in einem gewaltigen Kessel verrührt, der aus dem Tod die Voraussetzung für die Wiedergeburt macht. Der Schrecken des Menschen und das »nein«, das er sofort darauf erwiderte, seien Ausdruck seines Willens, sich dieser furchterregenden kosmischen Bewegung nicht zu unterwerfen.

»Sexualität und Tod sind nur die Höhepunkte eines Festes, das die Natur mit der unerschöpflichen Vielzahl der Wesen feiert: beide bedeuten eine grenzenlose Vergeudung, die sich die Natur im Widerspruch zu dem tiefen Wunsch jedes Wesens nach eigener Fortdauer leistet. [...] Als ob der Mensch unbewußt mit einem Male begriffen hätte, was die Natur (das, was uns *verliehen* ist) Unmögliches an sich hat, wenn sie von den Wesen, die sie ins Leben ruft, verlangt, an der Vernichtungswut, die sie beseelt und die nichts stillen kann, teilzunehmen. Die Natur verlangte, daß sie nachgeben, und nicht nur das, sie verlangte, daß sie sich hineinstürzen: der Mensch wurde erst in dem Augenblick möglich, in dem ein Wesen, von unüberwindlichem Schwindel erfaßt, mit aller Kraft versuchte, *nein* zu sagen.«[36]

In der kämpferischen Haltung der Auflehnung verurteilte Bataille seinerseits die Verweigerung der primitiven Animalität, eine moralisierende Weigerung, die er als »Augenblick des Versagens« bezeichnete, und er empfahl, aus unserer Welt zu tilgen, was Jahrtausende als »Ordnung des Denkens« angesammelt hatten, um der

Unordnung wieder Platz zu schaffen. Er drängte uns, »die verinnerlichte Gewohnheit, ein Ziel zu haben, auszumerzen«.[37] Doch im Einklang mit seiner Zeit, den fünfziger Jahren, dabei aber empfänglicher als die meisten für den immensen Überdruß der Nachkriegszeit, wußte er zumindest sehr genau, worum es bei alldem ging.

II

VOM »WUNSCH NACH UNSTERBLICHKEIT« ZUM DEMOGRAPHISCHEN SCHRECKEN

Wer wäre denn nicht verwirrt von diesem gewaltigen Auf und Nieder, diesem unaufhörlichen Wechselspiel zwischen Sittenstrenge und Permissivität, das offenbar seit Menschengedenken unsere Geschichte strukturiert, unsere jeweilige Moral bestimmt und wieder zerschlägt, unsere Utopien anfeuert und bald darauf enttäuscht? Wer wäre nicht brennend interessiert an einem Phänomen, das, wenn man es recht bedenkt, in mancherlei Hinsicht auf ein historisches Rätsel hinausläuft? Sobald wir uns vom normativen Diskurs auf diesem Gebiet befreien – urteilen, verurteilen, rechtfertigen und so weiter –, bleibt zwar eine erhebliche Neugier bestehen, doch sie stößt an eine Mauer. Unterliegt diese endlose Wellenbewegung anthropologischen Zwangsläufigkeiten, gegen die der Mensch machtlos ist? Wird der Wechsel zwischen Strenge und Laxheit von einer unsichtbaren Logik diktiert, oder gehorcht er lediglich ideologischen Zufälligkeiten und wechselnden Überzeugungen?

In der Theorie ist die Frage um so wesentlicher, als eine überzeugende Antwort die meisten oberflächlichen Auseinandersetzungen, Wortgefechte, Kämpfe, von denen unsere Zeit widerhallt, als müßig entlarven würde. Sollen wir etwa über Sexualmoral diskutieren, ohne auch ihr Fundament einzubeziehen? Sollen wir die Entwicklung der symbolischen Vorstellungen untersuchen, ohne uns nach den Zyklen zu fragen, die sie begleiten? Das wäre unmöglich.

Wenn wir die Aufeinanderfolge verschiedener Perioden näher betrachten, erkennen wir eine mögliche Erklärung, aber sie läßt sich nur mit größter Vorsicht anwenden. Es handelt sich um den Fortpflanzungszwang, den Arterhaltungstrieb, den Platon, wie wir schon erwähnten, »die Sorge um den Nachwuchs« nannte; das Bedürfnis der menschlichen Rasse, »durch Zeugung an der Ewigkeit teilzuhaben«[1], mit anderen Worten, eine Gesellschaft hätte immer mehr oder weniger die Moral ihrer Demographie.[2] Diese Aussage läßt sich kaum anders als im Konditional formulieren. Wer sich mit der Frage beschäftigt, wird überrascht feststellen, wie wenig die Experten sich eigentlich damit befaßt haben. Wieviel Brachland, wie viele nicht überprüfte Kausalzusammenhänge, wie viele Spekulationen, die nicht weiterverfolgt wurden, stehen den wenigen Erkenntnissen und Anregungen eines Jean-Louis Flandrin oder Philippe Ariès gegenüber? Allerdings sind die Demographen die ersten, die zugeben, wie unvollkommen ihre Wissenschaft ist, die Alfred Sauvy, ihr Begründer, im Jahr 1946 als »wild« bezeichnete. Häufig betonen sie den zwangsläufig zufallsabhängigen Charakter der Erklärungen, die sie anbieten, vor allem im Hinblick auf die zyklische Aufeinanderfolge von Wachstum und Niedergang; so erklärt sich auch ihre Abneigung, auf diesem Gebiet Regeln irgendeiner Art zu verkünden. Außerdem werden demographische Themen gern politisiert.

ROM UND DIE ANGST VOR DEM NIEDERGANG

Wir wissen allerdings von Umständen in fernen Epochen der Vergangenheit, bei denen sich dieses oder jenes demographische Ereignis in einer signifikanten Änderung der Sexualmoral äußerte. Das war der Fall bei bestimmten großen Seuchen, die ganze Landstriche entvölkerten und in den darauffolgenden Jahren einen regelrechten Fortpflanzungszwang auslösten. Wie schon erwähnt, wurde die relative Sorglosigkeit im alten China mindestens zweimal durch Kataklysmen dieser Art, ausgelöst durch umfangreiche Syphilisepidemien erschüttert, einmal zu Beginn des sechzehnten Jahrhunderts und noch einmal um das Jahr 1630. In beiden Fällen wurden daraufhin die Sitten sehr viel strenger, und die Gesellschaft orientierte sich wieder stärker an der Familie, wenngleich ein Teil der Bevölkerung auf die Seuchenangst genau umgekehrt reagierte und sich nur noch rasender den Ausschweifungen hingab.

Während der ersten Jahrhunderte des Christentums waren die großen theologischen und philosophischen Auseinandersetzungen zwischen Heiden, Christen, Juden und römischen Rechtsgelehrten von den demographischen Gegebenheiten nicht so unabhängig, wie man annehmen könnte. Die Sorge um Nachwuchs, die während der ersten beiden Jahrhunderte unserer Zeitrechnung kaum ins Gewicht fiel – in diesem Zeitraum war ein starkes Bevölkerungswachstum zu verzeichnen –, spielte ab dem vierten Jahrhundert eine entscheidende Rolle. Tatsächlich betrug die Lebenserwartung im Römischen Reich zu jener Zeit nicht mehr als fünfundzwanzig Jahre. Um die Bevölkerungszahl zumindest aufrechtzuerhalten, mußte jede Frau im Schnitt fünf Kinder zur Welt bringen. Das Heiratsalter lag bei etwa vierzehn Jahren.[3] Die römische Gesellschaft reagierte extrem empfindlich auf Veränderungen der demographischen Rhythmen, zu schweigen von ihrem immensen Bedarf an Soldaten für die römischen Legionen. Um uns die Situation vorzustellen, sollten wir an die »vorsorgende Familienplanung« denken, die in manchen Ländern der südlichen Hemisphäre noch heute die Ärmsten dazu bewegt, möglichst viele Kinder in die Welt zu setzen, um im Alter versorgt zu sein.

Im zweiten Jahrhundert versuchte das Christentum, wie wir wissen, noch immer, sich gegen die gnostischen oder asketischen Tendenzen zu behaupten, indem es, beispielsweise durch den Mund eines Klemens von Alexandria, das Lob der Ehe sang. Die demographische Situation des Römischen Reichs gab zu dem Zeitpunkt keinerlei Anlaß zur Sorge. Im vierten und fünften Jahrhundert hingegen, der Zeit des Niedergangs, entzweiten erbitterte Auseinandersetzungen die römische Obrigkeit und die christlichen Philosophen. Anders als heute plagten die Nachwuchssorgen damals nicht die Christen, sondern die Römer und etliche ihrer Kaiser, die aus Angst vor Bevölkerungsschwund geburtenfördernde Gesetze erließen. Die Christen neigten hingegen eher zu Keuschheit und Zölibat, notfalls unter Berufung auf sozusagen malthusianische Erwägungen. In seiner Abhandlung *Über die Jungfräulichkeit* versichert Joannes Chrysostomos, die Erde sei bereits vollständig bevölkert und weitere Fortpflanzungsbestrebungen seien daher kaum noch nötig. Allerdings hatte schon ein heidnischer Autor wie Lukian von Samosata in seinem Werk *Amores*, »Über die Liebe«, dasselbe Argument zugunsten der homosexuellen Liebe vorgebracht. »Die Päderastie, hatte der Rhetor behauptet, stellte in einer Gesellschaft, die durch ihren Volkreichtum von dem Zwang zu ausschließlich heterosexuellen Beziehungen befreit war, die höchste Verfeinerung des Liebens dar.«[4] Aristoteles hingegen hatte eine etwaige Übervölkerung der Erde gefürchtet und aus diesem Grund die Beschränkung der Fortpflanzung gefordert.

Im ganzen genommen, kollidierten schon damals die Nachwuchssorgen der Römer mit dem Mißtrauen der Christen gegenüber dem Fleisch. Nach Auskunft mancher Historiker war die demographische Situation der römischen Welt zu jener Zeit kritisch. Das Christentum aber gewann zunehmend an Einfluß, so daß »die Kirche die Aufhebung der Bevölkerungsgesetze von Augustus forderte und erwirkte, weil sie den Aufschwung der Keuschheit im Zölibat und in der Ehe behinderten«.[5] Für Jean-Louis Flandrin besteht kein Zweifel, daß die christliche Lehre den demographischen Erfordernissen entgegenwirkte. Zum Teil setzte die Kirche, wie wir noch sehen werden, erst in der Moderne auf geburtenfördernde Propaganda.

EINE UNZEITGEMÄSSE MORAL?

Der Konflikt zwischen einer Kirche, die am Prinzip[6] des Priesterzölibats festhielt, und einer weltlichen Macht, die darauf bedacht war, sich gegen die Gefahr der Entvölkerung abzusichern, weil sie mit der Einbuße an militärischer Macht gleichzusetzen war, zog sich mehr oder weniger unter denselben Bedingungen jahrhundertelang hin. Nach der großen Pest in den Jahren 1348 und 1349, als die Stadtbevölkerung auf ein Drittel geschrumpft war und eine langfristige demographische Krise sich ankündigte, stellen wir eine signifikante

Erhöhung der Geburtenzahl fest, die mit der Verhärtung der Moral in jener Zeit – Verurteilung der Homosexualität, der Masturbation und so weiter – in unmittelbarem Zusammenhang stand. Außerdem zielte sie direkt auf das Zölibat der Priester ab. »Zu Beginn des fünfzehnten Jahrhunderts«, schreibt Jacques Rossiaud, »prangern einige nichtkirchliche Schriftsteller das Zölibat der Geistlichen oder der Mönche an und stellen sogar das Primat der Jungfräulichkeit in Frage; so etwa die *Klage über die menschliche Natur*, die der Rechtsgelehrte Guillaume Saignet im Jahr 1412 schrieb. [...] Im übrigen schicken die bürgerlichen Familien im fünfzehnten Jahrhundert ihre Töchter sehr viel seltener ins Kloster, und zwar mit derselben Begründung: Fortpflanzung ist alles!«[7]

Hervorzuheben ist umgekehrt, daß im liebenswürdigen zwölften Jahrhundert, in dem die Sexualmoral sich lockerte und der Sinn für Vergnügungen und die Liebe zur Natur sich entwickelten, ganz Europa eine demographische Blütezeit erlebte, die bereits zu Beginn des elften Jahrhunderts einsetzte. Der Kampf, den die Kirche damals gegen die Enthaltsamkeit, gegen die Katharer und für die heilige Pflicht der Fortpflanzung in der Ehe führte, entsprach also in keiner Hinsicht den Erfordernissen der Zeit. Nach nichtkirchlicher Logik wären eine bessere Geburtenkontrolle und eine verstärkte Hinwendung zum Zölibat weitaus angemessener gewesen. Man könnte aber auch die gegenteilige Ansicht vertreten, das Bevölkerungswachstum sei auf die Tatsache zurückzuführen, daß die Kirche seit Beginn des elften Jahrhunderts die im Kirchenjahr festgelegten Enthaltsamkeitsperioden nach und nach verkürzte.

In den heidnischen Gemeinschaften des Mittelalters wurde schon allein wegen der hohen Kindersterblichkeit größter Wert auf hohe Geburtenzahlen gelegt. Dies stand natürlich in direktem Zusammenhang mit dem Sexualverhalten, den Verboten und überhaupt der Moral. Die fränkische Gesellschaft wurde, um nur dieses eine Beispiel zu nennen, von der Sorge um ausreichenden Nachwuchs regelrecht beherrscht. Das Kind galt als das kostbarste aller Güter, und sein Tod war eine nicht wiedergutzumachende Katastrophe. Aus diesem Grund wurde der Verlust eines Kindes streng bestraft, sogar prophylaktisch: »Wer eine freigeborene Frau im gebärfähigen Alter tötete, mußte 600 Solidi zahlen [...]. Die Strafe für eine nach der Menopause getötete Frau belief sich dagegen nur auf 200 Solidi. Wer eine schwangere Frau erschlug, der mußte 700 Solidi zahlen; der Betrag ermäßigte sich auf 100, wenn die Frau mit dem Leben davonkam, aber das Kind verlor. König Guntchramn führte Ende des 6. Jahrhunderts eine weitere Strafbestimmung ein, wahrscheinlich deshalb, weil derartige Verbrechen sich häuften: Er setzte eine Geldstrafe von 600 Solidi für die Tötung einer schwangeren Frau fest; dazu kamen weitere 600 Solidi, falls der tote Fötus ein Knabe war. Nach deutlicher hätte man es nicht kundtun können.«[8]

Im sechsten und im siebten Jahrhundert waren die kirchlichen oder politischen Auseinandersetzungen über den Zusammenhang zwischen Geburtenziffer und Sexualmoral nicht immer so kohärent. Wie könnte es auch anders sein in einer Gesellschaft, in der die Mechanismen der Fortpflanzung noch kaum bekannt waren und, wie wir im Zusammenhang mit Galen und Aristoteles gesehen haben, zu durchaus unterschiedlichen Interpretationen Anlaß gaben? Zu jener Zeit waren Schriftsteller wie beispielsweise Laurent Jobert in seinem Werk *Verbreitete Irrtümer* von 1587 der Ansicht, eine zu intensive sexuelle Aktivität sei Ursache von Unfruchtbarkeit. Hypothesen dieser Art wurden um so leichter akzeptiert, als sie sowohl dem aristotelischen Ideal der Maßhaltung als auch dem christlichen Keuschheitsbedürfnis entgegenkamen; in vielerlei Hinsicht waren sie wie ein Geschenk des Himmels, zum einen weil sie den uralten heidnischen Wunsch nach überreichem Kindersegen mit der christlichen Sorge um sexuelle Maßhaltung vereinbarten, und zum andern, weil sie der weltlichen Macht und der Kirche in ihren häufigen Konflikten erlaubten, ein Terrain der Verständigung zu finden. Mit ihren Gründen, die Liebesglut der Gatten zu dämpfen, erscheint die christliche Moral nicht mehr so sehr als Feindin des Bevölkerungswachstums.[9]

INFLATION DER HOFFNUNG

In der Folge werden die Dinge leichter verständlich. Die Historiker weisen uns auf zwei große, einander entgegengesetzte demographische Wendepunkte hin, die zwischen dem Zeitalter der Aufklärung und dem Anfang unseres Jahrhunderts auftraten: ein plötzlicher Aufschwung ab der Mitte des achtzehnten und ein Bevölkerungsrückgang, der gegen Ende des neunzehnten Jahrhunderts zum besorgniserregenden Schwund wurde. Es bietet sich an und ist durchaus gerechtfertigt, diese beiden Einschnitte parallel zur Entwicklung der Sitten und der Gesetzgebung zu betrachten.

Im Zusammenhang mit der ersten Phase benutzt Emmanuel Le Roy Ladurie einen sehr anschaulichen Ausdruck, indem er von einer »inflationären Zunahme der Hoffnung«[10] spricht; den demographischen Aufschwung zwischen 1740 und 1750 vergleicht er mit einem Auflodern des Optimismus, das die Moderne ankündigte. Die Geburten- und die Sterblichkeitsrate glichen sich an. Die Bevölkerungszahl nahm zu, ebenso die Lebenserwartung. »Wer mit fünfundzwanzig heiratete, hatte nun weitere fünfunddreißig Jahre Leben zu erwarten, während seine Groß- oder Urgroßeltern nur zwanzig oder fünfundzwanzig Jahre hatten. Die Epidemien, die lange Zeit die Bevölkerung in mehr oder minder regelmäßigen Abständen dezimiert hatten, schienen gebannt. Die letzte Pest brach im Jahr 1710 in Marseille aus. [...] Kurz, die biologischen Voraussetzungen für den Individualismus waren erfüllt.«[11]

An dem Phänomen als solchem, das umfassend und von erheblicher Tragweite ist, besteht zwar kein Zweifel, doch hinsichtlich seiner Deutung scheiden sich die Geister. Philippe Ariès betonte, man sei überhaupt außerstande, die Ursachen wirklich zu erklären. In jedem Fall befinden wir uns im Stadium der Hypothesen. Was seine Auswirkung auf die herrschende Moral anlangt, so können wir vermuten, daß der demographische Aufschwung die seit dem siebzehnten Jahrhundert zu beobachtende Tendenz zur Askese begünstigte, weil der Fortpflanzungszwang nachließ – eine jansenistische Keuschheit, geprägt von dem Wunsch nach Selbstbeherrschung, die ihrerseits die zweite Phase einleitete, den Rückgang gegen Ende des neunzehnten Jahrhunderts. Im Vergleich zu seinen Nachbarn erscheint Frankreich als Vorläufer, was die Geburtenkontrolle betrifft, die zu dem Zeitpunkt eben auf der »Beherrschung« beruhte. »Die Ergebnisse der historischen Demographie zeigen die Besonderheit der Situation in Frankreich: das Bedürfnis nach Einschränkung der Geburten, das sich schon sehr früh bemerkbar macht. Anhand der seit mehr als dreißig Jahren durchgeführten Untersuchungen ließ sich feststellen, daß die französischen Paare schon vor der Revolution, mit einem Vorsprung von hundert Jahren gegenüber den benachbarten Völkern, die Zahl ihrer Kinder einzugrenzen begannen.«[12]

Während die Ursachen dieses langen demographischen Frühlings von der Mitte des siebzehnten bis zum frühen neunzehnten Jahrhundert kaum bekannt sind, wissen wir etwas mehr über ihre Auswirkungen auf die moralische Auseinandersetzung. Zwar widersetzte sich die Kirche in Frankreich der Wiedereinführung der Scheidung,[13] doch wurde ihre Haltung gegenüber der Sexualität in der Ehe milder. Was man damals viel eher fürchtete, war die Gefahr einer Übervölkerung; Frankreich war zu jener Zeit das Land mit der größten Bevölkerungsdichte Europas. Unter Napoleon konnten seine Streitkräfte den vereinten Armeen des ganzen Kontinents die Stirn bieten, und die überwältigende demographische Überlegenheit Frankreichs ist sogar eines der Schlüsselelemente für seinen Erfolg. Gern griff der Kaiser auf die Reserven zurück, über die er verfügte; daß er großzügig mit Menschenleben umging, brauchen wir nicht eigens zu betonen. Der Rußlandfeldzug beispielsweise kostete seine Grande Armée in den wenigen Wintermonaten 1812/13 an die vierhunderttausend Tote, die allerdings nicht alle Franzosen waren. Die Verluste während der Revolutionszeit und der Napoleonischen Kriege hingegen betrugen weit mehr als eine Million Tote. Aus demographischer Sicht hatte Frankreich enorme Möglichkeiten.

Die Notwendigkeit der Fortpflanzung galt noch nicht als nationales Anliegen, im Gegenteil. So verzichteten die Geistlichen sehr häufig darauf, jene strenge Ehemoral durchzusetzen, wonach der Liebesakt allein dem Zweck der Zeugung diente. »In Anbetracht der sinkenden Sterblichkeitsziffer ließ sich die rigorose Anwendung der kirchlichen Lehrmeinung bezüglich der Fortpflanzung natürlich nicht leicht rechtfertigen. Ein erheblicher Teil des französischen Klerus schien sich des Problems durchaus bewußt zu sein und verzichtete darauf, diese Prinzipien durchzusetzen.«[14] Die Kirche war auf dem Weg, unter Vorbehalten die Geburtenkontrolle zu tolerieren.

DIE »GEFAHR DER ENTVÖLKERUNG«

Im letzten Viertel des neunzehnten Jahrhunderts, kurz nach dem Krieg von 1870, kehrte sich alles um. Die jähe Wende in der Bevölkerungsentwicklung – ein Trend, der in Wahrheit bereits zu Beginn des Jahrhunderts eingesetzt hatte, sich aber erst jetzt in vollem Ausmaß bemerkbar machte – löste nach der Katastrophe von Sedan eine regelrechte kollektive Panik aus und veränderte während der kommenden Jahre die Einstellung gegenüber Ehe, Sexualität und Fortpflanzung grundlegend. Die weltliche Macht und die Kirche, die jetzt beide die Gefahr einer Entvölkerung fürchteten, wetteiferten miteinander in einer geburtenfördernden Propaganda, die bisweilen an nationalistischen Wahn grenzt. Tatsächlich waren die Geburtenziffern so stark zurückgegangen, daß die Bestandserhaltung nicht mehr gegeben war. Schlimmer noch, auf einmal wurde sich Frankreich bewußt, daß es hinsichtlich der Bevölkerungsentwicklung hinter den anderen Ländern Europas, insbesondere Preußen, weit zurückstand. Diese Erkenntnis führte zu einem psychologischen Trauma – »der demographische Schrecken« lautete bald die gängige Bezeichnung –, das die französische Geschichte ein knappes Jahrhundert lang beherrschte. Von allen Seiten wurde ein »landesweiter Ruck« gefordert. 1896 entstand ein Bündnis für Bevölkerungswachstum, dem kurz darauf, im Jahr 1900, ein Senatsausschuß, dann eine parlamentarische Gruppe zum Schutz kinderreicher Familien folgten.

Auf nichtkirchlicher Seite wurde wieder einmal die Wissenschaft zur Verstärkung gerufen. Die soziologischen und politischen Veröffentlichungen über die neue »Gefahr« mehrten sich. Die Medizin, die Geschichte, die republikanische Moral wurden herangezogen, um die Franzosen zu verstärkter Fortpflanzung aufzufordern. Erst als Mutter, und möglichst als mehrfache, sei die Frau ein vollständiger Mensch, hieß es. Die Kirche stand dem allerdings nicht nach. Jahrhundertelang hatte sie sich auf dem Gebiet zurückgehalten und die Fortpflanzungspropaganda abgelehnt. Diese Zeiten waren nun endgültig vorbei; die Bischöfe stimmten in den Chor der Republikaner ein und forderten Kinder, beide Seiten in recht bombastischer Sprache und mit einem ausgeprägten Gespür für den richtigen Zeitpunkt. Am 14. Juli 1872 sprach Monsignore Kaspar Mermillod, ein Schweizer Kardinal, zum französischen Volk: In schäbiger Berechnung habe es Gräber gegraben, statt die Wiegen zu füllen; deshalb fehle es ihm jetzt an Soldaten. 1886 erteilte Rom zum ersten Mal den Beichtvätern die Weisung, die Bußfertigen bei »begründetem Verdacht« nach etwa angewandten empfängnisverhütenden Maßnahmen zu befragen.

Was die Lehrmeinung betraf, so griff man auf bestimmte theologische Texte zurück, um die Geburtenförderung zu untermauern. Kardinal Mercier berief sich 1909 auf Thomas von Aquin, der in seiner *Summe der Theologie* die Fortpflanzung heiligte: Gott habe dem Zeugungsakt des Menschen die geschlechtliche Wollust beigegeben, wie er der Nahrung die Befriedigung durch den Geschmack beigab. Über den einen wie über den anderen sinnlichen Genuß sei zu sagen, daß er nur rechtmäßig sei, wenn er in der gottgewollten Ordnung stehe. Die geschlechtliche Wollust sei folglich rechtmäßig, wenn sie auf den Zeugungsakt ausgerichtet sei; sie sei verwerflich und sündig, wenn sie ohne direkten oder indirekten Bezug auf den normalen Geschlechtsakt innerhalb der rechtmäßigen Ehe oder auf eine Weise angestrebt werde, die dem Zeugungsakt nicht angemessen sei.[15]

Die geburtenfördernde Kampagne war eine Premiere in der Geschichte des Christentums. Für patriotische Anliegen aller Art hatte Rom bis dahin recht wenig Verständnis aufgebracht; nun aber nahm die Kirche für lange Zeit die Geburtenkontrolle aufs Korn. »Die doktrinäre Verhärtung, die sich zu Beginn des zwanzigsten Jahrhunderts in der Frage der empfängnisverhütenden Maßnahmen abzeichnet und im Lauf der Zeit immer mehr zunimmt, war an ihren Wurzeln also sehr eng mit der Situation der Bevölkerungsentwicklung in Frankreich verbunden.«[16] Die Bestrebungen der Kirche erhielten Unterstützung durch einige talentierte Propagandisten wie den Jesuiten Joseph Hoppenot oder Charles Gibier, Pfarrer von Sainte-Paterne in Orléans und Verfasser zweier Bücher mit den vielsagenden Titeln *La Désorganisation des familles* (»Der Zerfall der Familien«) von 1903 und *Les Berceaux vides* (»Die leeren Wiegen«) von 1917.

Je mehr sich die Konfrontation mit Deutschland verschärfte und der erste Weltkrieg näherrückte, desto lauter wurde auch die Fortpflanzungspropaganda. Zwischen 1912 und 1914 nahmen sechs Fastenbriefe den Bevölkerungsrückgang zum Hauptthema, zwei von ihnen bezeichneten ihn ausdrücklich als »Geißel«. In einem seiner Fruchtbarkeitsplädoyers behauptete Charles Gibier, der bald darauf Bischof von Versailles wurde, nach seiner Berechnung werde Deutschland binnen fünfzehn Jahren doppelt so viele Wehrpflichtige aufbringen wie Frankreich. Paradoxerweise herrschte in Deutschland dieselbe Angst vor Entvölkerung, obwohl sie noch weniger begründet war. 1915 veröffentlicht Pater H. A. Krose in der Jesuitenzeitschrift *Stimmen der Zeit* einen Artikel, in dem er schreibt: »In der lebhaften literarischen Erörterung, die durch den bedrohlichen Niedergang der deutschen Geburtenziffer veranlaßt wurde, ist wiederholt auf die Gefährdung der Weltmachtstellung des Reiches hingewiesen worden, die sich bei einem Andauern des Geburtenrückgangs als Folge ergeben müßte.«[17]

Im übrigen wurde die Verbindung zwischen Bevölkerungsrückgang und der Gefahr einer »Unterwanderung« durch ausländische Immigranten bereits zu dem Zeitpunkt hergestellt und schürte das nationalistische Klima – ein Thema, dessen weitere Entwicklungen ja bekannt sind. Im Jahr 1903 konnte Charles Gibier in seiner *Désorganisation des familles* schreiben: »Wenn wir weiterhin unsere achtunddreißig Millionen aufrechterhalten, so verdanken wir dies den Ausländern, die ihren Überschuß zu uns schicken. Gestern waren es Hunderte, heute sind es Tausende; morgen werden es Millionen sein. Darin liegt eine Gefahr, eine immense Gefahr. Unsere Rasse ist von der wachsenden Durchdringung durch ein fremdes Element bedroht.«[18]

NEIN ZUR »EHELICHEN ONANIE«

Aus dem zeitlichen Abstand erkennen wir einigermaßen bestürzt, wie zwischen der Jahrhundertwende und dem Ausbruch des ersten Weltkriegs buchstäblich alles zusammenwirkte, um ein moralisch »anständiges«, fortpflanzungsorientiertes, puritanisches Sexualleben zu fördern – ebenjenes moralische Klima, das bis zum Anfang der sechziger Jahre bestimmend blieb. Lust und Hedonismus standen nicht mehr auf der Tagesordnung. In Frankreich war dies die Zeit der Kolonialisierung und der Träume von der »großen Rache« an den Deutschen. Die Republik verlangte Nachwuchs, das hieß Arbeiter und Soldaten; so erklärten sich die Ausbrüche von Moral, die Rechte und Linke zu einer heiligen Union der Kinderfreunde zusammenschlossen. Wir haben bereits gesehen, wie auf wirtschaftlichem Gebiet die industrielle Revolution eine jedenfalls in der Öffentlichkeit auf Vorsicht und Nüchternheit bedachte Sexualmoral bürgerlicher Prägung stärkte. Es ging noch weiter. Die Kirche, die sich mit der Republik nicht abgefunden hatte, dachte nicht daran, die Themen Patriotismus und Demographie den weltlichen Mächten zu überlassen. Also verlegte sie sich darauf, die staatliche Propaganda noch zu überbieten, und verteufelte die Geburtenkontrolle und jene Praxis, die man »eheliche Onanie« nannte.

Das von zwei Seiten verkündete Fortpflanzungsgebot forderte natürlich eine Reaktion heraus, eine malthusianische Strömung, die 1909 zum »Streik der Bäuche« aufrief und in der politischen Landschaft dauerhafte Wurzeln schlug; 1968 zum Beispiel macht sie sich von neuem bemerkbar. Innerhalb des Klerus wurde die neue Botschaft des Papstes an die Ehepaare derart dringend, daß sie eine echte Ratlosigkeit hinterließ. Die Priester und Beichtväter standen vor dem Dilemma, entweder die »eheliche Onanie« streng zu verurteilen, bei der Beichte Rechenschaftsberichte zu verlangen und dafür den Kontakt zu einer Mehrheit von Christen zu verlieren, die nicht zum Verzicht bereit waren, oder zu schweigen, um nicht die Verbindung zur Gemeinde aufzugeben, dadurch aber übermäßig tolerant oder lax zu erscheinen. Eine katholische Zeitschrift, *L'Ami du clergé*, spiegelte diese schmerzvollen Gewissenskonflikte vor dem Hintergrund von Schuld und Verwirrung: Bis in die Mitte des zwanzigsten Jahrhunderts gilt die Aufforderung zur Fortpflanzung unter Ausschluß jeglicher Form von Empfängnisverhütung als das »Kreuz der Beichtväter«, die ihrer Gemeinde ein Verhalten entsprechend den Forderungen der Moraltheologie vorschrieben – *penetratio vasis debiti* (»Eindringen in das angemessene Gefäß«), Ausstoßung des Samens, »so daß er in den Uterus vordringen und zum geeigneten Zeitpunkt zeugen kann«.

Um diese Zeit kam eine äußerst sittenstrenge Interpretation von Augustinus wieder zu Ehren, dessen Abhandlung über die *Ehe und Begierlichkeit*, *De nuptiis et concupiscentia*, gern zitiert wurde: »Aber es ist doch ein Unterschied, ob man den Beischlaf nur in der Zeugungsabsicht ausübt, was keine Schuld in sich hat, oder ob man beim Beischlaf die Begierde des Fleisches begehrt [...] wenn beide [Mann und Frau] von solcher Art sind, sind sie keine Gatten; und wenn sie von Anfang an von solcher Art waren, sind sie nicht durch Verehelichung, sondern vielmehr durch Hurerei zueinander gekommen. Wenn aber nicht beide von solcher Art sind, wage ich zu sagen: Entweder ist sie in gewisser Weise die Dirne des Mannes oder er der Buhle der Frau.«[19]

Der erste Weltkrieg, der die französische Bevölkerung dezimierte, verschärfte diesen zwanghaften Puritanismus natürlich nur noch mehr, und dies für lange Zeit. Im nachhinein machte man die demographische Schwäche Frankreichs für das Gemetzel und die militärischen Schwierigkeiten während der ersten Jahre des Konflikts verantwortlich, so, wie das Debakel von 1940 auf die »Unmoral« der Volksfront geschoben wurde. Ein Bischof, Monsignore de Gibergues, verfaßte 1919 ein Werk mit dem Titel *La crise de natalité devant la conscience catholique* (»Die Geburtenkrise vor dem katholischen Gewissen«), in dem er schrieb: »Hätten die Väter und Mütter ihre Pflicht erfüllt, so hätte Deutschland 1914 nicht gewagt, den Krieg zu erklären. Folglich ist die erste Ursache des gegenwärtigen Krieges die mangelnde Moral. [...] Anfangs mußten wir vor einer erdrükkenden zahlenmäßigen Überlegenheit zurückweichen.«

Von diesem Moment an wurde »die demographische Schwäche zum Sündenbock, auf den ganz Frankreich, sein Unbewußtes, die Niederlagen, den Verlust einer erst weltweiten, dann kontinentalen Vorherrschaft, bald darauf die Einbuße eines Weltreichs und den unaufhaltsamen Verfall seiner Macht und seines Einflusses schiebt. Diese Geistesverfassung tritt im Gewand einer Verteidigungshaltung auf, einer ursprünglichen und instinktiven, beinahe biologischen Reaktion, wie die Reflexe eines Organismus im Kampf ums Dasein.«[20]

Im September 1919 wurde auf Veranlassung der Handelskammern in Nancy der erste nationale Kongreß zur Geburtenförderung veranstaltet. Noch bezeichnender war, daß im Jahr darauf das Abgeordnetenhaus mit überwältigender Mehrheit (500 gegen 73 Stimmen) das berüchtigte Gesetz von 1920 verabschiedete, das nicht nur jede direkte und indirekte Aufforderung zur Abtreibung, sondern sogar jede Information über Empfängnisverhütung unter Strafe stellte.[21] Dieser Gesetzestext blieb bis 1967 in Kraft; erst danach war Empfängnisverhütung nicht mehr strafbar. Die antiklerikalen Parteien waren nicht die letzten, die dem Gesetz von 1920 zustimmten;

genauso wie am 29. Juli 1939 eine mehrheitlich mit Mitgliedern der Volksfront besetzte Abgeordnetenkammer das Familiengesetz verabschiedete, das fälschlich der Vichy-Regierung zugeschoben wurde. Der demographische Voluntarismus war zu einem speziell französischen Konsens geworden.

Im Vergleich zu früheren Jahrhunderten wurde die Sexualmoral nun erdrückender denn je. Die seit langem von allen, auch von den Christen praktizierte Empfängnisverhütung wurde nicht nur von der Kirche mit »Onans Verbrechen« gleichgesetzt; auch in den Augen der Republik galt sie als potentielle Ursache eines strafwürdigen Vergehens. Diesmal führten die Mittel und Wege der Demographen und die damit einhergehenden Wahnbilder zu direkten Auswirkungen auf die offizielle Moral.

NIEDER MIT DEN BETRÜGERINNEN

Die Zeit zwischen den Kriegen bezeichnete zweifellos den Höhepunkt der moralisierenden Phase. Im Rückblick sind uns diese Ausbrüche kaum mehr vorstellbar. Auf nichtklerikaler Seite schlug der medizinische Diskurs apokalyptische Töne an, sobald die Rede auf die kinderlose Frau kam, der alle möglichen schrecklichen Krankheiten in Aussicht gestellt wurden. In den zwanziger Jahren verkündete ein Redner bei einem Regionalkongreß über Geburtshilfe, eine Frau befinde sich ausschließlich während der Schwangerschaft und des Stillens im physiologischen Gleichgewicht. 1929 behauptete der Brüsseler Arzt R. De Guchteneere in seinem Werk *La Limitation des naissances* (»Die Einschränkung der Geburten«), Empfängnisverhütung berge die Gefahr einer unwiderruflichen Unfruchtbarkeit und begünstige die Entwicklung von Fibromen und Nervenkrankheiten. 1930 vertrat Doktor Jacques Sédillot ein noch abwegigeres Konzept: das »Betrügerinnensyndrom«. Die gynäkologischen und nervlichen Störungen, erklärte er, rührten von fehlender oder unzulänglicher Durchdringung der geschlechtlich aktiven Frau mit Sperma her. Doktor Guchteneere dachte sich unterdessen eine neue Hypothese aus, die er 1931 zum besten gab: Empfängnisverhütung begünstigte Krebstumoren an den weiblichen Geschlechtsorganen.

Auf seiten der Kirche nahm der Kampf gegen die »eheliche Onanie« in den dreißiger bis fünfziger Jahren die Ausmaße eines Kreuzzugs an. Der Streit um die Geburtenkontrolle war das vorherrschende Thema, und Rom erstarrte in seiner unnachgiebigen Haltung. Es war die Rede von der »Ehrlichkeit des ehelichen Lagers«, dessen etwaige »Schändung« streng verurteilt wurde. Manche Christen, insbesondere die Intellektuellen unter ihnen, äußerten unterdessen ihren Protest und plädierten für eine Theologie, die mehr Achtung vor dem Glück und der Freiheit der Ehegatten an den Tag legte. Anfang der dreißiger Jahre veröffentlichten zwei Gynäkologen, Knaus und Ogino, die ersten Ergebnisse ihrer Forschungsarbeiten über eine neue Verhütungsmethode, die sich auf Temperaturmessungen während des gesamten monatlichen Zyklus stützte. Ausgerechnet der Prior des Klosters Coublevie verteilte ihre Broschüre, was im übrigen von einer gewissen Kühnheit zeugte, denn theoretisch fiel diese Publikation unter das Gesetz von 1920 und hätte ihren Verfassern strafrechtliche Konsequenzen eintragen können.

Doch die berühmte Enzyklika *Casti connubii*, die Papst Pius XI. am 31. Dezember 1930 herausgab, bedeutete das Ende der liberalen Hoffnungen, die sich bis dahin unter den Christen ausbreiten konnten. Sie bestätigte die feindselige Haltung des Vatikans gegenüber jeder Form von Empfängnisverhütung. Ungebrochen lautete das Motto: »Wachset und mehret euch!« Man mußte noch weitere zwanzig Jahre warten, bis Papst Pius XII. die Geburtenkontrolle im Prinzip akzeptierte.[22]

Wir dürfen nicht unterschätzen, welche verheerenden Konsequenzen die konservative Einstellung der römisch-katholischen Kirche nach sich zog. Viele Ehepaare fühlten sich hin- und hergerissen zwischen ihrem Glauben und ihrem Wunsch, die Zahl ihrer Kinder einzuschränken, ohne deshalb auf ein harmonisches Liebesleben verzichten zu müssen. Die Aussagen der Gläubigen aus jener Zeit, die

Briefe von Gemeindemitgliedern an ihren Pfarrer, sind ergreifende Bekenntnisse [23] – wieviel unausgesprochenes Leiden, wieviel unnötige Traurigkeit und verdrängte Lust, wie viele verlorene Lieben. »Hinter diesen Fragen«, schätzt Martine Sevegrand, »zeichnet sich eine dumpfe Auflehnung gegen eine Kirche ab, die als ›unzugänglich‹ erlebt wird, die Unmögliches, Undurchführbares befiehlt und den überzeugtesten christlichen Ehen absurde Entscheidungen abverlangt. Ein Vater von drei Kindern schrieb 1936 an Abbé Viollet, um ihn ›um Hilfe zu bitten‹. Er legte seine Gewissensnot dar: ›Vorläufig weiß ich nur, daß ich mich von jedem Liebesakt fernhalten muß, aber trotz meiner Bemühungen gelingt es mir nicht, oder anders: wenn es mir gelingt, empfinde ich eine große Trauer und einen tiefen Lebensüberdruß. [...] Ich fasse zusammen: entweder ich gehorche göttlichem Gesetz und zerstöre damit Zuneigung und Lebenslust, oder ich leiste Ungehorsam, indem ich betrügerische Beziehungen unterhalte, aber ansonsten ist alles gut.‹«[24]

Es ist eine Ironie der Geschichte und ein neuerlicher Rückschlag der »Überschreitung«: Die Statistiken jener Zeit zeigen, daß die christlichen Paare trotz der vatikanischen Unbeugsamkeit weiterhin Empfängnisverhütung praktizierten. Die niedrigen Geburtenraten hielten die gesamten dreißiger Jahre hindurch an, und was noch bezeichnender war: die Geburtenzahlen in den ausgesprochen katholisch geprägten Regionen näherten sich den Werten in laizistischen Gegenden. Paradoxerweise war, wie Philippe Ariès gezeigt hat, der Wunsch nach Geburtenkontrolle mit der Auffassung von der Familie als fundamentalem Wert keineswegs unvereinbar. Das damals verbreitete Modell, erklärt er, sei das »der vorsichtigen, berechnenden, vorausschauenden Familie, die ganz darin aufging, ein oder zwei Kindern die beste Zukunft zu sichern. Unter diesen Umständen war die Drosselung der Geburten keine Antwort auf irgendein Aufflammen von Hedonismus. Sie entsprach im Gegenteil einer asketischen Lebensgestaltung, in der alles, einschließlich der sexuellen Lust, der geduldigen Aufzucht der nächsten Generation geopfert wurde.« [25]

Die Fortpflanzungsideologie, der Kult der Familie, die puritanische Strenge in sexueller Hinsicht – dies alles erzeugte in Frankreich in gewisser Weise eine vorweggenommene Vichy-Atmosphäre. Nach dem Debakel von 1940 schlug Philippe Pétains französischer Staat mit seinem Losungswort »Arbeit, Familie, Vaterland« keine unbekannten Töne an – jedenfalls auf diesem Gebiet –, sondern fügte sich in ein allgemeines Klima ein, das weitaus älter war; aus diesem Blickwinkel ging der Pétainismus seinem Namensgeber voraus.

Um diese Zeit, genauer 1938, erschien das wunderbare und in vielerlei Hinsicht prophetische Werk des Protestanten Denis de Rougemont mit dem Titel *L'Amour et l'Occident.*[26] Darin reflektierte er insbesondere über die sehr abendländische Vorstellung von Leidenschaft, verkörpert durch die Gestalt des Tristan und seine Liebe zu Isolde, eine Leidenschaft, deren Moral dem Geist der Ehe, die Stabilität und Dauer verlangt, entgegengesetzt ist. Rougemonts Analysen kündigten die großen individualistischen Auseinandersetzungen der sechziger Jahre an.

1942–1943: EINE UNERWARTETE WENDE

Erstaunlicherweise ereignete sich mitten im Krieg, in der düstersten Zeit der deutschen Besatzung, eine neuerliche Kehrtwende in der französischen Demographie. Anstelle des langsamen Rückgangs, der um die Jahrhundertwende eingesetzt hatte und dessen statistischer Niederschlag sich nach dem Gemetzel des ersten Weltkriegs noch weitaus stärker bemerkbar machte, wurde nun ein spektakulärer Anstieg der Geburten verzeichnet. Die Tendenz begann 1942 und intensivierte sich während der zwei Jahre nach der Befreiung so jäh und so umfangreich, daß das Phänomen nach einer speziellen Bezeichnung verlangte: Man nannte es den Babyboom.

Diese demographische Kehrtwende entschied für die nächsten Jahrzehnte über das Schicksal der französischen Gesellschaft. Ihre Konsequenzen sind noch heute zu spüren.[27] Das Phänomen ist nicht so einfach, wie man es sich vorstellt, und wäre beispielsweise nicht allein auf die Rückkehr der Kriegsgefangenen zurückzuführen. Philippe Ariès spricht in diesem Zusammenhang vom überraschenden Abbruch einer hundertjährigen Entwicklung. »Bis heute«, schätzt Jean-Marie Poursin, »ist der Babyboom für die Gesamtheit der Demographen ein Rätsel.«[28] Er war zweifellos das Ergebnis einer komplexen Entwicklung kollektiver Denkweisen – zum Beispiel hinsichtlich der Zukunftsvorstellungen –, die sehr viel früher eingesetzt hat. Schließlich gehören diejenigen, die für den Babyboom verantwortlich sind, einer Generation an, die in den zwanziger Jahren zur Welt kam, so daß es nicht abwegig ist, in der Fortpflanzungsfreudigkeit die zeitverschobenen kulturellen Auswirkungen der einschlägigen Propaganda zu Beginn des Jahrhunderts zu sehen.

Was die Sexualmoral betrifft, so hätte die Aussicht auf eine kinderreiche Generation unmittelbar nach dem Krieg die Voraussetzungen der Debatte logischerweise ändern müssen, denn die »demographische Gefahr« war von nun an gebannt. Das war jedoch nicht der Fall. Kulturell war das Nachkriegsklima ausgesprochen geburtenorientiert. Europa mußte wiederaufgebaut werden, und das wundersame Wirtschaftswachstum überall löste neue Zuversicht und Zukunftshoffnungen aus. In Frankreich erhielt General de Gaulle den Beifall der Mehrheit, als er 1962 hundert Millionen Einwohner forderte. Die Parteien der Linken, einschließlich der kirchenfeindlichsten unter ihnen, der Kommunisten, waren um Nachwuchs und Familiensinn nicht weniger besorgt als die Rechten. Die Kommunistin Jeannette Vermeersch sprach ganz im Sinn des Nationalkonvents nach der Revolution oder der russischen Bolschewiki der dreißiger Jahre, als sie die Abtreibung als »ein Laster der Frauen des Großbürgertums« bezeichnete. Auch der einflußreiche Soziologe Alfred Sauvy stimmte in den Chor ein. 1956 äußerte er seine Befürchtung, die Abschaffung der Artikel 3 und 4 des Gesetzes von 1920 über das Verbot der Verbreitung empfängnisverhütender Maßnahmen könnte den demographischen Aufschwung in Frankreich in Frage stellen.

Die Ansichten anderer maßgeblicher Demographen gingen in dieselbe Richtung. 1950 erklärte Paul Vincent ohne Umschweife:

»Bei der gegenwärtigen Lage unserer Gesellschaft [...] muß das demographische Gleichgewicht [...] zwangsläufig prekär sein, denn es beruht im wesentlichen auf der Existenz von zumeist unfreiwillig kinderreichen Familien.«[29] Das außerordentlich repressive Gesetz blieb also in Kraft.

So standen die fünfziger und frühen sechziger Jahre im Zeichen der Familie und keineswegs des sexuellen Hedonismus. In Frankreich kam der Cognacq-Jay-Preis, 1920 zur Belohnung kinderreicher Familien (mehr als neun Kinder) gestiftet, zu neuen Ehren und erlebte durch das Fernsehen sogar einen Zuwachs an Popularität. Natürlich hatte die Verherrlichung der Familie nun erheblich andere und weniger angstbeladene Gründe als in den zwanziger und dreißiger Jahren, doch das Ergebnis war in etwa dasselbe. »Der Babyboom«, schreibt Philipp Ariès, »zeigt, wie sehr die Einstellung zum Leben eine Mentalitätssache ist. Das empfängnisverhütende Verhalten des neunzehnten Jahrhunderts hatte sich in einem besonderen psychologischen Klima entwickelt, das in den vierziger Jahren verschwand. Es wurde abgelöst von einem anderen Klima, in dem die vorausschauenden Berechnungen der vorhergegangenen Periode keinen Platz mehr hatten, zerstreut von einem Klima des Vertrauens in eine Schlaraffenzukunft. Nichts hinderte jetzt mehr daran, die Familie ein wenig zu vergrößern, die zum Ort des Glücks geworden war: ›die glückliche Familie‹.«[30]

TRIUMPH DES FAMILIENSINNS

Der Konsens, wonach die Familie sich der größten Wertschätzung erfreute, war an keine spezielle politische Situation gebunden. Das ganze verwüstete Nachkriegseuropa schien einem außerordentlichen Regulierungsinstinkt zu gehorchen. Die Institution der Ehe erlebte ihr goldenes Zeitalter. »In ganz Europa«, bemerkt Evelyne Sullerot, »ist ein wahres Heiratsfieber ausgebrochen. Natürlich wird damit zunächst das Defizit der Kriegsjahre wettgemacht, in denen zahlreiche Verbindungen nicht zustande gekommen oder durch den Tod beendet worden waren. Aber noch nach 1950 und bis zum Jahr 1965 sprengen die Heiratsstatistiken in Frankreich, Großbritannien, Belgien, in den Niederlanden, in Schweden, Deutschland, Dänemark, Italien sämtliche Rekorde. Sogar in Irland schwinden die Ehelosen dahin wie schmelzender Schnee. Es wird geheiratet. Und es wird immer früher geheiratet. Damals nannte man das die ›Modernisierung‹ der Familie.«[31]

Diese Geisteshaltung schwappte sogar über die europäischen Grenzen hinweg und ergriff alle industrialisierten Länder. In den Vereinigten Staaten schien der Vorkriegsfeminismus aus der Mode gekommen zu sein. Alles war von diesem Klima geprägt, auch die Allgemeine Erklärung der Menschenrechte aus dem Jahr 1948, deren erster Absatz die Institution der Familie als das grundlegende Element der Gesellschaft bezeichnete. Bis zu den frühen sechziger Jahren bestanden namhafte amerikanische Essayisten wie David Riesman auf der Vorherrschaft einer familienorientierten Einstellung in den westlichen Ländern.[32]

Aber der Streit über die Empfängnisverhütung hielt an und spaltete die Christen in zwei Lager. Zusätzlich kompliziert wurde er, als ein Parameter hinzutrat, der bislang kaum ins Gewicht gefallen war: das unbestimmte Gefühl einer Übervölkerung des Planeten, das sich verschärfte, als man erkannte, wie unterentwickelt die ehemaligen Kolonien waren. Die Befürworter einer Geburtenkontrolle sahen sich zunehmend des Malthusianismus beschuldigt, auch von den Linken, während die geburtenfördernde Doktrin der Kirche als vorteilhaft für die armen Länder dargestellt wurde. So kam es, daß manche Christen, die ihre Solidarität mit der Dritten Welt bekundeten, nach den Enzykliken *Mater et magistra* von 1961 und *Humanae Vitae* von 1968, beide sehr feindselig gegenüber der Empfängnisverhütung, froh waren, daß dem Leben auch der Allerärmsten absoluter Vorrang eingeräumt wurde.[33] So beglückwünschte sich im November 1968 die Monatszeitschrift *Croissance des jeunes nations,* daß die Enzyklika *Humanae Vitae* in Lateinamerika so gut aufgenommen wurde, denn »Papst Paul VI. setzt sich für die Armen ein. Beim Bankett des Lebens haben auch sie das Recht auf einen eigenen Platz, zuallererst das Recht, geboren zu werden und zu leben. Die finanziellen Interessen dürfen nicht das Leben bestimmen, sondern müssen sich umgekehrt in seinen Dienst stellen.«

Während der zwei Jahrzehnte nach der Befreiung war die starre Haltung der Kirche am spektakulärsten und folgenschwersten. Unter den Christen schwelte die Revolte. Die ersten Anzeichen einer regelrechten Moralkrise machten sich bemerkbar. Der unnachgiebige Standpunkt des Vatikans stieß auf immer weniger Zustimmung. Vertrauliche Berichte, von Priestern verfaßt, zeigten, welches Ausmaß der Widerstand gegen den römischen Konservativismus unter den Gläubigen bereits erreicht hatte. Aber es nützte nichts. Ab 1951 griff Pius XII. neuerlich ein und verurteilte die gesamte katholische Literatur zur Sexualerziehung. Sie stehe im Verdacht, nichts anderes zu sein als die obszöne erotische Presse, die von den »niedrigsten Instinkten der verkommenen Natur« profitiere. Bücher wurden auf den Index gesetzt – 1955 beispielsweise *Vie chrétienne et Problèmes de la sexualité* (»Christliches Leben und Probleme der Sexualität«) von Marc Oraison –, und sogar eine so maßvolle Haltung wie die des katholischen Sexualforschers Paul Chanson, der 1951 ein Werk über »Die Kunst des Liebens und die eheliche Zurückhaltung« (*Art d'aimer et Continence conjugale*) veröffentlichte, in dem er eine Empfängnisverhütung durch den *amplexus reservatus* nach indischem Vorbild empfahl, löste in der katholischen Hierarchie einen Skandal aus und erhielt im Juni 1952 eine Abmahnung. »Die Anhäufung repressiver Maßnahmen, die von Pius XII. ausgelöst wurden«, meint Martine Sevegrand, »beweist nicht nur eine obsessive Angst vor den Schrecken des Hedonismus, sondern auch eine tiefe Beunruhigung, geradezu eine Panik angesichts der Beschreibungen von Sexualität.«[34]

Während dieser langen Phase bis zum zweiten Vatikanischen Konzil von 1962 erweckte die Kirche den Eindruck, als hätte sie das Gedächtnis verloren und es bliebe ihr angesichts der Nachkriegswelt keine andere Wahl, als auf die Verkrampfungen eines Pius IX. zurückzugreifen, der mit seinem *Syllabus* aus dem Jahr 1864, einem Katalog von sogenannten »Zeitirrtümern«, sämtliche liberalen Tendenzen in der Kirche pauschal verurteilte.

DER GROSSE BRUCH VON 1965

In diesem Zusammenhang ereignete sich Mitte der sechziger Jahre eine neuerliche demographische Kehrtwende, die noch einschneidender und umfassender war als die beiden vorhergehenden. Noch heute beschäftigen sich die Demographen mit diesem machtvollen »Signal«, das in den Jahren 1964 und 1965 durch alle Länder des Westens ging. Der statistische Kataklysmus zuvor verblüffte die Soziologen. Auf einmal verkehrten sich sämtliche demographischen Parameter gleichzeitig in ihr Gegenteil – man erlebte einen starken Rückgang der Geburtenzahlen und der Eheschließungen, die Frauen blieben länger unverheiratet, die Zahl der Scheidungen stieg sprunghaft an, während die Zahl der Kinder pro Familie abnahm, und so weiter. Binnen weniger Jahre hatte die Nettofortpflanzungsrate einen Tiefpunkt erreicht; 1975 sank sie unter das Niveau, das langfristig für eine gleichbleibende Bevölkerungsdichte erforderlich ist.

Sämtliche Länder des Westens waren von dem Phänomen betroffen und erstaunlicherweise alle zur selben Zeit. »1964«, schreibt Evelyne Sullerot, »ereignet sich ein verblüffender Bruch: zum ersten Mal seit zwanzig Jahren stürzt die Geburtenrate rasant in die Tiefe, und zwar in ein und demselben Jahr in Belgien, der BRD, in Dänemark, Spanien, Frankreich, Griechenland, Großbritannien, Italien, den Niederlanden, in Portugal, Schweden und in der Schweiz [...] Während der folgenden drei Jahre, von 1964 bis 1967, verlieren Frankreich, England und Deutschland 1,3 Geburten pro 1000 Einwohner, die Niederlande und Italien 1,8, und in Belgien sind es 2.«[35]

Was war geschehen? Sehr viele Erklärungen wurden angeboten. Man suchte die Ursache im Fortschritt des Feminismus und der zunehmenden Berufstätigkeit der Frauen. Man beharrte auf den wissenschaftlichen und soziologischen Errungenschaften der Empfängnisverhütung. Aber damit erklärte sich nicht, weshalb überall auch immer weniger »Wunschkinder« geboren wurden, wie aus Umfragen hervorging. Man berief sich auf die massive Verstädterung Ende der fünfziger Jahre. Manche Autoren, etwa Richard Easterlin, entwarfen eine Zyklustheorie, wonach sich der demographische Rhythmus nahezu mechanisch alle zwei Generationen umkehrt.

In Wahrheit ist keine dieser Analysen für sich genommen ausreichend. Die Umkehrung der Bevölkerungsentwicklung ging einer sehr viel tiefer greifenden kulturellen Erschütterung voraus und kündigte sie an. Sie gehorchte einer anthropologischen Entwicklung, die sich über einen so langen Zeitraum erstreckte, daß man Jahre brauchen wird, um ihr wahres Ausmaß zu erfassen. »Dieses Jahr der Wende (1965) bezeichnet den Moment, in dem die Generation, die am Ende des Kriegs oder unmittelbar danach geboren wurde, erwachsen ist und sich auf die Gründung eigener Familien einläßt. Diese Heerscharen haben den Krieg nicht oder kaum kennengelernt; ihre Kindheit ist in einem Klima relativer Sicherheit und des sozialen Aufstiegs verlaufen. Sie haben weder Katastrophen noch Mangel erlebt. Alle Berufschancen standen ihnen weit offen. […] Sie fangen an, sich eine Familienbiographie aufzubauen, die sich vom Leben ihrer Eltern erheblich unterscheidet.«[36]

Die Parenthese der fünfziger Jahre schloß sich. Man spürte schon den fortschreitenden Abbau der öffentlichen zugunsten der privaten Werte. In allen Industrienationen wurden die »Babyboomers« erwachsen, eine umfangreiche und ungeduldige Generation. Instinktiv lehnten sie die Werte der vorhergehenden Generation ab, die ihrerseits vom Gedanken an den Krieg, an Katastrophen, Mangel, Zerstörung geprägt war.

Mitte der sechziger Jahre aber war der Westen kulturell der Nutznießer zweier Neuheiten, die in der Geschichte beispiellos sind. Zum einen erlebten alle westlichen Länder einen erstaunlichen Zuwachs an wirtschaftlichem Reichtum, wie ihn keine menschliche Gemeinschaft bis dahin je erlebt hatte, nicht einmal das durch das Gold aus der Neuen Welt künstlich bereicherte Spanien des sechzehnten Jahrhunderts. Der Wohlstand der Jahre nach dem Krieg entsprach einer Vervierfachung der Kaufkraft in weniger als dreißig Jahren. Das Wirtschaftswachstum war derart wunderbar, daß man es für eine dauerhafte Einrichtung hielt. Die Vorstellung von der Zukunft, optimistischer denn je, rechtfertigte den Keynesianismus und die Inflation, die damals das Funktionieren der westlichen Wirtschaftssysteme beherrschten und sich beide dadurch auszeichneten, daß sie Wechsel auf die Zukunft ausstellten, Jugend, Dynamik und Zuversicht jedem Gedanken an Umsicht und Sparsamkeit vorzogen. Die Inflation, sagen die Volkswirte, ist »die Euthanasie der Rentner«. Das bedeutet, morgen ist auch ein Tag, zum Teufel mit der alten Welt. Diese Epoche bescherte dem reichen Europa einen kulturellen und moralischen Luxus, der früher unvorstellbar gewesen wäre: die risikofreie Sorglosigkeit.

Und die zweite Neuheit war folgende: Die europäischen Länder hatten sich unmerklich in einer sehr langen Friedensperiode eingerichtet – angesichts der Nuklearwaffen blieb ihnen gar nichts anderes übrig. Für sie war der Krieg nur noch eine Begleiterscheinung, der in den immer noch »dritte Welt« genannten Ländern des Südens tobte. Europa lebte nicht nur im Frieden, sondern gewöhnte sich daran, den Gedanken an Krieg und all die damit verbundenen Vorsichtsmaßnahmen aus dem Kollektivbewußtsein zu tilgen. Es geschah im Grunde nichts anderes als ein spektakuläres Aufatmen; der Holismus, jenes Zugeständnis an den Zusammenhalt und das Überleben der Gruppe, ließ zugunsten eines neuen »Imperialismus« nach – das Individuum wurde König.

Aus dem Abstand stimmt uns dieser unglaubliche Bruch der Jahre 1964 und 1965 aus mehrerlei Gründen nachdenklich. Einmal sind wir beeindruckt von der Geschwindigkeit, mit der sich die damals eingetretenen Änderungen auf legislativer Ebene konkretisierten. Die meisten Reformen – Empfängnisverhütung, Abtreibung, Ehescheidung und so weiter –, die das gesellschaftliche und familiäre Umfeld von Grund auf veränderten, setzten sich innerhalb weniger Jahre durch. Der hervorragende Jurist Jean Carbonnier meint, Europa habe einen außerordentlichen »legislativen Frühling« erlebt. »Der Wendepunkt in der Entwicklung der Sitten«, sagt er, »war nicht 1968, sondern 1964.«[37]

Verblüfft stellen wir nun fest, daß der eigentliche kulturelle und politische Ausdruck dieser gewaltigen Veränderung sich erst im nachhinein bemerkbar macht. Mai 1968, die Wiederentdeckung von Wilhelm Reich und Herbert Marcuse, der sexuelle Hedonismus und die Forderung nach Permissivität, die wilde Gier nach der unmittelbaren Lust – diese ganze stürmische Zurschaustellung der Revolution der Sitten ging nicht dem Wandel voraus, sondern folgte ihm. Im Mai 1968 brachen wir zu einer kühnen Reise auf, aber die Fahrkarte dafür hatten wir schon in der Tasche.

Ist der Rückweg dreißig Jahre später – ohne Fahrkarte diesmal – etwa schon vorprogrammiert?

DRITTER TEIL

EINE LOGIK DER EINSAMKEIT

Die Sprache der Liebe ist heute von extremer Einsamkeit. Roland Barthes, 1977

12
ZWISCHEN RICHTER UND ARZT

Heute, fünfunddreißig Jahre später, sind wir Gefangene eines verrückten Widerspruchs. Weil wir gestern zuviel von Freiheit träumten, begegnen wir heute einer irrationalen Angst. Wir fallen kollektiv der lautstarken Forderung nach Repression anheim, die mit jeder Angst einhergeht. Auf einmal fühlt sich die Gesellschaft von Gewalt und unvorstellbaren Gefahren bedroht: Die Kinder könnten vor Perversen nicht mehr sicher sein; die Frauen seien Schlägern und Vergewaltigern ausgeliefert; die Permissivität – nicht nur in Belgien – habe sich in einen Alptraum verwandelt; unsere nächsten Nachbarn, der Volksschullehrer oder der Erzieher, seien möglicherweise Sexualverbrecher, vor denen wir geschützt werden wollen. Wie wir gesehen haben, ist diese Gewaltsamkeit an der spektakulären Zunahme der Kriminalstatistiken zu erkennen.[1] Noch präsenter aber ist sie im kollektiven Bewußtsein, aus dem sie nach und nach alle anderen Phantasmen verdrängt.

Das Verbrechen mit sexuellem Hintergrund wird zum wiederkehrenden Szenario in der modernen Medienlandschaft. Die beklommene Hast, mit der wir uns darauf stürzen, sollte uns nachdenklich stimmen, denn jede kollektive Angst löst dieselbe Faszination für ihre Ursache aus. Jedes neue Kommunikationsmittel trägt dazu bei, die Angst zu schüren und zu verbreiten; heute ist es das Internet, das ungeahnte Gefahren birgt. Vor dreißig Jahren lasen wir Marquis de Sade als Taschenbuchausgabe. Heute entdecken wir im Alltag und »live« das sadistische Verbrechen – ein Verbrechen, das die Grenzen dessen, was die Medien unermüdlich als »Horror« oder »Alptraum« bezeichnen, ständig erweitert. Am 13. August 1996 eröffnete die Münchner Polizei ein Ermittlungsverfahren, nachdem eine Fotoserie ins Internet eingespeist worden war, in der eine nackte Frau einen Mann mittels einer Säge enthauptete. Die Bildunterschrift verkündete, diese Szene – die von Honolulu aus in einem Chatroom veröffentlicht wurde – sei Anfang der achtziger Jahre von einem perversen Paar dokumentiert worden, das in den USA einen Mann umgebracht hatte.[2] »Dank der schönen neuen Welt der Telekommunikation kann man sich heutzutage ein Kind bestellen«, erklärte 1996 die Leiterin des französischen UNICEF-Ausschusses, Claire Brisset. »In ganz Europa zirkulieren Pornokassetten von geschändeten Säuglingen, von denen etliche infolge der erlittenen Qualen gestorben sind.«[3] Angst und Neugier nähren sich gegenseitig.

Vor fünfunddreißig Jahren delektierten wir uns sensationslüstern und mit dem prickelnden Gefühl kühner Überschreitung an den Untaten der großen Perversen der Geschichte, wie etwa Gilles de Rais. Heute sind es die Medien, die Tag für Tag zur allgemeinen Erbauung vergleichbare Fälle im Detail ausbreiten. Man urteile selbst anhand des Geständnisses, das Gilles de Rais bei seinem Prozeß im Herbst 1440 ablegte. »Nachdem das Kind in sein Zimmer geführt worden war, überstürzten sich die Ereignisse. Gilles nahm sein ›männliches Glied‹ in die Hand, ›rieb‹ es, ›erigierte‹ es oder ›drückte‹ es auf den Bauch des Opfers und steckte es zwischen dessen Schenkel. Er rieb sich am Bauch der […] Kinder […], erregte und erhitzte sich derart, daß das Sperma verbrecherisch und anders, als es sich gehört, gegen den Bauch der Kinder spritzte. Mit jedem Kind gelangte Gilles nicht öfter als ein- oder zweimal ans Ziel; danach tötete er es […] oder ließ es töten.«[4]

Beschreibungen dieser Sorte sind kaum noch ein Thema für provokante Schriftsteller – heute lassen sie die Protokollführer in den Gerichtssälen erbeben. Mehr oder minder identische Geständnisse erwartet man von dem belgischen Kinderschänder Marc Dutroux und jedem anderen »Monster«, dessen man habhaft werden kann. Eine unbestimmte Angst beherrscht heute die westlichen Gesellschaften. Wie in Paris am Ende des Direktoriums, wie im Moskau der dreißiger Jahre, wie im Rom des zerfallenden Weltreichs scheitert die sexuelle Utopie an der Idee von Gewalt und an der Psychose, die sie begleitet.

DIE INFLATION DER STRAFE

Warum sprechen wir von Psychose? Eines steht fest, die sexuelle Gewalt, ob real oder eingebildet, hat bereits eine Inflation von Justiz- und Strafmaßnahmen ausgelöst. Ständig ist die Rede von einer leistungsstarken Polizei, von gnadenloser Bestrafung, von spektakulären Verhaftungen, von Verbrechern, die man endgültig aus dem Verkehr ziehen müßte, von Sicherheitsverwahrung. Unsere neuen Meinungsdemokratien, die den Schwankungen der Emotionen gehorchen, wie sie von den Medien verbreitet und geschürt werden, fordern von Richtern und Gesetzgebern vermehrten, verstärkten, sofortigen Schutz. Wir erhalten ihn mehr oder weniger, allerdings um den Preis schwerwiegender Rückschritte in der Rechtsprechung und im Strafvollzug. »In den Gesetzestexten wird die Strafe immer mehr als das letzte Rechtsmittel eingesetzt, um ein Tätigkeitsgebiet oder einen Sektor des sozialen Lebens abzugrenzen oder zu moralisieren, die Bedeutung der eben erlassenen Normen hervorzuheben und nach Mitteln zu deren Einhaltung zu suchen. Auf der einen Seite fordern die westlichen Demokratien verstärkten Schutz der Freiheiten und der körperlichen Unversehrtheit des einzelnen, und auf der anderen greifen sie immer öfter auf Haftstrafen zurück.«[5]

Vom Strafgesetz, und nur von ihm, erwarten wir fortan die Wiederherstellung unseres kollektiven Vertrauens. Wir wollen ja gern zusammenleben, freilich nur unter der Bedingung, daß wir vor den anderen geschützt werden. Es geht uns weniger darum, die Gesellschaft zu verändern, als vielmehr sie sicher zu machen. Der Zerfall des Sozialgefüges, das Verschwinden von Orientierungspunkten und menschlichen Bindungen führen zu einer Entwicklung, die Antoine Garapon und Denis Salas als die »Vereinnahmung der Gesellschaft durch die Justiz« bezeichnen. Das heißt, wir verlangen vom Gesetz, Erlaubtes und Verbotenes festzulegen, den sozialen Frieden zu gewährleisten und auf die Einhaltung der Verbote zu achten. Unsere postmodernen Demokratien, die einst auf Freiheit und Individualismus gründeten, sind also auf dem besten Weg, repressiver zu werden, als es die meisten traditionellen Gesellschaften je waren – auch auf sexuellem Gebiet. Das ist eine Realität, der wir nicht gern ins Gesicht schauen, so sehr widerspricht sie unseren öffentlichen Bekenntnissen. Statt dessen berufen wir uns weiterhin auf »die schrecklichen Strafen« früherer Zeit, die »Hexenverbrennungen« und die angeblichen Grausamkeiten des Mittelalters. Aber es sind *unsere* Gefängnisse, die heute aus allen Nähten platzen.

Nach den statistischen Erhebungen der amerikanischen Strafvollzugsbehörden zählten die Vereinigten Staaten 1 630 940 Häftlinge im Jahr 1996, das sind 615 Gefangene pro hunderttausend Einwohner.[6] Dieses Verhältnis stellt nicht nur einen Rekord auf, sondern zeigt auch eine beispiellose Zunahme der Insassen amerikanischer Gefängnisse. Tatsächlich gab es im Jahr 1960 noch 290 000 Häftlinge, 494 000 waren es 1984, und 1985 betrug die Zahl der Gefangenen bereits 744 000. Das bedeutet, der Anteil der Häftlinge ist in weniger als vierzig Jahren um den Faktor 5,5 gestiegen. Gleichzeitig hat die Schwere der verhängten Strafen erheblich zugenommen, insbesondere bei Sittlichkeitsverbrechen; inzwischen ist die Rede von *tough penalty*, einer harten Bestrafung, und bei Rückfalltätern hat sich seit 1994 das Strafmaß verdoppelt. Im Mai 1996 wurde das sogenannte Megan Law, nach dem die Nachbarn eines Sexualtäters bei dessen Freilassung informiert werden müssen, auf Bundesebene ausgeweitet. Derzeit wird eine landesweite Kartei der Sexualverbrecher angelegt. Ende August 1996 war Kalifornien der erste Staat, der die chemische Kastration von Rückfalltätern gestattete. Im Mittelalter war man weniger hart.

In Europa ist die Situation zwar nicht vergleichbar, doch die Tendenz geht eindeutig in Richtung wachsender Strenge. »Inzwischen steht fest«, schätzen die Richter, »daß die Zahl der Gefängnisinsassen nicht aufgrund vermehrter Verhaftungen zunimmt, sondern durch die Verlängerung der Haftstrafen. Bei den langen Strafen jedoch machen Inzest und sexuelle Gewalt einen großen Anteil aus.«[7]

Wie sollte uns diese einzigartige Situation nicht verstören, wenn wir zurückdenken? Mitte der sechziger Jahre entließen wir den Priester, den Moralisten, den um das Gemeinwohl besorgten Politiker. Wir fühlten uns in der Lage – was in der gesamten Geschichte beispiellos ist –, dem Individuum definitiv den Vorrang über die Gruppe einzuräumen. Wir hielten uns für befugt, die althergebrachten Vorsichtsmaßnahmen über Bord zu werfen, die Zugeständnisse an die Zwänge, die unzähligen kollektiven Tricks und Transaktionen zurückzuweisen, mit denen die menschlichen Gesellschaften schlecht und recht das Streben nach Lust und die Gebote der Gemeinschaft unter einen Hut brachten. In sexueller Hinsicht waren wir in den letzten fünfunddreißig Jahren konstruktivistischer als jede Gesellschaft vor uns. Die Apotheose des Individuums, seine erfolgreiche Emanzipation galten im Westen als *die* modernen Errungenschaften schlechthin. Inzwischen waren wir reich genug, klug genug, vernünftig genug, um die abergläubischen Vorstellungen der Vergangenheit abzuschütteln, und schließlich auch frei genug, um deren geheime Tyrannei öffentlich anzuprangern.

Brachte die Vernunft nicht eine Entwertung der Religion mit sich? Setzte die Demokratie nicht die politische Fortführung der Zwänge außer Kraft? Erlaubten uns nicht unsere wachsenden Kenntnisse, zum ersten Mal die Zwangsläufigkeiten in den Griff zu bekommen, denen unsere Spezies seit jeher ausgeliefert war? Reichte uns die Wissenschaft nicht die Schlüssel zur Fortpflanzung selbst? Befreite uns die Gewißheit des Fortschritts nicht von der Notwendigkeit furchtsamer Traditionstreue? Und ermächtigte uns nicht der Glaube an das Universale, auf das »spezifische Pathos« der menschlichen Kulturen mit ihren Tabus und holistischen Vorsichtsmaßnahmen wie auf eine rührende Folklore hinabzublicken? Dieses Recht auf die Lust genehmigten wir uns wie eine außergewöhnliche historische Belohnung. Das war es in der Tat. Es wäre falsch, im nachhinein über diesen Optimismus zu lachen.

Wenn wir heute verwirrt sind, so deshalb, weil wir sehen, wie der grandiose Entwurf endlich an denselben Hürden, denselben Widersprüchen, vor allem denselben tödlichen Risiken scheitert wie alle anderen Utopien vor ihm. Das »Klima« des Augenblicks, die plötzlich auftauchenden Gefahren und die umgehenden Ängste führen uns bis ins Detail genau in Situationen zurück, die wir in der Geschichte schon einmal erlebt haben. Die vielgestaltige Gewaltsamkeit, die wir, zu Recht oder zu Unrecht, rings um uns wahrnehmen, dieser Sicherheitswahn, der uns so fest gepackt hält, daß wir panisch unser Heil nur noch in der Justiz erblicken – genau dies war es, was die Gesellschaften der Vergangenheit um jeden Preis verhindern wollten, wie wir in den vorhergehenden Kapiteln gesehen haben. Wir sollten endlich zugeben, daß die traditionellen Kulturen, von denen wir uns so stolz abgrenzen wollten, die unauflösliche Verflechtung von Sexualität und Gewalt ganz gut begriffen hatten.

Erinnern wir uns daran, was René Girard vor genau einem Vierteljahrhundert über das mit dem Menstruationsblut verknüpfte Tabu gesagt hat, das einst in den meisten Kulturen galt. Warum denn diese Vorstellung von Unreinheit, fragte er sich: »Die Menstruation muß im Rahmen des Blutvergießens im allgemeinen betrachtet werden. Die meisten Primitiven treffen strenge Vorsichtsmaßnahmen, um nicht mit Blut in Berührung zu kommen. [...] rituelle Unreinheit ist immer dort präsent, wo Gewalt zu befürchten ist. [...] Man ist zur Annahme geneigt, die Gewalt sei unrein, weil sie mit der Sexualität in Zusammenhang steht. Auf der Ebene konkreter Lesung erweist sich allein die Umkehrung des Satzes als richtig. Die Sexualität ist unrein, weil sie mit der Gewalt in Zusammenhang steht.«[8]

Gibt ihm die Gewalt nicht recht, die so unerwartet in unsere Gesellschaft zurückgekehrt ist? Im selben Kapitel bemerkte Girard mit einer Spur Ironie: »Die Auffassung, die religiösen Überzeugungen der gesamten Menschheit seien eine breitangelegte Mystifikation, der wir uns als einzige mehr oder weniger entziehen können, ist zumindest voreilig.«[9] Die heutige Situation ist jedenfalls in vielerlei Hinsicht unerhört. Wir haben den Priester, den Moralisten und die Überzeugungen selbst verabschiedet, weil wir uns weigerten, die Verbote noch länger zu verinnerlichen. Wir haben sie »externalisiert«, nach außen verlagert. Nun sind wir aber gezwungen, in aller Hast zwei neue Autoritäten mit ihrer Verwaltung zu betrauen, die nicht zwangsläufig das Unterscheidungsvermögen eines Seneca, Maimonides oder Johannes vom Kreuz besitzen: den Richter und den Arzt. In ihre Hände legen wir, mit geschlossenen Augen, unsere Ängste und sogar unsere Freiheit. Daß das Geschenk nicht sehr willkommen ist, brauchen wir nicht eigens zu betonen.

In diesem Stadium reicht es schon nicht mehr, im Zusammenhang mit Sexualdelikten von einer Inflation der Strafe zu sprechen. Abgesehen von den manchmal schockierenden Erscheinungsformen, verändern die Massenpsychose und der daraus resultierende lautstarke Ruf nach Sicherheit sogar unsere Auffassung von Gerechtigkeit und Recht.[10]

DIE RISIKOPHOBIE

Zwei Begriffe haben im Lauf der vergangenen Jahre vom Universum der Justiz Besitz ergriffen: Gewalt und Sicherheit. Das beweist unter vielen anderen Beispielen das neue französische Strafrecht, das 1993 in Kraft trat. »Der Titel des Kapitels über sexuelle Gewalt im neuen Strafrecht hat sich geändert: es geht nicht mehr um ›Sittlichkeitsverbrechen‹, wie der Text seit 1810 lautete, sondern um ›sexuelle Aggressionen‹, nicht mehr um die Scham, sondern ausschließlich um die Gewalt.«[11]

Im Juni 1991, als im Parlament über das neue Strafrecht debattiert wurde, nahmen bezeichnenderweise die sexuellen Themen einen bevorzugten Platz ein. Zwar hatte der Referent des Gesetzentwurfs, Michel Pezet, zu Beginn der Debatte erklärt, bei sexuellem Verhalten sei zwischen dem, was dem sittlichen oder religiösen Gesetz unterliege, und dem, was in die Zuständigkeit des Strafrechts falle, genau zu unterscheiden, doch *de facto* behielt der repressive Aspekt eindeutig die Oberhand, und sei es nur deshalb, weil es immer schwieriger wird, sich auf einen gemeinsamen Nenner zu einigen. Um was für eine Moral geht es? »Die parlamentarischen Debatten über das Thema waren symptomatisch für die derzeit herrschende Schwierigkeit, als Orientierung in einem historischen Augenblick, in dem die jeweiligen Standorte von Mann und Frau nicht mehr deutlich abgegrenzt sind und ihre Beziehung zueinander eine Frage geworden ist, auf die es *a priori* keine Antwort gibt, eine Norm ausfindig zu machen.«[12]

Trotz der prinzipiellen Einwände des damaligen Justizministers Jacques Toubon gegen den Artikel, der sich mit sexueller Belästigung befaßt – »Ich glaube weitaus mehr an menschliches Verhalten als an Bestrafung« –, drückt das neue Strafrecht eine Wahrheit aus, die nicht von der Hand zu weisen ist, wie Alain Ehrenberg betont – »den immer umfassenderen Raum, den die Strafkultur innerhalb der Gesellschaft einnimmt«.[13]

Der Philosoph Philippe Raynaud geht noch einen Schritt weiter. Hinter dem zwanghaften Bedürfnis, durch Bestrafung jede Form von Gewalt und Unsicherheit – nicht nur auf dem Gebiet der Sexualdelikte – auszumerzen, glaubt er eine »neue Hygienesucht« zu erkennen. Die Norm präsentiere sich, unabhängig von jedem moralisierenden Gebot traditioneller oder autoritärer Art, als Ergebnis des öffentlichen Interesses und potentiell universeller Werte.

Das heißt, daß wir vom Strafrecht dasselbe erwarten wie von der Medizin, eine maximale Sicherheitsgarantie, ein hypothetisches Nullrisiko, die Versicherung gegen jeden vorstellbaren Nachteil. Denn wir haben Angst. Diese Zwangsvorstellung von der vollkommenen öffentlichen Ordnung entspricht der früher erwähnten Idee von »vollkommener Gesundheit«, die Lucien Sfez als Utopie und Ideologie im eigentlichen Wortsinn analysiert hat.[14] Der neue Horizont, auf den wir blicken, ist die Gesellschaft, die in jeder, nicht nur sexueller Hinsicht *safe* ist, und es obliegt dem Arsenal der Unterdrückung, ihr Erscheinen zu beschleunigen. So wird das Strafrecht, Stützbalken des Rechts schlechthin, zum einzigen Bezugspunkt in einer desorientierten und mit jedem Tag tiefer beunruhigten Gesellschaft. Nicht zuletzt dank den Medien verwandelt sich das öffentliche Leben allmählich in eine endlose Schmähung gegen die Behörden, die gedrängt werden, zu bestrafen, zu entschädigen, zu beruhigen und an allen Fronten zu wachen, an denen eine Gefahr auftauchen könnte. Aus dieser Perspektive ist die Interpretation des neuen französischen Strafrechts durch Antoine Garapon und Denis Salas – »die neuen Metaphern der Unsicherheit« – noch beunruhigender.

Man könnte, schreiben sie, die Doktrin des neuen Strafrechts folgendermaßen zusammenfassen: »Kinder, mißtraut euren Eltern, denn sie könnten euch mißhandeln oder mißbrauchen; Ehefrauen, mißtraut euren Männern, denn sie könnten gewalttätig werden; Angestellte, mißtraut euren Chefs, denn sie könnten euch sexuell belästigen; Restaurantbesucher, mißtraut euren Tischgenossen, wenn sie rauchen, euren Sexualpartnern, denn sie könnten euch infizieren, den Verkehrsteilnehmern, die euch umbringen können, und so weiter. Wir führen Krieg gegen einen Feind, der kein Gesicht hat. [...] Unwillkürlich zeigt unser heutiges Strafrecht die Verbindung zwischen zwei widersprüchlichen Denkweisen des modernen Individualismus auf: die endlose Forderung nach Rechten und das Verlangen nach Schutz.«[15]

Die wachsende Angst vor der Gewalt, die um sich greifende Phobie vor der sozialen Gefahr in welcher Form auch immer stehen in einem gewissen Zusammenhang mit jenen vielfach beschworenen Rissen durch die Gesellschaft und mit dem fortschreitenden Zerfall des »Gemeinwohls«. Eine atomisierte Gesellschaft, der es an Anlaufstellen, an ausreichend starken Bindungen, an familiären und politischen Verbindungen oder Gruppenzugehörigkeiten fehlt, neigt in der Tat dazu, zum ewigen Schlachtfeld rivalisierender Bedürfnisse zu werden, die ihrerseits zahlreiche »Nachteile« mit sich bringen, von denen jeder einzelne nach Wiedergutmachung verlangt. Früher oder später mündet das »Zusammenleben« in endlose »Revierkämpfe«, die das zum Fetisch gewordene Recht Tag für Tag zu schlichten hat, scharf beobachtet von den Medien. Die Richter vom Juristischen Institut für höhere Studien haben nicht unrecht, wenn sie in diesem neuen Bild der Gesellschaft ein Beispiel dessen erblicken, was René Girard die »mimetische Krise« oder den Krieg aller gegen alle nannte.

Fügen wir der Beschreibung dieser Unsicherheit, die nach und nach »strukturbildend« wird, noch ein paar Bemerkungen über einen weiteren Faktor hinzu, der eine zusätzliche Verschärfung mit sich bringt: das soziale Gefälle, das sich in unseren Demokratien wieder breitmacht. In den letzten zwanzig Jahren haben wir nicht nur erlebt, wie die Ungleichheit in unseren westlichen Gesellschaften zunahm, sondern vor allem, wie sie immer lärmender und sichtbarer wurde. Zur Angst tritt also hintergründig das Gefühl von Ungerechtigkeit, Verlassenheit und Neid hinzu, und dies mit den bekannten Konsequenzen. Die fanatische Art, mit der wir als allerletztes Mittel bei der Justiz Zuflucht suchen, ist uns Trost und Entschädigung. Der unerschrockene kleine Richter und der Chef, der dem Verhör unterzogen oder, noch besser, inhaftiert wird, werden zu einem Gegensatzpaar, deren theatralische Konfrontation an die Stelle der sozialen Kämpfe früherer Zeiten getreten ist. Das Strafrecht rächt uns für soziale Ungerechtigkeiten. Die Gesellschaft wird insgesamt immer mehr als Dschungel erlebt, in dem ständig eine zweifache Gefahr besteht: »Zum einen das – offensichtliche – Risiko, daß die Schwächsten den privaten Kräfteverhältnissen ausgeliefert werden, womit sich die Zahl jener, die der Freiheit zum Opfer fallen, auf ein Vielfaches erhöht. Und zum anderen die schwindelerregende Zunahme der Verantwortlichkeit jedes einzelnen als umgekehrtes Produkt der freien Moral, ohne daß irgend jemand deren Grenzen kennt.«[16]

Im Gegensatz dazu ist die zwanghafte Vorstellung von einer allgegenwärtigen und unvorhersehbaren sozialen Gefahr, diesmal vom unteren Ende der Gesellschaft her, in der Lage, die sogenannte schweigende Mehrheit, die man euphemistisch die »privilegierten Schichten« zu nennen pflegt, buchstäblich zu unterhöhlen. Die Vorstädte, die Arbeits- und die Obdachlosen haben bereits den Platz eingenommen, den im neunzehnten Jahrhundert die »gefährlichen Klassen« in der Vorstellung des Bürgertums hatten. Wer dazugehört, fühlt sich von denen außerhalb belagert. Der Triebtäter, der einzelnen Frauen oder Kindern auflauert, ist immer nur eine Variante dieser schillernden, vielgestaltigen Gefahr. Alles wirkt dahingehend, daß das Bedürfnis nach Sicherheit über sämtliche anderen Überlegungen den Sieg davonträgt. Im Jahr 1996 hatte Frankreich neben seinen hundertzwanzigtausend Polizisten und neunzigtausend Gendarmen bereits hunderttausend Angestellte privater Sicherheitsdienste. Wir können darauf wetten, daß diese Zahl noch weiter steigen wird.

DIE RÜCKKEHR DES »SCHURKEN«

Die erste Konsequenz der Angst liegt auf der Hand. Unsere Gesellschaft gewöhnt sich nach und nach an ein Ausmaß von Überwachung und Unterdrückung, das gestern noch jeden beliebigen Staatsbürger empört hätte. Heute soll der Schuldige nicht nur bestraft, sondern endgültig aus dem Verkehr gezogen, das heißt ohne Berufung ausgeschlossen werden. In den Vereinigten Staaten wurde eine unglaublich strenge Regel wieder eingeführt, die an die Verbannung anknüpft, wie sie einst in Europa praktiziert wurde: lebenslange Haft nach dem dritten schweren Vergehen derselben Sorte.

In Frankreich ist die Forderung nach Ausschluß besonders deutlich im Zusammenhang mit Sittlichkeits- beziehungsweise Sexualverbrechen. »Die Debatte über die Sexualtäter, für die in zahlreichen Ländern sehr lange Haftstrafen vorgesehen sind«, meint Claude Faugeron, »ist nichts anderes als die Suche nach einem mehr oder weniger endgültigen Verbannungsort.«[17]

Natürlich ist das Entsetzen angesichts der Sexualverbrechen an Kindern verständlich und legitim. Nie erfährt man vom Ausmaß und der Verwerflichkeit dieser Verbrechen, ohne dabei tiefsten Abscheu zu empfinden. Die gewaltigen »weißen Märsche«, die im Sommer 1996, nach der Festnahme des Kinderschänders und -mörders Marc Dutroux, ganz Belgien mobilisierten, sind der Beweis dafür. Trotzdem, ob wir es wollen oder nicht, verrät die spontane Massendemonstration die Auffassung von der Justiz als Rächerin, die das

Justizsystem selbst zu vermeiden suchte. Ist die Justiz nicht der freiwillige und gesetzlich geregelte Verzicht auf private Rache? Aber ebendiese Dimension ist es, die heute wieder massiv über uns hereinbricht, natürlich begünstigt, muß man hinzufügen, durch den ostentativen und gefühlsbeladenen Charakter der neuen »Medienjustiz«, die gezwungen ist, unter dem Blick der Fernsehkameras tätig zu werden. Wie könnten wir leugnen, daß hier, in der öffentlichen Vorführung des endlich überführten Verdächtigen, ein Lynchritual wiederaufgenommen wird, dessen Funktion darin besteht, den rasenden Zorn der Gruppe zu besänftigen, indem es ihn auf ein zur Opferung auserkorenes Individuum lenkt?

In mehr als einer Hinsicht verkörpert der Sexualtäter den idealen Schuldigen, zum einen weil sein Verbrechen nicht zu sühnen ist – um so weniger dann, wenn es sich gegen das Kind richtet, unser letztes Tabu –, und zum anderen weil er den Fehler begangen hat, alle sexuellen Freiheiten, die sich die Gesellschaft verbal oder symbolisch leistet, wörtlich zu nehmen. Unausgesprochen wird ihm eine Art kollektiver Reue oder unsäglicher Verstörtheit aufgebürdet. Wie groß die Verstörtheit ist, zeigt die Eindringlichkeit der Forderung nach Strafe. Sie muß groß genug sein, um die traditionellen Schranken wie Mäßigung, die Bemühung um Wiedereingliederung, Mitleid und so weiter, die eine Gesellschaft sich zu normalen Zeiten auferlegt hatte, zu überwinden. Von nun an sind Züchtigung und Ausgrenzung angesagt. Mit dieser Forderung aber graben sich unsere Gesellschaften selbst eine Grube und geraten in einen merkwürdigen Widerspruch; denn nach wie vor werden im selben Atemzug das Maximum an Freiheit und das Maximum an Unterdrückung verlangt.

Es stimmt, daß das Lynchritual, inszeniert durch Medien und Justiz, dieselben befriedenden Eigenschaften besitzt wie der Opfermord in den primitiven Gesellschaften. An die Stelle des beängstigenden und unerklärlichen Charakters der sozialen Gewalt setzt es das leicht verständliche und tröstliche Szenario der gerechten Bestrafung eines Verbrechers durch anständige Menschen. Auf diese Weise tritt die Strafjustiz an die Stelle der Politik. »Die Meinungsdemokratie liebt Berichte, die sich leicht und schnell verarbeiten lassen, wie das Protokoll eines Strafprozesses, bei dem der Gute und der Böse ohne weiteres zu identifizieren sind. Wenn die Politik keine Anhaltspunkte als Symbole für die sozialen Erfahrungen mehr bietet, kehrt die nichtswürdige Gestalt des ›Schurken‹ in die Demokratie zurück. Wenn es keine äußeren Feinde mehr gibt, müssen das Verbrechen und der Kriminelle die Rolle der abstoßenden Charaktere spielen, an der sich die Einheit, ja die heilige Union emporrankt und deren die Politik bedarf, um ihr Handeln zu rechtfertigen; daher die Bedeutung, die der Kindermord – die Verkörperung des absolut Bösen (die im übrigen ziemlich oft mit dem Nationalsozialismus verglichen wird) – oder, weniger heftig, die Kindesmißhandlung gewinnt, die in allen unseren Demokratien zum ›nationalen Anliegen‹ geworden sind.«[18]

Wir brauchen nur ein wenig unser Gedächtnis anzustrengen, um zu erkennen, welche Diskrepanz zwischen dieser Einstellung und der Haltung der siebziger Jahre klafft, als man sich noch über die Funktion der Strafe, die symbolische Tragweite des Strafrechts oder die soziale Funktion des Gefängnisses Gedanken machte. Zu Recht betonen Garapon und Salas den Weg, den wir seit jenen »humanistischen« Jahren zurückgelegt haben, oder, genauer gesagt, den gewaltigen Rückschritt, den wir billigen, ohne uns dessen überhaupt bewußt zu sein. »Das Gefängnis interessiert kaum noch, so sehr scheint sich die öffentliche Meinung mit diesem notwendigen Übel abgefunden zu haben. Wie fern sind die Zeiten, als Foucault und andere Intellektuelle die Aufmerksamkeit auf den Skandal der Haft lenkten! Schlimmer noch, das Sicherheitsdenken ist im politischen Diskurs auf einen bevorzugten Platz gerückt, und man kann sagen, ohne sich allzuweit vorzuwagen, daß mit Ausnahme einiger Mitleidsbekundungen in den Abendnachrichten das Gefängnis nicht nur nicht länger schockiert, sondern von nun an fester Bestandteil eines neuen Diskurses über moralische Verantwortlichkeit ist, der weniger auf Verständnis als auf Belohnung aus ist.«[19]

DIE PRIVATEN GEWALTHERRSCHAFTEN

Die Formulierung »Vereinnahmung der Gesellschaft durch die Justiz« droht im Extremfall ein Mißverständnis einzuführen. Die grundlegende Tendenz, die sich in unserem Umgang mit Sittlichkeitsverbrechen – Pädophilie, Inzest, sexuelle Nötigung – äußert, besteht nicht nur darin, daß die soziale Bindung durch das Strafrecht ersetzt wird, sondern daß jener Raum, den wir früher die Privatsphäre nannten, nach und nach vom Recht beschlagnahmt und durchdrungen wird. Dekan Carbonnier brachte ein allgemeines Prinzip, das heute abgelehnt würde, auf die Formel: »Wo das private, intime Leben auf dem Spiel steht, sollte das Recht sich möglichst heraushalten.« Umso leichter, umso weniger eingreifend sollte das Recht auftreten, je näher es dem Kern der Privatsphäre kommt; diese sollte soweit wie möglich der freien Regulierung durch Konsens, Zuneigung, häusliche Autonomie überlassen bleiben. So lautet eines der ältesten Axiome der juristischen Konsensphilosophie, die sich vom römischen Recht herleitete. Heute dringt das Recht auch in seiner schärfsten Version, nämlich als Strafrecht, sehr wohl in die Privatsphäre ein.

Dafür gibt es Gründe. Unsere Zeit ist wie von einem Schwindel ergriffen, nachdem wir festgestellt haben, daß weder die Moral noch die traditionellen Zugehörigkeiten, weder die Familie als Institution noch die gemeinsamen Überzeugungen in der Lage sind, das Privatleben zu regeln. Im intimsten Bereich des Lebens entsteht eine gähnende Leere, die wiederum neue Unsicherheiten schafft. Diese Leere beschreibt Boris Cyrulnik folgendermaßen: »Die Kultur, in der wir leben, gestaltet die familiären Rollen nicht mehr: die Väter fühlen sich weniger väterlich vor ihren Töchtern, und die Mütter beginnen, sich vor ihren Söhnen weniger als Mütter zu fühlen. Die Zunahme der Mischehen, der Anstieg der Vergewaltigungen, die Banalisierung von Schwangerschaften außerhalb der Norm verweisen auf dasselbe Phänomen: Verhaltensweisen werden nicht mehr von jener Kultur geprägt, die traditionell über das Gefühlsleben weitergegeben wurde.«[20]

Die Grenze zwischen Öffentlich und Privat ist nicht mehr klar zu erkennen. In unserer Vorstellung neigt die Privatsphäre dazu, ebenfalls zur Gefahrenzone zu werden, in der sich der Schwache durch den Starken bedroht fühlt, weil die Gewalt sich diesen bislang rechtsfreien Raum zunutze machen kann. »Das Risiko, daß sich in geschlossenen Räumen Kräfteverhältnisse entwickeln, bedeutet ein Zurückweichen des öffentlichen Raumes und damit die Schreckensvision einer untragbaren Gesellschaft, in der jeder dem anderen potentiell ausgeliefert ist. Daher die Verlockung, auf das Strafgesetz zurückzugreifen, um Verbote aufrechtzuerhalten und die Kräfteverhältnisse in den Aktivitäten des Menschen innerhalb vernünftiger Grenzen festzuschreiben, mit anderen Worten: den nötigen Abstand zu wahren, damit jeder an seinem Platz verharrt. Doch dieser Platz ist nicht mehr selbstverständlich.«[21]

Das ist die andere Seite der zunehmenden Freigabe aller Bereiche, die einst festen Regeln unterlagen: der öffentliche Raum und damit auch der staatliche Sektor weichen immer weiter zurück, das kollektive Denken schwindet zugunsten des privaten Individualismus, der Staat zieht sich aus der Wirtschaft zurück, das Gemeinwohl verschwindet zugunsten privater Interessen und so weiter. Der mechanische Gegenschlag dieser umfassenden Privatisierung des Staates ist die Vereinnahmung des Privatbereichs durch das Recht. Die Justiz sieht sich aufgefordert, die Gattin vor ihrem Mann, das Kind vor seinem Vater, den Schüler vor seinem Lehrer, die Schwester vor ihrem Bruder zu schützen. Das Strafgesetzbuch wird zum permanenten Schiedsrichter für häusliche Konflikte ernannt.

Die normale Medienchronik dreht sich im wesentlichen darum, Tag für Tag, bis zum Überdruß. Sie hetzt den »Schurken« bis in seinen privaten Bunker hinein und beglückwünscht sich, daß die Justiz in diesem oder jenem Fall der häuslichen Gewaltherrschaft ein Ende setzen konnte, während die Öffentlichkeit sich selbst aufgefordert fühlt, die Grenzen des Privatlebens zu überschreiten, des eigenen oder eines fremden, um Tatbestände aufzudecken, die sich hinter den Grenzen verbergen. Das Interventionsrecht, das den humanitären Organisationen aller Art so teuer ist, weitet sich auf das Familienleben aus. Die Sozialarbeiterin und der Untersuchungsrichter werden zu den neuen Hütern der Moral ernannt.

Daß sich Strafrecht, Polizei und Richter der privaten Territorien bemächtigen, wird als ein Sieg zugunsten des Individuums präsentiert, das Rechte hat und Forderungen stellen kann, ein Sieg über die althergebrachte und barbarische Straflosigkeit der Gruppe. Natürlich können wir dies als einen Fortschritt der Menschenrechte und der Zivilisation auslegen, was in vielen Fällen zweifellos zutrifft, wenn auf einmal das, was bislang schamerfüllt »toleriert« war, nicht mehr hingenommen wird und eine bekannte, aber unter dem Deckmantel der Privatsphäre verborgene Ungerechtigkeit ein Ende hat. Später werden wir jedoch sehen, welche Folgen dies für die Institution der Familie hat.[22] Begnügen wir uns vorerst damit, das unauflösliche Gewirr aufzuzeigen, in das unsere Rechtsauffassung geraten ist. Zuviel Recht beseitigt das Recht.

DIE JURISTISCHE VERWIRRUNG

Der Justizapparat – das Recht selbst – wird in Bereiche, in denen er ursprünglich nichts zu suchen hatte, hereingeholt und mit Aufgaben betraut, die nicht unbedingt in sein Ressort fallen. »Plötzlich erlebt die Justiz in unseren demokratischen Gesellschaften eine Statuserhöhung. Während man bislang von ihr nur erwartete, daß sie innerhalb der sozialen Verhältnisse Frieden schaffe, als Mittlerin staatlicher Handlungen diene oder die Sitten wahre, wird sie auf einmal gebeten, die Welt zu organisieren. Wenn die Religionen den demokratischen Horizont verlassen, den Ideologien die Utopien ausgehen und der Wohlfahrtsstaat am Ende seiner Mittel ist, wendet man sich an die Justiz, um Recht zu fordern.«[23]

Ebendiesem Phänomen, der Vereinnahmung der Privatsphäre, entspricht auch das scharfe Vorgehen der Justiz in den Vereinigten Staaten gegen *sexual harassment.* Denn die Kriminalisierung dessen, was unter Belästigung verstanden wird, geht ja über Verhaltensweisen und Praktiken, an deren verbrecherischer Natur kein Zweifel besteht, weit hinaus: »Die zunehmende Verallgemeinerung des Begriffs zielt darauf ab, grundsätzlich jede Form von Zweideutigkeit innerhalb der sozialen Beziehungen abzuschaffen; darin äußert sich das Bedürfnis, die privatesten Verhaltensweisen dem juristischen Zuständigkeitsbereich zu unterwerfen.«[24]

Wir sind alle Zeugen – direkt oder über die Medien – dieser unglaublichen Situationen, wenn unwillige Richter oder Polizisten in Privatkonflikte verwickelt werden, bei denen es nicht mehr um juristisch identifizierbare Interessen geht, sondern um unbeugsame Überzeugungen, um Weltanschauungen, um gegensätzliche Moralvorstellungen. Was von ihnen verlangt wird, ist nicht mehr nur, Recht zu sprechen, sondern einen Wert zu verkünden, eine moralische oder philosophische Norm festzulegen. So werden sie zu Hütern nicht allein des Gesetzes, sondern des Sinns befördert, zu Wundertätern wider Willen. Die Gesellschaft hat ihnen die Erzeugung symbolischer Werte aufgebürdet. Die so definierte allumfassende, von ihrer eigentlichen Aufgabe abgelenkte Justiz soll also aus eigener Kraft der Unzulänglichkeit der kollektiven Vorstellungen abhelfen.

Sie muß es in einem verbitterten Kontext tun, zwischen gnadenlosen Konfrontationen, Strategien mit festgelegten Tarifen und der Verzweiflung von Individuen. Was die »Tarife« betrifft, so besteht Grund zu der Befürchtung, die zunehmend systematische Verhandlung sittlicher Angelegenheiten vor Gericht könnte in Europa dieselbe Sorte von *sexual business* hervorbringen wie in den USA. Dort hat die sehr weitgehende Auslegung des Begriffs »sexuelle Belästigung« vor allem den Anwälten ein Vermögen eingebracht. Seit 1990 ist die Zahl der Klagen wegen *sexual harassment* auf das Dreifache gestiegen, von fünftausend auf sechzehntausend im Jahr. Ebenso die Zahl der einschlägig spezialisierten Anwaltskanzleien. Ein *business* ist entstanden. Seit 1992 setzten zweitausend Anwälte, neben ziviler Verantwortung und ärztlichen Kunstfehlern, die sexuelle Belästigung auf die Liste ihrer einträglichsten Fälle.[25]

Aber wir dürfen nicht vor lauter Bäumen den Wald übersehen. In Amerika wie in Europa vermag die Begeisterung über das gute Geschäft kaum das Ausmaß der Verwirrung zu verbergen. Konfrontiert mit der Unkenntlichkeit oder gar dem Verschwinden von Normen, fühlt sich das Individuum tatsächlich vom Gewicht einer Verantwortung erdrückt, die ohne irgendeine Anleitung zu tragen ist. Wie Marcel Gauchet 1985 sagte, hat sich der anarchistische Individualismus in einen ängstlichen Individualismus verwandelt, weil »der Verfall der Religion mit der immer schwierigeren Annahme seiner selbst bezahlt wird«. Er fügte hinzu: »Fortan sind wir dazu verurteilt, nackt und voller Angst zu erleben, was uns seit Beginn des menschlichen Abenteuers dank der Gnade der Götter mehr oder minder erspart blieb: Nun muß jeder seine Antworten selbst finden.«[26] Pierre Legendre, der von einem anderen Standpunkt ausgeht, aber zur selben Feststellung gelangt, formuliert mit Häme: »Die angebliche Geselligkeit, entdramatisiert, entritualisiert, zerbricht das Menschliche und zerstört die Individuen, weil sie nun allein vor dem Nichts stehen. Sieh zu, wie du zurechtkommst, sauf dich zu, bring dich um, das ist deine Sache. Es gibt Mechaniker, die reparieren, was zu reparieren ist, und für den Notfall gibt es die Polizei.«[27] Wie es um die Polizei steht, haben wir schon gesehen. Mit den »Mechanikern« befassen wir uns später.

Es geht um das Elend und die Verletzlichkeit des Individuums. Ehrenberg stellt fest, die neue Freiheit der Sitten, für die keiner mehr echte Grenzen festlegen kann, »hat zur Folge, daß das Individuum immer schwerwiegendere Verantwortungen übernehmen muß und durch ständige Selbstbeherrschung psychologisch zunehmend erschöpft ist«.[28] Irène Théry sieht in der »Doppelkonfiguration von Isolation und Solipsismus [...] die Kehrseite der individualistischen Emanzipation«.[29] Der Individualismus ist auf dem Gebiet der Sitten um so schwerer anzunehmen, als unsere Gesellschaft in ihrer unbekümmerten Inkohärenz weiterhin öffentlich vorführt, was sie unterdrückt, und verschachert, was sie verbietet.

Richter und Polizisten sehen sich mit der unmöglichen Aufgabe betraut, dieser Unlogik Herr zu werden. So trägt die panische und wirkungslose Zuflucht zur Justiz dazu bei, das Recht zu entwerten, und die Liberalisierung der Sitten hat den Boden dafür bereitet, weil sie den »Verlust jeder bedeutungsvollen Funktion des Gesetzes«[30] im Keim in sich trug. Irène Théry, Expertin für Familienrecht, äußert im Zusammenhang mit der Scheidung eine Bemerkung, die sich auf alle Angelegenheiten der Privatsphäre anwenden ließe: »Das Recht ist nirgendwo mehr, und es ist überall, entwertet in seiner Bedeutung, überschätzt in seiner Macht.«[31]

Wie soll der Richter dieser ontologischen Falle entgehen? Ganz einfach: indem er seinerseits die Bürde auf einen weiteren Protagonisten abwälzt, den Psychiater oder Arzt. Der Richter entzieht sich den Zwängen, denen er unterliegt, indem er die Aufgabe des Richtens, im ursprünglichen Sinn des Wortes, immer weniger erfüllt: »Er vermittelt das Gefühl eines mächtigen Wesens ohne Macht, das den Parteien selbst und ihrem Berater, manchmal einem Experten, die Sorge der Entscheidungsfindung überläßt. [...] Was sich in den Auseinandersetzungen über das Sorgerecht für die Kinder und die Rolle von Vater und Mutter jedes Jahr deutlicher zeigt, ist die Aberkennung der gesamten Rechtsprinzipien und Rechtsfiktionen zugunsten einer Normalisierung der Sitten, die angeblich auf den geisteswissenschaftlichen Erkenntnissen beruht und die Anwendung psychosozialer Techniken zur Konfliktbereinigung rechtfertigt.«[32] Haben jetzt die »Seelenklempner« die Aufgabe, unsere belagerte Justiz zu befreien, wie im Western die Kavallerie?

RÜCKKEHR DER WISSENSCHAFTSGLÄUBIGKEIT

Die wachsende Rolle der »Experten« – Psychiater, Sexologen, Soziologen, Neurologen – im Gerichtssaal und als Berater von Richtern ist eines der besorgniserregendsten Phänomene: zum einen, weil sie ein Zeichen ist, daß die Justiz ins »Psychologisieren« abgleitet, was die Juristen übrigens als allererste bemängeln, und zum anderen, weil die verzweifelte Zuflucht zu einer angeblich wissenschaftlichen Rationalität von einer paradoxen Naivität zeugt. Sie ist gefährlicher, als wir zu glauben geneigt sind.

Widerspenstig gegenüber jedem normativen moralischen Diskurs, instinktiv rebellisch gegen jedes Urteil ethischer Natur, das auf Überzeugung und Verantwortung gründet, kapitulieren wir problemlos vor der falschen Erhabenheit der Medizin. Argwöhnisch gegenüber allen politischen und sozialen Institutionen, verwandeln wir uns vor dem »Gelehrten«, der seine Schlußfolgerungen verkündet, wieder in abergläubische Götzenanbeter. Sein Wissen beeindruckt uns. In seiner Gegenwart büßen wir unser kritisches Urteilsvermögen ein und akzeptieren gehorsam alle Diagnosen. Mehr noch, wir suchen sogar nach dieser therapeutischen Zuwendung. Mit welcher offensichtlichen Mühelosigkeit wird im Zusammenhang mit familiären oder persönlichen Tragödien das Urteil eines Experten hingenommen und jeder anderen Überzeugung vorgezogen. Den Moralisten, Philosophen oder Priester lehnen wir verächtlich ab, um den Sachverständigen zu unserem neuen Beichtvater zu erheben.

Natürlich mag man einwenden, das Wort des Experten habe lediglich beratenden Wert und die Entscheidung obliege in letzter Instanz dem Richter. Wir wissen jedoch sehr genau, daß die Dinge in der Realität anders sind. Die medizinische Kategorisierung eines Schuldigen ist an sich schon ein Urteil und trägt dazu bei, daß er keinen weiteren Schaden mehr anrichten kann, das heißt »ausgegrenzt« wird. Die zu diesem Zweck eingesetzte Wissenschaft wird somit zu einer anderen Form von Haft. Um uns des Wesens zu entledigen, das uns so große Angst einjagt, verlassen wir uns sowohl auf das Gefängnis als auch auf das Urteil des Psychiaters. »Die Gesellschaft kann nicht mehr zwischen Versorgung und Strafe unterscheiden, zwischen Gefängnis und alternativen Methoden. Das Böse ist derart, daß es keine andere Strafe geben kann als das Gefängnis und keine anderen Zeiträume als die lebenslange Haft. Angesichts der Unmöglichkeit, aus einem unkontrollierbaren sexuellen Trieb heraus zu handeln, stellen wir auch hier eine Zunahme des einschichtigen

Denkens fest, das sich auf das perverse Individuum stürzt, unseren schlimmsten Feind.«[33]

Der hastige Rückgriff auf Kenntnisse, deren zufällige, fragwürdige, »falsifizierbare« Natur – in Karl Poppers Sinn[34] – wir lieber vergessen, ist ein Aberglaube im wahrsten Wortsinn, aber darum nicht weniger erschreckend. Auf dem Gebiet von Sexualität und Strafrecht knüpft er an juristische Traditionen an, die archaisch und grausam sind. Tatsächlich stützen sich Richter, Politiker und Tyrannen seit Aberhunderten von Jahren – bereits im alten Rom – auf die Medizin, um ihre Verurteilungen zu untermauern. Im Zusammenhang mit Sex, Abweichungen, Perversionen und Normalität bietet uns die Geschichte die außerordentlichste medizinische Fehlersammlung, die es gibt. Und jede Epoche hat Grund, die Ignoranz früherer Epochen zu stigmatisieren.

So hören wir erheitert, daß Doktor Julien Virey, um einen unter Tausenden von Fällen zu zitieren, im Jahr 1880 wissenschaftlich bewies, daß die »Energie des Samens« der verheirateten Frau ihre Sicherheit verleihe. »Es ist sicher«, schrieb er, »daß der männliche Samen in den Organismus der Frau eindringt, dessen Funktionen er belebt und anregt.«[35] Zu Recht sind wir empört über die »wissenschaftliche« Verteufelung der Onanie durch die Ärzte des achtzehnten und neunzehnten Jahrhunderts. Zu Recht sind wir entsetzt, wenn wir erfahren, daß Stalin sich 1932 auf die »Gewißheiten« eines Arztes namens Aron Salkind berief, um die Rückkehr zu einer strengen Sexualmoral zu rechtfertigen. Dieser behauptete – und glaubte zweifellos selbst daran –, sich von einem Klassenfeind sexuell angezogen zu fühlen, sei ebenso abartig wie das sexuelle Verlangen nach einem Orang-Utan oder einem Krokodil. Abgesehen davon betrachtete er die allzu häufige Wiederholung des Geschlechtsaktes als extrem schädlich für die Gesundheit und die schöpferische Energie des Bürgers.

Bei den häufig recht molieresken Tiraden der »Sexualexperten« hingegen, die sich unsere Gerichte in Ermangelung besserer Argumente anhören und die das Fernsehen in die breite Öffentlichkeit trägt, zucken wir nicht mit der Wimper. Vor allem wenn sie uns eine unheilbar perverse Person vorführen.

Warum sind wir so fügsam?

DIE GESTALT DES »UNGEHEUERS«

Es ist zunächst die Angst, die uns über das vernünftige Maß hinaus wieder in den Positivismus verfallen läßt. Tatsächlich läßt das Vordringen der Medizin in die Justiz eine Urgestalt aus den Anfängen der Wissenschaft vom Verbrechen wiederaufleben: nämlich die angebliche »kriminelle Natur«, ein alter Hut in der Kriminologie, die dem Strafrecht dasselbe ist wie der Rückgriff auf das »starke Geschlecht« für die Anthropologie. Der »geborene Verbrecher« ist ein Vermächtnis des italienischen Kriminologen Cesare Lombroso und Verfassers des 1874 erschienenen dreibändigen Werks *L'uomo delinquente in rapporto alla antropologia, alla giurisprudenza ed alle discipline carcerarie*.[36] Als ein Anhänger Darwins und radikaler Verfechter der Evolutionstheorie war Lombroso der Ansicht, Perversionen und Verbrechen seien biologischer Ursache, erworben durch Vererbung und Atavismus. Der geborene Verbrecher, kenntlich an bestimmten anatomischen und physiologischen Besonderheiten, sei eine zufällig wiederentstandene Version des primitiven Wilden. So knüpft die Benennung des sexuellen Triebtäters durch die Medizin an so verschrobene und überholte Theorien an wie Gobineaus Lehre von der Ungleichheit der menschlichen Rassen oder die nationalsozialistischen Definitionen von der Morphologie des Juden. Und sie rechtfertigt die definitive Ausgrenzung des neuen »Ungeheuers«, das heißt der Gefahr. Wie können wir so achtlos über solche schwerwiegenden Rückfälle hinweggehen?

Die Richter vom Juristischen Institut für höhere Studien sehen bestürzt, wie die moderne Kriminologie auf das Gebiet der Sexualverbrechen abgleitet. »Wir sind sehr weit entfernt vom Gedanken an Verantwortung, der dem Subjekt seinen Entscheidungsfreiraum erhält oder wenigstens pünktlich entzieht. Wie sollen wir einem Individuum in diesem Zustand eine Strafe auferlegen? Stichhaltig wird allein die unbestimmte Strafe, vorbehaltlich regelmäßig erneuerter Expertisen. Ein Positivismus, den wir in der Psychiatrie zu Unrecht für ausgestorben hielten, erhebt den Sachverständigen zum Richter. Der Gedanke an seine Gefährlichkeit stempelt den Sexualverbrecher zum Sündenbock für all unsere Ängste und untersagt ihm jede Möglichkeit, sich wieder in die Gesellschaft einzugliedern.«[37]

Die mechanische Unterscheidung, die wir mit bestem Gewissen zwischen Normalität und Perversion vornehmen, bietet also den Vorteil, daß sich die definitive Ausgrenzung des Delinquenten auf diese Weise sehr viel leichter bewerkstelligen läßt. Die Gestalt des »Psychopathen« oder »Monsters«, die einer chemischen Behandlung unterzogen, ärztlich überwacht und unter Quarantäne gestellt werden muß, ist inzwischen in den Medien allgegenwärtig. Aber das ist noch nicht alles. Wird das Phänomen zum medizinischen Problem erklärt, so wird jeder Gedanke an Verantwortung, Freiheit, Reue oder Rehabilitierung hinfällig, und wir können bequem jeder moralischen Fragestellung aus dem Weg gehen. In sexueller Hinsicht besteht die Gesellschaft nur noch aus »Normalen« und »Anomalen«; sie wird regiert von diesen medizinischen Überdeterminierungen, die man lediglich aufzuspüren und als solche zu behandeln braucht. Die Idee von der Freiheit des Menschen, die fortwährenden Anfechtungen ausgesetzt ist, komplexen und unvorhersehbaren Trieben, denen mit einer minimalen Strukturierung der Persönlichkeit zu begegnen wäre, die Vorstellung einer Individualität, die ihre Entscheidungsfreiheit annimmt und ausübt – dies alles wird von der Annahme irgendeiner hormonellen Vorherbestimmung hinweggefegt. Damit schaffen wir nicht nur den Gedanken an Gut und Böse ab, zwischen denen jeder die Wahl habe, sondern im Extremfall den Begriff von Menschheit an sich.

Infolge einer pathetischen Ironie der Geschichte führen wir damit eine Sichtweise wieder ein, die wir beispielsweise im Zusammenhang mit Homosexualität so mühsam bekämpfen mußten: die

Vorstellung einer physiologischen Abnormität anstelle einer freien Entscheidung, für die voll und ganz die Verantwortung übernommen wird. Fälschlich beruhigt durch die irrige Annahme einer überlegenen Wissenschaftlichkeit, haben wir unser Mißtrauen abgelegt und scheuen uns nicht vor einer hintergründig schon genormten »Medikalisierung« des Problems. In den Vereinigten Staaten gilt eine zu ausgeprägte Sexualität bisweilen als Funktionsstörung oder als *addiction*, Abhängigkeit, die klinischer Behandlung bedarf. Jenseits der Herrschaft des Experten zeichnet sich die Gefahr einer medizinischen Ordnung ab, die sich anschickt, die moralische Ordnung abzulösen, der wir bald nachweinen werden.

Michel Foucault gebührt die Ehre, diese Entwicklung Orwellschen Typs vorausgeahnt zu haben. Er meint, wir könnten durchaus erleben, wie sich eine Vielzahl neuer und sehr wirkungsvoller Dispositive zur Steuerung unserer Wünsche und Begierden bildet; eine bestimmte Form der Ordnung hielte sich dann nicht dank einer Institution, sondern durch die Erpressung mit Normalität und die Manipulation der Wünsche nach Maßgabe einer angeblichen *scientia sexualis*.[38] Eine diffuse Öffentlichkeit, ein allgemeines, fälschliches Wohlwollen diente als Ersatz für regulierende Prinzipien. Diese regelrechte Inquisition positivistischer Prägung, schrieb er, sei bereits im neunzehnten Jahrhundert entstanden.

Am überraschendsten ist, daß die Ärzte selbst und insbesondere die Psychiater nicht immer glücklich über die erdrückende Aufgabe sind, die man ihnen im Zusammenhang mit Sexualverbrechen aufbürdet, wie der folgende Protest einer Psychoanalytikerin zeigt: »Warum sich auf die Psyche und ihre ›Spezialisten‹ berufen, wenn es letzten Endes um eine gesellschaftliche, eine sicherheits- und gesundheitspolitische Betrachtungsweise des Problems geht, die alle subjektiven Dimensionen auf den zweiten Rang verweist und vor dem Trieb die endokrinologischen Gegebenheiten in den Vordergrund rückt. […] Den Psychiatern wird gegen ihren Willen die Rolle von Hexern und Hilfsjuristen zugleich zugewiesen: darin können sie nur versagen. Sollte diese Logik auf lange Sicht weiterhin die Auswirkungen von Psychiatrie und Justiz bestimmen, so wird sicher bald die Hexenjagd eröffnet werden, vor allem wenn die Psychiater der Verlockung der ihnen angebotenen Allgewalt erliegen und sich nicht mit Händen und Füßen dagegen wehren, als Hexer oder Zauberkünstler betrachtet zu werden.«[39]

Indem wir den dionysischen Freiheitsversprechungen zu gehorchen glaubten und jede konzertierte Regelung unserer Wünsche ablehnten, haben wir uns in eine gewaltige Karambolage der Bedeutungen verwickelt. Die verantwortliche Moral, die wir nicht länger verinnerlichen wollen, weil sie das Zeichen einer »Entfremdung« war – in den siebziger Jahren war das eines der beliebtesten Schlagwörter! –, legen wir jetzt demütig in die Hände des Richters und des Arztes. Von ihrer Wissenschaft erwarten wir, nachdem uns selbst alle Bedeutungen entfallen sind, zumindest eine minimale Orientierung, magere Surrogate für die ethischen oder religiösen Zugehörigkeiten früherer Zeit. Das Vorurteil, das Risiko, die Kosten, die Pathologie, das Strafrecht, die emotionale, medienwirksame Rache: das sind die neuen Ordnungsprinzipien, deren Tyrannei wir akzeptieren – und mit welcher Demut, mit welcher Sorglosigkeit.

13

HOMOSEXUELLE UND FEMINISTINNEN AUF NEUEN WEGEN

Kaum eine Debatte besitzt heute soviel Sprengkraft wie die Auseinandersetzungen über Homosexualität und Feminismus. Die spontan aufflammenden Leidenschaften, die Polemiken, die man damit auslöst, die von beiden Seiten verhängten Exkommunikationen stehen in heftigem Widerspruch zur Blutleere der Streitereien über sozialpolitische Themen, dieser kleinmütigen Resignation, die – mit gelegentlichen Ausnahmen – an der Arbeitsfront und vor den Fabriken herrscht. Es ist, als seien die kämpferischen Kapazitäten »ausgewandert« und hätten sich von der Werkstatt auf das Alltagsleben, vom Gewerkschaftsverband auf die Demonstrationen von *Act Up* verlagert. Abtreibung, Kondom, Aids, *Gay Pride*, Quotenregelung, Rassismus sind derzeit im Westen die Schlachtfelder und die wichtigsten Ziele dessen, was Pierre Bourdieu den »Dissens« nennt – verbale Gewalt und Mobilisierung der Kräfte auf der einen Seite, Ohnmacht der Gewerkschaften, einschichtiges Denken und beunruhigte Resignation auf der anderen.

Es vergeht kaum eine Woche, ohne daß in Europa oder den USA in den Medien eine Debatte über Themen der Moral geführt wird und dies mit einem Ungestüm, der *mutatis mutandis* die Heftigkeit der gesellschaftlichen oder politischen Kämpfe der sechziger und siebziger Jahre widerspiegelt. Die konstruktivistische Energie, dort verschwunden, taucht hier wieder auf; als politische Ökonomie verspottet, gelangt der Voluntarismus hier wieder zu Ansehen und Reiz. Man denke nur – um bei den letzten paar Jahren zu bleiben – an die Vehemenz der verbalen Schlachten um die ungenügenden gesundheitspolitischen Maßnahmen im Zusammenhang mit Aids, um die sexuelle Kompromittierung amerikanischer Politiker oder die zahllosen Gerichtsprozesse wegen sexueller Belästigung. Die Lektüre der einschlägigen Texte, Kommuniqués, Petitionen oder Pressekundgebungen erinnert sehr an die Heftigkeit der einstigen ideologischen Kämpfe, die sich ihrerseits um Totalitarismus, Verstaatlichungen, den Kalten Krieg, den Imperialismus oder den Vietnamkrieg drehten – derselbe Gruppenpatriotismus, derselbe ehrfurchtsvolle Bezug auf die Gründungstexte oder die Kämpfe der Alten, dieselbe ausufernde, aber vage Begeisterung in der Argumentation. Nur haben inzwischen die Verräter an der Gemeinschaft und der Heterofaschist den Klassenfeind und bourgeoisen Ausbeuter ersetzt.

Die Privatsphäre – der eigene Körper, die persönliche Entfaltung, die Beziehungen zwischen den Geschlechtern – ist mittlerweile zum Hauptkampfplatz geworden. Darüber brauchen wir uns weder zu wundern noch zu beschweren. Die Apotheose des Individualismus, des kostbaren Erbes der »Revolution in der Revolution« der siebziger Jahre, hat diese Freiheit logischerweise zum wichtigsten Anliegen erklärt. Die vollendete Emanzipation des Individuums ist ihrer selbst aber nach wie vor recht unsicher und wird von vielfältigen Widersprüchen geplagt, unterhöhlt von der immer schwierigeren Annahme seiner selbst, wie Marcel Gauchet im Zusammenhang mit der Moderne sagte. Frei, aber einsam, nachdem das Kollektiv den Rückzug angetreten hat, neigen wir dazu, jenes siegreiche Ich zur verteidigungswürdigen Errungenschaft zu erheben.

Die Metapher einer Errungenschaft ist im übrigen nicht unangemessen. Wenn die Polemiken so heftig sind, dann auch deshalb, weil die Siege des Individualismus in den siebziger Jahren – Annahme der Homosexualität, Befreiung der Frau und so weiter – prekärer sind, als wir glauben. Der Konsens der Medien, die beinahe einhellige Befürwortung, kann uns langfristig nicht täuschen. Wenn auch das Risiko einer Rückkehr zur moralischen Ordnung ein Hirngespinst sein mag, sind doch die anhaltende Homophobie, der archaische Männlichkeitswahn, die rückwärtsgerichtete Sehnsucht nach Repressionen durchaus real. Um sich dessen zu vergewissern, braucht man nur den Parteiführern der extremen Rechten – machmal auch einfach nur der normalen Rechten, sogar der Linken – zuzuhören oder ihre Schriften zu lesen: die Liberalisierung der Sitten, auch in ihren legitimsten Aspekten, wird von ihnen nicht akzeptiert. Nach bestimmten Fällen von Kindesmißbrauch, die in den Medien übertrieben ausgeschlachtet worden waren, wurde in Paris im Frühjahr 1997 eine Anzeigenkampagne durchgeführt, die die französischen Homosexuellen kollektiv zur Verantwortung zog, und dies in einem Tonfall und mit einer Aggressivität, die man überwunden glaubte. Unter Wahrung der Verhältnismäßigkeit gilt für Homophobie oder männlichen Chauvinismus dasselbe wie für Rassismus oder Antisemitismus: Wir dürfen nicht aufhören, wachsam zu sein. Die Tatsache, daß Homosexuelle nicht mehr öffentlich angeprangert werden, reicht nicht aus, um jede Möglichkeit eines Rückfalls in die Diskriminierung auszuschließen.

Aber muß dieser taktische Imperativ das Nachdenken verbieten? Wird man sich Einwände und Kritik unter dem Vorwand verkneifen müssen, der Gegner lauere ja nur darauf? Müssen wir wie einst durch die verwirrende Furcht gelähmt bleiben, wir könnten etwa der CIA in die Hände spielen? Abgesehen davon, daß sie grundsätzlich absurd ist, wäre die Kapitulation kaum wünschenswert, da die Schärfe der Polemiken eine Fülle von Gedanken zu diesem Thema verbirgt, und wenn die Überlegungen von der Sexualität ausgehen, eröffnen sie sehr viel umfassendere Perspektiven, wie wir gleich sehen werden.

SCHWULENFEINDLICHKEIT UND SELBSTABGRENZUNG

Die meisten militanten Organisationen an der »Schwulenfront« bestehen auf der extremen Verletzlichkeit der sogenannten »homosexuellen Gemeinde«. Von den wiederkehrenden Erfolgen der *Gay Pride*, dem florierenden Markt, dem unbestreitbaren Einfluß ihrer Lobbys dürften wir uns nicht blenden lassen, sagen sie. Wie im Fall des Rassismus und der autoritären Tendenzen taucht auch die Mißbilligung der Homosexualität ständig und überall wieder auf. In manchen gesellschaftlichen Kreisen, in bestimmten Familien oder Regionen ist es so schwierig wie je, sich zur Homosexualität zu bekennen. Die aufsehenerregenden Siege, die auch auf legislativer Ebene errungen wurden, können nicht das vielfältige Leiden, die tausend immer noch bestehenden Gefahren vergessen machen. Mit anderen Worten, der Kampf geht weiter.

Im Namen dieser Verletzlichkeit wird die Existenz und die Asylfunktion einer Gemeinde im sozialen und kulturellen Sinn gerechtfertigt. So, wie der Antisemitismus zur Entstehung des Gettos beitrug, wie der gewöhnliche Rassismus das Unterschiedsdenken begünstigt, so bewirkt die allseits verbreitete Homophobie den Rückzug auf eine klare Gruppenorganisation mit ihren eigenen Treffpunkten, ihren Szenekneipen, Läden, Kodes und letztlich ihren identitätsbezogenen Forderungen. Sämtliche Kampagnen, die auf die lautstarke Verkündung des Andersseins und den Stolz darauf abzielen, rühren von der nicht zu beschwichtigenden Sorge her: Kein Sieg ist sicher, keine Errungenschaft gilt für immer.[1]

Für die Verfechter dieses defensiven Militantismus haben manche vielleicht unvorsichtigen, überstürzten, ungerechten Debatten über die homosexuelle Frage den Nachteil, daß sie den Gegnern Waffen in die Hand geben und damit eine mühsam erworbene Freiheit neuerlich gefährden. Als Beweis führen sie den voreiligen Jubel an, mit dem die rechtsextreme Presse die internen Kritiken gegen Selbstabgrenzung und Gruppendenken oder gegen die anfängliche Unbesonnenheit der Homosexuellenorganisationen gegenüber Aids aufgreift.[2] Es ist die klassische Demagogie mit indirekten Botschaften von der Sorte: »Ein schwuler Intellektueller bekennt« und »Da sieht man es wieder«.[3]

Die Verteidiger des Rechts auf das Anderssein weisen die ihnen gegenüber geäußerten Vorwürfe des Gruppendenkens zurück: Man könne die Homosexuellen nicht als arroganten Klüngel präsentieren, der sich selbst ausgrenze und eine Gefahr für den nationalen Zusammenhalt und die Republik darstelle. Ihrer Ansicht nach sei die Gemeinde nach wie vor bedroht, existiere auf Bewährung, werde eher toleriert als akzeptiert und habe es folglich verdient, verteidigt statt kritisiert zu werden. »Die Gemeinde«, erinnert Philippe Mangeot, ein militantes Mitglied von *Act Up*, »ist auch durch die gemeinsame Erfahrung mit Diskriminierungen aller Art geprägt. Alle homosexuellen Jugendlichen hatten eines Tages das Gefühl, zu Hause nicht mehr zu Hause zu sein. Und die Angst abzulegen gelingt auch über die Gruppe.«[4]

Völlig frei diskutieren oder kämpfen und den Rest verschweigen – dieses Dilemma stimmt in vielen Punkten mit dem Streit überein, der Ende der achtziger Jahre die rassismusfeindlichen Gruppen gegen manche Soziologen oder Intellektuelle aufbrachte. Mit Bestürzung sahen sie in den Medien einen Antirassismus aufkommen, der sich stur dem kulturellen Unterschiedsdenken anschloß, das paradoxerweise auch ins ideologische Gepäck der neuen Rechten gehört.[5] Unheilvolle Gedankenlosigkeit, oberflächlich gute Absichten, Rhetorik der richtigen Gefühle – dieser »sympathische Antirassismus«, der Mitte der achtziger Jahre vom Staat mehr oder weniger instrumentalisiert wurde, bildete den Gegenstand vorschriftsmäßiger Kritik von eindeutig linksorientierten Forschern wie Pierre-André Taguieff. Den internen Kritiken hielt man damals das Argument der Prioritäten entgegen – zuerst den Rassismus bekämpfen, sich nicht über den Feind täuschen, dem Gegner keine Angriffsflächen bieten.

Ihr kritisiert den Antirassimus, wurde eingewendet, während der Rassismus noch lange nicht entwaffnet ist. Ihr stellt das Unterschiedsdenken in Frage und vergeßt dabei, daß die angeblichen Rassenunterschiede nach wie vor Haß und Ablehnung hervorrufen. Es brauchte viel Mühe und viel Zeit, bis auf Messersschneide endlich eine Debatte über den Antirassismus zustande kam, deren Berechtigung heute selbstverständlich ist. Jede kritische Hinterfragung im Zusammenhang mit dem homosexuellen Anderssein scheitert an einer in jeder Hinsicht vergleichbaren Schwierigkeit, an der einfachen Frage, ob sie zweckmäßig sei.

Die Debatten zu führen ist eine Sache der Notwendigkeit, der

Voraussicht, des Augenblicks. Aber wir müssen uns klarmachen, daß unterdrückte Auseinandersetzungen früher oder später wieder hervorbrechen, meist unter den schlimmsten Umständen.

DIE »ERFINDUNG« DER HOMOSEXUALITÄT

Es spricht alles dafür, daß wir uns anhören, welche Argumente die Gegner des Gruppendenkens vorzubringen haben. Denn die guten Absichten der militanten Homosexuellen wie auch der Rassismusgegner können zu fatalen begrifflichen Versehen führen. Im übrigen äußern die scharfsichtigsten Denker ihr Mißtrauen gegenüber dem Bekenntnis zur Gruppe, und zur Unterstützung werden regelmäßig die Texte von Michel Foucault oder Gilles Deleuze[6] zitiert. Das ist kein Zufall. Deleuze und Foucault gehörten zu den ersten, die sich um die Hinterhalte und Fallstricke in den homosexuellen Forderungen, die sie gleichwohl unterstützten, Gedanken und Sorgen machten. So kann beispielsweise die systematische Übernahme der Opferrolle einen masochistischen und schizophrenen Diskurs in Gang setzen, der nichts mit Selbstbehauptung zu tun hat, ebensowenig wie der Geständniszwang, das öffentliche *Coming Out*, das in den siebziger und achtziger Jahren sehr in Mode war. Barg die übermäßige Wertschätzung des öffentlichen Geständnisses, dem Foucault so sehr mißtraute, nicht die Gefahr, einem Dogmatismus, der lediglich in einem neuen Gewand daherkam, zusätzliche Nahrung zu verschaffen und eine neue Entfremdung auszulösen?

Warum sollte man eigentlich eine Erklärung der sexuellen Identität verlangen können, warum sollte sie obligatorisch sein, als handelte es sich um eine kollektive Pflicht und eine persönliche Leistung? Wer sich stur weigerte, das vom Mainstream geforderte Geständnis hinter sich zu bringen, handelte nicht immer aus der Feigheit heraus, die man ihm unterstellte. Im wesentlichen lautete der Einwand, daß man kein Freund der Beichte sei.

Was Michel Foucault als gefährlich empfand, war jedoch vor allem die Tatsache, daß eine sexuelle Präferenz als identitätsstiftend präsentiert wird: Kann allein die Tatsache der Homosexualität eine Identität begründen? Für einen Griechen der Antike wäre die Frage absurd gewesen. Wie wir wissen, verurteilte die griechische Philosophie keineswegs die homosexuellen Praktiken. Hingegen war ihr die Verabsolutierung der einen oder anderen Vorliebe vollkommen fremd. In Athen, wo es frei akzeptierte Praktiken aller Art geben konnte, existierte keine Homosexualität als solche, das heißt definitiv, exklusiv, öffentlich beglaubigt. »Die Griechen setzten die Liebe zum eigenen und die zum andern Geschlecht nicht als zwei einander ausschließende, radikal unterschiedene Verhaltensweisen gegenüber. Die Unterscheidungslinien folgten nicht einer solchen Grenze. Der Gegensatz zwischen einem Mann, der sich zu mäßigen und beherrschen weiß, und einem, der sich den Lüsten hingibt, war vom Gesichtspunkt der Moral aus viel wichtiger als der zwischen den verschiedenen Kategorien von Lüsten, denen man sich am liebsten widmen mochte. Lockere Sitten haben hieß, daß man weder den Frauen noch den Knaben widerstehen konnte, ohne daß dieses schwerwiegender gewesen wäre als jenes. [...] Man kann von ihrer ›Bisexualität‹ sprechen, wenn man daran denkt, daß sie zwischen beiden Geschlechtern wählen konnten; aber diese Möglichkeit war für sie nicht in einer zweifachen, ambivalenten und ›bisexuellen‹ Struktur des Begehrens begründet. In ihren Augen konnte man einen Mann oder eine Frau begehren – einfach weil die Natur ins Herz des Menschen eine Neigung für diejenigen gepflanzt hat, die ›schön‹ sind, welches auch ihr Geschlecht sei.«[7]

Für einen Athener wären die modernen Identitätsforderungen buchstäblich unbegreiflich. Fordert man etwa ohne äußeren Zwang einen bestimmten Status, der einen, sobald man ihn hat, den Einschränkungen eines Familienstands unterwirft? Verlangt man das »Recht«, allein durch sexuelle Neigungen kategorisiert und identifiziert zu werden? Reduziert sich ein Mensch auf seine Sexualität? Eine derartige Klassifizierung wäre einem Zeitgenossen von Plutarch nicht nur absurd erschienen, sondern, wenn sie von den Betroffenen selbst gewünscht und vorgenommen wird, sogar empörend. Läuft sie nicht darauf hinaus, sich den Geboten des Zensors freiwillig zu unterwerfen? Fordert sie nicht jeden auf, sich einen rosaroten Winkel an die Brust zu heften? Die Griechen waren nicht die einzigen, die solche Möglichkeiten von sich wiesen; auch im Mittelalter hätte es ein sinnesfroher Mann, der sich zu einem bestimmten Zeitpunkt der Liebe zu seinen Geschlechtsgenossen hingibt, kategorisch abgelehnt, sich als homosexuell einstufen zu lassen. Und später hätten ein Ludwig XIII., der für eine Weile den Reizen des temperamentvollen Henri d'Effiat, ein Prinz Conti, ein Gaston d'Orléans, die alle empfänglich für die Verlockungen junger Männer waren, nicht hingenommen, als Sodomiten und Angehörige einer Gruppe desselben Namens klassifiziert zu werden.

Ein chronologisches Detail sollten wir im Gedächtnis behalten. Ausgerechnet im neunzehnten Jahrhundert, der Hochzeit des bürgerlichen Puritanismus und des streng normativen Wissenschaftsglaubens, wurde die Homosexualität als Kategorie »erfunden«. Das ist kein Zufall. Wiederum war es Foucault, dem dieses Zusammenwirken auffiel und der die Gefahren hervorhob, die sich dabei abzeichneten. »Die Sodomie – so wie die alten zivilen oder kanonischen Rechte sie kannten – war ein Typ von verbotener Handlung, deren Urheber nur als ihr Rechtssubjekt in Betracht kam. Der Homosexuelle des neunzehnten Jahrhunderts ist zu einer Persönlichkeit geworden, die über eine Vergangenheit und eine Kindheit verfügt, einen Charakter, eine Lebensform, und die schließlich eine Morphologie mit indiskreter Anatomie und möglicherweise rätselhafter Physiologie besitzt. Nichts von alledem, was er ist, entrinnt seiner Sexualität. [...] Der Sodomit war ein Gestrauchelter, der Homosexuelle ist eine Spezies.«[8]

Es ist also nicht nur die Gettokultur, die in Frage zu stellen ist, sondern es geht auch darum, die entfremdende Kategorisierung des Begehrens, diesen Definitionseifer den vermeintlich von außen auferlegten Unterdrückungen entgegenzuhalten. Der Identitätsfetischismus ist in der angelsächsischen Welt, vor allem in den USA, freilich viel ausgeprägter als in Europa. Dies zeigte zu Beginn der neunziger Jahre eine wissenschaftliche Sensation. Die in der amerikanischen *gay community* verbreiteten Abgrenzungstendenzen verleiteten einen großen Teil ihrer Mitglieder dazu, die von Dean Hammer vom nationalen Krebsforschungsinstitut in Washington aufgestellte, ziemlich eindrucksvolle, später widerlegte Hypothese eines »Schwulengens« (Xq 28) durchaus wohlwollend aufzunehmen.

Nach dieser Hypothese sei die Homosexualität durch eine genetische, also von Geburt an vorhandene Eigenheit begründet, und die Entdeckung des biologischen Markers war ein Geschenk der Vorsehung, denn sie verlieh den Homosexuellen eine durch nichts zu erschütternde Legitimität, begründet sowohl durch die Wissenschaft wie auch durch den Status des Opfers. Wenn die Homosexuellen genetisch anders sind, hieß es, bedeutet dies, daß niemand verantwortlich ist, weder sie selbst noch ihre Eltern. Man kann ihnen folglich die Natur ihres Verlangens ebensowenig vorwerfen, wie man jemanden zwingen könnte, sich für die Farbe seiner Haut zu rechtfertigen. Das angebliche Schwulengen eröffnete den amerikanischen Homosexuellen auf wissenschaftlichem Weg den Zugang zu dem äußerst ehrenvollen »Minderheitenprivileg«, und der Wunsch, ihr Anderssein herauszustreichen und stolz darauf zu sein, war dadurch nur um so verständlicher.

In Europa hingegen erschien Dean Hammers Gentheorie den meisten Homosexuellen auf Anhieb erschreckend, denn sie erinnerte sie sehr an die eugenischen Wahnvorstellungen der Nazis. Ihre Reaktion zeigt, daß das Gruppenbekenntnis, anders als in Amerika, nach wie vor mit einem von Universalismus geprägten anthropologischen und kulturellen Substrat kollidiert, das sich der spontanen Kategorisierung verweigert. Das heißt freilich nicht, die Europäer seien gegen solche Tendenzen gefeit; wie man weiß, gewinnt das Gruppenbekenntnis auch hier an Reiz, sei es im Hinblick auf Homosexualität oder auf Religion, Volkszugehörigkeit, Sprache und so weiter. Die Diskussionen sind selbstverständlich nicht unwichtig.

VON DER IDENTITÄT ZUR UNBESTIMMTHEIT

Manchmal ist es hilfreich, eine Entwicklung von ihrem Anfang her zu betrachten. Welche Absicht stand ursprünglich hinter der Befreiung der Sitten? Das ursprüngliche Bedürfnis war, den Geltungsbereich der individuellen Freiheiten soweit wie möglich auszudehnen. Dennoch mußte man sich fragen, auf welche Weise die Freiheit im Hinblick auf die Homosexualität am besten gewährleistet sei – durch Hervorhebung des Andersseins oder durch Rückeroberung der Gleichheit, durch Gruppenbildung oder durch die Phantasie jedes einzelnen. Den Gegnern des Gruppendenkens muß man zugute halten, daß sie die Frage auf die richtige Ebene hoben.

Riskieren wir eine Hypothese: Weil die Moderne jeden Gedanken an Kontrolle der eigenen Begierden ablehnte, weil sie sich verbot, wie die Griechen in der Selbstbeherrschung das einzig wahre Kriterium zur Transzendierung von Vorlieben zu sehen, kam es so weit, daß die Vorlieben selbst kategorisiert wurden. Das fehlte noch, um die Menschheit endgültig zu klassifizieren. Eine angebliche Natur – homo, hetero, bi und so weiter – trat an die Stelle der einstigen Klassifikationen, die alle mit dem Willen verbunden waren. Seit etwa dreißig Jahren stellten gemäß der permissiven Vulgata der grenzenlose Erguß, die rasende Befriedigung den einzigen positiven Wert dar. Wer sich hemmungslos der Lust hingab, war modern; wer dem »Tyrannen Eros« mißtraute oder an der einen oder anderen althergebrachten Überzeugung festhielt, war ein Fossil. Fortan wurde man als keusch oder ausschweifend, asketisch oder enthemmt, verklemmt oder genießerisch und so weiter eingestuft, und dies konnte man nur durch die Besonderheiten seines Verlangens sein.

Dahinter steckte ein Trick, der zweifellos weniger befreiend war, als man sich vorstellte. Als Gegenleistung für die neue Freizügigkeit galt stillschweigend als vereinbart, daß niemand mehr der Besonderheit seiner Lust entrinnen konnte, mehr noch, daß dies sogar keineswegs wünschenswert sei. Wer immer einer homosexuellen oder anderen Neigung nachgab, wurde aufgefordert, sich in ihr *wiederzu-*

erkennen und deren Status zu akzeptieren. Und dieser Aufforderung konnte man sich kaum entziehen. Lehnte man ab, wurde einem sofort vorgeworfen, man schäme sich seiner selbst oder sei feige; kam man ihr nach, stand sogleich eine ganze Gemeinde von Menschen wie man selbst Spalier, um einen zu verteidigen und zu vereinnahmen – eine schreckliche Alternative, wenn man es genau bedenkt. Dennoch wurden unzählige Abhandlungen über das obsessive Thema der Akzeptanz veröffentlicht; unzählige Glaubensbekenntnisse rankten sich um den Gedanken eines »Siegs über die Scham« oder einer »Wahrheit«, der man »ins Auge blickt«.

Wir haben uns nicht oft gefragt, ob dieser Tausch wirklich einen Zuwachs an Freiheit brachte. Wir haben nicht bemerkt, daß eine so gründliche öffentliche Zerstückelung der Begierden die Gefahr barg, schlicht und einfach totalitär zu werden. Hätte Freiheit idealerweise nicht darin bestanden, ohne Unterwerfung und mit der Bereitschaft zur Veränderung seine Vorlieben auszuleben, die nicht zwangsläufig unantastbar sind, sondern stets wandelbar und weder Rechtfertigung noch Anpassung an Normen brauchen? Zu dieser Freiheit gehörte selbstverständlich auch die Entscheidung, »nur« homosexuell zu sein. Schließlich lief die kohärenteste Utopie einst auf den Wunsch hinaus, auf jeden Fall nicht etwa bisexuell zu leben – was wiederum nur eine Kategorie ist –, sondern als unumschränkter Gebieter über die eigenen Neigungen, eingeschlossen den Willen zum Widerstand.

Um es anders auszudrücken: Freiheit erwächst eher aus dem Unwahrscheinlichen und Zufälligen als aus der krampfhaften Identifikation mit einer Gruppe. Die wahre Emanzipation bedeutet nicht unbedingt, sich in eine Kategorie zu stürzen, sondern besteht vielmehr darin, allen Kategorisierungen zu entgehen. Die berühmte Metapher von den instabilen und nomadischen, flexiblen und nicht einmal charakterisierten »Wunschmaschinen«, die Deleuze und Guattari vor einem Vierteljahrhundert aufstellten, kam dem Entwurf der idealen Freiheit zweifellos näher. Man müsse in unsicheren, unwahrscheinlichen Begriffen denken, so Deleuze. Aus dem Abstand erscheinen solche Bemerkungen als Ausdruck des gesunden Menschenverstands. Man kann also die Homophobie verabscheuen und angesichts der aggressiv gruppenorientierten Forderungen oder der fröhlichen, aber unreflektierten *Prides* gleichwohl ein undefinierbares Unbehagen empfinden.

Frédéric Martel macht uns darauf aufmerksam, daß in den militanten Gründungstexten zu Beginn der siebziger Jahre – beispielsweise »Bericht gegen die Normalität« und »Drei Milliarden Perverse« aus den Jahren 1971 und 1973[9] – ein Teil der Slogans ebenjene Unbestimmtheit und die fließenden Grenzen zwischen verschiedenen sexuellen Orientierungen anstelle einer starren homosexuellen Identität pries. Solche Warnungen wurden in den Wind geschlagen.

Ohne die Legitimität dieser stolzgeschwellten, fröhlichen Demonstrationszüge durch die Straßen in Frage zu stellen, formulierten zwei Journalisten im Juni 1997 einen recht überzeugenden Vorbehalt: »Schwul oder lesbisch sein ist keine Zeugenaussage, weder vor dem Gericht der Geschichte noch vor dem Gericht der Medien. Und noch weniger gilt dies für das ›Bekenntnis‹ des Andersseins. Schwul sein ist eine Strömung unter vielen und hat keinerlei Vorrang gegenüber anderen, unabhängig davon, daß sie, wie die anderen, Wellen schlägt, Turbulenzen, Strudel und anderen unterirdischen Aufruhr hervorbringt. […] Schwul sein, lesbisch sein, *dabei*-sein ist letztlich ziemlich einfach.«[10]

DIE VERHEISSUNGEN DER *QUEER THEORY*

Aber das Feuer flackert dort wieder auf, wo keiner damit gerechnet hat. Die endlose Auseinandersetzung zwischen Identität und Unentschlossenheit, Gruppenzugehörigkeit und Universalismus wollen die Anhänger der *queer theory*, die an den amerikanischen Universitäten zunehmend aktiv sind, ein für allemal hinter sich lassen.

Versuchen wir mit wenigen Worten zusammenzufassen, worum es geht. Vor einigen Jahren kämpfte die amerikanische Homosexuellenbewegung noch an den Universitäten und forderte die Ausweitung der *gay and lesbian studies*, um sich im Namen einer Identität ein spezielles Wissensgebiet anzueignen wie alle anderen amerikanischen Minderheiten – Afroamerikaner, Ureinwohner, Hispanics, Bisexuelle und so weiter –, die im Schutz der »politischen Korrektheit« stehen. Die identitätsbezogene Forderung lehnt den universalistischen Anspruch der heterosexuellen Kultur ab und verlangt Raum für die »anderen« Kulturen, darunter auch die *gay*-Kultur, die im Verlauf der Geschichte unterdrückt und sogar totgeschwiegen wurden.

Kurz gesagt, man wollte sich die Möglichkeit erkämpfen, Literatur, Soziologie oder Musik anhand der Werke schwuler oder lesbischer Urheber und Urheberinnen unter Ausschluß aller sonstigen zu studieren. Damit würde ein ganzer Kulturbereich, Träger einer ganz eigenen, unvergleichbaren Sensibilität und Weltanschauung, dem unverdienten Vergessen entrissen. In den achtziger und frühen neunziger Jahren wurden an den amerikanischen Universitäten immer mehr Fachbereiche für *gay and lesbian studies* ins Leben gerufen – nicht anders als in derselben Absicht die Lehrstühle für diese oder jene Minderheitenkultur. Einer der jüngsten entstand 1995 in Berkeley unter der Bezeichnung *lesbian, gay, bisexual and transgender studies*. Inzwischen beginnt man auch in Europa mit der Einrichtung solcher spezifischen Wissenschaftszweige, jedoch zaghaft, auf dem Umweg über Kolloquien und spezialisierte Bibliotheken, denn hierzulande befürchtet man eher, wie Pierre Bourdieu es formuliert, »die mögliche Gettoisierung der Schwulen-und-Lesben-Studien, die nicht nur für diese, sondern für die gesamte Forschung schädlich wäre«.[11]

Ursprünglich waren die Beweggründe der *queer theory* vielleicht erheblich anders, als wir uns vorstellen. Das englische Wort *queer* bedeutet »merkwürdig« oder »ungewöhnlich«, ist gleichzeitig aber auch ein umgangssprachlicher Ausdruck für »homosexuell«. In Abweichung von seiner gängigen Bedeutung beanspruchen die Universitäten den Begriff also für sich, um ihn gegen jene zu richten, die ihn abfällig, als Ausdruck ihrer Homophobie verwenden. Der Einfachheit halber können wir sagen, daß sich die *queer theory* das Ziel gesetzt hat, das Wissen, insbesondere auf historischem Gebiet, zu revidieren und eine homosexuelle Dimension ans Licht zu bringen, die von der herrschenden Kultur üblicherweise verheimlicht wurde. Das Projekt ist nicht abwegig. Ohne Zweifel ist unsere Kultur übersät von »weißen Flecken«, von mehr oder weniger absichtlichen Lücken und Sackgassen. Die Schamgefühle und Verbote von einst haben unsere Erinnerungen gefiltert. Was den Puritanismus, vor allem angelsächsischer Prägung, betrifft, so wissen wir ja, wie sorgfältig er im Verlauf der Jahrhunderte darüber wachte, daß auf gewissen Gebieten das Schweigen gewahrt blieb. Die Geschichte, die zwangsläufig durch ein besonderes, je nach Epoche und Kultur unterschiedliches Prisma gesehen wird, ist immer revisionsfähig, im besten Sinn des Wortes. Sie läßt sich immer wieder neu betrachten.

Die Rolle dieser oder jener homosexuellen Dimension eines Ereignisses oder einer Person ans Licht zu holen und wissenschaftlich auszuleuchten ist ein sehr legitimes Vorgehen, das den Vorzug hat, Vereinfachungen oder Vertuschungen infolge einer zu tugendhaften und zu streng heterosexuellen Interpretation einer mißtrauischen Prüfung zu unterziehen. Das Vorhaben ist allerdings gewaltig. Die auf diesem Gebiet fortschrittlichsten Universitäten sind Duke, John Hopkins und Berkeley, und zu den wichtigsten Vertretern der *queer theory* gehören Forscher wie Eve Sedgwick, Judith Butler, Jonathan Goldberg und Michael Warner.

Dieses Vorgehen ist keineswegs neu. Der Hauptinitiator des *queer*-Denkens war der Historiker John Boswell, dem wir in den vorhergehenden Kapiteln wiederholt begegnet sind. Sein grundlegendes, militantes Werk *Christianity, Social Tolerance, and Homosexuality* ist eine leidenschaftliche Rehabilitierung des frühen und mittelalterlichen Christentums, das, wie der Autor zeigt, gegenüber den Homosexuellen sehr viel toleranter war, als gemeinhin behauptet wird.

Mitunter wird die *queer theory* mit dem Wunsch nach Gruppenzugehörigkeit und Selbstabgrenzung gleichgesetzt. Das ist ein wenig voreilig. Entspricht der Wunsch, in sämtliche Wissensgebiete vorzudringen, hartnäckig die Gesamtheit unserer Kenntnisse zu überprüfen, nicht vielmehr einem universalistischen Projekt im strengsten Sinn? Es setzt den bewußten Verzicht auf das Kategorien- und Gruppendenken voraus, das man mit einigem Recht den *gay and lesbian studies* als Mangel vorwirft. Dies erkannten einige. »Die *queer*-Bewegung«, schreibt François Cusset, »betritt mit erhobenem Haupt, optimistisch und eigenwillig ein Terrain des Universalismus, das lange vernachlässigt wurde. [...] Nun ist der Universalismus nicht länger das Unwort, das er im ›politisch korrekten‹ Wortgebrauch war, sondern der Ausdruck einer heimlichen Neudefinition, einer Aneignung – einer neuen, unterirdischen Lesart, die keine Gegner hat. [...] Durch eine merkwürdige Kehrtwende von den Wortführern der Identitäten aus Amerika vertrieben, kehrt der Universalismus zurück, um dort die Verwirrung der Zweideutigkeit anzubieten.«[12]

Wenn die *queer theory* auf ihre Weise eine Rückkehr zu den Griechen und das Ende des Gettos ankündigte, wäre das in der Tat eine unvorhersehbare Wende der »sexuellen Revolution«.

VITALITÄT DES FEMINISMUS

Es ist nicht abwegig zu behaupten, daß sich innerhalb der feministischen Bewegung Amerikas dieselbe zögerliche Wiederentdeckung des Universalismus, dasselbe Wiedererlernen der freiwilligen Beherrschung des Verlangens vollzieht.

Beseitigen wir zunächst ein paar Mißverständnisse. In Frankreich ist es üblich, über die sektiererischen Auswüchse des angelsächsischen Feminismus zu spotten. Gern wird vorgeführt, wie lächerlich die Wortgefechte zwischen radikalen Lesbierinnen, sadomasochistischen Lesbierinnen und militanten Pornographiegegnerinnen seien, und regelmäßig verhöhnt man die übertriebenen Vorwürfe und die längst nicht mehr zeitgemäßen Kämpfe. Aus französischer Sicht verkörpert der amerikanische Feminismus irgendeine ideologische Neurose oder, schlimmer noch, ein Wiederaufflammen des kastrierenden Puritanismus. Man muß freilich hinzufügen, daß sich der gruppen- und grüppchenbildende Feminismus in Frankreich in der Vergangenheit nie besonderer Gunst in der Öffentlichkeit erfreut hat, nicht einmal in den militantesten Kreisen.

Monique Wittig, eine Symbolfigur des französischen Feminismus und Autorin des Buches *Les Guerillères* von 1969, mittlerweile in Arizona lebend, ist die erste, die dies im Rückblick erkennt. »In Frankreich lehnten die Frauen die Gründung lesbischer Gruppen ab, ich hatte immer die Rolle des Prügelknaben. [...] In diesem Land schämten sich sogar Intellektuelle wie Barthes und Foucault ihrer Homosexualität.«[13]

Fassen wir in groben Zügen die Dynamik und die Geschichte der Frauenbewegung zusammen, weil wir so viel daraus lernen können.[14] Zu Beginn, das heißt Anfang der sechziger Jahre, war die feministische Forderung eine der Sensibilitäten, die sich insbesondere an den kalifornischen Universitäten und später innerhalb des Studentenverbands *Students for a Democratic Society* äußerten. Wie kurz darauf ihre europäischen Kommilitoninnen verurteilten die amerikanischen Studentinnen den entfremdenden Charakter der bürgerlichen Ehe mit ihrer possessiven, monogamen Dimension, kämpften für die Souveränität des Begehrens, die Unschuld der Lust und forderten das Recht auf freie Liebe.

Schon zu diesem Zeitpunkt bildeten sich zwei unterschiedliche Einstellungen, zwei Strategien heraus. Nach Ansicht der einen sollten die Frauen durch den engagierten Kampf ihre Fesseln sprengen und die Männer einholen, indem sie gleiche Rechte und Bedingungen einforderten, während die anderen der Meinung waren, Gleichheit mit den Männern sei weder ein kohärentes noch ein ausreichendes Ziel. Ihr Ehrgeiz war größer, sie forderten das Recht auf eine einzigartige weibliche Kultur. Zwar seien Scham, Treue, die unauflösliche Verbindung von Begehren und Gefühl kulturelle Werte, die den Frauen von den Männern in deren ureigenem Interesse eingebleut wurden; doch diese Werte ließen gleichwohl eine weibliche Sicht der Liebe entstehen, die anders sei als die der Männer, zivilisierter, von größerer moralischer Festigkeit, und die es verdiene, als solche verteidigt zu werden, auch auf die Gefahr hin, fügten sie hinzu, die Männer umzumodeln, indem sie von ihrer eigenen rohen und brutalen Auffassung von Sexualität befreit würden.

Die Galionsfiguren dieses Feminismus der sechziger Jahre sind Betty Friedan, Autorin von *The Feminine Mystique* von 1963, und natürlich Kate Millet, die 1969 *Sexual Politics* veröffentlichte; sie verkörperten einen sehr radikalen Feminismus, der sich bald die Positionen der oben dargestellten zweiten Tendenz aneignete.

Allgemein hatten die Feministinnen in ihren Anfängen Anteil am permissiven, hedonistischen, sagen wir »reichianischen« Klima jener Zeit. Die Sexualität wurde damals ausgelebt wie eine Errungenschaft, ein Fest, ehe man begann, sich zu distanzieren. Man verharrte im sehr klassischen Schema einer permissiven Utopie, die provisorisch verwirklicht wurde. Dennoch dauerte es nur ein paar Jahre, bis die radikalen Feministinnen selbst an dieser Auffassung von der »sexuellen Revolution« strenge Kritik übten. Ohne es zu wissen, drückten sie eine Unruhe und Sorge aus, die schon einmal, unter sehr ähnlichen Umständen, in der Geschichte formuliert wurden.

Die Befreiung der Begierden aufs Geratewohl, sagten sie, führe ihrerseits eine Anarchie herbei, einen Dschungel oder einen Markt, der zum Nutzen der Stärkeren und zum Nachteil der Schwächeren funktioniere. Im gegebenen Fall seien es die Frauen, die dem männlichen Begehren noch brutaler und ungeschützter ausgeliefert seien als früher. In dieser vermeintlichen sexuellen Revolution erkannten die Feministinnen also eine bewußte oder unbewußte Strategie der männlichen Kultur. Shulamith Firestone bemerkte durchaus zu Recht, wenn die Männer auf die Gewißheit verzichteten, eine rechtmäßige Ehefrau zu besitzen, so deshalb, weil sie nun die Möglichkeit vorzögen, eine große Zahl von Frauen zu konsumieren, ohne für deren leibliches und seelisches Wohl verantwortlich zu sein. Sie fänden die Erweiterung des sexuellen Angebots bei gleichzeitiger Senkung der Kosten durchaus vorteilhaft. Aber vor einem Verlangen, dessen Objekt sie lediglich seien, müßten die Frauen sich hüten wie vor der Pest.

Noch bezeichnender äußerte sich Robin Morgan, auch sie eine militante Feministin, die den lustbetonten und rein sinnlichen Vitalismus verurteilte, von dem sich der Pansexualismus der sechziger und siebziger Jahre herleite. »Die Bedeutung, die der genitalen Sexualität, der Vergegenständlichung der Körper, der Promiskuität, der emotionalen Gleichgültigkeit eingeräumt wird [...] entspricht dem männlichen Stil, während wir Frauen der Liebe, der Sinnlichkeit, dem Humor, der Zärtlichkeit, den Bindungen sehr viel mehr Bedeutung beimessen.«[15]

Es ist paradox, wie diese freigeistigen Frauenrechtlerinnen auf Umwegen zu Positionen gelangten, die dem traditionellsten moralischen Einwand – Argwohn gegenüber Pansexualismus –, wenn nicht gar der christlichen Interpretation von Sexualität sehr nahe kommen. Diesen Moralismus oder Neopuritanismus machten viele Europäerinnen den amerikanischen Feministinnen zum Vorwurf. In der Tat gingen manche von ihnen, wie Catherine MacKinnon, Kathleen Barry oder Andrea Dworkin, in ihrem entschlossenen Kampf gegen die Pornographie so weit, sich mit den unverkennbar rechten Tugendvereinigungen zu verbünden, womit sie auch innerhalb der feministischen Konstellation lebhafte Kritik ernteten.

In den Vereinigten Staaten gaben sich diese Tugendverbände allerdings kaum mit Nuancierungen ab. Die wiederholte Beschwörung des protestantischen Puritanismus als Muster zur Erklärung der amerikanischen Wirklichkeit mag zwar wegen ihrer Systematik lästig sein, doch der puritanische Kulturhintergrund ist gleichwohl eine Realität. Es sei daran erinnert, daß die ersten Strafgesetzbücher, die von den Gründervätern Amerikas nach biblischer Vorlage verfaßt wurden, für Ehebruch, Vergewaltigung und Homosexualität die Todesstrafe vorsahen. Das sollten wir bedenken, wenn wir begreifen wollen, weshalb die Auseinandersetzungen über sexuelle Fragen in den USA von so großer Heftigkeit begleitet werden.

ZWISCHEN APOLLO UND DIONYSOS

Die paradoxen Übereinstimmungen zwischen den radikalsten Feministinnen und dem Kanon der traditionellen Moral sind damit noch nicht zu Ende. Die härtesten Strömungen der Bewegung neigen zu einer Art Neoenkratismus und setzen sich vehement für Enthaltsamkeit ein.

Zunächst unter dem Einfluß radikaler Lesbierinnen innerhalb der National Organization of Women – die aber bald ausgeschlossen wurden –, dann aus eigener Initiative begannen die heterosexuellen Feministinnen einen strengen Separatismus zwischen Frauen und Männern zu predigen und trieben den Kampf gegen sexuelle Belästigung auf die Spitze, popularisiert durch den berühmten Slogan: »Nein heißt nein!« Andrea Dworkin ging sogar so weit, den heterosexuellen Geschlechtsakt mit einer »Besetzung« des weiblichen Körpers zu vergleichen und die Frau, die sich darauf einließ, als »Kollaborateurin« zu bezeichnen. »Viel mehr«, schreibt Michel Feher, »gelangen [sie] zu der Schlußfolgerung, daß der Geschlechtsverkehr als solcher den besten Anlaß und Zeitpunkt für die Unterwerfung der Frau bilde, so daß eine Trennung, zumindest vorübergehend, unausweichlich scheint. [...] Eine solche Strukturierung des Geschlechtsunterschieds (für dessen Erklärung Ödipus herangezogen wird) zwingt die Frauen deshalb, ein Moratorium für ihre heterosexuellen Beziehungen einzuführen. Dieser gewaltige Eingriff erweist sich in der Tat als nötig, um die Auflösung der patriarchalischen Familie zu beschleunigen, denn diese hat keine andere Funktion als die Abhängigkeit der Frau aufrechtzuerhalten, indem sie alle Beteiligten ihren jeweiligen geschlechtsspezifischen Rollen unterwirft.«[16]

In diesem Stadium drängt sich die Verwandtschaft mit den Lehren der christlichen Enkratiten achtzehn oder neunzehn Jahrhunderte früher auf erstaunliche Weise auf: dasselbe Mißtrauen gegenüber der unkontrollierbaren Gewalt des Begehrens, das als Abhängigkeitsfaktor gilt, gleich, auf welches Ziel es sich richtet, derselbe Wunsch, endlich friedliche Beziehungen zu finden, derselbe Wille, die traditionelle Familie aufzubrechen, die in der Regel die Unterwerfung der Frauen von einer Generation an die nächste weitergibt. In den ersten Jahrhunderten des Christentums konvertierten manche griechischen und römischen Damen und entschieden sich für die Keuschheit, zum großen Schaden der höheren Gesellschaft jener Epoche, nicht zuletzt, um sich von der Gewalt des Gatten und häuslicher Tyrannei zu emanzipieren, wie die *Acta Petri* aus dem dritten Jahrhundert anschaulich schildern. »Aber es steht geschrieben, daß viele weitere Frauen von der Predigt über die Keuschheit begeistert waren und sich von ihren Männern trennten; sogar Männer blieben den Betten ihrer Frauen fern [...] so erhob sich ein sehr großer Aufruhr in Rom.«[17] Im vierten Jahrhundert wählten die jungen römischen Aristokratinnen die Keuschheit und vermachten ihr Vermögen den Mönchen, um gegen die männliche Autorität des Vaters zu protestieren und dem Schicksal einer arrangierten Ehe zu entrinnen.

Das sind in der Tat merkwürdige Übereinstimmungen. Allerdings sind weder die Beweggründe der Feministinnen noch ihr Vokabular mit jenen der Urchristinnen vereinbar, wie einige willkürlich ausgewählte Zitate zeigen: »Die sexuellen Beziehungen mit Männern, wie wir sie kennen, werden immer unmöglicher«, schrieb Andrea Dworkin; »Es reicht, die Beschreibung einer Vergewaltigung durch das Opfer mit der Beschreibung des Geschlechtsakts durch eine Frau zu vergleichen: die Ähnlichkeiten sind frappierend«, sagte Catherine MacKinnon in ihrem Buch *Only Words*; »Die Liebe ist Vergewaltigung, verbrämt durch beredte Blicke. Im Spiel der Verführung macht sich der Vergewaltiger einfach nur die Mühe, eine Flasche Wein zu kaufen«.[18]

In den siebziger und achtziger Jahren richteten sich viele Überlegungen darauf, den ontologischen Unterschied, der das männliche vom weiblichen Universum trennte, aus feministischer Sicht zu vertiefen. Dieses Vorgehen wurde »Kulturfeminismus« genannt. »Die Kulturfeministinnen«, notiert Michel Feher, »definieren eine maskuline Kultur, die auf Leistung, Wettbewerb, Beherrschungswillen und klare Vernunft gründet; aber auch eine aggressive männliche Sexualität, die objektiviert, zur Promiskuität neigt und fortwährend das Verlangen vom Gefühl trennt. Diesen Kennzeichen der Männlichkeit steht eine weibliche Kultur gegenüber, die im wesentlichen monogam ist und nach geteilter und intimer Zuneigung sucht, sowie eine weibliche Sexualität, die sich nicht allein genital orientiert, sondern umfassender und mehr auf die Person als auf den Körper ausgerichtet ist.«[19]

Die Unvereinbarkeit und Kommunikationsunfähigkeit von männlicher und weiblicher Kultur waren im Verlauf der letzten zwei Jahrzehnte Thema zahlloser Essays. Und es ist noch keineswegs erschöpft; eine der bislang jüngsten Schriften – die nach versöhnlichen Tönen sucht – stammt von Deborah Tannen, *You Just Don't Understand*[20].

Nach Auffassung der rigorosesten Kulturfeministinnen müßten die Frauen sich von den männlichen Phantasmen ein für allemal befreien. Statt dessen gehe es darum, eine weibliche Gemeinschaft zusammenzuschweißen, die fähig sei, Widerstand zu leisten und ihre eigenen Werte zu kultivieren. Weit davon entfernt, das von Françoise Héritier angeprangerte Unterschiedsdenken abzulehnen, berufen sich die Kulturfeministinnen zu ihrem eigenen Nutzen gerade darauf; allerdings wird dem geistigen Universum der Frau dabei ein »Bonus«, ein überlegener zivilisatorischer Wert eingeräumt.

Diese Unterscheidung trifft sich mit der berühmten anthropologischen Klassifizierung, die unter anderen von Jean Cazeneuve entwickelt wurde und die dionysischen Zivilisationen, begründet auf eher männliche Werte wie Wettbewerb, Nomadentum, Gefahr und Eroberung, den apollonischen Zivilisationen gegenüberstellt, in denen die zu Recht oder Unrecht als weiblich geltenden Werte wie Stabilität, Sicherheit, Gewaltlosigkeit, Wirtschaftswachstum bevorzugt werden.[21] Aus dieser Sicht erscheint die zweideutige Haltung der Feministinnen gegenüber der »sexuellen Revolution« keineswegs überraschend. Berief sich diese in ihrer vitalistischen, an Nietzsche und Reich ausgerichteten Version – Begeisterung für den natürlichen Zustand, der Wunsch, die »Sturzbäche des Verlangens« freizusetzen, Machismo inbegriffen – nicht viel mehr auf Dionysos als auf Apollo? Drückte sie sich nicht mit einem wesentlich männlichen Pathos aus, während die heutige Sensibilität weitgehend zu einer umfassenden Feminisierung der Gesellschaft neigt? Drei Jahrzehnte lang hat sich das herrschende Denken kaum je die Mühe gemacht, über diesen in der Tat wesentlichen Unterschied nachzudenken.

Zweifellos aber können wir gerade in der Frage der vorherrschenden Werte den gemeinsamen Beitrag homosexueller Intellektueller, von Vertretern der *queer theory*, und der Kulturfeministinnen jenseits aller Übertreibungen als positiv ansehen.

EINE NEUE KUNST DES LIEBENS?

Gewiß ist es heute leichter und billiger denn je, uns gegenseitig zu verspotten – Homosexuelle, die sich vornehmen, die gesamte Kultur nach verborgenen Aspekten zu durchsuchen, Frauen, entfesselte Kämpferinnen im Krieg der Geschlechter, die ein Moratorium für heterosexuelle Beziehungen fordern, bis die Männlichkeit in ihrer arroganten Version die Waffen gestreckt hat. Dreißig Jahre nach dem Beginn der »sexuellen Revolution« im Westen fordern die Feministinnen die Frauen auf, ihre Unabhängigkeit zu bewahren und sich vor den Leidenschaften des Verlangens zu schützen. Über die Kommentare, die solche Exzesse immer wieder provozieren, müssen wir uns nicht weiter auslassen.

Wenn man es recht bedenkt, so stehen trotz allem viele der Forderungen im Rahmen eines globalen Projekts, das weitaus verlockender und vielleicht vernünftiger ist als die anarchistischen Utopien à la Wilhelm Reich. Geht es letztendlich nicht darum, unsere kollektiven Vorstellungen hinsichtlich der Geschichte, der Kultur, der Liebe selbst zu bereichern? Sollten wir nicht in unsere Praxis und unsere starren Vorstellungen das eine oder andere Element der Unentschiedenheit, des Spielerischen, der Toleranz einfügen? Versuchen wir nicht, uns von den gewalttätigen Strömungen und den dominanten Verhaltensweisen zu verabschieden?

Keines dieser Anliegen gibt automatisch Anlaß zu Spott und Hohn. Die Geschichte, auch die Geistesgeschichte, schlägt manchmal Umwege ein, und die Vernunft schreckt bekanntlich nicht vor Tricks zurück. Ist es nicht eine List der Vernunft, daß die Werte Treue, Stabilität, Solidarität, die der Hedonismus der sechziger Jahre verächtlich ablehnte, von Homosexuellen wiederentdeckt wurden? War es nicht eine weitere List, als in den siebziger Jahren die Homosexuellen ein beruhigendes und entschärftes Bild von Männlichkeit wiedereinführten, das der heterosexuellen Emanzipation hart zusetzte, die, wie Michael Pollack betonte, »oft mit der Entdifferenzierung von männlichen und weiblichen Rollen einhergeht.«[22] Schließlich erlebten auch andere Epochen der Geschichte – die Renaissance zum Beispiel – eine erhebliche Bereicherung durch vergleichbare Beiträge und ebenso unerwartete Wiederentdeckungen und Neuerfindungen.

Die Folklore der Schwulen oder Feministinnen, diese bombastischen Paraden, der medienorientierte Aktivismus und die rhetorischen Gebäude, die bisweilen ans Lächerliche grenzen, können nicht verbergen, was dahinter steht. Die homosexuellen Intellektuellen und Künstler verkünden ihren Willen, neue Beziehungsmuster zu suchen, die die Einsamkeit und die Härte des modernen Lebens mildern. Sie erhalten sich ein schönes Gespür für Feste. Sie stellen sich als Pioniere vor und sind es in manchen Fällen tatsächlich. Wenn es vorkommt, daß auf diesen Gebieten Dogmatik, Dummheit, Ausgrenzung und Unverantwortlichkeit ihr Unwesen treiben, so halten wir fest, daß diese Fehler ziemlich weit verbreitet sind. »Es könnte sein«, schreibt Feher, »daß die Kulturfeministinnen – gegen ihren Willen – nichts Geringeres betreiben als den Beginn einer neuen Kunst des Liebens.«[23]

Es spricht einiges für diesen Optimismus. Eines jedoch steht fest:

Die gewaltige Finsternis, in der in den westlichen Ländern die »Sprache der Liebe« heute herumirrt, läßt es uns wünschenswert erscheinen, wieder ein neues Glück des Zusammenlebens zu finden.

14

RÜCKKEHR ZUR FAMILIE

Am Ende müssen wir doch noch auf die Familie zu sprechen kommen. Das ist weniger einfach, als wir zunächst annehmen. Manche Themen sind politisch dermaßen überfrachtet, daß sie zum roten Tuch geworden sind; die Familie gehört dazu. Seit Jahrzehnten läuft jede diesbezügliche Überlegung rasch auf eine dieser heillosen Auseinandersetzungen hinaus zwischen einer nostalgischen Rechten, die sich die »familiären Werte« aufs Panier geschrieben hat und ihre Wiederherstellung fordert, und einer wackeren Linken, die an der argwöhnischen Verteidigung des Individuums und dem Haßbekenntnis gegenüber der Familie festhält. Die »sexuelle Revolution« der sechziger Jahre hat diese manichäistische Opposition noch verschärft, die allerdings schon vorher bestand.

Die Idee der Familie an sich hat inzwischen eine Nebenbedeutung. In den gegenwärtigen politischen Vorstellungen wird sie mit irgendeiner diffus reaktionären Einstellung in Verbindung gebracht. Die Art, wie vor allem die rechtsgerichteten Parteien und Verbände nach festen Ritualen die Notwendigkeit beschwören, die »wahre Familie« wiederherzustellen, fördert natürlich dieses Mißtrauen. So leidenschaftlich wie die Befürworter sind auf der anderen Seite die Gegner. Das herrschende Fortschrittsdenken – um einen Ausdruck von Jean-Claude Millner zu gebrauchen[1] – verteufelt instinktiv mit derselben Einseitigkeit jede Bezugnahme auf die Familie. So hält sich eine bombastische Konfrontation, die alle Überlegungen verkümmern läßt.

Irène Théry ist zu Recht über diesen streitsüchtigen Grabenkrieg beunruhigt, der sich als wenig hilfreich für das Verständnis der Situation erweist. »Wenn wir nicht wachsam sind«, schreibt sie, »ist zu befürchten, daß wir nicht in der Lage sind, den Antagonismus zwischen den Fürsprechern der Familie einerseits und den Fürsprechern des Individuums andererseits zu beenden, deren anachronistisches Tandem nach wie vor den unsichtbaren, aber obligatorischen Rahmen für unsere Auseinandersetzungen liefert. [...] Wie sollen wir dieses Paradox erklären, die stets wiederauflebende Kraft einer archaischen Gegenüberstellung, als gälte es zu entscheiden, welches die ›wahre‹ Keimzelle der Gesellschaft ist? Als wäre die Familie, auf die sich die Traditionalisten so lautstark berufen, daß sie anscheinend schon das Wort als solches vereinnahmt haben, die einzige Form von Familienleben. Als gäbe es Freiheit nur, wenn sie grenzenlos ist, und das Individuum nur in der Behauptung seiner Allmacht.«[2]

Dieser wiederkehrende Antagonismus ist so sinnlos wie kurzsichtig und gedächtnislos. Denn er geht von einem unzutreffenden Postulat aus: Die Familie sei in alle Ewigkeit ein konservativer und katholischer Wert, weshalb ihre Anfechtung zwangsläufig »links« sei. In Wahrheit ist die Familie seit jeher, nicht anders als beispielsweise die Nation oder das kulturelle Unterschiedsdenken, ein schillernder Wert. Historisch gesehen, wurde sie bald von den Rechten, bald von den Linken für sich beansprucht. Am Ende des neunzehnten Jahrhunderts erblickten die von der industriellen Revolution ausgebeuteten Proletarier in der Familie eine Zuflucht, die vom kapitalistischen Bürgertum, dem Elend des Arbeiterstands, der Verstädterung, der Kinderarbeit und so weiter bedroht war. In den fünfziger Jahren wurde diese Sicht der Familie von Autoren wie Talcott Parsons[3] als letzte Bastion persönlicher solidarischer Beziehungen und als Gegengewicht zur Härte des industriellen Kapitalismus verteidigt.

Für Parsons »bestand die Hauptfunktion der Familie darin, einen Raum zur Verfügung zu stellen, in dem persönliche Beziehungen nach wie vor möglich waren, das heißt, der Leistungszwang nicht auf die Gefühle übergriff. Dort fand jeder, unabhängig von seinem Verhalten und seinen Erfolgen, die Garantie einer Zärtlichkeit, die ihm allein aufgrund seiner Position innerhalb der Familie – Ehegatte oder Kind – zuteil wurde. In einer Gesellschaft, in der infolge sozialen Fortschritts Ränge und statusbedingte Titel verschwinden mußten, bot allein die Familie noch statusgemäße und folglich bedingungslose Bindungen. Somit war das Glück der Familie eine notwendige Voraussetzung für das reibungslose Funktionieren der Gesellschaft.«[4]

Das Christentum hingegen war, wie wir in den vorhergehenden Kapiteln gesehen haben, über lange Zeiten hinweg dem Individuum günstiger gesinnt als den autoritären Familienstrukturen. Die Katholiken, die das Zölibat höher schätzten als die Ehe, unterschieden sich darin von den Protestanten, die nach Luthers Lehre in der Ehe den »gottgefälligen Zustand« erblickten. Während der ersten christlichen Jahrhunderte stießen die ausdrücklich familienkritischen Bemerkungen im Neuen Testament bei Lukas und Matthäus[5] gerade bei den Juden auf Empörung; tatsächlich schätzt die jüdische Religion – das ist noch heute eine ihrer Kostbarkeiten – den familiären Zusammenhalt und die Sorge um die Kindererziehung als besonders hohes Gut.

Und bedenken wir schließlich, daß die NS-Ideologen keineswegs ein Loblied auf die traditionelle Familie sangen, sondern im Gegenteil die Auflösung des Familienverbands innerhalb der größeren Solidarität des Volkes anstrebten.

EIN UNZEITGEMÄSSER STREIT

Wer die Idee der Familie als im wesentlichen katholischen, konservativen, wenn nicht gar reaktionären Wert bezeichnet, weitet die gegenwärtige Situation auf die Geschichte aus. Man muß jedoch folgendes unterscheiden: In stabilen Gesellschaften, in denen ein autoritärer und holistischer Konformismus herrscht, ist die Familie als Ort der Weitergabe und sozialen »Erneuerung« in der Tat ein Instrument im Dienst der bestehenden Ordnung. Natürlich ist sie die Instanz, die uns Gehorsam beibringt, und infolgedessen auch der Ort der Anpassung und der Tradition. Vollkommen anders ist die Lage hingegen in Zeiten des Umbruchs, in denen Entropie, Chaos und soziale Zersplitterung vorherrschen, das heißt, in denen sich im Extremfall sogar die Fähigkeit zur Weitergabe von Werten auflöst.

Nun wird die Familie zum Hort der Menschlichkeit, der Sozialisierung und des Widerstands gegen die solipsistische Barbarei. Sie tritt als der letzte Ort auf, an dem noch eine minimale Vorstellung von der Zukunft besteht, ein Jenseits, »auf das sich jedes Individuum und jede Familie prinzipiell ebenso beziehen wie auf ihr Fundament, das sie begründet und legitimiert, indem es sie an die Gesetze der Spezies bindet, und das ihnen das Kennzeichen des Menschseins aufprägt, indem es sie in die Kultur eingliedert.«[6] Sie repräsentiert eine Instanz der »fortschrittsorientierten« Verweigerung gegenüber der »Bedeutungslosigkeit einer Gegenwart ohne Bindungen«, wie Irène Théry es formuliert.[7]

Das ist offensichtlich der Zustand unserer heutigen Gesellschaft. In dem Radikalismus, den sie idealerweise anstrebt, ziehen der Markt und der am Ende unseres Jahrhunderts herrschende Ultraliberalismus und Konsumerismus, also der organisierte Schutz der Verbraucherinteressen, den Konsumenten – oder Angestellten – ohne Anhang und Gruppenzugehörigkeit als Verhandlungspartner vor, um sich möglichst nicht mit Einschränkungen irgendeiner Art herumschlagen zu müssen. Eine solche Einschränkung ist die Familienstruktur und -solidarität. In der Theorie war die Familie der Inbegriff der Unentgeltlichkeit und definitionsgemäß der merkantilen Ordnung diametral entgegengesetzt. Nach dreißig Jahren »sexueller Revolution«, des radikalen Individualismus, der Durchtrennung von Bindungen schwindelt uns auf einmal bei der Aussicht auf den endgültigen Zerfall dieser »Keimzelle der Gesellschaft«. Der traditionelle Faustkampf zwischen Linken und Rechten rund um die Familie ist in dieser Notsituation eigentlich fehl am Platz. Ebenso sollten wir aufhören, über sexuelle Permissivität, das Recht auf wilde Polygamie beziehungsweise Polyandrie und ungehemmte Lust zu diskutieren, während wir uns einzureden versuchen, dies alles habe nichts mit dem Problem Familie zu tun.

Aber seien wir gerecht. Wenn die Polemiken zwischen rechts und links, die effekthaschenden Auseinandersetzungen zwischen Familienfreunden und Familienfeinden in ihrer unüberlegtesten Version immer noch ungehemmt um sich greifen, so in der Regel nur in Form von Schmähungen in den Medien oder im Wahlkampf. Auf einer anderen Ebene haben beide Seiten begriffen, daß inzwischen der Dachstuhl brennt. Beide haben die Enge ihres ursprünglichen ideologischen Katechismus überwunden. »Die liberale Rechte hat aufgehört, sich an die Nostalgie der ›wahren Familie‹ zu klammern, ein Modell, an dessen Auflösung sie selbst mit der Reform des bürgerlichen Rechts mitgewirkt hat. [...] Die soziale Linke hingegen hat aufgehört, die lautstarke Zustimmung zum Wandel der Sitten zu fördern. [...] Im Kontext der Gesellschaftskrise erschien ihr die zunehmend prekäre Lage der Familie als eine neue Quelle der Ungerechtigkeit.«[8]

Bei den Intellektuellen oder auf seiten der Sozialwissenschaften ist diese Erkenntnis anscheinend vor allem ein Verdienst der Frauen; das sei zu ihrer Ehre betont. Die scharfsichtigsten und am besten durchdachten Reflexionen über die Notwendigkeit einer »Rückkehr zur Familie«, die ernsthafteste Analyse der heute neuen Konfigurationen des Zusammenlebens – Stiefväter und Familien auf Zeit – stammen in erster Linie von Autorinnen oder Forscherinnen. Damit sind natürlich die Proteste jener entkräftet, die sich darauf beschränken, den Fürsprechern der Familie vorzuwerfen, sie wollten die Frauen nur an den Herd zurückschicken. Wenn Essayistinnen wie Christiane Olivier, Geneviève Delaisi de Parseval, Evelyne Sullerot, Irène Théry, Catherine Labrusse-Rion, Caroline Éliacheff darüber nachdenken, welche Konsequenzen der Zerfall der Institution Familie hat und mit welchen Mitteln sich dagegen ankämpfen ließe, so haben sie sicher nicht das Gefühl, ein reaktionäres Werk zu vollbringen oder die Emanzipation der Frauen in Frage zu stellen.

In ihrem jeweiligen Fach – Psychoanalyse, Soziologie, Rechtsphilosophie, Zivilrecht, Geschichte und so weiter – und auf ihre je eigene Weise drückt jedoch jede von ihnen dasselbe Entsetzen angesichts der gegenwärtigen Situation aus. »Ich lege Wert auf die Feststellung«, schreibt Evelyne Sullerot, Pionierin im Kampf um die Freigabe der Empfängnisverhütung, »daß wir damals nicht ahnten, nie geahnt hätten, was uns hinter der endlich geöffneten Tür der sexuellen Freiheit erwartete. Gewiß träumten manche von einem sündenfreien Paradies, aber sie stellten es sich nicht vor. Andere waren sicher und überzeugt, daß die Befreiung ihrer Sexualität ihre seelische Gesundheit fördern würde: sie prophezeiten das Ende der Neurosen, Angstzustände, weiblichen Depressionen, sobald sie nur durch eine wirksame Empfängnisverhütung geschützt wären. Wieder andere erwarteten sich das Wunderheilmittel, das der Liebe Bestand verliehe und damit die Ehen rettete.«[9]

EINE VATERLOSE GESELLSCHAFT

Im Verlauf der letzten dreißig Jahre erlebten wir nicht nur eine Revolution der Sitten und eine Umwälzung unserer kollektiven Vorstellungen von Sexualität. Wir verzeichneten nicht nur den demographischen Zusammenbruch, den Verfall der Ehe, die Bagatellisierung der Scheidung und eine beispiellose Ausweitung der Permissivität. Sondern darüber hinaus vollzog sich eine regelrechte legislative Revolution, konkreter und dauerhafter als die anderen, und bleibt uns heute als das greifbarste Ergebnis erhalten. Das bürgerliche Recht – Kinder, Ehe, Rechte der Kinder, Status der Frau, elterliche Autorität und so weiter – hat in diesen Texten das kulturelle Erdbeben für die Zukunft festgeschrieben.

Wenn jedoch diese juristische Revolution ein unbestreitbarer Fortschritt für die Freiheit des einzelnen war, so zog sie doch Konsequenzen nach sich, die weitaus weniger greifbar waren und denen wir uns lange Zeit nicht stellen wollten. Eine der bedrückendsten Folgen war das nahezu vollständige Verschwinden der Vaterfigur, der Ruin der Vaterschaft. Sie führte ein heimtückisches Ungleichgewicht ein, über das wir jahrelang lieber schwiegen, so sehr widerstrebte es dem »Einheitsdenken« hinsichtlich der Sitten – eine bewundernswerte Vogel-Strauß-Politik! »Das Schweigen über das Schicksal der Vaterschaft«, bekennt Sullerot, »darüber, was aus den Vätern wurde und sich mit größter Wahrscheinlichkeit erheblich auf die Söhne auswirken wird, verblüfft mich. [...] Um Umfragen und die Meinungen, die wir daraus erfahren könnten, kümmern wir uns nicht. Die Vaterschaft ist kein Thema.«[10] Die Psychoanalytikerin Christiane Olivier nennt die Dinge noch deutlicher beim Namen: »Durch den Feminismus sind die Frauen zu den Oberhäuptern der Familien geworden, und sie sind offensichtlich nicht bereit, diese neue Macht in Frage zu stellen. Selbst wenn der Mann überall sonst auf sozialer Ebene weiterhin der Sieger ist, haben die Frauen das gesamte Terrain der Kindererziehung erobert und besetzt. Sozialarbeiterinnen unterstützen Anwältinnen, die wiederum bei Richterinnen Gehör finden: wenn irgendwo von einem Kind die Rede ist, hat man immer das Gefühl, daß ein riesiger Frauenkonzern aktiv wird.«[11]

Tatsächlich war die Verdrängung des Vaters nicht, wie manchmal angenommen, eine Erfindung der sechziger Jahre, sondern schloß eine Entwicklung ab, die zwei Jahrhunderte früher begonnen hatte; in Frankreich hatte die Revolution die Figur des Vaters angegriffen, im wörtlichen wie im übertragenen Sinn. Der Vater und das Patriarchat hatten ihr Goldenes Zeitalter in den drei vorhergehenden Jahrhunderten erlebt; 1789 galten sie als das Sinnbild der Monarchie schlechthin, und Balzac schrieb, mit der Enthauptung von Ludwig XVI. am 21. Januar 1793 habe die Republik sämtlichen Familienvätern den Kopf abgeschlagen. Und Cambacérès, einer der Verfasser des bürgerlichen Gesetzbuches, rief vor den Abgeordneten: Die gebieterische Stimme der Vernunft habe sich Gehör verschafft. Sie sage, daß es keine väterliche Macht mehr geben werde. Die Revolution hatte es sich zur Aufgabe gesetzt, im Namen der souveränen Freiheit des Mannes und der Frau die unzerstörbaren Familienbande aufzubrechen, doch wer tatsächlich aufs Korn genommen wurde, war der Vater.

In der Folge vollzog sich trotz einiger Rückschläge eine langsame und irreversible Entwertung des väterlichen Status. Sowohl in den Fakten – die Industrialisierung und die Proletarisierung verurteilten die Väter zu abwesenden Halbsklaven – wie auch in den Gesetzestexten, beispielsweise mit der Abschaffung des Züchtigungsrechts oder dem Ersatz der väterlichen durch die elterliche Autorität oder auch mit den verschiedenen Gesetzesänderungen im Hinblick auf uneheliche Kinder.

In den sechziger Jahren brandmarkte die permissive Utopie – bei Wilhelm Reich ist sie ein obsessives Thema – die Familie als Ort der Zwänge, als Schule des bürgerlichen Gehorsams und der sexuellen Repression. Die Philosophen der Frankfurter Schule stellten sich in dieselbe vaterfeindliche Linie: »Aufgrund der Untersuchungen von Adorno und seinen Mitarbeitern steht der Vater im Mittelpunkt der Debatte über die Autorität als das Element, das zwei Formen der Macht miteinander verschweißt: die Macht durch Konsens und die Macht, die durch Drohung oder Anwendung von Kraft oder Zwang ausgeübt wird. […] Die künftige vaterlose Gesellschaft muß eine Gesellschaft der Freiheit sein – auch der sexuellen Freiheit: wurde nicht eben erst die Empfängnisverhütung legalisiert? –, in der die jungen Menschen, die Repräsentanten der Zukunft, das Wort ergreifen und den ›Alten‹ zu schweigen gebieten, jenen, die den Anspruch erheben, zu wissen, zu lehren, zu befehlen, zu regieren, den Vätern, den Professoren, den Ministern.«[12]

DIE PILLE UND DAS »HIMMLISCHE FEUER«

Gleichzeitig legte bekanntlich die allgemeine Verbreitung der Empfängnisverhütung die grundlegendste Entscheidungsbefugnis wieder in die Hände der Frau: die Macht, Leben zu schenken, die Wahl zwischen Ja und Nein und die Wahl des Zeitpunkts. Dank der Pille, versichert Sullerot, »beraubte die Frau den Mann des himmlischen Feuers«.[13] Andere wissenschaftliche Errungenschaften, durch das Gesetz sanktioniert, bestärkten die Allmacht der Frau auch im Hinblick auf die Vaterschaft, so etwa 1984 der berühmte Gentest von Jeffreys, der die eindeutige Bestimmung des biologischen Vaters erlaubt; dank diesem Test kann die verheiratete Frau im Extremfall ihren Liebhaber dazu bringen, das Kind anzuerkennen, dessen leiblicher Vater er ist und das der legale Vater für das seine hielt und liebte. Dazu gehört auch die In-vitro-Fertilisation, die ohne viel Aufhebens die Frage der Vaterschaft auf einen Tropfen Sperma reduziert, über den die Frau verfügt. Was interessiere, sei das Sperma des Mannes, schrieb Geneviève Delaisi de Parseval, seine Gefühle seien völlig egal.[14]

Nach und nach hat man sich an den Anblick der entmachteten Väter gewöhnt, die sich durch diverse Verfahren kämpfen, von einem Gericht zum nächsten eilen und unter der höflich verborgenen Gleichgültigkeit ringsum dringend um die gestern noch selbstverständliche »Erlaubnis« bitten, ihre Kinder zu sehen, an ihrer Erziehung teilzuhaben, in ihrem Leben eine Rolle zu spielen, wenn auch nur eine marginale. Dieses Bild des Vaters, der grausam von seinem Nachwuchs getrennt ist, legte sich bald über das gestern noch zutreffende Bild des gleichgültigen Vaters, des ewig Abwesenden, des zerstreuten Erzeugers, dieses Egoisten, der sich seiner Verantwortung entzog und Frau und Kind im Stich ließ – eine archetypische Figur aus dem bürgerlichen Roman, die heute so veraltet erscheint wie der Galan mit Klappzylinder.

Heute sind Literatur und Film bevölkert von depressiven und alleingelassenen Vätern, von mitleiderregenden *Loser*-Gestalten, die nicht die geringste Absicht haben, sich der Vaterschaft zu entziehen, sondern sie im Gegenteil vergeblich einfordern.

Durch Gesetz, Wissenschaft und Statistik entwertet, hat die traditionelle Vaterschaft also eine einschneidende Entwicklung im Ansehen und in der Mode durchgemacht. An die Stelle des Chauvis ist der Softie getreten. Alain Souchon nahm die Stelle von Gilbert Bécaud ein, Daniel Auteuil folgte Alain Delon, und ein schmächtiger, stotternder, kurzsichtiger Dustin Hoffman triumphierte über den breitschultrigen Robert Mitchum. Der Mann wurde sanft und verletzlich, weniger Macher als trostbedürftiger großer Junge.

In Europa ist die Zunahme der Einelternfamilien ebenso untrennbar mit dem Zerfall der Gesellschaft, den zahlreichen Rissen im demokratischen Gewebe und in den traditionellen Bindungen verbunden; ein Phänomen, das offensichtlich seit Beginn der achtziger

Jahre auf die Wirtschaftskrise, die wachsende soziale Unsicherheit, die Arbeitslosigkeit zurückgeht. Zehntausende von Männern und Frauen nehmen heute widerwillig hin, daß ein ohnehin ungewisses Familiengefüge zerbricht; Hunderttausende von Kindern, die es sich nicht ausgesucht haben, erleben das Exil der Väter, das in mancher Hinsicht an die beklagenswerte Situation der industriellen Revolution im neunzehnten Jahrhundert erinnert.

Die unmittelbar quantifizierbare Folge dieser Entwicklung ist die Zunahme der »Alleinerziehenden« oder »Einelternfamilien«; das alleinerziehende Elternteil ist in den meisten Fällen die Mutter. Die einschlägigen Statistiken stimmen nachdenklich. In den Vereinigten Staaten schätzt der Population Council die Zahl der Haushalte mit minderjährigen Kindern, in denen nur ein einziger Elternteil, zumeist die Mutter, verantwortlich ist, auf vierundzwanzig Prozent. Unter der afroamerikanischen Bevölkerung ist der Anteil noch höher; siebenundfünfzig Prozent der Kinder wachsen mit nur einem Elternteil auf. Der Trend ist steigend, und die Entwicklung betrifft heute die gesamte Bevölkerung unabhängig von der Hautfarbe, vor allem jedoch die ärmeren Schichten.

Auf unserem Kontinent ist seit Beginn der achtziger Jahre der Anteil der Einelternfamilien laut den Statistiken von Eurostat aus dem Jahr 1995 in den meisten europäischen Ländern um fünfundzwanzig bis fünfzig Prozent gestiegen. Die Alleinerziehenden machen heute ungefähr achtzehn Prozent aller Familien aus. Die am stärksten betroffenen Länder sind Norwegen, Finnland, Großbritannien, Belgien und Österreich.

Natürlich wird dieses Phänomen gern von den ultraliberalen Gegnern des *welfare state* ins Feld geführt, insbesondere in den USA. Den diversen Familienhilfsprogrammen werfen sie vor, sie leisteten nur der Zügellosigkeit, Faulheit, Unmoral und so weiter Vorschub. Aber es wäre falsch, sich mit solchen oberflächlichen Polemiken zu begnügen. Selbst die Psychoanalytiker spalten sich heute hinsichtlich des Themas Vater in zwei Lager, und ihre Debatte ist auf andere Weise aufschlußreich.

DIE PSYCHOANALYSE IM ZWEIFEL

Sobald wir das Territorium der Psychoanalyse betreten, sind einige Vorsichtsmaßnahmen erforderlich. Diese Disziplin ist in den Interpretationen, zu denen sie gelangt, zugleich präzise, rigoros und spitzfindig. Im übrigen hat sie ihre eigene Sprache, ihre Kodes, ihre polemischen Rituale hervorgebracht und hat sich sozusagen eine endogame Reflexion angewöhnt; das heißt, es herrscht eine besondere Vorliebe für Auseinandersetzungen zwischen verschiedenen Schulen, wie sie auch in manchen Religionen üblich ist, allerdings unter der Voraussetzung, der Streit findet intern, hinter geschlossenen Türen statt, ohne daß allzuviel nach außen dringt. Freudianer, Jungianer, Lacanianer bekämpfen sich gern in der einen oder anderen Grundsatzfrage und akzeptieren kaum je, daß ihre bisweilen unangebrachten Mißhelligkeiten vom Laien durchaus ernst genommen werden. Das ist der Grund für die verzweifelt »inzestuösen« Reaktionen und die hermetischen Diskussionen, die im Reservat der Seminare oder Kolloquien stattfinden. Diese Art von Einschüchterung sollten wir nicht länger hinnehmen.

Denn die Frage der Vaterschaft und Mutterschaft stand ja seit jeher im Mittelpunkt der psychoanalytischen Methode. Freud trug seinerzeit zu einer Aufwertung der Mutterrolle bei, wofür schon damals historisch und soziologisch das Terrain bereitet war. Nach seiner Lehre hängt die Natur der kindlichen Sexualtriebe von der Mutterbeziehung ab; der Vater spielt dabei nur eine sehr nebensächliche Rolle. In der Folge räumt die Psychoanalyse der realen Vaterschaft nur einen – gelinde ausgedrückt – sehr bescheidenen Anteil am Erziehungsprozeß ein. So konnte etwa in den sechziger Jahren ein Psychoanalytiker kühl schreiben: »Der Vater ist unfähig, bei der ihm übertragenen Aufgabe Vergnügen zu empfinden, und außerdem unfähig, mit der Mutter die große Verantwortung zu teilen, die ein Säugling immer bedeutet.«[15]

Lacan hingegen erklärt den Vater nicht mehr zum realen Objekt, sondern zu einer »Metapher«, das heißt ein Bezeichnendes, das an die Stelle eines anderen Bezeichnenden tritt. Mit anderen Worten, der Vater ist nicht nur ein Eindringling, der die innige Beziehung zwischen Mutter und Kind stört, sondern ein Wort, das ein Gesetz aufstellt, insbesondere das Inzestverbot. In dieser Eigenschaft ist er tatsächlich nichts anderes als eine Metapher des Verbots. Und damit nicht genug: Um diesen Status zu erlangen, muß ihn die Mutter zuerst als Vater bezeichnen. Dies ist, in verkürzter Form, die Bedeutung der berühmten Lacanschen Formel »der Name des Vaters«. Die Mutter hat definitiv sämtliche Gewalten inne, eingeschlossen das Recht, den Vater in seinen Status einzusetzen. Dieser ist nur Vater, sofern die Mutter dies wünscht, sofern sein Wort von ihr anerkannt wird.

Die meisten Lacan-Schüler haben sich die Gleichsetzung des Vaters mit einer Metapher zu eigen gemacht. »Jede Mutter«, schreibt Aldo Naouri, »führt ihr Kind in die Welt der Symbole ein, indem sie es auf seinen Vater hinweist.«[16] Aus Lacanscher Sicht werden die Bindungen biologischer Art oder die körperlichen Äußerungen der Vaterschaft – Zärtlichkeit, physische Gegenwart und so weiter – auf einen subalternen, um nicht zu sagen unerheblichen Rang verwiesen. Der Vater als »mütterlicherseits genehmigte Metapher« oder als symbolische Darstellung des Verbots muß freilich nicht der biologische Vater sein. Auch ist es nicht nötig, daß er sich auf das Gebiet der Mutter vorwagt, getrieben von dem Bedürfnis, das Kind in Nachahmung der Mutter zu »bevatern«, wie es die Mode der neuen Väter der achtziger Jahre wollte.

Auch Françoise Dolto wiederholte häufig, nicht durch Zärtlichkeit, Berührung, entgegenkommenden Umgang mit dem Fläschchen könne sich der Vater auf differenzierte Weise dem Kind ins Blickfeld rücken, sondern durch sein Wort und sein Selbstbild. Anders ausgedrückt, die neue Vaterschaft lasse sich nicht auf die bloße Nachahmung der Mutter beschränken. Man könne das Bild des Vaters nur neu erfinden, wenn es in die der Mutter vorbehaltene körperliche Beziehung eingebracht werde.

Es ist wahr, daß diese vergeistigte Interpretation der Vaterschaft sich hervorragend für jene neue Form der »Familie auf Zeit« eignete, bei der die Rolle des Vaters – allerdings in minimaler Ausprägung – vom neuen Freund der geschiedenen Mutter erfüllt wird. »Die Anhänger der neuen Familienformen«, meint dazu Sullerot, »sind [zu Unrecht] von einem Prinzip überzeugt, nämlich der vermeintlichen Austauschbarkeit von ›biologischem Elternteil‹ als Bestandteil des Heims und ›Sexualpartner-des-verbliebenen-Elternteils‹. Ihrer Ansicht nach hat anscheinend die sexuelle Bindung, die das Paar begründet – insofern, als sie eine individuelle Freiheit außerhalb jeder Institution ausdrückt –, Vorrang über die biologische Verbindung, die Elternschaft herstellt.«[17]

Die zur Metapher verkümmerte Vaterfigur ist nach Ansicht vieler moderner Psychoanalytiker mitverantwortlich für die Krise der Vaterschaft, denn sie schuf die theoretischen Voraussetzungen dafür. Und dies um so wirkungsvoller, als sehr viele Väter seit dreißig Jahren ihrer eigenen Verdrängung zustimmten, die sie von einer großen Verantwortung befreite. »Ich gehöre zu jenen, die das Verschwinden der Väter als Katastrophe für die Kinder ansehen«, schreibt Olivier, »wobei die Väter an ihrem Verschwinden großen Anteil haben, weil sie nicht genügend Verantwortung für das Leben des Kindes übernommen und meist den Müttern allein die Kinderpflege überlassen haben, weil sie glaubten, diese seien von jeher begabter für den Umgang mit Säuglingen.«[18]

Besonders folgenschwer ist die entwertete Figur des Vaters als von der Mutter benannte Metapher in unserer von Scheidungen und Trennungen unterhöhlten Gesellschaft. Denn im Fall einer Scheidung folgen die Kinder in der Mehrheit der Fälle der Mutter, ihr wird meist das Sorgerecht zugesprochen. Wenn nun der Status des Vaters nur eine Art Recht ist, das sich aus seiner Anerkennung durch die Mutter herleitet, ist dieser Status im Fall einer Trennung natürlich hinfällig. Dann ist das Kind von seinem Vater nicht nur getrennt, sondern hat ihn buchstäblich verloren, zugunsten eines Ersatzvaters, den ihm die geschiedene junge Mutter als nächstes bezeichnet. Die Einelternfamilien sind dann kein unvorhergesehener, vorübergehender Zwischenfall mehr, sondern werden zum fälschlich kohärenten Konzept.

Diese Hypothese bezeichnen die kritischen Psychoanalytiker nicht zu Unrecht als Falle. Das Interessanteste an dieser Kritik von innen heraus ist, daß sie nicht auf einer moralischen, politischen oder ideologischen Reaktion gründet, die ihre theoretische Tragweite schmälern würde, sondern sie stellt die Lacanschen Thesen über die Vaterschaft auf ihrem ureigenen Gebiet in Frage.

WIE ERZEUGT MAN EINEN FRAUENFEIND?

Olivier zum Beispiel bestreitet entschieden die Annahme, die Verbindung zwischen Vater und Kind könne nur durch biologische Nähe zustande kommen. Dabei stützt sie sich vor allem auf den Begriff der *Bindung*, wie er von Forschern wie René Zazzo, Boris Cyrulnik oder Hubert Montagner vorgeschlagen wurde.[19] Es sei durchaus möglich, betont sie, daß die Freudsche Theorie, wonach die Nahrung das einzige Urbedürfnis sei, dessen Befriedigung eine libidinöse Beziehung zur Ernährerin schafft, viel zu eng gefaßt sei. Ihrer Ansicht nach könnte diese Theorie der Bindung »die Vorstellung, daß das Baby nur mit *einer* Person – der Mutter oder einer weiblichen Ersatzperson – eine *einzige* Beziehung eingeht, in Frage stellen und eines Tages Freuds Auffassung von der ›Objektbeziehung‹ revidieren.«[20] Wir müßten also den Platz des Vaters von Grund auf überdenken, auch hinsichtlich der Bedeutung seiner physischen Präsenz von den ersten Lebenstagen des Kindes an – der Klang seiner Stimme, Gerüche, Berührungen und so weiter. »Wir haben uns weit vom ›Namen des Vaters‹ entfernt«, fährt Olivier fort, »an den sich so viele Analytiker immer noch klammern, da sie es nicht wagen, die Schriften Lacans zu überarbeiten, und der Tatsache gleichgültig gegenüberstehen, daß ein Kind manchmal von dem Vater, der es gezeugt hat, zu dem Vater, zu dem es eine Bindung hat, wechseln kann.«[21]

Es ist nicht nötig, uns noch weiter auf die Einzelheiten dieser Kritik einzulassen (wenngleich sie recht spannend sind), um zu begreifen, welche Art theoretischer Revolution sie ankündigen. Letzten Endes handelt es sich darum, über die Frage der Bindung die strukturierende Funktion der Zärtlichkeit, eingeschlossen die spezifisch väterliche, wiederzuentdecken und damit die substantielle Schwäche der Einelternfamilie zuzugeben, gleichgültig, wie groß die Hingabe und die Verdienste der alleinerziehenden Mutter sein mögen; für moralische Werturteile ist hier nicht der rechte Ort.

Noch verstörender ist die Kritik von Olivier jedoch, wenn sie im Verschwinden der Väter eine Ursache gewisser sehr schwerwiegender Regellosigkeiten der Moderne sieht, zum Beispiel die wachsende sexuelle Gewalt, von der in diesem Buch schon so oft die Rede war, insbesondere die Gewalt gegen Frauen – Vergewaltigungen, Angriffe, Verachtung, offenkundiger Frauenhaß und so weiter. Aus psychoanalytischer Sicht ist die Annahme durchaus plausibel, daß die mütterliche Allmacht und die Tatsache, daß die Mutter mit ihrem Kind allein ist, in einem gewissen Zusammenhang mit der dumpfen Aggressivität stehen, die wir zu Unrecht für den Überrest einer überwundenen Epoche halten. Der Trieb zur Vergewaltigung könnte sich als Rache im Erwachsenenalter für die neue mütterliche und bemutternde Vorherrschaft der Frauen analysieren lassen.

Tatsächlich muß das Kind, um sich als Subjekt einen Platz zu erobern, gegen den Erwachsenen rebellieren, als dessen Objekt es sich fühlt. In der traditionellen Familie stieß die Revolte als obligatorische Phase des Heranwachsens auf zwei Elternteile, zwischen denen sie dialektisch navigieren konnte. In der Einelternfamilie hat dieselbe Auflehnung nur noch eine einzige Gegenspielerin, die Mutter.

Den Jungen kann die angenommene oder abgelehnte Konfrontation mit der alleinerziehenden Mutter in eine Sackgasse führen. Das Kind, aus der Fassung geraten, lehnt möglicherweise sämtliche Frauen ab. So kann es sein, daß Gewalt und Vergewaltigung in unserer Gesellschaft in gewisser Weise auf alle Frauen abzielen, die im Kopf des Mannes den Platz der ödipalen Mutter einnehmen, die der kleine

Junge nie anzugreifen wagte. »Die ödipale Liebe der Mutter, die einen Jugendlichen schon unter normalen Umständen irritiert«, schreibt Olivier, »kommt hier viel deutlicher zum Ausdruck und kann zu einer plötzlichen Abwendung von der Mutter führen, womit diese nicht im geringsten gerechnet hatte. Was bereits schwierig zwischen Mutter und Sohn ist, wenn es einen Vater in der Familie gibt, wird hier nur durch eine *Gegenidentifikation* mit der Mutter möglich, die an die Stelle der *Identifikation* mit dem Vater tritt. Dem Jungen bleibt nur eine Lösung: Um ein Mann zu werden, *braucht man nur nicht zu sein wie eine Frau.* Die Voraussetzungen für die Frauenfeindlichkeit und alles, was dazugehört, sind geschaffen, und die spätere Ehefrau hat die Folgen zu tragen.«[22]

Man mag über diese Hypothese unterschiedlicher Meinung sein, sie ist jedenfalls in mehrerlei Hinsicht interessant. Sie stellt ein nahezu perfektes Beispiel dafür dar, was ich eine paradoxe Errungenschaft nennen möchte, das heißt einen Fortschritt, der seine eigene Negierung zur Folge hat. Der Fortschritt, den keiner je in Frage stellen würde, ist natürlich die Emanzipation der Frau, nicht zuletzt von den Ketten der traditionellen Ehe. Neben der (theoretischen) Gleichstellung im Berufsleben sind deren wichtigste Elemente die Erleichterung der Scheidung, die Unabhängigkeit als Mutter und das alleinige Bestimmungsrecht in der Erziehung. Aus diesem Grund wird die Einelternfamilie von der Linken so selten kritisiert. Sie wird zweifellos als relativer Mißerfolg angesehen, doch gleichzeitig gilt sie auf diffuse Weise als das Sinnbild der weiblichen Emanzipation schlechthin. Manche gingen sogar so weit, darin das positive Signal einer definitiven Veränderung der Fortpflanzung und vielleicht die Wiege des neuen Menschen zu sehen. Man denke nur an all die so zahlreichen wie leidenschaftlichen Umfragen und Berichte in den Medien, die arglos die alleinerziehende Mutter mit einer unbestimmt fortschrittlichen Aura umgeben.

Wenn sich letztlich herausstellt, daß die Einsamkeit der Mutter den Frauenhaß und den Männlichkeitswahn des künftigen Erwachsenen strukturell begünstigt, dann bedeutet dies, daß ein vermeintlicher Fortschritt in einen unbezweifelbaren Rückschritt mündet, und dies auf just demselben Gebiet, das reformiert werden sollte, dem realen und symbolischen Status der Frau. Die Moderne, die gegen Frauenhaß und Gewalt eintritt, aber wider Willen ein ständig verbessertes repressives Arsenal und eine moralisierende Rhetorik aufpoliert, befände sich dann in der ein wenig lächerlichen Position dessen, der die Mißstände, über die er sich beklagt, selbst erzeugt, wie der Kasperl, der gegen einen unsichtbaren Feind kämpft, aber nur sich selber ohrfeigt.

»Je einzigartiger die Mutter-Sohn-Beziehung ist und je länger sie dauert, desto heftiger wird die Reaktion des Mannes sein. Eine Familie ohne Vater ist alles andere als der ideale Ort, um den neuen Mann zu schaffen. Ganz im Gegenteil: Allein von einer Frau erzogen zu werden kann die Reaktion der Jungen gegen die Frauen nur verstärken. Der neue Mann, der der Frau gleichgestellt ist und sie ergänzt, kann nur aus einer Familie kommen, in der nicht alle Macht allein in den Händen der Frau liegt.«[23]

PFLICHT ZUM GLÜCK?

Neben der Thematisierung des »familiären Desasters« durch die Psychoanalytiker entwickelt sich eine zweite, grundsätzlich verschiedene Fragestellung auf dem Gebiet der Soziologie oder Ethologie. Forscher aus verschiedenen Wissenschaftszweigen formulieren eine ebenso große Sorge, die jedoch durch den Verfall der Familie als Institution begründet ist, wobei der Begriff »Institution« in seinem ursprünglichen, etymologischen Sinn gebraucht wird: das lateinische *instituere* bedeutet sowohl »einführen«, »unternehmen« als auch »unterweisen, lehren«. In diesem Sinn ist die Familie das Instrument, mit dem die Gemeinschaft ein neues Mitglied, das Kind, sozialisiert, zum Menschen erzieht. »Das Charakteristische an der Menschheit«, bemerkt Irène Théry, »ist, daß sie *einsetzt*, das heißt ihrer Fortpflanzungsfähigkeit als lebende Spezies Bedeutung verleiht, und jedes

Kind der Spezies als Neuankömmling in der Welt der Menschen eingliedert, das heißt auch: in der Kette der Generationen.«[24]

Was ist aus dieser Sicht der Dinge geworden? Die »sexuelle Revolution«, die einen von der Moderne selbst eingeführten Bedeutungswandel vollendet, hat einem ganz anderen Bild der Familie zum Sieg verholfen. Immer mehr wurde sie als die freie, gewollte und zeitlich beschränkte Vereinigung zweier Liebender angesehen. Die Idee des Paars hat über die Idee der Institution gesiegt. Nach dieser Interpretation erscheint die Familie zuallererst als Raum für affektive und sexuelle Entfaltung, als exklusives Territorium der Liebe. Die institutionelle Dimension, definitionsgemäß auf Dauer, Stabilität, Fortbestand ausgelegt, ist in den Hintergrund getreten.

Den fortschreitenden Wandel der Institution Familie zur vertraglichen Vereinigung, der untrennbar mit dem demokratischen Wagnis als solchem verbunden ist, hatte schon Tocqueville angekündigt, der in dieser Hinsicht einen außergewöhnlichen Scharfblick bewies: Bei den demokratischen Völkern tauchten fortwährend neue Familien aus dem Nichts auf, während andere fortwährend dorthin zurückfielen, und alle, die blieben, veränderten ihr Gesicht; die Verkettung der Zeit breche jeden Moment auf, und die Spur der Generationen verwische sich. Ohne weiteres vergesse man jene, die vorausgegangen seien, und jene, die folgen würden. Es zählten allein die Zeitgenossen.[25]

Aus einem bestimmten Blickwinkel bezeichnete die Kolonisierung der Familie durch die Liebe, die Leidenschaft, das Verlangen einen unwiderlegbaren Fortschritt. Sie war der Triumph dessen, was wir eine Moral des Glücks nennen könnten, ein deutlicher Bruch mit der strengen Ethik der holistischen Gesellschaften, die auf die Pflicht und die Notwendigkeit der Erneuerung durch Geburt und Erziehung der Kinder gründete. Ab den siebziger Jahren, nach der Reform des Familienrechts – Scheidung, Empfängnisverhütung und so weiter –, setzte sich diese Auffassung des Paars, das ohne Einmischung von außen seine Gefühle verwaltet, noch ausschließlicher durch. Zwischen den Partnern wurden nicht mehr Opfer, Nachsicht oder Verzicht verlangt, sondern die Treue zu sich selbst wurde zur

Pflicht. Wenn allein die leidenschaftliche Liebe das Paar begründete, so gebot die individuelle Moral dessen Auflösung, sobald es mit der Leidenschaft vorbei war.

Die Moral des persönlichen Glücks setzte also *ipso facto* eine Moral der Scheidung voraus; diese zog getreulich die Konsequenz aus der Abwesenheit von Liebe oder Begehren. Sie wurde nicht zwangsläufig als Fehlschlag interpretiert, sondern als ein Zeichen des Mutes, der Freiheit und letztlich der Hoffnung auf die Zukunft. Sie verwarf jeden Gedanken an Resignation und lehnte im Namen des Individualismus explizit jene Vorstellung von Pflichtbewußtsein ab, das jahrhundertelang das Streben nach Glück auf dem Altar der Institution geopfert hatte, und weigerte sich, »die Fassade zu wahren«, resigniert zusammenzuleben, in uraltem Groll zu schmoren, nur um den Anschein aufrechtzuerhalten – »den Kindern zuliebe«, wie es noch vor kurzem hieß.

»Die höhere Einschätzung des Paares gegenüber der Familie«, bemerkt dazu Sullerot, »hat die einstige eheliche Mittelmäßigkeit in einen dramatischen persönlichen Mißerfolg verwandelt. Die Frauen denken, man müßte – sie müßten –, sie seien es sich schuldig, aus einer Sackgasse auszubrechen. Andernfalls würden sie von den modernen Ideologien, die fortwährend Neuordnungen vornehmen, auf den allerletzten Rang verwiesen, der beinahe eine Schande ist.«[26]

In letzter Instanz hat die Moderne also die Moral nicht abgeschafft, sondern eine Moral durch eine andere ersetzt und dabei ihre kollektiven Kategorien und Vorstellungen tiefgreifend verändert. Was bislang als richtig und verdienstvoll galt, soll es heute nicht mehr sein; Verhaltensweisen, die einst als Beweis für Mut, Selbstverleugnung, Pflichtgefühl gefeiert wurden, tragen heute ein negatives Vorzeichen. Die eigentliche Pflicht besteht demnach nicht darin zu bleiben, sondern zu gehen. Der institutionelle Imperativ der Familie wird im Namen eines anderen, als vorrangig beurteilten Gebots abgelehnt: das Streben nach dem individuellen und unmittelbaren Glück. »Die Familie ist wie das Paar *symbiotisch*, oder sie ist nicht. […] In dem Maße, wie sie als Kriterium für ihre Berechtigung nur die Selbstverständlichkeit der Liebesbindung braucht, stellt die Ehe kein Fundament mehr da, auch kein entscheidendes Moment. [...] Dies äußert sich in diesem symbiotischen Modell durch die Häufigkeit der Trennungen und die Zunahme der nachfolgenden Solidaritäten.«[27]

DIE ZEIT DER UNGEWISSHEIT

So hörte die Familie auf, eine Institution zu sein, oder genauer, so wurde sie, wie Théry es ausdrückt, eine »undenkbare Institution«. Die Revolution der Ehe ließ die Frage der Kinder, also der Abstammung, völlig unberührt. Die Entwicklung der Gesetzgebung ging in dieselbe Richtung; Ehe und Nachwuchs sind heute zwei voneinander getrennte Bereiche.

»Die radikale Neudefinition der ehelichen Verbindung als grundsätzlich *individuelle, private, vertragliche und infolgedessen prekärere Einrichtung* hatte soziologische und juristische Konsequenzen. Sie kann auch als das Ende einer sehr langen Unterwerfung der Ehe unter die Gebote der Sicherheit für den Nachwuchs betrachtet werden (Sicherheit im doppelten Wortsinn: sowohl hinsichtlich der Identifizierung des Vaters als auch im Hinblick auf die zeitliche Dauer). Sie wäre weniger problematisch, wenn sie nicht ihrerseits eine Bresche öffnete: Wie läßt sich nun der Geschlechter- und der Generationenunterschied definieren? In welcher Verbindung stehen Ehe und Abstammung zueinander?«[28]

Die gewaltige Herausforderung der westlichen Moderne in diesem Zusammenhang liegt genau hier. Jetzt geht es darum, eine Vermittlung zwischen zwei Erfordernissen zu finden, die sich theoretisch gegenseitig ausschließen: die von Zwang, insbesondere vom Zwang der Dauer, und Bevormundung befreite Liebe und die Weitergabe von Werten, Ideen, Kenntnissen an die Kinder, die nach und nach durch das komplementäre Zusammenwirken eines Vaters und einer Mutter sozialisiert werden. Die Notwendigkeit, mit dieser zweifachen Zwangsläufigkeit zurechtzukommen, das Unvereinbare in

Einklang zu bringen, ist eine in der Geschichte der Menschheit völlig neue Situation. Es ist vor allem eine unmögliche Situation, deren Konsequenzen wir erst heute allmählich zu ahnen beginnen.

»Auf dieser anthropologischen Ebene«, schreibt Théry weiter, »stellen sich die wichtigsten Fragen in bezug auf die Familie. In welchem Bedeutungsuniversum bringen wir die Gefühle und Bindungen unter, wenn die Ideale Ehelichkeit und Abstammung auseinanderfallen? Die Familie wird nicht mehr als Institution gedacht, weil sie eine undenkbare Institution geworden ist. So wird die Frage durch die öffentliche Auseinandersetzung verdunkelt.«[29]

Sobald wir uns mit ein wenig Aufmerksamkeit den Analysen, Untersuchungen, Texten über diese Frage zuwenden, nehmen wir eine beunruhigte Verblüffung zwischen den Zeilen wahr. Tatsächlich wird die Situation als untragbar beschrieben, aber eine etwaige Wiederherstellung des früheren Zustands wäre es ebenso. Denn natürlich stellt niemand sich vor, daß es wünschenswert oder gar sinnvoll sei, die Zeit zurückzudrehen. Weder über die Freiheit noch das Bedürfnis nach individuellem Glück, noch über die Befreiung der Mütter läßt sich heute verhandeln, jedenfalls nicht im Rahmen eines demokratischen Systems. Auch den Fürsprechern der traditionellen Familie, die aus einer recht vereinfachenden Nostalgie heraus handeln, müßte dies klar sein, weil man keine Gesellschaft dazu bringen kann, freiwillig ein System von Zwängen zu übernehmen, das sie selbst abgeschafft hat und das ihr inakzeptabel erscheint, weil die gesamte Symbolik, die ihm einst eine Bedeutung verlieh, nicht mehr existiert.

Einem römischen Bürger wäre es schlichtweg obszön erschienen, eine leidenschaftliche Liebe innerhalb der Ehe auszuleben, das waren zwei grundverschiedene Dinge, die nicht verwechselt werden konnten. Ebenso abwegig wäre es einem Menschen der Aufklärung erschienen, den Wunsch nach persönlicher und sexueller Entfaltung mit der Institution Familie zu vermischen. Die Liebe als Beweggrund und Zweck der Ehe ist eine sehr neue Erfindung. Die berüchtigten ehelichen Zwänge, deren Tyrannei wir heute ablehnen, wurden früher nicht als solche erlebt. Sie waren verinnerlicht, wurden für selbstverständlich gehalten und waren vor allem durch die kollektiven Vorstellungen legitimiert, zum Beispiel den christlichen Glauben, der die Idee der Verpflichtung und des gegebenen Wortes an die erste Stelle rückte. Diesen historischen Unterschied legt Louis Roussel sehr anschaulich dar: »Hatten unsere Vorfahren eine große Willensanstrengung nötig, um sich den Zwängen der traditionellen Familie zu unterwerfen? Wahrscheinlich nicht, jedenfalls nicht unter den normalen Umständen. Denn die Institution erschien ja als naturgegeben. Die erfolgreiche Sozialisierung und die tägliche Praxis machten daraus eine Art unbewußten ›Habitus‹. Schließlich erwarteten die Zeitgenossen einstimmig von jedem einzelnen die Anpassung an die kollektive Norm, und hinter den Zeitgenossen stand unsichtbar, aber immer überzeugend, die verschwommene Masse ungezählter Ahnen.«[30]

DIE GRENZEN DER FAMILIE AUF ZEIT

Keine Sekunde lang bilden wir uns heute ein, wir könnten unsere Auffassung von Freiheit, Sexualität, Leidenschaft oder auch von undramatischer Trennung, die wiederum wir verinnerlicht haben, widerrufen. Und im übrigen deutet auch nichts darauf hin, daß dies überhaupt wünschenswert sei. Daß die Freiheit und die immer wieder erneuerte Zustimmung innerhalb der Ehe Vorrang haben, ist schließlich kein Zeichen für den Verfall der Sitten, wie die Nostalgiker behaupten, sondern zuallererst eine Bereicherung der ehelichen Liebe. Tatsächlich ist dies eine »tiefgreifende Neudefinition«[31] der Ehe: die freie und gemeinsame Verantwortung von Mann und Frau, die sich die Aufgabe gesetzt haben, diesen aufmerksamen Dialog kontinuierlich fortzuführen und von Tag zu Tag an der Gestaltung ihres Ehelebens weiterzuwirken.

Dennoch ist die Familie als Institution nicht allein »undenkbar«, sondern gleichzeitig notwendig und unmöglich. Die Begriffe, mit denen diese Situation charakterisiert wird, sind aufschlußreich. Wir seien in Ungewißheit geraten, so Théry. Der britische Historiker Peter Laslett hingegen spricht von einer verlorenen Welt. Alain Ehrenberg macht für »die privaten Leiden und die Formen von Verletzlichkeit, die heute nahezu überall zu beobachten sind«[32], den Verlust der Familie als Institution verantwortlich. Die Juristin Catherine Labrusse-Riou nennt »Verankerungen, die sich nicht ohne größere Gefahren lockern oder, noch schlimmer, lösen lassen«[33]. Als Expertin für Familienrecht spricht sie sogar von einer »Erschütterung der Grundfesten«.

Es verwundert also kaum, daß die gewagte, halsstarrige, enttäuschende und schwierige Suche nach einer neuen Familienform eines der dringenden Anliegen der Gegenwart geworden ist. Trotz der Schlagwörter und großen Ankündigungen hat jeder das Gefühl, daß die Lösungen nicht verfügbar sind, sondern erst erarbeitet werden müssen. Keine Besinnung auf die Vergangenheit wird uns von der Pflicht zur Erfindung befreien. Wie jede Suche nach Neuem besteht auch diese aus tastenden Vorstößen in verschiedene Richtungen, enttäuschten Hoffnungen, vorübergehenden und sogar modischen Schwärmereien. Zum Beispiel bemüht man sich jetzt seit mehreren Jahren, einen Begriff für ein Phänomen zu finden, das bereits eine nicht zu übersehende statistische Größe ist: die neue Familie, das heißt der aus mehreren Halbgeschwistern, Müttern und Vätern zusammengesetzte lockere Verband, der in wechselnder Konfiguration und in einem prekären, oft aber auch fröhlichen Gleichgewicht der Gefühle zusammenlebt.

Kino und Literatur haben diese vielgestaltige Familie, das zeitlich verschobene Erbe der sechziger und siebziger Jahre, schon lange populär gemacht. Zwar ist die Familie auf Zeit nicht unbedingt die Katastrophe, als die sie die konservativen Moralisten beschreiben, doch sie läßt eine weitreichende Frage ungelöst, das Problem der Abstammung als Prozeß der Einführung und der Weitergabe von Werten, Ideen, Kenntnissen. Die Anthropologen sind sich darüber im klaren, daß die Abstammung des Menschen, die Aufeinanderfolge der Generationen, sich in ein so komplexes wie eindeutiges System von Verbindungen und Bündnissen einfügen muß, deren Schaffung bisher die Aufgabe der Ehe war. Dabei geht es nicht um irgendeine Tradition, die man ablehnen könnte, sondern ganz einfach um den Prozeß der Sozialisierung.

Aus dieser Perspektive sind Familie und Verwandtschaft kein System von Bausteinen, die sich in endloser Abwandlung immer neu zusammensetzen lassen. Denn der Umbau der Familie durch die sogenannte wilde Ehe »schafft keinerlei rechtliche Verbindung, weder zwischen dem Partner und den Eltern des jeweils anderen noch zwischen dem Partner und den Kindern des anderen. Damit stehen wir, ob wir wollen oder nicht, wieder vor der brennenden Frage des Zusammenhangs zwischen Verwandtschaft und Verbindung, deren Verknüpfungspunkt die Ehe ist, das Bündnis der Geschlechter, die nur deshalb eine Verbindung eingehen und Leben zeugen können, weil sie unterschiedlich und gleich sind«.[34]

Ebensowenig lösen all die Zukunftsvisionen von den Fortschritten der Reproduktionsmedizin, von *in vitro* erzeugten, gentechnisch bereinigten Föten, von Leihmüttern und Klonierung keine der einigermaßen beängstigenden Fragen, vor die uns der Verfall der Familie als Institution stellt, die genügend Stabilität und Zusammenhalt garantierte, damit eine menschliche Generation auf die nächste folgen und ihre Menschlichkeit beibehalten könnte. Das Problem bleibt unverändert bestehen. Wie läßt sich eine Rückkehr zur Familie bewerkstelligen?

Das Problem ist so heikel, daß unsere Zeit versucht ist, ihm auszuweichen. Das Ausweichmanöver erfolgt häufig, wie dies auch in vielen anderen Bereichen der Fall ist, in Form falscher Konflikte oder jener bombastischen, zweideutigen und publikumswirksamen Auseinandersetzungen, wie sie die Medien so gern inszenieren. Man nehme nur ein einziges Beispiel, die Rechte der Kinder.

DIE IDEOLOGIE DER KINDLICHEN RECHTE

Die in unserer Gesellschaft allgegenwärtige Gewalt, die Formen der Ausbeutung in manchen Ländern des Südens, die Sexualdelikte im privaten Bereich, die immer mehr in den Vordergrund rücken, der soziale Verfall – dies alles bezeichnet das Kind als bevorzugtes Opfer. Und es ist auch oft genug Opfer, schutzlos aller Unsicherheit und Regellosigkeit ausgeliefert. Es ist also logisch, daß das Thema Schutz der Kinder spontane Anhänger findet. Vermutlich hat die moderne Gesellschaft, die versucht, die Kinder mit allen Mitteln zu schützen, das Gefühl, das Wichtigste zuerst erledigen zu müssen, und in Sicherheit zu bringen, was noch gerettet werden kann: Kein Anliegen ist legitimer und auch populärer als dieses. Jede Woche erfahren wir von neuen Gewalttaten gegen Kinder, auch in der Schule oder innerhalb der eigenen Familie, zwei »Institutionen«, die theoretisch ein Hort der Sicherheit sein müßten.

Im Hinblick auf den Schutz der Kinder verabschiedeten die Vereinten Nationen 1989 das internationale Übereinkommen über die Rechte des Kindes. Seinem Prinzip nach völlig legitim und untadelig, hat dieses Übereinkommen jedoch nach und nach die Entstehung einer fragwürdigen Ideologie begünstigt, die wie die humanitäre Ideologie der achtziger Jahre beredte Fürsprecher und einen um so größeren öffentlichen Widerhall findet, als sie im Gewand des Guten daherkommt, das gegen das Böse kämpft. Ein Richter, Jean-Pierre Rosenczweig, hat sich in den Medien zum eifrigen Anwalt dieser Ideologie erklärt, und seine einigermaßen unverantwortliche Radikalität versetzt eine Reihe von Intellektuellen und Experten für Familienrecht wie Irène Théry, Alain Finkielkraut, André Comte-Sponville, Caroline Éliacheff und andere in Entsetzen, und zwar aus recht naheliegenden Gründen. »Wenn wir das Kind zum Opfer erklären«, bemerkt Caroline Éliacheff, »verteufeln wir gleichzeitig die Eltern, was wiederum zur Disqualifizierung der elterlichen Funktion im allgemeinen beiträgt. Wenn wir uns systematisch mit dem Kind als Opfer identifizieren, könnten wir uns der Illusion hingeben, wir hätten unser Lager gewählt und können nun mit Sicherheit ausmachen, wer der Angreifer und wer der Angegriffene ist. Die Ansicht, das Kind sei vor allem Opfer seiner Eltern, ist irreführend, aber doch außerordentlich weit verbreitet.«[35]

Äußerst feindselig gegen dieses neue einschichtige Denken, das dem breiten Publikum täglich eingebleut wird, ist etwa Théry eingestellt. Mit einiger Berechtigung geißelt sie die allseits herrschende Feigheit, die Demokraten und Sozialisten ergreift, sobald von der Familie die Rede ist – als hätte jeder Angst, für rückschrittlich erklärt zu werden, falls er sich für sie einsetzt; als versuchten die Sozialisten sich gegen jeden Verdacht zu wappnen, indem sie das Schreckgespenst eines eingebildeten Autoritarismus ins Feld führen und den Bereich Familie eben den Demagogen des Autoritarismus und der Nostalgie überlassen. Das dringlichste Problem besteht jedoch nicht darin, eine Institution zu bekämpfen, sondern ihren kompletten Zerfall aufzuhalten.

»Wie kann man verkennen«, wendet Irène Théry ein, »daß die Ideologie der Rechte des Kindes einer der beunruhigendsten Tendenzen in unseren Demokratien zu Hilfe kommt, nämlich der Tendenz, an Stelle des denkenden Rechts der gegenseitigen Beziehungen ›Rechte‹ einzusetzen, die die Kategorien ihrer Inhaber in lauter *Lobbys* zersplittern? Wenn wir weiterhin auf dieser Bahn bleiben, verwandelt sich die Justiz in eine Arena, in der Individualismen aufeinanderprallen und ihre Kräfte messen. ›Rechte der einen‹ gegen ›Rechte der anderen‹, das bedeutet die Aufweichung von Prinzipien, nach denen wir die soziale Verbindung als gegenseitig hätten denken sollen (Rechte existieren nicht ohne Pflichten), und den Verzicht auf unsere Auffassung von Recht als uns allen gemeinsame regulierende Instanz.«[36]

Keine Täuschung ist symbolischer für unsere Epoche, keine ist absurder als dieses Ausweichmanöver, das sich als humanistische Bewegung verkleidet. Die Parallele mit dem humanitären Vorgehen läßt sich zu Ende führen. Ursprünglich eine großartige weltweite Solidaritätsbekundung, verwandelte sie sich manchmal, wie wir wissen, in eine Ideologie, die ebenso trügerisch wie bequem ist, denn sie erlaubte, eine diplomatisch abwartende Haltung hinter einer lärmenden Hilfe- und Dringlichkeitsbezeugung zu verbergen.

Derselbe Widerspruch ist bei der Ideologie der Rechte der Kinder am Werk. Im Namen des Kindes gehen wir gegen eine Institution vor, die theoretisch damit beauftragt ist, aus dem Kind einen Menschen zu machen. Ein Richter, der sich aufgrund seines Fachgebiets mit Kindern und Jugendlichen befaßt, hat diesen Rückzug aus der Verantwortung, der sich als lautstark verkündete Großzügigkeit tarnt, sehr anschaulich dargestellt: »Die ›Rechte der Kinder‹ sind ein unerwarteter Glücksfall für jene Frauen und Männer, die gar nichts anderes verlangen, als die ›Bürde der Erziehung‹ abzuwerfen: immer schwerer wiegt sie in einer Welt, die, zumindest im Westen, den Eindruck vermittelt, als verzichtete sie darauf, dem Kind die Grundlagen weiterzugeben, anhand deren es sich in einer Geschichte einrichten kann.«[37] Wie könnten wir uns dieser Warnung entziehen?

15
EINE GEWISSE VORSTELLUNG VON ZEIT

Nachdem wir nun unser Material gesichtet, geprüft und aus verschiedenen Blickwinkeln beleuchtet haben, drängt sich eine Erkenntnis auf: Die Theatralik unserer Auseinandersetzungen verschleiert allzuoft, wie dürftig sie in Wahrheit sind. Unsere tägliche Empörung, unsere aufeinanderprallenden Zornesausbrüche, unsere Wortgefechte finden innerhalb des engen Rahmens einer kurzfristigen Aufregung oder als inhaltsleere Formen und Gesten statt. Sie berauschen sich vor allem an ihrer eigenen Wiederholung. Moral/Unmoral, Freizügigkeit/Unterdrückung, Hedonismus/Puritanismus – in gutem Glauben reden wir uns ein, es stünden einschneidende, dringende, riskante Entscheidungen auf dem Spiel, die täglich unseren ganzen Einsatz oder unseren Standpunkt benötigten.

In unserer maßlosen Arroganz wollen wir uns einreden, über die Moral, ihre Verbote und Regeln fänden prometheische Auseinandersetzungen statt, deren freie Protagonisten wir seien, Kämpfe zwischen bestimmten Vorstellungen von Gut und Böse, zwischen Ordnung und Freiheit: ein gnadenloser Krieg zwischen dem Willen zum Glück und der Angst vor dem Chaos. Mit anderen Worten, wir räumen diesen Kämpfen, deren Lärm durch unsere Epoche hallt, den allerersten Rang ein. Und damit verlieren wir die Lektionen der Geschichte oder der Anthropologie aus den Augen, die unsere Aufwallungen im einen oder anderen Sinn relativieren und unseren fieberhaften Eifer besänftigen könnten.

Das Wesentliche findet allerdings niemals in den oberflächlichen Polemiken statt, auch nicht auf dem Gebiet, das wir, im normativen Sinn des Wortes, Moral nennen. Die moralische Frage, an der sich angeblich die Geister scheiden, hat nur im Verhältnis zu den ihr zugrunde liegenden kollektiven Vorstellungen eine Bedeutung. Genauer gesagt, in ihrer kollektiven Bedeutung läßt sich die Sexualmoral nicht verordnen, andernfalls würde sie repressiv oder tyrannisch. Immer fügt sie sich in einen symbolischen Prozeß ein, der konstruiert wird oder nach und nach zerfällt; sie gründet auf einer Gesamtheit von Vorstellungen, die von der Mehrheit geteilt werden und sich immer langfristig und langsam entwickeln. Meistens sind es diese Vorstellungen, die uns antreiben, ohne daß wir uns dessen bewußt sind. Die symbolischen Systeme kommen und gehen, wie wir gesehen haben, verwandeln sich und lösen sich auf, nutzen sich ab und entstehen neu. Sie stellen den eigentlichen Seegang der Geschichte dar, während unser Krakeelen nur ein Geplätscher ist. Das bedeutet, daß hinter der Theatralik unserer Streitereien die grundlegenderen Fragen stehen. Ihnen sollten wir unsere Neugier widmen.

Es geht nicht um die Mißachtung des Alltäglichen. Es soll auch keinem hochmütigen Fatalismus das Wort geredet werden, der auf alle Nöte und Leidenschaften des Gemeinwesens herabschaut. Aber statt uns von den Nöten und Leidenschaften fernzuhalten, könnten wir uns mit ihnen auseinandersetzen und uns bemühen, sie zu entschlüsseln. Wenn eine derartige Verwirrung herrscht, ist es zweifellos besser, aktiv zu werden, als sich immer wieder eilig zu seiner »Partei« zu bekennen. Was passiert denn eigentlich? Worum geht es wirklich? Welche Alternativen haben wir? Wie dringend ist es? Welcher Weg liegt vor uns? Wenn wir die Geschichte schon nie vollständig begreifen können, während wir sie erleben, könnten wir zumindest versuchen, soviel wie möglich zu verstehen.

DAS GELÄCHTER DER GÖTTER

Wir sind unserer Epoche viel tiefer verhaftet, als wir uns vorstellen. Das ist im übrigen auch der Kernpunkt der Durkheimschen Vorstellungen: daß wir uns nur widerwillig bewegen. Deshalb sind unser anmaßender Scharfblick und unser Hochmut – insbesondere im Hinblick auf die Vergangenheit – immer ein wenig lächerlich. Jede

These, schrieb Kierkegaard, biete sich dem Gelächter der Götter dar. Auch wenn wir noch so sehr bemüht sind, die Unabhängigkeit unseres Urteils und unseren Scharfblick zu beweisen, sind wir doch, ob wir es wollen oder nicht, einem uralten kulturellen Substrat verhaftet. Das ist heute nicht anders als früher. Wenn wir beispielsweise Freud oder Marx lesen, zwei der großen Skeptiker unserer Geistesgeschichte, entdecken wir auch in ihren Texten die Allgegenwart der damals vorherrschenden kleinbürgerlichen Kultur, von der sich beide doch emanzipiert glaubten.

Ein weiterer, noch vielsagenderer Fall ist Nietzsche. Die heutigen Libertins berufen sich gern auf seine Autorität, um irgendeine verkrustete moralische Haltung, irgendeinen sauertöpfischen Puritanismus zu verurteilen, der uns die Lust am Leben verbieten will. Doch sich ausgerechnet im Zusammenhang mit der Sexualität auf Nietzsche zu berufen, zeugt von Unkenntnis seiner Schriften. Denn auch bei Nietzsche finden sich die meisten bürgerlichen Vorstellungen und Vorurteile des neunzehnten Jahrhunderts wieder, das ängstliche Mißtrauen vor der Lust zum Beispiel, die tugendsame Furcht vor der Macht der Triebe – »Wenn ein Volk zu Grunde geht, physiologisch degeneriert, so folgen daraus Laster und Luxus.«[1] – und schließlich die wilde Feindseligkeit gegenüber den Frauen, die das neunzehnte Jahrhundert kennzeichnet – »Das Weib war der zweite Fehlgriff Gottes.«[2] –, zu schweigen von der für diese Epoche sehr typischen Furcht, häufiges Masturbieren ziehe den Verlust des Augenlichts nach sich.[3]

Wir erwähnen Nietzsche nur, um die außergewöhnliche Macht der symbolischen Vorstellungen hervorzuheben, die, wie wir sehen, selbst die freiesten Geister zu beherrschen imstande sind. Denn mit einem Minimum an Bescheidenheit müssen wir uns bewußt machen, daß auch wir am Ende des Jahrtausends teilweise von Werten bestimmt werden, die wir nicht immer identifizieren können. Das Adverb »teilweise« ist an dieser Stelle wesentlich. Es bezeichnet den Raum unserer Freiheit. Wir schwimmen in unserer Zeit, ohne vollständig ihre Gefangenen zu sein. Der Raum der Freiheit, über den wir verfügen, ist größer, als es allgemein heißt, aber viel eingeengter, als wir glauben.

Natürlich sind die Menschen nicht vollkommen in den herrschenden Vorurteilen ihrer Zeit gefangen. Jeder von uns verfügt über ein gewisses Maß an Frechheit, Distanz, an Rebellion, das er je nach den Umständen und seinem Temperament einsetzt oder nicht. Jede Phase der Geschichte hatte ihre eigenen Dissidenten. Keine Gesellschaft war je vollständig vereinheitlicht, auch wenn jede ihre eigenen Normen festlegte. Es gab Agnostiker mitten im christlichen Mittelalter, Freigeister im neunzehnten Jahrhundert, Pornokraten im kalvinistischen England, friedliebende Genießer kurz vor dem ersten Weltkrieg, unerschrockene Puritaner im Mai 1968 und so weiter. Mit anderen Worten, die großen Entwicklungsschübe der Sexualmoral, denen wir in diesem Buch nachspüren wollten, erfaßten nie die Gesellschaft im ganzen. Sie hatten nur eine mehrheitliche, globale, sozusagen anthropologische Bedeutung.

Den vorherrschenden Werten der Zeit beipflichten oder sich gegen sie empören, die Last des Holismus akzeptieren oder abtauchen – dieser Spielraum bleibt uns immer. Er verweist jeden Menschen auf seine unteilbare Freiheit. Der kollektive oder mimetische Druck, um mit René Girard zu sprechen, ist stets mächtig, aber nie absolut. Wir könnten sogar sagen, daß die menschliche Geschichte in ebendiesem Zwischenraum stattfindet, in bezug auf die Sexualität ebenso wie auf alles andere.

Hingegen – und dies ist das eigentliche Thema dieses Buches – besteht die unglaubliche Arroganz unserer Zeit darin zu glauben, die Moderne könne ungestraft sogar die Idee kollektiver Vorstellungen als solche über Bord werfen. Sie liegt in der Illusion, das Individuum als König verfüge fortan nicht nur über diesen Spielraum, sondern über den gesamten Raum; es habe sich zugunsten seiner souveränen Phantasie von jeglicher kollektiven Symbolik befreit; es besitze grenzenlosen Scharfblick in einer ganz und gar desillusionierten, das heißt profanisierten Welt. Das ist eine unheilvolle und stolze Anmaßung, die uns über unser Schicksal hinwegtäuscht und uns willig und waffenlos unserem eigenen Aberglauben ausliefert. Denn während wir noch glauben, völlig autonom zu handeln, gehorchen wir oft wieder nur neuen gesellschaftlichen Werten mit derselben Fügsamkeit, mit der unsere Vorfahren ihre Werte respektierten.

Die wahre Freiheit des Menschen entsteht immer nur, wenn er sich gegen die Werte reiner Gemeinschaft auflehnt, nie indem er die Augen vor ihnen verschließt. Heute scheinen die kollektiven Werte der Moderne gebieterischer und vor allem weniger denn je in Frage gestellt zu sein, eine sehr merkwürdige Situation, die einer Kapitulation des kritischen Denkens gleichkommt. Diesem paradoxen Verzicht auf echte Freiheit zugunsten eines anarchistischen Konformismus, der polternd, aber zugleich gefügig ist, wollten wir in diesem Buch auf die Spur kommen.

TREUE ZU DEN GÖTZEN?

Die angebliche moralische Debatte, die inzwischen so viel Raum und Energie verschlingt, ist der karikaturistische Ausdruck dieses Mißverständnisses. Wenn wir auf Schmähung oder Verurteilung beharren, uns weigern, über die wahre Bedeutung der neuen kollektiven Vorstellungen nachzudenken, verbauen wir uns jeden Ausweg aus dem Manichäismus. Wir reduzieren die Diskussion auf ein Gesellschaftsspiel ohne besondere Auswirkungen, das meistens von dem falschen Postulat ausgeht, die Moderne habe sich von jeglicher Moral verabschiedet, während in Wahrheit lediglich eine Veränderung stattgefunden hat. Dank dieser grob vereinfachenden Diagnose können sich die Tugendhaften über die angebliche Amoralität unserer Zeit entsetzen, die Freigeister hingegen freuen sich, und damit hat es sich bis auf weiteres.

In Wahrheit ist den angeblichen Tyranneien keine echte Freiheit gefolgt, sondern die Zwänge haben lediglich ihr Wesen verändert. Eine traditionelle Moral wurde abgelegt und durch einen anderen Kodex ersetzt, der, wenn auch auf andere Weise, nicht minder normativ ist: eine neue Moral, ebenfalls auf Vorstellungen begründet, die wir mit so scharfem Blick untersuchen und hinterfragen müßten wie die Vorstellungen der Vergangenheit. Das findet allerdings kaum statt. Tatsächlich deutet alles darauf hin, daß wir auf diese Freiheit verzichten. Wir haben unsere Fetische ausgetauscht, aber unseren Fetischismus verstärkt. Mit anderen Worten, die Eitelkeit unserer Zeit ist unsere Unfähigkeit oder unsere Weigerung, unsere eigenen Vorurteile in Frage zu stellen.

Aber unsere Epoche ist erfüllt von neuen Werten aller Art, von Verboten und Geboten, die nicht als moralische Zwänge erlebt werden, weil sie durch den Zeitgeist verinnerlicht werden und mit einer starken Symbolik behaftet sind. Sie werden unbewußt – unbefangen – akzeptiert wie früher die Verbote, auf denen die traditionelle Moral beruhte, die jedoch im Rückblick als repressiv oder einengend wahrgenommen werden, weil sie ihren symbolischen Gehalt verloren haben. Und gegen diese ohnehin toten Werte kämpfen wir immer noch einen Kampf ohne Gefahr und ohne Ruhm.

Unsere Kritik und unser Argwohn richtet sich gegen etwas, was schon seit langem nicht mehr existiert; wir rennen offene Türen ein. Die neuen Zwänge hingegen können wir nicht einmal erkennen. Vor den Werten, Moden, Redensarten und abergläubischen Vorstellungen der Moderne sind wir gehorsam geworden wie kleine Kinder. Eine geistige Trägheit ohnegleichen hat uns ergriffen. Oder ist es naive Selbstgefälligkeit? Der Rückzug des kritischen Verstands vor diesen neuen heiligen Kühen, die nun den Ton angeben, ist kein gutes Zeichen. Er bedeutet das Ende der unermüdlichen Selbsthinterfragung, dieser prachtvoll ausgelebten »Krise«, die drei Jahrhunderte hindurch die Definition der Aufklärung schlechthin war. Er lockt nun uns wiederum in die Falle eines symbolischen Systems, das zu umgehen oder umzustürzen wir verlernt haben. Er bringt uns von dem unermüdlichen Streben nach dem universalistischen Abenteuer ab, das eine Mindestdistanz zu jedem Vorurteil voraussetzt. In diesem Sinn fallen wir in der Tat in Stammessitten zurück.

Einige Beispiele kommen uns in den Sinn; die trivialsten sind meist am bezeichnendsten. Wenn wir von der Vergangenheit sprechen, tun wir so, als seien wir entsetzt über den Gedanken an körperliche Kasteiung, die, wie wir glauben, die Beherrschung der Begierden darstellt. Einen Christen des dreizehnten Jahrhunderts, einen frommen Juden oder eine Ehefrau aus den dreißiger Jahren unseres Jahrhunderts stellen wir uns als leidend vor, als grundsätzlich verstümmelt durch die Gewalt, die sie ihren Begierden absichtlich antun. Im Rückblick scheint uns das Bemühen um körperliche Zurückhaltung, diese Prüfung im konkreten Sinn des Wortes wahrhaftig brutal. Im Extremfall halten wir allein den Gedanken an körperliche Regulierung und Disziplin für archaische Grausamkeit; daß wir uns ihrer entledigt haben, erfüllt uns mit Stolz. Das größte Verdienst an unserem sogenannten Recht auf Lust sei eben, daß der Körper endlich seine Ruhe habe, daß er sich frei von Zwängen entfalten könne, was das Kennzeichen des Fortschritts schlechthin sei. Die Ablehnung der Verbote bestehe in diesem endlich verkündeten Waffenstillstand zwischen unserem Körper und uns.

Gleichzeitig jedoch akzeptieren wir, ohne mit der Wimper zu zucken, andere Formen von Unterwerfung, deren Dauer und Ausmaß unsere fernen Vorfahren entsetzt hätten. Die diätetischen Zwänge, die Tyrannei der »Linie«, das unerbittliche Diktat hinsichtlich des Aussehens, die Tatsache, daß jede unserer Aktivitäten zum medizinischen Phänomen erhoben wird, der Zwang zu sportlicher Leistung und beruflichem Konformismus, die Vorherrschaft der Jugend, die durch sich selbst legitimiert ist und schon allein den Gedanken an Reife oder Weisheit ablehnt – das alles läßt auf eine körperliche Grausamkeit gegenüber uns selbst schließen, deren Loblied die Zeitschriften arglos singen. Sind denn unsere heutigen gesellschaftlich anerkannten Kasteiungen im Hinblick auf die Anstrengung und die damit verbundenen Leiden der einst praktizierten Zurückhaltung gegenüber sexuellem Verlangen nicht mindestens ebenbürtig? Waren die kollektiven Vorstellungen der Vergangenheit in manchen dieser Fragen nicht liberaler, nachsichtiger? Man wird einwenden, die heutigen Zwänge seien im wesentlichen freiwillig und hätten nicht dasselbe Objekt. Das ist Unsinn. Die Selbstbeherrschung in sexueller Hinsicht war derselben zweideutigen Mischung aus freier Entscheidung und kulturellem Druck unterworfen. Im einen Fall wird die über den eigenen Körper ausgeübte Gewalt mit Grauen abgelehnt, im anderen wird sie gelobt, ja gefordert. Das sind durchaus neue symbolische Prioritäten. Weshalb sollte es verboten sein, deren Stichhaltigkeit in Frage zu stellen?

Das andere Beispiel betrifft den Begriff Treue. Spontan sehen wir heute in der Treue einen vorweggenommenen Angriff auf die freie Entscheidung von morgen, eine Strafe zu Lasten der stürmischen Unvorhersehbarkeit des Verlangens. Alle Werte, die sich um Beständigkeit, Verbindlichkeit, Dauer drehen, beurteilen wir, als verrieten sie eine freiwillige Knechtschaft, die heutzutage als anstößig gilt. Die Lust, das Verlangen, das Glück selbst sind fortan mit Unbeständigkeit, Heimatlosigkeit, Abenteuer verbunden. Die Treue zu einem Partner hat ihren symbolischen Wert verloren und erscheint uns folglich als überflüssige Einschränkung, die empört abgelehnt und zuallererst als kastrierend empfunden wird. Die Symbolik hat sich umgekehrt.

Wie wir im Zusammenhang mit dem Paar und der Familie gesehen haben, zeugen »Hingabe und Selbstvergessenheit [heute] von der sklavischen Haltung, die Nietzsche verurteilte, von der Neurose, die Freud aufdeckte, von mangelndem Charakter. Folglich ist es eine moralische Pflicht, den anderen zu verlassen, wenn man ihn ›nicht mehr liebt‹. Die Treue ist nur noch definiert als Verzicht auf den Betrug, auf den Umgang mit mehreren Partnern gleichzeitig, mit anderen Worten: Treue ist die Verpflichtung, demjenigen, den man verläßt, Bescheid zu sagen, daß man etwas Besseres gefunden hat. Doch die Treue über die Zeit hinweg, der Glaube an das Wort, das ich gestern gegeben habe, als ich andere Gefühle hatte als heute, diese Treue gilt inzwischen als unmoralisch.«[4]

Aber sonderbarerweise sind wir einverstanden, uns gleichzeitig anderen Formen von Treue zu unterwerfen, die man in der Vergangenheit als zu große Einschränkung empfunden hätte. Dazu gehören die Treue zu einem beruflichen Projekt zum Beispiel, die Treue zu sich selbst entgegen allen Anfechtungen, die Gruppenloyalitäten und natürlich die Treue zu den eigenen Neigungen – Sklavereien für Geist und Freiheit, die ein christlicher Essayist sehr zu Recht als »Treue zu den Götzen« oder gar als die neuen »Götzen des modernen Individualismus« bezeichnete.[5]

Für den Menschen der Antike – gleichgültig, ob Christ oder Platoniker – lag die Freiheit des Menschen nicht in der Treue zu den eigenen Gelüsten, sondern im Gegenteil in der Fähigkeit, ihnen zu widerstehen. Die Selbstbeherrschung, nicht das Ausleben aller Triebe, wurde mit aktiver Freiheit gleichgesetzt. Über die Griechen schreibt Foucault in diesem Zusammenhang: »Wenn es so wichtig ist, Begierden und Lüste zu beherrschen, wenn der Gebrauch, den man von diesen macht, eine solche moralische Bedeutung hat, so geht es nicht darum, eine ursprüngliche Unschuld zu bewahren oder wiederzufinden; es geht zumeist auch nicht – außer in der pythagoreischen Tradition – um die Erhaltung einer Reinheit; es geht darum, frei zu sein und es bleiben zu können.«[6]

Heute sehen wir die Dinge anders. Aber auch hier kann nur von einem Wandel der Symbole die Rede sein, nicht von einer Emanzipation im eigentlichen Sinn. Alle diese Veränderungen haben eine Bedeutung, eine eigene Logik. Auf konfuse Weise gehorchen sie einem Entwurf oder jedenfalls einer bestimmten Sicht der Welt. Sie zeugen von einer tiefgreifenden Rückwendung in unserem Umgang mit dem Leben. Die eigentliche Frage lautet: Was für eine Rückwendung ist das? Aber es ist nicht nötig, sehr weit auszuholen, um einige der Denkweisen zu identifizieren, denen diese neue symbolische Ordnung gehorcht.

EIN »MASTURBATIONSWERKZEUG«

Nomadisch, unsicher, unersättlich, unruhig – die Sexualität in unserer Zeit ist vor allem eines: einsam, und dies bis zum Überdruß. Es ist, als hätte sie den anderen in seinem Menschsein entlassen, um endlich eine ungetrübte, aber beängstigende Autonomie zu genießen. Bezeichnend ist der inflationäre Gebrauch des Wortes »Partner« in Liebesbeziehungen. Es erklärt den anderen einfach zum Gegenüber, zum Masturbationswerkzeug, einem Instrument, das mehr oder minder leistungsfähig ist und folglich ständigen Überprüfungen, Vergleichen, Neubewertungen unterworfen wird. Das Aufheben, das wir um das Thema Lust veranstalten, ist wie eine endlose vergleichende Betriebsprüfung, ausgerichtet an der Börsenchronik oder der olympischen Hitliste. Nachdem wir uns in diese wollüstige Einsamkeit eingeschlossen haben – es gebe keine sexuellen *Beziehungen*, so Lacan –, nachdem wir den anderen instrumentalisiert haben, mustern wir ungeduldig, wenn nicht erbost das letzte der Verbote, das unserer Lust noch im Weg steht, das mangelnde Verlangen nach dem Partner.

In den Schwulenlokalen der achtziger Jahre tauchte erstmals das berüchtigte *glory hole* auf, das auf anschauliche und bestürzende Weise diese Einsamkeit und Schicksalsergebenheit symbolisiert. Ein auf der Höhe des Geschlechts in die Wand gebohrtes Loch, auf dessen anderer Seite der Partner verborgen ist, ermöglicht eine »Liebesbeziehung«, die sich ausschließlich auf den Kontakt der Organe beschränkt und jede andere, noch so flüchtige Begegnung ausschließt – zwei dargebotene Geschlechtsteile, die Körper verborgen, ein zweifaches Keuchen und sonst nur das Schweigen des Gegenübers. Dieser schwindelerregende Solipsismus erlaubt somit, sich den anderen zu ersparen und gleichzeitig die eigene Lust an ihm zu befriedigen. Er wird ausgelöscht, weil man sein Anderssein fürchtet und ihm nicht begegnen will. Dasselbe gilt für die *backrooms*, die in den siebziger Jahren sehr in Mode waren, nicht nur für Homosexuelle. Diese Räume, eine Finsternis ohne Anhaltspunkte, in der Körper sich fanden, prüften und einander hingaben, erlaubten nicht nur, die letzte Zurückhaltung oder Blockade der Scham in der Anonymität aufzulösen, sondern boten symbolisch eine Gegenwart des anderen, die zugleich Abwesenheit war, nicht identifizierbar, nicht einmal sichtbar. Kann man sich eine vollkommenere Metapher der Einsamkeit vorstellen?

Schon Roland Barthes wählte sich 1977 diese extreme Einsamkeit der Liebe zum Thema seiner »Fragmente« und verwies auf die merkwürdige Umkehrung, durch die aus der Liebe, der Zärtlichkeit, dem Interesse am und der Verantwortung für einen anderen eine neue Obszönität geworden war. »Von der öffentlichen Meinung der Moderne diskreditiert, muß die Empfindsamkeit der Liebe vom liebenden Subjekt als starke Übertretung auf sich genommen werden, die es allein und exponiert dastehen läßt; aufgrund einer Umwertung der Werte macht also eben diese Empfindsamkeit heute das Obszöne der Liebe aus.«[7]

Zwei Jahre später verfaßten Pascal Bruckner und Alain Finkielkraut einen rebellischen und ausgelassenen Text, in dem sie ihrerseits über die ins Funktionale, Medizinische, Normative und unheimlich Gymnastische abgeglittene »moderne« Lust spotteten: »Indem man den Mann auf seine Ejakulationsfunktion festlegt, verwandelt man die sexuelle Beziehung in etwas Primitives, Wirkliches, Buchstäbliches, im Vergleich zu dem alles andere nur Hirngespinst oder Sittenverrohung ist.«[8]

Heute ist die Biologisierung der Sexualität endlich abgeschlossen. Die Lust ist zur rein anatomischen, merkantilen und sportlichen Angelegenheit verkommen und wird sich demnächst überhaupt nur noch im virtuellen Raum abspielen. Sie ist zu erbringende Leistung und Befriedigung. Der moderne Individualismus, berauscht von so vielen »Möglichkeiten«, hat die Wollust zur Jagd auf eine unmittelbare Beute werden lassen, die natürlich keine Zukunft hat, das heißt zu einer körperlichen Funktion, die ihrem Prinzip nach zwangsläufig einsamer ist als Essen und Trinken. Das zur Schau gestellte »Spektakel« und die Angst vor Ansteckung kommen zusammen, um die sicherste Version in die Tat umzusetzen, die Selbstbefriedigung – *safe sex*, mit bestem Dank an Onan und den erwiesenen Dienst. Damit lehnen wir den anderen nicht nur als Person ab, sondern verzichten darauf, »das biologische, das soziale und das unbewußte Subjektive zu verbinden«, während es doch genau dies war, wie Pierre Legendre meint, »was den Menschen als Menschen auswies und nicht nur als lebendes Fleisch«.[9]

Noch ganz benommen von diesen neuen Freiheiten, können wir das Ausmaß der Risiken, die sie mit sich bringen, noch kaum ermessen. Die Sexualität läuft heute Gefahr, aus ihrem sozialen Kontext und allen Bindungen losgelöst und entmenschlicht zu werden, während sie doch ihrem Wesen nach viel mehr eine Kultur als eine Funktion ist. Maurice Merleau-Ponty schrieb einst: »Die Geschlechtlichkeit hat, so sagt man, ihre Dramatik, weil wir uns mit unserem ganzen persönlichen Sein in ihr engagieren. Doch warum denn tun wir das? Warum wäre uns unser Leib ein Spiegel unseres Seins, wenn nicht weil er selbst ein *natürliches Ich* ist, eine solcherart uns gegebene Strömung der Existenz, daß wir niemals wissen, ob die uns tragenden Kräfte die seinen oder die unseren sind – oder vielmehr daß sie nie je gänzlich die seinen oder die unseren sind. Es gibt so wenig eine Übersteigung der Geschlechtlichkeit, wie es eine in sich verschlossene Geschlechtlichkeit gibt. Keiner ist je gerettet, und keiner ist je ganz verloren.«[10]

Von diesem schönen Optimismus des Philosophen ist nicht mehr viel übrig, nur noch die Einsamkeit einer Lust, die in der Tat nicht mehr »dramatisch« ist, weil wir uns nicht mehr »mit unserem ganzen persönlichen Sein in ihr engagieren«. Wenn wir uns nicht mit dieser Leere beschäftigen, zeigt sich ihre stumme Präsenz oder ihr Abgrund in der fieberhaften Geschwätzigkeit der Moderne, die ausbricht, sobald von Sex die Rede ist. Das ist der Grund für die ostentative, aber unbefriedigte Streitlust, die anscheinend von einem durch nichts zu ersetzenden Mangel angeheizt wird. Wir dachten, wir hätten endlich die Verbote abgeschafft und die Lust ohne Grenzen entdeckt, doch im selben Moment zerrinnt sie uns zwischen den Fingern und läßt uns verdutzt und frustriert zurück. Denn wir sind zwar unbestreitbar befreit, aber wir sind einsam geworden und beinahe behindert durch unsere so sehr bagatellisierte Lust. Daher die unermüdliche Suche, Tag für Tag, Bild um Bild, Leistung um Leistung, nach jenem hypothetischen »märchenhaften Sex« von dem Paul Ricœur vor fast vierzig Jahren sprach. Er fügte allerdings warnend hinzu: »Nun hat sich der Mensch auf einen aufreibenden Kampf gegen die psychologische Dürftigkeit der Lust an sich eingelassen, die in ihrer biologischen Brutalität kaum perfektionsfähig ist.«[11]

Tatsächlich vermittelt der gegenwärtige Diskurs den Eindruck, als seien wir alle von der imaginären Jagd nach einer kaum näher bestimmten und deshalb um so verwirrenderen sexuellen »Zauberwelt« besessen, der Suche nach einem neuen Gral der Liebe, dem stets erneuerten und nie gehaltenen Versprechen eines Omegapunkts in der Intensität der Lust, der Ankündigung einer Vollendung, die uns irgendwoher in den Schoß fallen sollte. Wie soll das passieren – durch eine nie gewagte Überschreitung, eine besondere Technik, eine Vielzahl von Versuchen und Erfahrungen, bessere Leistung, ein bestimmtes Verfahren? Gern reden wir uns ein, daß das letzte Geheimnis der Lust, undurchsichtig und unerreichbar seit Anbeginn der Welt, diesmal in Reichweite sei. Das ist es, was insgeheim alle Irrungen und naiven Hoffnungen unserer Zeit nährt.

Wir sind weit entfernt von der vermeintlich entscheidenden Debatte zwischen der drohenden moralischen Ordnung und der bedrohten Freiheit.

DIE AUFLÖSUNG DER GESELLSCHAFT

Aber die angsterfüllte Einsamkeit der Lust, der möglich gewordene Ausschluß des anderen, die Loslösung der Sexualität aus ihrem sozialen Kontext zeigen sich in ihrer wahren Bedeutung erst, wenn wir sie in Bezug zu einem viel umfassenderen sozialen Zerfallsprozeß setzen. Was auf sexuellem Gebiet und was sonst geschieht, stimmt miteinander überein und entspricht sich. Die fortschreitende Abschaffung des sozialen Denkens, die Schwächung der Institutionen und der Bindungen und Zugehörigkeiten, die zunehmende Unsicherheit des Individuums, das auf seine Einsamkeit zurückgeworfen ist: das sind die furchterregendsten Verwerfungen und eine Gefahr für den Zusammenhalt unserer postindustriellen Gesellschaft.

Die Arbeit, um nur dieses eine Beispiel zu nennen, ist ebenfalls im Begriff, aus dem sozialen Kontext herauszufallen insofern, als sie nach und nach ihre integrative Funktion einbüßt. Die Familie ist nicht die einzige Institution, die als Ort der Zugehörigkeit auf verlorenem Posten steht, genauso ergeht es dem Unternehmen. Die Entwicklung des Liberalismus Ende der achtziger Jahre hat den Verfall der Institutionen beschleunigt. Der absolute Vorrang der Aktionäre gegenüber allen anderen Partnern des Unternehmens, Angestellten, Abteilungsleitern, Managern, Zulieferern und so weiter, hat zu einer radikal neuen und erheblich eingeschränkten Konzeption des Unternehmens als Institution geführt. Die »Werte«, die heute in den Vordergrund gestellt werden, sind anderer Natur.

Die *stakeholder values* früherer Zeit (das Spiel) begründeten das Unternehmen als gemeinschaftliche Institution; die Direktoren regten die Gemeinschaft der Sozialpartner an, die sich Anstrengungen und Gewinne miteinander teilten. Im Gegensatz dazu ist gemäß den *shareholder values* (die Teilung), die in den westlichen Ländern sehr erfolgreich sind und allmählich die Vorherrschaft erlangen, das Unternehmen nur noch eine vertragliche Institution, deren Direktoren lediglich die Auftragnehmer der Aktionäre sind und deren einziges Ziel die Maximierung der kurzfristigen finanziellen Erträge ist. Notfalls zu Lasten der übrigen Partner, beispielsweise durch massive Entlassungen zur Verbesserung der Gewinne. Die Arbeit ist unsicher geworden, und der Arbeiter befindet sich in einer prekären Lage; beide, die Arbeit und der Arbeiter, sind keine unverzichtbaren Bestandteile einer Institution mehr. Übrig bleiben nur die Aktionäre, die auf Marktanteile aus sind, und ihnen gegenüber die Konsumenten, die Produkte haben wollen. Das Unternehmen wiederum ist keine Gemeinschaft mehr, sondern ein Aktienpaket, dessen Rentabilität es zu maximieren gilt.[12]

In eine Reflexion über die Sexualmoral, über Familie und Abstammung Überlegungen aus der Mikroökonomie einzuschieben mag abwegig erscheinen. Doch die Prozesse, die in beiden Bereichen derzeit stattfinden, entsprechen sich. Davon abgesehen, stellen wir fest, daß die Essayisten, die den Zerfall der Familie als Institution beschreiben, dabei wieder Begriffe verwenden, die auf anderen Gebieten zur Beschreibung vergleichbarer Phänomene geprägt wurden, so zum Beispiel die Begriffe Ausgrenzung und Widerruflichkeit unter ausdrücklicher Bezugnahme auf Robert Castel[13], einen Experten für Arbeitsrecht. »Die Lage, in der wir uns hinsichtlich der Familie befinden, ist analog zu jener, die Robert Castel kürzlich im Zusammenhang mit der sozialen Frage analysierte. Wir hatten uns darauf versteift, in der Ausgrenzung eine Art Ausnahme zu sehen, weil wir nicht begriffen, daß die Arbeitnehmerschaft selbst in ihrem Kern getroffen war; ebenso versteifen wir uns darauf, in der zunehmenden Widerruflichkeit der familiären Bindungen eine Art Ausnahme zu sehen, die um sich greift, weil es uns nicht gelingt zu erkennen, daß die Institution Familie in ihrem Kern getroffen ist.«[14]

Es ist eine Tatsache, daß sich die gegenwärtigen Überlegungen über die Arbeitnehmerschaft, die Arbeit, den Wertewandel infolge der Globalisierung der Wirtschaft und des Ultraliberalismus um dieselben Fragen drehen, die auch die Familie und in letzter Analyse den Diskurs der Liebe betreffen: Verschwinden der Institutionen, Auflösung von Zugehörigkeit und Bindungen und fortschreitender Zerfall unserer Gesellschaften in lauter individuelle Einsamkeiten, die in einem sehr zerbrechlichen Gleichgewicht nebeneinander stehen.

In den modernen Industriegesellschaften, schreibt Philippe Engelhard, »definiert sich jede Person nicht mehr durch ihre Fähigkeit, zu produzieren, zu konsumieren und zu sparen, sondern ist nur noch das passive Neuron einer Wirtschafts- und Finanzmaschine, die keinen anderen Zweck hat als sich selbst. Der Druck durch den Konsumerismus trägt natürlich zur Zersplitterung der Gesellschaft bei und verstärkt nicht etwa die Entfaltung eines Handelnden, der frei und verantwortlich seine Wahl trifft, sondern die Entstehung eines zersetzenden Individualismus. Ein weiterer Effekt des konsumeristischen Drucks besteht darin, daß die Kosten für die Eingliederung ins Sozialsystem steigen, was Ausgrenzung und Frustration zur Folge hat.«[15]

DIE GENEALOGISCHE MACHT

Die fortschreitende Atomisierung der menschlichen Gesellschaften, die radikale Durchsetzung des bindungslosen Individuums, der totale Triumph des Individualismus, der jeden in seiner Einsamkeit isoliert, dies alles zwingt uns, über die Bedeutung dieses Wandels nachzudenken. Die desillusionierte, aber angsterfüllte Einsamkeit des Königs Individuum ist offensichtlich der Preis der Emanzipation. Das »verrückt gewordene Ich« ist die letzte Konsequenz eines großen historischen Bruchs, der sich vor etwas mehr als drei Jahrhunderten mit dem Beginn der Aufklärung ereignete. Wenn der Triumph des Individualismus heute auf allen Gebieten mit der drohenden Auflösung einhergeht, müssen wir uns doch fragen, warum.

Damit stellen wir schließlich die Frage nach unserer Beziehung zur Zeit. Das Individuum ohne Zugehörigkeit zu irgendeiner Institution ist bindungslos, das heißt ohne Vergangenheit. Es flüchtet sich in den Augenblick, in eine Art fieberhafter Unmittelbarkeit. Aber es hat auch keine Zukunft insofern, als es nicht mehr wirklich in eine Geschichte eingebunden ist. Die Geschichte, wie das moderne Individuum sie wahrnimmt und erlebt, ist nichts anderes mehr als eine zufallsbedingte Aufeinanderfolge von »Gegenwarten«, eine Summe flüchtiger Augenblicke, die alle denselben Wert haben. Unsere Gesellschaften beginnen um das zu trauern, was Pierre Legendre die genealogische Macht nennt. Sie ordnete die Zeit des Menschen in einer Kontinuität, in der das Individuum seinen Platz fand. Die genealogische Macht ist im wesentlichen die Macht der Institutionen, wir könnten sogar sagen, ihre Definition.

Im Fall der Familie liegt dies auf der Hand. Kommen wir noch einmal auf den schon zitierten Satz von Platon zurück: »Nun ist das Geschlecht der Menschen etwas mit der gesamten Zeit eng Zusammengewachsenes, das unauflöslich diese begleitet und begleiten wird, indem es in der Weise unsterblich ist, daß es Kindeskinder hinterläßt, dabei aber stets dasselbe und eines bleibt und so durch Zeugung an der Unsterblichkeit teilhat.«[16] Der wachsame, bewußte Umgang mit der Zeit ist der eigentliche Sinn der Institutionen im allgemeinen und der Familie im besonderen.

In ihr löst sich zunächst und idealerweise der Gegensatz zwischen der kurzen Zeit des Individuums und der langen Zeit des »unsterblichen« Kollektivs auf. Innerhalb der Institution Familie werden die beiden gegensätzlichen Zeitbegriffe mehr oder weniger gut in Einklang gebracht. Ob dieser Schiedsspruch mehr zugunsten der einen oder mehr zugunsten der anderen ausfällt, definiert, wie sehr eine Gesellschaft holistisch ausgerichtet ist. Die traditionellen Gesellschaften erhoben natürlich die lange Zeit der Gemeinschaft auf den ersten Rang, auch wenn dies auf Kosten des Individuums geschah. Heute tun wir das Gegenteil. »Die Tradition hatte das Ziel, das Überleben der Gruppe gegen das Schicksal zu sichern. Sie setzte ihr Vertrauen in die Institutionen, die sich bewährt hatten und nachweislich in der besten Position waren, um dafür zu sorgen, daß die Gegenwart der Vergangenheit so nahe wie möglich bliebe. Die ständige Unsicherheit erforderte Vorsicht, und die Vorsicht empfahl, auf Mittel zurückzugreifen, die erfolgreich gewesen waren. Man konnte nur überleben, indem man sich als einzigartiges Wesen leugnete.«[17]

Aber die notwendige »Vorsicht«, der Wunsch, die Unsicherheit zu bannen, war nicht das einzige Ziel der Institution Familie. Ganz ihrem Willen verschrieben, dem Verrinnen der Zeit Widerstand zu leisten, konstruierte sie die Zeit, indem sie ihr eine Bedeutung verlieh. Durch ihre Vermittlung und mittels ihrer genealogischen Macht fand sich jeder Mensch, der auf die Welt kam, in eine Abstammung eingegliedert, also auch in die Zeit und vor allem in die Kultur. Alles in allem vollzieht sich die Zivilisierung über das genealogische Kontinuum.

Die heutige Schwächung der Institutionen entspricht, wie wir wissen, dem Schiedsspruch zugunsten der kurzen Zeit, nämlich der Zeit des Individuums, das ganz und gar von der Augenblicklichkeit des Konsums, der Vergnügungen und des Wettbewerbs in Anspruch genommen ist. Seine Einsamkeit, von der heute so viel die Rede ist, rührt nicht nur von der Verdrängung der Gruppe und der durch sie weitergegebenen Werte her. Nachdem diese Einsamkeit zudem von der Illusion durchdrungen ist, die Authentizität der Person sei Anfang und Ende aller Dinge, trauert sie auch um die verlorene Dauer. Ohne genealogische Bindungen und ohne Vorstellung von der Zukunft steht sie zum ersten Mal der »Ungewißheit der Zeit« gegenüber.

Die Aufgabe der Institution Familie – über die Zeit zu triumphieren, der Zukunft einen Inhalt zu geben – war im übrigen auch allen anderen Institutionen zu eigen, sei es der Schule, dem Unternehmen oder dem Staat selbst. Definitionsgemäß wachten die Institutionen vorausschauend über die lange Zeit. Bestimmt von dem Anliegen, vorwegzunehmen, zu schützen, der Zukunft ihre Chancen zu geben, sind sie, ontologisch gesehen, die Instanzen der »Vorsorge« und dafür verantwortlich, die lange Zeit vor der Ungeduld des Augenblicks zu bewahren. Der Vorrang, der einst der Zukunft eingeräumt wurde, ist heute in Frage gestellt, überall rings um uns. Der ungeteilte Sieg der Gegenwart ist sowohl die Ursache wie auch die Konsequenz des Verschwindens der Zukunft.

DIE VERSCHWUNDENE ZUKUNFT

Auf wirtschaftlichem Gebiet ist die fortschreitende Ausblendung der Zukunft erschütternd. Die neue liberale Auffassung des Unternehmens, die *corporate governance*, räumt nicht nur den Aktionärsinteressen den absoluten Vorrang ein, sondern ist *de facto* nichts anderes als die Bevorzugung der unmittelbaren, an der Börse gemessenen Rentabilität vor den langfristigen unternehmerischen Zielen. Sie wertet die Gegenwart zum Nachteil der Zukunft auf.

Aber die *corporate governance* ist vollkommen kohärent mit jener Variante des Kapitalismus, dem »amerikanischen Modell«, das Michel Albert dem »rheinischen Modell« entgegensetzte.[18] Das erste beruht auf der Finanzierung durch die Börse, auf unmittelbarer Profitmaximierung, Mobilität und Beseitigung einengender Vorschriften. Das zweite, begründet auf Banken und ein Aktienkapital im Familienbesitz, setzt eher auf Dauer, sozialen Zusammenhalt, Abstimmung und folglich auch langfristige Unternehmungen. Es verleiht der Zukunft einen Wert. Doch die gesamte Entwicklung der letzten fünfzehn Jahre läuft auf die Ausweitung des amerikanischen Modells hinaus. Hinter diesem Triumph stellt sich die Frage nach unserer Wahrnehmung der Zeit.

Noch verblüffender ist, daß angesichts der Globalisierung der Wirtschaft seit einigen Jahren die auf dem Gebiet der Finanzpolitik getroffenen Entscheidungen der westlichen, vor allem europäischen Länder in dieselbe Richtung weisen. Manche Volkswirte wie Jean-Paul Fitoussi zeigten, in welchem Maß die makroökonomischen Tendenzen systematisch die Gegenwart zu Lasten der Zukunft bevorzugten. Das hohe Zinsniveau, die zwanghafte Furcht vor der Inflation, die Resignation angesichts der Arbeitslosigkeit, vor allem der Jugend, der Aufruf zu sparen – auf der Ebene der kollektiven Vorstellungen zeugt all dies von einer Entwertung der Zukunft.[19]

Fügen wir hinzu, daß mit der Gewöhnung an die Massenarbeitslosigkeit in Europa und der wachsenden Unsicherheit der Arbeit neue Einkommensvorteile und vor allem eine für die Löhne immer nachteiligere Aufteilung des Mehrwerts einhergehen. Diese neue Logik ist vorteilhaft für die Inaktiven, Rentner, Pensionäre, aber katastrophal für die Jüngeren, die an die Türen der Gemeinschaft klopfen. Es ist, als opferte unsere alternde Gesellschaft blindlings die Zukunft zugunsten der Gegenwart und der Vergangenheit. Umgekehrt konnte man in den sechziger und siebziger Jahren den Keynesianismus und die Inflation mit einer verdeckten Euthanasie der Rentner gleichsetzen, das heißt einer relativen Verachtung gegenüber der Vergangenheit, die durch eine gewaltige kollektive Projektion auf die Zukunft wettgemacht wurde. Die symbolischen Vorstellungen haben ihre Bedeutung radikal verändert.

Die Zukunft ist nicht nur entwertet, sondern vor allem unverständlich geworden; dies erklärt sich teilweise durch die Entwertung selbst. Wir können uns nicht damit begnügen, die Entwertung der Zukunft in pessimistischen Begriffen, als Angst oder Furchtsamkeit zu deuten. Sie reicht sehr viel tiefer. Wenn die Zukunft ihren Wert verloren hat, so deshalb, weil sie nicht mehr durch einen Entwurf, einen kollektiven Ehrgeiz oder sogar eine Ideologie gekennzeichnet ist. Als Vorstellung ist sie zufallsbedingt, rätselhaft geworden, nicht zu entziffern. Sie hat aufgehört, auf die Gegenwart zurückzuwirken.

Von dieser tastenden Ungewißheit der Zeit zeugen tausend Symptome. Der Zerfall der Institutionen ist nicht das geringste unter ihnen. Man denke nur an die Krise der Schule, diesen Gemeinplatz und Dauerbrenner in den Medien. Schließlich können wir sie als Krise der Weitergabe von Werten, Ideen und Kenntnissen deuten, an der die »Unlesbarkeit« der Zukunft einen gewissen Anteil hat. Was soll denn weitergegeben werden, mit welcher Perspektive, für was für ein kollektives Projekt? Das sind die Fragen, die wir heute kaum noch beantworten können. Wie die Familie leidet auch die Schule unter der Ungewißheit der Zeit und fühlt sich unfähig, ihre eigene genealogische Macht zu übernehmen. Es gelingt ihr nicht mehr, das bindungslose Individuum in die Kontinuität einer Geschichte einzugliedern. Die Weitergabe eines Erbes fällt ihr ebenso schwer wie der Entwurf einer Zukunft. In Wahrheit ist sie unterhöhlt von der Diktatur des Augenblicks.

Schließlich müssen wir an jenes andere Symptom erinnern, das ebenso vielsagend ist wie das Verschwinden der Zukunft: die geschwätzige und aufdringliche Nostalgie, das Schwelgen in Erinnerungen, die Faszinationskraft der Vergangenheit – lauter Reflexe, die uns in eine endlose Suche nach der verlorenen Zeit stürzen. Wir leben inzwischen mit der Nase in den Archiven, und unser Geist ertrinkt in rückwärtsgewandter Sehnsucht. Die Vergangenheit steigt im selben Maß im Wert, wie die Zukunft an Wert verliert. Wir sind die Bibliothekare unserer eigenen Geschichte geworden. Aus der tyrannischen Gegenwart steht uns nur noch der Ausweg nach hinten offen. Die einzige Mobilität in der Zeit, die uns noch bleibt, ist der Weg zurück.

DER ZEITPFEIL

Das Klima eines panischen Rückzugs, des unbeschränkten Wiederauftauchens der Vergangenheit stellt die Fortschrittsidee prinzipiell in Frage. Liegt sie nicht schon in Agonie? Ist der Fortschritt als grundlegende Vorstellung im Begriff zu verschwinden? Wenn die Zukunft als positiver Wert verschwindet, wenn wir uns also weigern, ihr das geringste »Opfer« zu bringen, liegt das nicht daran, daß sich unsere Wahrnehmung der Zeit selbst verändert hat?

Wir haben weitgehend vergessen, daß das Thema Fortschritt, das unsere Geschichte seit der Aufklärung bestimmt hat, nichts anderes war als die Verweltlichung der jüdisch-christlichen Vorstellung des Heils. Er war ursprünglich religiös begründet, ehe er ein wissenschaftlicher oder ideologischer Begriff wurde. Mircea Eliade hatte einst diese ferne abendländische Genealogie des Fortschritts aufgezeigt, die zunächst der Ausdruck einer Seele auf der Suche nach Hoffnung war.[20] Darin bezog er sich auf die jüdisch-christliche Interpretation der Zeit als ein »Pfeil« im Unterschied zur zyklischen und zirkularen Zeit der heidnischen Kulturen, der Griechen im allgemeinen und speziell bei Plotin.

»Noch lange bevor er ein wissenschaftlicher oder historischer Begriff wird«, bemerkt der Schweizer Essayist Étienne Barilier, »ist der menschliche Fortschritt die christliche Vision einer Heilsgeschichte, auf eine übergeordnete Bedeutung hin ausgerichtet, eines sinnhaltigen Abenteuers der Seele in der Welt. Erst langsam, im Lauf der Jahrhunderte, verließ diese Idee die Innerlichkeit der himmelwärts wandernden Seele und trat in die Äußerlichkeit der materiellen Welt ein.«[21]

Indem wir die Zukunft verlieren und uns müde von der Idee des Fortschritts abwenden, beenden wir die »gerade Zeit«, die am Ursprung des Abendlands stand, ohne es überhaupt zu merken. Doch die geradlinige Zeit, die gerichtete Kontinuität, die alle Verheißungen barg – Heil für die einen, Fortschritt für die anderen –, gab unserer Geschichte eine Richtung und einen Sinn. Als solche rechtfertigte sie die voluntaristische Gestaltung unseres Lebens und unserer Gesellschaft. Sie begründete unsere Entscheidungen und legitimierte unser Bedürfnis, das Schicksal zu beherrschen, indem wir der ungeordneten Tyrannei der Lust den freien Willen der Menschen innerhalb einer zeitlichen Dauer gegenüberstellten.

Der schöne Satz von Emmanuel Lévinas fällt uns wieder ein, der in einem Interview sagte, wir Abendländer hätten uns an den Gedanken gewöhnt, daß die Zeit irgendwohin führe, oder Max Webers Definition, die Politik sei die Lust an der Zukunft. Wir wissen sehr wohl, daß die entscheidende Partie in unserem Verhältnis zur Zukunft gespielt wird.

Wird der Pfeil der Zeit endgültig abbrechen? Dann fallen wir in die zyklische Zeit zurück, in die ewige Wiederkehr und die »natürlichen« Zwangsläufigkeiten unserer Spezies. Die Frage ist nur, ob wir damit nicht unmerklich auch in die Barbarei zurückkehren.

ANHANG

ANMERKUNGEN

Die französische Originalausgabe dieses Buchs gibt in den Anmerkungen keine Seitenzahlen der zitierten Werke an. Der Verlag hat sich entschieden, zu Gunsten größerer Genauigkeit und Nachvollziehbarkeit für die deutsche Ausgabe die Seitenzahlen der Zitate aus deutschen Originalwerken und Übersetzungen ins Deutsche anzugeben. Zu den übrigen Zitaten, vor allem aus französischen Originalwerken, wurden die Hinweise der Originalausgabe übernommen.

1. DER KERN DER DINGE

1 Vgl. Kapitel 11.

2 Vgl. Platon, *Gesetze*, in: *Werke in acht Bänden*, hrsg. von Gunther Eigler, Bd. 8, Darmstadt 1977.

3 Michel Foucault, *Sexualität und Wahrheit*, Bd. 1: *Der Wille zum Wissen*, Frankfurt a. M. 1977, S. 18.

4 In Ländern wie Kanada oder den USA sicher ein wenig früher.

5 Angaben für Frankreich. Quelle: *Infostat justice*, Nr. 44, März 1996.

6 P. Tournier, »Agressions sexuelles«, *Questions pénales*, CESDIP, März 1996.

7 Denis Salas, *Esprit*, Dezember 1996.

8 Antoine Garapon, *Esprit*, Dezember 1996.

9 *Le Monde* vom 29. April 1971.

10 *Pariscope.*

11 *France nouvelle.*

12 *Lettres françaises.* Dennoch bezichtigte ein Teil der rechtsgerichteten und der religiösen Presse Louis Malle, er habe auf billige

Weise »dem Bürgertum in die Suppe spucken« wollen, eine Formulierung von André Bessèges, einem Redakteur bei *La Vie Catholique*.

13 Jean de Baroncelli in: *Le Monde*, 29. April 1971.

14 Vgl. Kapitel 13.

15 Frédéric Martel, *Le Rose et le Noir*, Paris 1996.

16 *Libération*, 9. Juni 1978. René Schérer, der seinen Standpunkt erheblich verändert hat, ist heute nach wie vor ein wichtiger und geachteter Philosoph.

17 Vgl. Gérard Zwang, *Lettre ouverte aux mal-baisants*, Paris 1975. Der Autor berichtet darüber, wie eine militante Gruppe der FHAR 1975 in Vincennes die Tagung des von ihm ins Leben gerufenen französischen Verbands für klinische Sexologie verhinderte.

18 *Le Nouvel Observateur*, 25. Februar 1974.

19 *Libération*, 10. April 1978.

20 Dt.: *Als Jonathan starb*, Berlin 1984.

21 *Le Monde*, 14. April 1978.

22 *Le Matin de Paris*, 27. März 1979.

23 *Playboy*, Juli 1979.

24 *L'Événement du jeudi*, 7. bis 13. Dezember 1989.

25 Dieser Affäre lassen sich weitere Meldungen hinzufügen, die lang und breit durch die französischen Medien gingen, etwa der Skandal um den Tanzkurs in Cannes im Jahr 1988, der Mord an Pastor Doucé 1989 oder der sogenannte Fall der Verschwundenen von Auxerre 1990.

26 Marie-Françoise Hans und Gilles Laponge, *Die Frauen – Pornographie und Erotik*, Darmstadt 1990, S. 238 f.

27 Ebd., S. 33.

28 Trotz des Eingeständnisses Deschauffours sahen manche in seiner Hinrichtung eine »Ungerechtigkeit« oder den Willen, ein Exempel zu statuieren. Eine anonyme, unveröffentlichte Komödie, *L'Ombre de Deschauffours* (»Deschauffours Schatten«), 1739, bezeichnete den Prozeß gar als Rache der »*conistes*« (Hetero-

sexuellen) gegen die *»bougres«* (Homosexuellen). Vgl. Maurice Lever, *Les Bûchers de Sodome*, Paris 1985.

29 Vgl. Kapitel 14.

30 Debatte in der Sendung »France Culture« am 20. September 1996.

31 Peter Brown, *Die Keuschheit der Engel. Sexuelle Entsagung, Askese und Körperlichkeit am Anfang des Christentums,* München 1991, S. 12.

32 Vgl. Lever, *Les Bûchers de Sodome*, a. a. O.

33 Philippe Engelhard, *L'Homme mondial*, Arléa 1996.

34 *Le Monde*, 29. August 1996. Bruno Latour entleiht die Vorstellung einer »reflexiven Modernisierung« oder »zweiten Modernisierung« von den beiden Essayisten Ulrich Beck und Anthony Giddens, den Autoren von *Reflexive Modernisierung. Eine Kontroverse,* Frankfurt a. M. 1996.

2. DREISSIG JAHRE DANACH

1 Zur einschneidenden Bedeutung dieses Schlüsseljahrs vgl. Kapitel 11.

2 Mouvement du 22 mars, *Ce n'est qu'un début, continuons le combat*, Cahiers libres, 124, 1968.

3 Herbert Marcuse, *Der eindimensionale Mensch,* München 1984.

4 In Wahrheit war Wilhelm Reich dem Wahnsinn verfallen und führte Experimente über eine geheimnisvolle Substanz, das von ihm entdeckte Orgon (oder Orgonenergie), sowie über Radioaktivität durch. Er erfand den Orgonakkumulator und wollte ihn kommerzialisieren, weil er angeblich Krebs und Impotenz heilen kann. Auf Betreiben der amerikanischen Arzneimittelbehörde FDA wurde er der Scharlatanerie bezichtigt und strafrechtlich verfolgt.

5 Davon zeugt unter vielen anderen der kurze Text, mit dem Reich 1972 in der Einleitung zu einem Zeitungsartikel vorgestellt

wurde: »Von den Stalinisten aus der KPD ausgeschlossen, aus der Psychoanalytischen Vereinigung verbannt, verfolgt von den Nazis, inhaftiert von der amerikanischen Justiz, wurde er posthum von der Jugend der kapitalistischen Länder rehabilitiert, die seinen Lebenstraum von neuem wachriefen und in seinem Werk eine Antwort auf das Elend des Lebens suchen.« Jean-Michel Palmier in: *Le Monde*, 22. September 1972.

6 Zum Beispiel *Die Funktion des Orgasmus*, 1927 erstmals erschienen, wurde in leicht überarbeiteter Form unter dem Titel *Genitalität in der Theorie und Therapie der Neurose* 1985 in Bd. 2 der *Frühen Schriften* herausgebracht (Frankfurt a.M.); oder *Die sexuelle Revolution*, erstmals 1930 in Wien unter dem Titel *Geschlechtsreife, Enthaltsamkeit, Ehemoral* erschienen, dann 1936 in erweiterter Form als *Sexualität im Kulturkampf* in Kopenhagen und schließlich 1971 in Frankfurt a.M.; während die *Cosmic Superimposition* (Rangeley 1953), in der es um Reichs späte, schwerverständliche orgonphysikalische Konzepte geht, bis heute nicht auf deutsch erschienen ist.

7 Ab Mitte der sechziger Jahre war Reich einer der politischen Chefideologen des SDS unter Rudi Dutschke. In Frankreich beeinflußte er die sogenannten Situationisten, insbesondere Raoul Vaneigem, der ihm in seinen eigenen Büchern ein Denkmal setzte.

8 Reich, *Die sexuelle Revolution*, a.a.O., S. 32.

9 Ebd., S. 30 f.

10 Ebd.

11 *Charakteranalyse* (1933), Köln 1971, S. 37.

12 *Der Einbruch der sexuellen Zwangsmoral* (1932), Köln 1972, S. 67.

13 *Le Magazine littéraire*, März 1973.

14 Reich, *Die sexuelle Revolution*, a.a.O., Vorwort zur zweiten Auflage (1936), S. 22.

15 Gabrielle Russier, Lehrerin am gemischten Gymnasium von Marseille, hatte 1968 ein Verhältnis mit einem ihrer sechzehnjährigen Schüler. Sie wurde der Verführung Minderjähriger an-

geklagt und im Juli 1969 zu einem Jahr Haft auf Bewährung verurteilt, und nachdem die Staatsanwaltschaft wegen zu geringen Strafmaßes Berufung eingelegt hatte, nahm sie sich am 1. September das Leben. Der Fall Russier, der endlose Polemiken, mehrere Bücher und einen Film inspirierte, bleibt in Frankreich unauflöslich mit der Erinnerung an den Mai 1968 verknüpft.

16 Reich, *Der Einbruch der sexuellen Zwangsmoral*, a. a. O., S. 86.

17 Alexandra Kollontai, 1872 als Tochter einer wohlhabenden Generalsfamilie geboren, große Liebende und schillernde Persönlichkeit, die »Walküre der Revolution« genannt, veröffentlichte ein Pamphlet nach dem anderen gegen die Familie und für die sexuelle Freiheit. Als sie in Lenins Kreis vordrang, wurde sie als Volkskommissarin für öffentliche Fürsorge die erste Ministerin der Geschichte. Nachdem sie auch Stalins Freundschaft gewonnen hatte, wurde sie zur Botschafterin in Schweden ernannt und entging dem Terror, dem ihre menschewistischen Freunde zum Opfer fielen. Vgl. Aleksandra Kollontaj, *Autobiographie einer sexuell emanzipierten Kommunistin*, Berlin 1977.

18 Reich, *Die sexuelle Revolution*, a. a. O., Vorwort zur 4. Auflage (1949), S. 9.

19 Reich, *Die sexuelle Revolution*, a. a. O., Vorwort zur 3. Auflage (1945), S. 12.

20 Vgl. Kapitel 8.

21 Wilhelm Reich, *Der Christusmord*, Olten/Freiburg 1978, S. 98.

22 Vgl. Raoul Vaneigem, *Handbuch der Lebenskunst für die jungen Generationen*, Hamburg 1980. Im Jahr 1992 verfaßte Vaneigem übrigens ein umfangreiches, noch unflätigeres Pamphlet gegen das Christentum, das unter dem Titel *La Résistance au christianisme. Les hérésies des origines au XVIIIe siècle* erschien.

23 Vgl. Kapitel 7 und 8.

24 Ilse Ollendorf-Reich veröffentlichte in den sechziger Jahren eine Biographie über Wilhelm Reich, die sich ausschließlich mit der amerikanischen Periode befaßt. Die deutsche Übersetzung erschien 1975 unter dem Titel *Wilhelm Reich* in München.

25 Reich, *Die sexuelle Revolution*, a. a. O., Vorwort zur 3. Auflage (1945), S. 15.

26 *Le Magazine littéraire*, März 1973.

27 Vgl. insbesondere *Die Erde ist ein Lebewesen. Anatomie und Physiologie des Organismus Erde,* München 1996, und *Das Gaia-Prinzip. Die Biographie unseres Planeten*, Zürich 1991.

28 Georges Nivat, *Vers la fin du mythe russe. Essai sur la culture russe de Gogol à nos jours,* Lausanne 1988.

29 Ebd.

30 Zitiert nach Alexandre Papadopoulos, *Introduction à la philosophie russe*, Paris 1995.

31 Raoul Vaneigem, *Das Buch der Lüste*, Hamburg 1984, S. 37.

32 Foucault, *Sexualität und Wahrheit*, Bd. 1, a. a. O., S. 179.

33 Wilhelm Reich, *Die Massenpsychologie des Faschismus* (1933), Köln 1971.

34 Ders., *Die sexuelle Revolution*, a. a. O., S. 24 f.

35 Ebd., S. 267.

36 Der Artikel von Klaus Mann erschien unter dem Titel »Die Linke und das Laster« in: *Europäische Hefte/Aufruf*, 1934, Nr. 36/36, und wurde unter dem Titel *Homosexualität und Faschismus* neu aufgelegt, Kiel 1990, S. 5–7.

37 Vgl. Lorraine Millot, *Libération* vom 28./29. Juni 1997.

3. DIE GUMMIMAUER

1 Den Ausdruck habe ich von Albert O. Hirschman entlehnt, dem Autor eines erbaulichen Essays: *Denken gegen die Zukunft. Rhetorik der Reaktion*, München 1992. Es sei darauf hingeweisen, daß Hirschman die neokonservative Kritik am Sozialstaat, die in den USA inzwischen die Oberhand gewonnen hat, in diese Kategorie einordnet.

2 Vgl. Maurice Agulhon, *Der vagabundierende Blick. Für ein neues Verständnis politischer Geschichtsschreibung*, Frankfurt a. M. 1995.

3 Ein Beispiel ist der Film *Crash* von David Cronenberg, der explizit Sex und Tod – den der anderen – miteinander verknüpft, bzw. die Begeisterungsstürme, als er im Juli 1996 auf dem Festival von Cannes vorgestellt wurde. Es sei jedoch darauf hingewiesen, daß sich nicht alle Kritiker an der Nase herumführen ließen. So kommentierte Pascal Mérigeau: »Zu sehen, wie mannequinartig gestylte Gestalten, die Hand in der Hose der Nachbarin, sich am Anblick von Verkehrsunfällen aufgeilen, mit der Fernbedienung den Videorecorder anhalten, um in Zeitlupe das makabre Detail besser zu genießen, das ihnen bei Normalgeschwindigkeit entgangen ist, sie lautstark verkünden zu hören, es gebe doch nichts Aufregenderes als den Tod eines Menschen, der von niemandem etwas wollte, dessen Auto von einem Irren angefahren wurde, das ist weniger verstörend als idiotisch.« *Le Monde*, 19./20. Mai 1996.

4 Hirschman, *Denken gegen die Zukunft*, a. a. O., S. 182 f.

5 Nennen wir als Beispiel die gefilmte Umfrage von Daniel Karlin und Rémi Lainé über die Liebe in Frankreich, *L'Amour en France*, die 1991 ausgestrahlt wurde. Die Autoren wählten ein unter Psychoanalytikern heftig umstrittenes Vorgehen, das darin bestand, ostentativ die »Tyrannei der Verbote« oder die »alten sozialen und sexistischen Entfremdungen« aufs Korn zu nehmen – als wäre dies im Jahr 1991 noch ein Thema.

6 Luc Pareydt, »Sind die katholischen Werte überholt?«, in: *Panoramiques*, 23, 1995.

7 Dies beleuchtet sehr schön das Buch von Françoise Héritier, *Masculin/Féminin. La pensée de la différence*, Paris 1996.

8 Das Adjektiv »unüberschreitbar« bezieht sich auf Jean-Paul Sartres berühmten Satz: »Ich halte den Marxismus für die unüberschreitbare Philosophie unserer Zeit.«

9 Ich verwende hier absichtlich den juristischen Begriff, mit dem ein ständiges, aber noch akzeptiertes Angebot bezeichnet wird – die juristische Definition beispielsweise des Verkaufsregals in einem Selbstbedienungsladen.

10 Mindestens sechs der Männer, die im Juni 1997 im Rahmen einer Kampagne gegen Kindesmißbrauch von der Polizei vernommen worden waren, nahmen sich das Leben, wobei zwei von ihnen gar nicht wirklich unter Verdacht standen.

11 Pierre Manent über die Schriften von Allan Bloom in: *Commentaire*, 76, Winter 1996.

12 Tragische Ironie: Bemerkenswerterweise trat Aids in Frankreich exakt in dem Moment, 1982/1983, in Erscheinung, als aufgrund der Wahlversprechen von François Mitterand die meisten homosexuellenfeindlichen Gesetzestexte abgeschafft wurden und insbesondere die darauffolgenden Gesetzesreformen in Kraft traten. 12. Juni 1981: Rundschreiben Defferre zur Einschränkung der Registrierung Homosexueller und der Ausweiskontrollen an einschlägigen Treffpunkten. 12. Juni 1981: Auflösung des Homosexuellen-Dezernats innerhalb der Polizeipräfektur; Überarbeitung des DMS, des diagnostischen und statistischen Manuals psychischer Störungen, das Homosexualität als Geisteskrankheit diagnostiziert hatte. 4. August 1981: Amnestiegesetz, das homosexuelle Vergehen einschloß. 27. Juli 1982: Außerkraftsetzung der Artikel 331 und 332 des StGB, in denen verschiedene Altersgrenzen für die Strafmündigkeit Homosexueller (18 Jahre) und Heterosexueller (15 Jahre) festgelegt waren.

13 Michael Pollack, *The Second Plague of Europe. AIDS Prevention and Sexual Transmission Among Men in Western Europe*, New York 1994.

14 »In den wenigen Jahrzehnten vor oder nach dem Jahr 1300 wurden die Juden aus Frankreich und England ausgewiesen, der Templerorden unter dem Vorwand der Hexerei und der sexuellen Verirrungen aufgelöst, Edward II. von England, der letzte mittelalterliche Herrscher, der aus seiner Homosexualität kein Hehl machte, abgesetzt und hingerichtet, das Zinsdarlehen mit Ketzerei gleichgesetzt und die Geldverleiher vor die Inquisition gebracht, und überall in Frankreich wurden die Aussätzigen verfolgt, weil man ihnen unterstellte, sie seien Brunnenvergifter und

ließen sich mit den Juden und Hexen ein.« John Boswell, *Christianity, Social Tolerance, and Homosexuality. Gay People in Western Europe from the beginning of the Christian Era to the 14th Century*, Chicago 1981.

15 Vgl. Robert Hans van Gulik, *Sexual Life in Ancient China. A Preliminary Survey of Chinese Sex and Society from 1500 B. C. Till 1644 A. D.*, New York 1996, eine außergewöhnliche Persönlichkeit und ein großer Kenner Chinas, Japans und der erotischen Kunst in Asien. Über ihn liegt eine Biographie vor: Janwillem van de Wetering, *Robert van Gulik. Ein Leben mit Richter Di*, Zürich 1992. Von van Guliks Schriften über die Sexualität in China wird später noch die Rede sein.

16 Lymphogranuloma inguinale, die sogenannte Durand-Nicolas-Favre-Krankheit, eine auf der ganzen Welt verbreitete, wenn auch seltene Geschlechtskrankheit.

17 In den Klagen der »Kinder von Sodom«, 1790 vorgelegt, findet sich unter Artikel 5 folgende Forderung: »Alle Ärzte, Chirurgen, ob erklärt oder nicht, Mörder mit Universitätsdiplom, sollen unter Androhung außerordentlicher Strafverfolgung auf allen legalen Wegen verpflichtet werden, ihre Dienste zur Heilung der ›cristalline‹ zur Verfügung zu stellen.« Zitiert nach Sarane Alexandrian, *Les Libérateurs de l'amour*, Paris 1977.

18 Frédéric Martel, *Le Rose et le Noir*, Paris 1996.

19 »Histoire d'une cause«, in: *L'Homme contaminé*, Paris 1991.

20 Tony Anatrella, *L'Amour et le préservatif*, Paris 1995.

21 Manche Broschüren oder Comics mit pädagogischem Aufklärungsanspruch legten auf Taktgefühl kaum noch Wert, wie etwa die Comics *Drogen, Aids & Co.*, in denen es um den Inzest zwischen Mutter und Sohn geht, oder *Die Latexabenteuer*, ein Album für Kinder, das unter anderem das Thema Dreierbeziehung behandelt. Vgl. Anatrella, *L'Amour et le préservatif*, a. a. O.

22 Sophie Chauveau, *Eloge de l'amour au temps du sida*, Paris 1995.

23 Martine Sevegrand, *Les Enfants du bon Dieu. Les catholiques français et la procréation au XXe siècle*, Paris 1995.

24 Erklärung von Monsignore di Falco, Sprecher der französischen Bischofskonferenz, gegenüber der Studentenzeitung der Universität Paris-Sorbonne im April 1995.

25 In Wahrheit sprach sich die Kirche sehr wohl für das Kondom aus, mehrmals sogar, dies wurde aber nie wirklich zur Kenntnis genommen. Kardinal Lustiger kommentierte: »Sex und Tod: Aids löst Angst und Schuldgefühle aus. Das erklärt vielleicht, weshalb die Kirche kaum gehört wird.« (*L'Express*, 9. Dezember 1988)

4. ZUM GROSSEN GLÜCK DES KAPITALS

1 Das gilt nicht für das frühe Mittelalter. Unter den Karolingern, das heißt zwischen dem achten und dem zehnten Jahrhundert, war die Disziplin der Ehe der Aristokratie vorbehalten.

2 Die »wahnhafte« Komponente läßt sich nicht leugnen. Die Arbeiter räumten der Familie damals eine völlig neue Bedeutung ein; sie galt ihnen als Zuflucht vor einer Welt, die feindselig geworden war. »Angesichts dieser Gesellschaft des neunzehnten Jahrhunderts, die sich mitten im Wandel befindet, die eroberungswillig und unternehmungslustig ist, aber hart gegenüber den Armen und Schwachen, messen Ehepaare, denen ihr Glück nun am Herzen liegt, der Familie einen großen Wert bei.« (Louis Roussel, *La Famille incertaine*, Paris 1989.)

3 Neu aufgelegt, Berlin 1994.

4 Vgl. Max Weber, *Die protestantische Ethik und der Geist des Kapitalismus*, Tübingen 1920.

5 Reich, *Die sexuelle Revolution*, a. a. O., S. 56 und 60.

6 Der originellste unter ihnen war Alphonse Gallais, der unter seinem eigenen Namen die *Mémoires d'une fille de joie* (1902), die »Memoiren eines Freudenmädchens«, einen »leicht verrückten erotischen Roman« veröffentlichte; ferner *Les Enfers lubriques* (1906), eine Untersuchung über Sadismus und Masochismus;

»sozialistische Lieder«, gewidmet den »Kameraden der Arbeiter-Internationale«, *Ma faubourienne, Gloire à Ferrer*. Vgl. Sarane Alexandrian, *Histoire de la littérature érotique*, Paris 1989.

7 Text zitiert im Anhang zu den von der *Situationistischen Internationale* herausgegebenen Sammelbänden mit den Ausgaben des Organs, 1958–1969; Bd. 1, Hamburg 1976, Bd. 2, Hamburg 1977.

8 Erste dt. Ausgabe, hrsg. von der Situationistischen Internationale, *Flugschrift*, 21, 1977.

9 Evelyne Sullerot, *Quels pères? Quels fils?*, Paris 1992.

10 Diese Unterscheidungen wurden von Henri Weber in: *Vingt ans après, que reste-t-il de Mai 68?*, Paris 1988, recht klar analysiert.

11 Foucault, *Sexualität und Wahrheit*, Bd. 1, a. a. O., S. 50 f. In einem späteren Abschnitt nimmt Foucault eine andere Analyse bezüglich des neunzehnten Jahrhunderts vor: »Der Sex ist nicht der Teil des Körpers, den das Bürgertum disqualifizieren oder auslöschen mußte, um die von ihm Beherrschten zur Arbeit anzuhalten. Er ist jenes Element seiner selbst, das es mehr als irgend etwas beunruhigt und beschäftigt hat, das alle seine Sorgen in Anspruch genommen hat und das es in einer Mischung aus Angst, Neugier, Ergötzen und Fieber kultiviert hat.« S. 149.

12 Zitiert nach einer Sonderausgabe der Zeitschrift *Autrement*, April 1981, die Kalifornien gewidmet war.

13 Michael Pollack, »Männliche Homosexualität – oder das Glück im Ghetto?«, in: *Die Masken des Begehrens und die Metamorphosen der Sinnlichkeit. Zur Geschichte der Sexualität im Abendland*, hrsg. von Philippe Ariès und André Béjin, Frankfurt a. M. 1984, S. 70.

14 Frédéric Martel in: *L'Express*, 19. Juni 1997.

15 Vaneigem, *Das Buch der Lüste*, a. a. O., S. 16 f. und 20.

16 *Le Point*, 11. Mai 1996.

17 Das betont der Bericht des Entwicklungsprogramms der Vereinten Nationen vom Juni 1997.

18 Vaneigem, *Das Buch der Lüste*, a. a. O., S. 17.

19 Interview mit François Ewald für *Le Magazine littéraire.*

20 München 1976.

21 Vgl. in diesem Zusammenhang Philippe van Parijs, *Real Freedom for All. What (If Anything) Can Justify Capitalism?*, Oxford 1997.

22 Amitai Etzioni, »Le paradigme du ›je‹ et du ›nous‹«, in: *Krisis,* Juni 1994.

23 Zitiert nach Constantin Sinelnikoff in: *Le Magazine littéraire*, März 1973.

24 Pascale Weil, *A quoi rêvent les années 90?*, Paris 1997.

25 François Brune, *Le Bonheur conforme*, Paris 1985.

26 *Le Nouvel Observateur*, 29. 8.–4. 9. 1996. François de Singly ist Professor für Gesellschaftswissenschaften an der Sorbonne-Universität, Paris, und leitet das Forschungszentrum für Familiensoziologie.

27 *Marianne*, 30. 6.–6. 7. 1997.

28 Vgl. Arnaud de Vaujuas in: *Christus*, 169, Januar 1996.

29 Sullerot, *Quels pères? Quels fils?*, a. a. O.

30 Vgl. Robert Reich, *Die neue Weltwirtschaft*, Frankfurt a. M. 1993.

31 Zum Beispiel Arthur Schlesinger, *The Disuniting of America. Reflections on a Multicultural Society*, London/New York 1993.

32 Daniel Bélan, »La fin du Welfare State«, in: *Esprit*, Mai 1997.

33 Anspielung auf eine Maxime des amerikanischen Journalismus, die für eine ethische Berufsauffassung steht: *Defend the afflicted and afflict the important* (»Die Gequälten verteidigen und die Wichtigen quälen«).

34 François de Singly, »Les habits neufs de la domination masculine«, in: *Esprit*, November 1993.

35 Verurteilte Kinderschänder werden von ihren Mithäftlingen ausgegrenzt, schikaniert, wenn nicht gar verfolgt. Während der Haft wird ihnen, anders als in der Freiheit, nie auch nur die geringste Nachsicht zuteil.

36 Weber, *Die protestantische Ethik und der Geist des Kapitalismus*, a. a. O., S. 72.

5. DIE LAST DER LUST

1 Van Gulik, *Sexual Life in Ancient China*, a. a. O.
2 Brune, *Le Bonheur conforme*, a. a. O.
3 Vaneigem, *Buch der Lüste*, a. a. O., S. 28 und 32.
4 Libby Books in: *Guardian*, Juni 1997.
5 Boris Cyrulnik, »Ethologie de la sexualité«, in: *Krisis*, 17, Mai 1995.
6 Vgl. André Green, *Les Chaînes d'Éros. Actualité du sexuel*, Paris 1997.
7 Brown, *Die Keuschheit der Engel*, a. a. O., S. 255 f.
8 Vgl. Kapitel 13.
9 Uta Ranke-Heinemann, *Eunuchen für das Himmelreich. Katholische Kirche und Sexualität*, Hamburg 1988, S. 105.
10 Decimus Junius Juvenalis, *Satiren*, Zürich 1993, und Marcus Valerius Martialis, *Epigramme*, München 1983.
11 Hier der exakte Wortlaut des Abschnitts, in dem Foucault den Ausdruck benutzte: »Der Sex dient heute als Stützpunkt jener alten Form, die dem Abendland so vertraut und wichtig ist, der Form der Predigt. Eine große sexuelle Predigt – die ihre scharfsinnigen Theologen und ihre populären Kanzelredner hat – durchzieht seit einigen Jahrzehnten unsere Gesellschaften, geißelt die alte Ordnung, denunziert die Heucheleien und besingt das Recht des Unmittelbaren und des Wirklichen; sie läßt uns von einem neuen Jerusalem träumen.« (*Sexualität und Wahrheit*, Bd. 1, a. a. O., S. 17.)
12 *Le Point*, 12. 10. 1996.
13 Michael Warner, »Pourquoi les homosexuels prennent-ils des risques?«, in: *Le Journal du sida*, 72, April 1995.
14 »Sado-Maso«, Gespräch mit Christine D., in: *Krisis*, 17, Mai 1995.
15 *Libération*, 16. September 1996.
16 Entwurf eines Vorworts zu *L'Impossible*, zitiert nach Sarane Alexandrian in: *Histoire de la littérature erotique*, a. a. O.

17 Georges Bataille, *L'Histoire de l'érotisme*, in: *Œuvres complètes*, Bd. 8, Paris 1976.

18 Georges Bataille, *Die Erotik*, München 1998, S. 134f.

19 Georges Duby, Vorwort zu *Liebe und Sexualität*, hrsg. von Jean Bottéro u. a., München 1995, S. 10.

20 William H. Masters und Virginia E. Johnson, *Human Sexuality*, Boston 1982.

21 André Béjin, »Die Macht der Sexologen und die sexuelle Demokratie«, in: *Die Masken des Begehrens*, hrsg. von Ariès und Béjin, a. a. O., S. 255.

22 Ebd., S. 258.

23 Zitiert nach André Béjin, ebd.

24 Alfred C. Kinsey, Wardell B. Pomeroy, Clyde E. Martin, *Das sexuelle Verhalten des Mannes*, Berlin/Frankfurt a. M. 1955; *Das sexuelle Verhalten der Frau*, Berlin/Frankfurt a. M. 1954.

25 Bataille, *Die Erotik*, a. a. O., S. 150.

26 Allan Bloom, *Love and Friendship*, New York 1994.

27 Ebd.

28 *Le Figaro*, 13. August 1996.

29 Zitiert nach Hans und Laponge, *Die Frauen – Pornographie und Erotik*, a. a. O., S. 228.

30 Gilbert Tordjmann, »Comportements sexuels et peines de sexe«, in: *Krisis*, 17, Mai 1995.

31 Die Beispiele stammen aus dem Zeitraum von nur einem Monat und wurden von *Le Canard enchaîné* im August 1996 gesammelt.

32 Vgl. Lucien Sfez, *La Santé parfaite. Critique d'une nouvelle utopie*, Paris 1995.

33 Erklärung von Dr. Giuliano anläßlich einer Tagung über »Sex und Heilung«, die Anfang 1997 an der Sorbonne stattfand.

34 René Girard in der Einleitung zu seinem Werk *Romantische Lüge und Wahrheit im Roman. Beiträge zur mimetischen Theorie*, Münster 1998, vgl. auch *Das Heilige und die Gewalt*, Frankfurt a. M. 1992.

35 Roland Barthes, *Fragmente einer Sprache der Liebe*, Frankfurt a. M. 1984, S. 149.
36 Zitiert nach J.-J. Pauvert, in: *Dictionnaire de sexologie*, Paris 1962.
37 Cyrulnik, »Ethologie de la sexualité«, a. a. O.

6. DIE IMAGINÄRE ANTIKE

1 Louis Antoine de Bougainville, *Voyage autour du monde par la frégate »La Boudeuse« et la flûte »L'Étoile«*, Paris 1987.
2 Paul Veyne in: Philippe Ariès und Georges Duby (Hrsg.), *Geschichte des privaten Lebens*, Bd. 1: *Vom Römischen Imperium zum Byzantinischen Reich*, hrsg. von Paul Veyne, Frankfurt a. M. 1989, S. 198.
3 Ders., in: *L'Histoire*, 180, September 1994.
4 Alexandrian, *Histoire de la littérature érotique*, a. a. O.
5 Boswell, *Christianity, Social Tolerance, and Homosexuality*, a. a. O.
6 Berichtet von Georges Bataille, in: *Le Procès de Gilles de Rais, Œuvres complètes*, Bd. 10, Paris 1987.
7 Restif de la Bretonne, *Le Pornographe*, gefolgt von *Etat de la prostitution chez les Anciens*, Paris 1983.
8 Vgl. Guillaume Apollinaire, *L'Œuvre libertine du comte de Mirabeau*, Paris 1984.
9 *L'Eros romain* – so lautet der Titel eines jüngst erschienenen Werks des Historikers Jean-Noël Robert, Paris 1997.
10 Als karikaturistisches Beispiel dieser ständigen Verwechslung von sexuellen Verboten und Christentum sei der Sexologe Gérard Zwang zitiert, der seinen Lesern von einem Buch zum nächsten immer wieder die Behauptung einbleut: »Das Christentum ist insofern von trauriger Einzigartigkeit, als es die Kriterien der Moral zuallererst auf sexuelle Enthaltsamkeit aufbaut«, in: »Dépassées les valeurs catholiques?«, in: *Panoramiques*, 23, a. a. O.
11 Platon, *Werke in acht Bänden*, hrsg. von Gunther Eigler, Darmstadt 1977, Bd. 2: *Georgias*, und Bd. 4: *Politeia*, Buch 9.

12 7, 12.
13 Annaeus Seneca, *Die kleinen Dialoge*, Bd. 2, München/Zürich 1992, S. 319 f.
14 Veyne, in: *L'Histoire*, 180, a. a. O.
15 Michel Foucault, *Sexualität und Wahrheit.* Bd. 2: *Der Gebrauch der Lüste*, Frankfurt a. M. 1986, S. 89 f.
16 Ranke-Heinemann, *Eunuchen für das Himmelreich*, a. a. O., S. 17.
17 Ebd.
18 Insbesondere in seinem großen Buch hierzu: Jean-Louis Flandrin, *Un temps pour embrasser. Aux origines de la morale sexuelle occidentale,* Paris 1983.
19 Vgl. Marcel Détienne, *Les Jardins d'Adonis. La mythologie des aromates en Grèce,* Paris 1972.
20 Pierre Braun, »Les tabous des *feriae*«, in: *L'Année sociologique*, Paris 1959, zitiert nach Flandrin, *Un temps pour embrasser,* a. a. O.
21 Ariès und Duby (Hrsg.), *Geschichte des privaten Lebens*, Bd. 1, a. a. O., S. 198 f.
22 Kaiser Tiberius beschwor einen Skandal herauf, indem er zum Zweck der Provokation Cunnilingus praktizierte, und dies sogar an Matronen, verheirateten Frauen.
23 Vgl. Ariès und Duby (Hrsg.), *Geschichte des privaten Lebens*, Bd. 1, a. a. O.
24 Foucault, *Sexualität und Wahrheit*, Bd. 2, a. a. O., S. 73.
25 Zitiert nach Josy Eisenberg, *Jerusalems Töchter. Frauen zur Zeit der Bibel*, Weinheim 1996, S. 214.
26 France Quéré, *Les Femmes de l'évangile*, Paris 1982.
27 Hesiod, *Werke und Tage*, München 1991, S. 87 und 89.
28 6, 23.
29 Pascal Quignard, *Le Sexe et l'effroi*, Paris 1996.
30 Ebd.
31 Plinius Secundus d. Ä., *Naturkunde*, München 1975, S. 53.
32 Vgl. Plutarch, *Über die Liebe,* Freiburg 1958.
33 Foucault, *Sexualität und Wahrheit*, Bd. 2, a. a. O., S. 155 f.
34 Platon, *Gesetze*, Bd. 8, a. a. O., S. 271 und 273.

35 Vgl. Xenophon, *Oikonomikos. Xenophon vom Hauswesen*, Hamburg 1734.
36 Plinius Secundus d. Ä., *Naturkunde*, a. a. O., S. 23.
37 Lucretius Carus, *De rerum natura*, Stuttgart 1973.
38 Augustinus verteidigte diese Frauen in seinem Werk *Der Gottesstaat*, das kurz nach der Plünderung Roms durch die Westgoten entstand.
39 Vgl. Ariès und Duby (Hrsg.), *Geschichte des privaten Lebens*, Bd. 1, a. a. O.
40 Brown, *Die Keuschheit der Engel*, a. a. O., S. 30 und 36.
41 Paul Veyne, »Homosexualität in Rom«, in: *Liebe und Sexualität*, a. a. O., S. 67.
42 Vgl. Plutarch, *Über die Liebe*, a. a. O.
43 Boswell, *Christianity, Social Tolerance, and Homosexuality*, a. a. O.
44 Lucius Annaeus Seneca, *Oratorum et rhetorum sententiae divisiones colores*, Wien 1887, Reprint: Hildesheim 1963.
45 Jean-Noël Robert, *Éros romain*, Paris 1997.
46 Maurice Sartre, »Die Homosexualität im antiken Griechenland«, in: *Liebe und Sexualität*, a. a. O., S. 61.
47 4, 10.
48 Veyne, »Homosexualität in Rom«, a. a. O., S. 67.
49 Boswell, *Christianity, Social Tolerance, and Homosexuality*, a. a. O.
50 Catherine Salles, »Die Prostitution Roms«, in: *Liebe und Sexualität*, a. a. O., S. 80.
51 Ranke-Heinemann, *Eunuchen für das Himmelreich*, a. a. O., S. 68.
52 Paul Veyne, *L'Élégie érotique romaine*, Paris 1983.
53 Robert, *Éros romain*, a. a. O.
54 Veyne, *L'Élégie érotique romaine*, a. a. O.

7. JUDEN UND CHRISTEN UND DIE FLEISCHESLUST

1 Sullerot, *Quels pères? Quels fils?*, a. a. O.

2 Foucault, *Sexualität und Wahrheit*, Bd. 2, a. a. O., S. 184.

3 Boswell, *Christianity, Social Tolerance, and Homosexuality*, a. a. O.

4 Ranke-Heinemann, *Eunuchen für das Himmelreich*, a. a. O., S. 141 und 182.

5 Brown, *Die Keuschheit der Engel*, a. a. O., S. 375.

6 Ebd., S. 377.

7 Alphonse Dupront, *Puissances et Latences de la religion catholique*, Paris 1993.

8 Foucault, *Sexualität und Wahrheit*, Bd. 2, a. a. O., S. 23.

9 Eisenberg, *Jerusalems Töchter*, a. a. O., 256 und 259.

10 Ranke-Heinemann, *Eunuchen für das Himmelreich*, a. a. O., S. 143. Die Bibelzitate im folgenden entstammen der deutschen »Einheitsübersetzung«, Stuttgart 1980.

11 Eisenberg, *Jerusalems Töchter*, a. a. O., S. 184.

12 Brown, *Die Keuschheit der Engel*, a. a. O., S. 52.

13 Zitiert nach Edith Castel, *L'Éternité au féminin. La femme dans les religions*, Paris 1996.

14 Eisenberg, *Jerusalems Töchter*, a. a. O., S. 17 und 20.

15 Brown, *Die Keuschheit der Engel*, a. a. O., S. 159 f.

16 Diese Interpretation stützt sich auf Eisenbergs Darlegung in *Jerusalems Töchter*.

17 Die Analyse stammt von dem Assyrologen Jean Bottéro: »Adam und Eva: das erste Paar«, in: *Liebe und Sexualität*, a. a. O., S. 133–152.

18 Jean Daniélou, *L'Église des premiers temps*, Paris 1985.

19 Traktat Schabbat 2, 6 und Genesis Rabbah 17, 88.

20 Nach der klaren Trennung zwischen Judentum und Christentum, die nicht vor dem Ende des ersten Jahrhunderts unserer Zeitrechnung erfolgt, war der erste große Gnostiker Basilides, der zwischen 125 und 155 lehrte und vierundzwanzig Bücher über die Auslegung der Schrift verfaßte.

21 Brown, *Die Keuschheit der Engel*, a. a. O., S. 52.
22 Ebd., S. 9.
23 Vgl. Roland Bergmeier, *Die Essener – Berichte des Flavius Josephus. Quellenstudium zu den Essenertexten im Werk des jüdischen Historiographen*, Kampen 1992.
24 Unter den neueren Werken über den jüdisch-hellenisch-christlichen Zusammenfluß sei vor allem auf folgendes Buch verwiesen: Étienne Trocmé, *L'Enfance du christianisme*, Paris 1997.
25 Vgl. Brown, *Die Keuschheit der Engel*, a. a. O.
26 Veyne, *L'Élégie érotique romaine*, a. a. O.
27 Brown, *Die Keuschheit der Engel*, a. a. O., S. 115.
28 Der Ausdruck ist den halbmythischen *Thomasakten* entlehnt, die um 220 in Edessa auf Syrisch verfaßt wurde, in: Hennecke, *Neutestamentliche Apokryphen*, Tübingen 1904, S. 256–289.
29 Daniélou, *L'Église des premiers temps*, a. a. O.
30 *Johannesakten*, 53–54.
31 *Des heiligen Philosophen und Martyrers Justinus Dialog mit dem Juden Tryphon*, Kempten/München 1917, 11, 2.
32 Brown, *Die Keuschheit der Engel*, a. a. O., S. 75.
33 Laure Aynard, *La Bible au féminin*, Paris 1989.
34 Xavier Léon-Dufour, »Mariage et virginité selon saint Paul«, in: *Christus*, 168, November 1995.
35 Ich stütze mich hier auf die Analyse von Léon-Dufour.
36 Daniélou, *L'Eglise des premiers temps*, a. a. O.
37 Brown, *Die Keuschheit der Engel*, a. a. O., S. 209.
38 Vgl. hierzu die aufschlußreiche Abhandlung von Henri-Irénée Marrou, *L'Eglise de l'Antiquité tardive*, Paris 1985.
39 Diese ägyptische Tradition, in die Wüste zu fliehen, hat in der *hidschra* (»Auszug«) erstaunlicherweise bis heute überlebt; junge Bürger aus Kairo sagen sich von der »ungläubigen Gesellschaft« los und ziehen sich in die Höhlen der Arabischen Wüste zurück.
40 Marrou, *L'Église de l'Antiquité tardive*, a. a. O.
41 Ebd.
42 Ebd.

43 Brown, *Die Keuschheit der Engel*, a. a. O., S. 221.
44 Marrou, *L'Église de l'Antiquité tardive*, a. a. O.
45 Ebd.
46 Einer der grausamsten Fälle ist der Befehl des Kaisers Flavian im Jahr 387, siebentausend »aufständische« Einwohner von Thessaloniki niederzumetzeln, die zuvor im städtischen Amphitheater zusammengetrieben worden waren.
47 Marrou, *L'Église de l'antiquité tardive*, a. a. O.
48 Vgl. Aurelius Augustinus, *Bekenntnisse*, München 1982.
49 Vgl. Henri-Irénée Marrou, *Augustinus in Selbstzeugnissen und Bilddokumenten*, Reinbek 1958.
50 Vgl. ebd.
51 Zitiert nach Jean-Louis Flandrin, *Les Amours paysannes (XVIe-XIXe siècles)*, Paris 1975.
52 Vgl. Aurelius Augustinus, *Der Gottesstaat*, Paderborn u. a. 1979.
53 Vgl. Peter Brown, *Augustine of Hippo. A Biography*, New York 1969.
54 Augustinus, *Der Gottesstaat*, a. a. O., S. 37 und 39.
55 Louis Dumont, *Individualismus. Zur Ideologie der Moderne*, Frankfurt a. M. 1990, S. 53.
56 Ebd., S. 38.
57 Norbert Elias, »Wandlungen der Wir-Ich-Balance« in: ders., *Die Gesellschaft der Individuen*, Frankfurt a. M. 1987, S. 211.
58 Dumont, *Individualismus*, a. a. O., S. 42.
59 Ebd., S. 55. In diesem Absatz bezieht sich Dumont auf eine Analyse von Peter Brown.

8. DIE EIGENTLICHE ERFINDUNG DES PURITANISMUS

1 Jacques Rossiaud, Professor für mittelalterliche Geschichte an der Universität Lyon II, in: *L'Histoire*, 180, September 1994.
2 Zitiert nach Jean-Louis Flandrin, *Le Sexe et l'Occident. Évolution des attitudes et des comportements*, Paris 1981.

3 Boswell, *Christianity, Social Tolerance, and Homosexuality*, a. a. O.

4 Ariès und Duby (Hrsg.), *Geschichte des privaten Lebens*, Bd. 1, a. a. O., S. 428.

5 Zwölfhundert Jahre später, im achtzehnten Jahrhundert, befahl Papst Klemens XIII., die Geschlechtsteile der Statuen mit Hammerschlägen zu zerschmettern, woraufhin der Dichter Giorgio Baffo einen Hohnvers schrieb: »Wenn er sich einbildet, damit / sämtliche männlichen Glieder zu vernichten, will ich ihm versichern / daß weitere nachwachsen, solange er lebt.«

6 Michel Rouche in: Ariès und Duby (Hrsg.), *Geschichte des privaten Lebens*, Bd. 1, a. a. O., S. 444.

7 Noël-Yves Tonnerre, *Etre chrétien au Moyen Age*, Paris 1996.

8 Vgl. Flandrin, *Un temps pour embrasser*, a. a. O.

9 Ebd.

10 Dupront, *Puissances et latences de la religion catholique*, a. a. O.

11 Rossiaud in: *L'Histoire*, 180, September 1994.

12 Hartmut Hoffmann und Rudolf Pokorny, *Das Dekret des Bischofs Burchard von Worms*, München 1991, zitiert nach Ranke-Heinemann, *Eunuchen für das Himmelreich*, a. a. O.

13 Flandrin, *Les Amours paysannes*, a. a. O.

14 Jacques Le Goff in: *L'Histoire*, 180, a. a. O.

15 Ranke-Heinemann, *Eunuchen für das Himmelreich*, a. a. O., S. 236.

16 Boswell, *Christianity, Social Tolerance, and Homosexuality*, a. a. O.

17 Ebd.

18 Ebd.

19 Zitiert nach Michel Sot, »Die Entstehung der christlichen Ehe«, in: *Liebe und Sexualität*, a. a. O., S. 186.

20 Ebd., S. 187 und 191.

21 Flandrin, *Les Amours paysannes*, a. a. O.

22 Vgl. Christiane Olivier, *Die Söhne des Orest. Im Schatten des Vaters*, Düsseldorf 1994.

23 Jacques Berlioz in: *L'Histoire*, 180, a. a. O.

24 Vgl. den Artikel über Galen in der *Encyclopaedia universalis*.

25 Buch 2, Kapitel 1 und 4, in: *Opera omnia*, Basel 1538.
26 In: *Sämtliche Werke in deutscher Übersetzung*, Berlin/Darmstadt 1956 ff.
27 Flandrin, *Un temps pour embrasser*, a. a. O. Flandrin stützt sich in diesem Punkt auf ein Typoskript: *Les Théories de la génération et leur influence sur la morale sexuelle des XVI*[e] *et XVIII*[e] *siècles*, von A.-C. Ducasse-Kliszowski (Universität Paris VIII, Juni 1972).
28 Brown, *Die Keuschheit der Engel*, a. a. O., S. 34.
29 Flandrin, *Un temps pour embrasser*, a. a. O.
30 Alain Corbin, »Die kleine Bibel für junge Eheleute«, in: *Liebe und Sexualität*, a. a. O., S. 224.
31 Ebd., S. 225.
32 Rossiaud in: *L'Histoire*, 180, a. a. O.
33 Le Goff in: *L'Histoire*, 180, a. a. O.
34 Alain de Libéra, *Penser au Moyen Aqe*, Paris 1991.
35 Boswell, *Christianity, Social Tolerance, and Homosexuality*, a. a. O.
36 Jacques Le Goff, *Saint Louis*, Paris 1996.
37 Wir müssen allerdings den Liberalismus von Condorcet würdigen, der am Schluß des von Voltaire verfaßten Artikels folgende Bemerkung hinzugefügt hat: »Die Sodomie kann, sofern keine Gewalt mit ihr verbunden ist, nicht in die Zuständigkeit der Strafgesetze fallen. Sie verletzt keinerlei Menschenrecht.«
38 Buch 7, Kapitel 6.
39 Alexandrian, *Histoire de la littérature érotique*, a. a. O.
40 Vgl. Olivier Blanc, *Liebe, Spiel und Guillotine. Libertine Frauengestalten im 18. Jahrhundert*, München 1998.
41 Zitiert nach Sullerot, *Quels pères? Quels fils?*, a. a. O.
42 Vgl. Georges Duby und Michelle Perrot (Hrsg.), *Geschichte der Frauen*, 5 Bde. Frankfurt/a. M. 1998.
43 Vgl. Blanc, *Liebe, Spiel und Guillotine*, a. a. O.
44 »Von der Onanie. Abhandlung über die Krankheiten, welche durch Masturbation hervorgerufen werden«, jüngste französische Ausgabe aus dem Jahr 1980, zitiert nach Flandrin, *Les Amours paysannes*, a. a. O.

45 Ebd.
46 Roger-Henri Guerrand, »Nieder mit der Masturbation!«, in: *Liebe und Sexualität*, a. a. O., S. 283 f.
47 Zitiert nach Henri Guillemin, *Regards sur Nietzsche*, Paris 1991.
48 Corbin, »Die kleine Bibel für junge Eheleute«, a. a. O., S. 219.
49 Ebd.
50 Ebd., S. 222.
51 Ebd., S. 224. Das Buch von Auguste Forel trägt den Titel *La Question sexuelle exposée aux adultes cultivés*, Paris 1906.
52 Weber, *Die protestantische Ethik und der Geist des Kapitalismus*, a. a. O., S. 169 f.
53 Ebd., S. 203.
54 Ebd., S. 195.
55 Ebd., S. 177.
56 Guerrand, »Nieder mit der Masturbation!«, a. a. O., S. 281.
57 Foucault, *Sexualität und Wahrheit*, Bd. 1, a. a. O., S. 151 ff.
58 Alain Corbin, »Die Faszination des Ehebruchs«, in: *Liebe und Sexualität*, a. a. O., S. 123 f.
59 Foucault, *Sexualität und Wahrheit*, Bd. 1, a. a. O., S. 12.
60 Abel Hugo, *La France pittoresque*, Paris 1835.
61 Roussel, *La Famille incertaine*, a. a. O.

9. SEIT ANBEGINN DER WELT

1 Jacques Soustelle, *La Vie quotidienne des Aztèques à la veille de la conquête espagnole*, Paris 1955.
2 Zitiert nach Jean Bottéro, »Alles begann in Babylon«, in: *Liebe und Sexualität*, a. a. O., S. 26.
3 Ebd., S. 19.
4 Georges Ballandier, *Le Sexuel*, Sonderausgabe der *Cahiers internationaux de sociologie*, 1984.
5 Flandrin, *Un temps pour embrasser*, a. a. O.

6 Jean-Jacques Rousseau, *Emile oder über die Erziehung*, Stuttgart 1970, S. 722.

7 Gian Francesco Poggio Bracciolini, geboren 1380 im Kastell Terranuova bei Florenz, der große erotische Dichter, der bereits die Renaissance ankündigte, belustigte sich in seinem *Liber facetiarum* (»Buch der Scherze«) über die Moralpredigten der Kirche, während er 1403, von Papst Bonifaz IX. zum apostolischen Sekretär ernannt, in den Dienst der Kurie trat.

8 Claude Gaignebet, zitiert nach Hans und Lapouge, *Die Frauen – Pornographie und Erotik*, a. a. O., S. 78.

9 Albert Ducros verwendet ihn in einem Artikel des Buches, das er gemeinsam mit Michel Panoff herausgegeben hat: *La Frontière des sexes*, Paris 1995.

10 Zitiert nach Hanna Havnevik, *Combats des nonnes tibétaines*, Paris 1995.

11 Castel, *L'Éternité au féminin*, a. a. O.

12 Vgl. Héritier, *Masculin/Féminin*, a. a. O.

13 Ebd.

14 Ducros und Panoff (Hrsg.), *La Frontière des sexes*, a. a. O.

15 Die Frage ist seit 1994 wieder aktuell, als in den USA das rassistische Werk *The Bell Curve* von Richard Herrnstein und Charles Murray, radikale Anhänger der Erblichkeitshypothese, veröffentlicht wurde. Sie sind von der genetisch bedingten Überlegenheit der Weißen überzeugt und behaupten, Intelligenz sei in erster Linie erblich und folglich seien sämtliche Sozialhilfeprogramme sowieso sinnlos und müßten gestrichen werden.

16 Ducros und Panoff (Hrsg.), *La Frontière des sexes*, a. a. O.

17 Vgl. Kapitel 13.

18 Ducros und Panoff (Hrsg.), *La Frontière des sexes*, a. a. O.

19 Vgl. Héritier, *Masculin/Féminin*, a. a. O.

20 Ebd.

21 *Über soziale Arbeitsteilung. Studie über die Organisation höherer Gesellschaften*, Frankfurt/a. M. 1988.

22 Van Gulik, *Sexual Life in Ancient China*, a. a. O.

23 Ebd.

24 Ebd.

25 Diese außerordentliche schamerfüllte Haltung gegenüber dem Kuß gab Anlaß zu einem hartnäckigen Mißverständnis. Die abendländischen Chinareisenden gelangten zu dem Schluß, Chinesen küßten sich grundsätzlich nicht. Die Chinesen hingegen, die sahen, wie Europäerinnen in der Öffentlichkeit Männer küßten, hielten diese Frauen für Prostituierte.

26 Van Gulik, *Sexual Life in Ancient China*, a. a. O. Tatsächlich preist die konfuzianische Lehre acht Tugenden: *hsiao* (kindliche Liebe), *ti* (Zuneigung unter Brüdern), *tchong* (Loyalität), *sin* (Treue), *li* (Ritus), *yi* (Rechtlichkeit), *lien* (Integrität) und *tchi* (Ehrgefühl).

27 Ebd.

28 Abdelwahab Bouhdiba, *La Sexualité en Islam*, Paris 1984.

29 Dieses Werk, das berühmteste arabische Handbuch der Erotik, wurde um 1420 auf Veranlassung eines Wesirs von Scheich an-Nafzawi aus Tunis verfaßt. Dt.: *Der duftende Garten des Scheich Nefzaui*, München 1991.

30 Vgl. Malek Chebel, *Die Welt der Liebe im Islam. Eine Enzyklopädie*, München 1997.

31 Zitiert nach Philippe Aziz, in: *Le Point*, 30. März 1996.

32 Zitiert nach Chebel, *Die Welt der Liebe im Islam*, a. a. O.

33 Bouhdiba, *La Sexualité en Islam*, a. a. O.

34 Ebd.

35 Zitiert nach Josy Eisenberg, *La Survie après la mort*, Paris 1967.

36 Bouhdiba, *La Sexualité en Islam*, a. a. O.

37 Chebel, *Die Welt der Liebe im Islam*, a. a. O.

38 Vgl. Jean-Claude Guillebaud, *Sur la route des croisades, Paris* 1993.

39 *Enzyklopädie des Islam*, 4 Bde., Leiden 1913–1936.

40 Zitiert nach Castel, *L'Éternité au féminin*, a. a. O.

41 Bouhdiba, *La Sexualité en Islam*, a. a. O.

42 Germaine Tillion, *Le Harem et les Cousins*, Paris 1966.

43 Chebel, *Die Welt der Liebe im Islam*, a. a. O., S. 221.

44 Ebd., S. 29.
45 Bouhdiba, *La Sexualité en Islam*, a. a. O.
46 Aus den *Sinnsprüchen*, zitiert nach Chebel, *Die Welt der Liebe im Islam*, a. a. O., dessen wunderbare Enzyklopädie mir bei der Abfassung dieser Seiten sehr geholfen hat.

10. UTOPIE UND ÜBERSCHREITUNG

1 Bataille, *Die Erotik*, a. a. O., S. 90.
2 Frankfurt 1623, dt.: *Der Sonnenstaat*, München 1900.
3 In diesen Beispielen für sexuelle Utopien vgl. Alexandrian, *Les Libérateurs de l'amour*, a. a. O.
4 Vgl. ebd.
5 Ebd.
6 Ebd.
7 Das pittoreske Abenteuer der Saint-Simonisten in Ägypten schildert sehr anschaulich Robert Solé, *L'Égypte, passion française*, Paris 1977.
8 Bataille, *Die Erotik*, a. a. O., S. 41f.
9 Hans und Lapouqe, *Die Frauen – Pornographie und Erotik*, a. a. O., S. 127 und 130.
10 Zitiert nach van Gulik, *Sexual Life in Ancient China*, a. a. O.
11 Ebd.
12 Zitiert nach Lever, *Les Bûchers de Sodome*, a. a. O.
13 Der »Heumonat« dauert vom 20. Mai bis 18. Juni.
14 Ebd.
15 Reich, *Die sexuelle Revolution*, a. a. O., S. 230.
16 Bataille, *Die Erotik*, a. a. O., S. 165f.
17 Im *Geist der Gesetze*, Buch 11, Kapitel 4.
18 Nivat, *Vers la fin du mythe russe*, a. a. O.
19 Boswell, *Christianity, Sexual Tolerance, and Homosexuality*, a. a. O.
20 Bataille, *L'Histoire de l'érotisme*, a. a. O.
21 Rossiaud in: *L'Histoire*, 180, a. a. O.

22 Alexandrian, *Histoire de la littérature érotique*, a. a. O.
23 Claude Gaignebet, in: Hans und Lapouge, *Die Frauen – Pornographie und Erotik*, a. a. O., S. 81.
24 René Nelli, *L'Érotique des troubadours*, Toulouse 1963.
25 Howard Bloch, Nachwort zu *Fabliaux érotiques*, Paris 1993.
26 Alexandrian, *Histoire de la littérature érotique*, a. a. O.
27 Ebd.
28 Vgl. Emmanuel Pierrat, *Le Sexe et la loi*, Arléa 1996.
29 Alexandrian, *Histoire de la littérature érotique*, a. a. O.
30 Das Wort leitet sich von den *marais* her, den Sümpfen in den Regionen Vendée und Poitou, deren Bewohner, die *maraîchins*, den besagten Brauch pflegten.
31 Auszüge aus Marcel Baudoin, *Le Maraîchinage*, zitiert nach Flandrin, *Les Amours paysannes*, a. a. O.
32 Dr. Pouillet, *L'Onanisme chez la femme*, Paris 1877, zitiert nach Flandrin, *Le Sexe et l'Occident*, a. a. O.
33 Batailles, *Die Erotik*, a. a. O., S. 40.
34 Ebd., S. 90.
35 Charles Baudelaire, »Fusées«, 3, in: ders., *Ausgewählte Werke*, München 1925, Bd. 3, S. 322.
36 Bataille, *Die Erotik*, a. a. O., S. 62.
37 Interview mit Bataille, das in der Sendung von Jacques Munier, »Georges Bataille, l'enragé«, am 3. August 1997 auf France Culture ausgestrahlt wurde.

11. VOM »WUNSCH NACH UNSTERBLICHKEIT« ZUM DEMOGRAPHISCHEN SCHRECKEN

1 *Gesetze*, a. a. O., S. 721.
2 Die Formel stammt von Jacques Rossiaud.
3 Vgl. Brown, *Die Keuschheit der Engel*, a. a. O., S. 20.
4 Ebd., S. 318.
5 Flandrin, *Un temps pour embrasser*, a. a. O.

6 Am Prinzip mehr als an der Praxis, wie wir gesehen haben, und dies bis ins zwölfte Jahrhundert.

7 Rossiaud in: *L'Histoire*, 180, a. a. O.

8 Michel Rouche in: Ariès und Duby (Hrsg.), *Geschichte des privaten Lebens*, Bd. 1, a. a. O., S. 433 f.

9 Flandrin, der das alte Mißtrauen gegenüber einer, wie wir sagen würden, Hypersexualität beschreibt, weist uns ironisch darauf hin, wie unrecht wir hätten, uns heute darüber lustig zu machen. Tatsächlich kommen sehr viele zeitgenössische Mediziner und Demographen gewissermaßen darauf zurück, und zwar mit wissenschaftlichen Argumenten. »Eine der Erklärungen für die Unfruchtbarkeit so vieler Paare in den westlichen Ländern ist die geringe Anzahl funktionstüchtiger Spermatozoen im Sperma des Mannes. Auf der anderen Seite haben die Demographen beobachtet, daß jenseits eines gewissen Schwellenwertes – in der Größenordnung von monatlich ungefähr fünfzehn sexuellen Kontakten – die Chancen einer Empfängnis umgekehrt proportional zur Häufigkeit des Geschlechtsverkehrs stehen, was damit erklärt wird, daß die Spermienzahl mit zunehmender sexueller Aktivität sinkt.« Flandrin, *Un temps pour embrasser*, a. a. O.

10 Zitiert nach Roussel, *La Famille incertaine*, a. a. O.

11 Ebd.

12 Sevegrand, *Les Enfants du bon Dieu*, a. a. O.

13 1880 erläßt Papst Leo XIII. die Enzyklika *Arcanum divinae sapientiae*, um daran zu erinnern, daß die Ehe ein auf Einheit und Bestand gegründetes Sakrament ist – und um die Scheidung zu verurteilen.

14 Sevegrand, *Les Enfants du bon Dieu*, a. a. O.

15 Vgl. Thomas von Aquino, *Summa theologica*, Salzburg/Leipzig 1934 ff.

16 Sevegrand, *Les Enfants du bon Dieu*, a. a. O.

17 »Die Aufgabe der Zukunft. Die Bevölkerungsfrage«, in: *Stimmen der Zeit*, Bd. 89, 1915, S. 287.

18 Paris 1903.

19 Aurelius Augustinus, *Schriften gegen die Pelagianer*, Bd. 3, Würzburg 1977, S. 91 f.

20 Jean-Marie Poursin, »La recherche démographique française: le tournant«, in: *Esprit*, Januar 1992.

21 Laut Artikel 3 des Gesetzes hatte jeder, der »mit dem Ziel empfängnisverhütender Propaganda auf eine der in den Artikeln 1 und 2 genannten Weisen schwangerschaftsverhindernde Verfahren beschreibt oder verbreitet oder anbietet oder die Durchführung solcher Verfahren erleichtert«, eine sechsmonatige Haft sowie eine Geldstrafe zu gewärtigen.

22 Am 28. November 1951 verwendete Pius XII. in einer Ansprache zum ersten Mal den Ausdruck »Geburtenkontrolle«.

23 Vgl. das schöne Buch von Martine Sevegrand, *L'Amour en toutes lettres. Questions à l'abbé Viollet sur la sexualité*, Paris 1996.

24 Ebd.

25 Philippe Ariès, »Empfängnisverhütung einst«, in: *Liebe und Sexualität*, a. a. O., S. 117.

26 Vom Autor ausführlich überarbeitet und wiederaufgelegt, Paris 1957. Dt.: *Die Liebe und das Abendland*, Köln 1966.

27 Vor allem durch das bereits absehbare Problem der Rentenfinanzierung, wenn die Generation der *Babyboomer* zwischen 2005 und 2010 aus dem Berufsleben ausscheiden wird.

28 Poursin, »La recherche démographique française: le tournant«, a. a. O.

29 Zitiert nach Jean-Marie Poursin, ebd.

30 Ariès, »Empfängnisverhütung einst«, a. a. O., S. 118.

31 Sullerot, *Quels pères? Quels fils?*, a. a. O.

32 Vgl. David Riesman, *Die einsame Masse. Eine Untersuchung der Wandlungen des amerikanischen Charakters*, Reinbek 1958.

33 Johannes XXIII. bestätigte mit seiner am 15. Mai 1961 erlassenen Enzyklika *Mater et magistra* die antimalthusianistische Haltung des Vatikans, indem er sich auf die Fortschritte der Wissenschaft berief, dank deren die Bevölkerung des gesamten Planeten ernährt werden könne: »In seiner Güte und Weisheit hat Gott

die Natur mit unerschöpflichen Ressourcen ausgestattet und den Menschen Intelligenz und Erfindungsgeist geschenkt, damit sie die geeigneten Werkzeuge herstellen, die für die Erzeugung der lebensnotwendigen Güter geeignet sind. [...] Die bisher erzielten Fortschritte in Wissenschaft und Technik eröffnen unbegrenzte Horizonte.«

34 Sevegrand, *L'Amour en toutes lettres*, a. a. O.

35 Sullerot, *Quels pères? Quels fils?*, a. a. O.

36 Roussel, *La Famille incertaine*, a. a. O.

37 Interview mit dem *Nouvel Observateur*, 24.–30. Oktober 1996.

12. ZWISCHEN RICHTER UND ARZT

1 Vgl. Kapitel 1.

2 *Libération*, 14. August 1996.

3 *Le Monde*, 14. August 1996.

4 Georges Bataille, *Le Procès de Gilles de Rais*, *Œuvres complètes*, Bd. 10, Paris 1987.

5 Claude Faugeron, »La dérive pénale«, in: *Esprit*, Oktober 1995.

6 *Le Monde*, 13. August 1997.

7 Antoine Garapon und Denis Salas, *La République pénalisée*, Paris 1996.

8 René Girard, *Das Heilige und die Gewalt*, Frankfurt a. M. 1992, S. 54f.

9 Ebd., S. 556.

10 Über diese enorme Herausforderung der Justiz denken in Frankreich seit einiger Zeit mehrere Richter vom Juristischen Institut für höhere Studien nach. Die folgenden Seiten beziehen sich weitgehend auf ihre Analysen.

11 Georges Viragello, »Violences sexuelles, violences d'aujourd'hui«, in: *Esprit*, August/September 1997.

12 Ehrenberg, »Le harcèlement sexuel. Naissance d'un délit«, in: *Esprit*, November 1993.

13 Ebd.
14 Lucien Sfez, *La Santé parfaite. Critique d'une nouvelle utopie*, Paris.
15 Garapon und Salas, *La République pénalisée*, a. a. O.
16 Ehrenberg, »Le harcèlement sexuel. Naissance d'un délit«, a. a. O.
17 Claude Faugeron, »La dérive pénale«, in: *Esprit*, a. a. O.
18 Laurence Engel und Antoine Garapon, »La montée en puissance de la justice, disqualification ou requalification du politique?«, in: *Esprit*, August/September 1997.
19 Garapon und Salas, *La République pénalisée*, a. a. O.
20 Boris Cyrulnik, »Ethologie de la sexualité«, in: *Krisis*, a. a. O.
21 Ehrenberg, »Le harcèlement sexuel. Naissance d'un délit«, a. a. O.
22 Vgl. Kapitel 14.
23 Garapon und Salas, *La République pénalisée*, a. a. O.
24 Pierre Briançon, »La fragmentation de la société américaine«, in: *Notes de la fondation Saint-Simon*, Januar 1993.
25 Vgl. *L'Express*, 30. Mai 1996.
26 Marcel Gauchet, *Le Désenchantement du monde*, Paris 1985.
27 *Le Monde*, 22. 4. 1997.
28 Ehrenberg, »Le harcèlement sexuel. Naissance d'un délit«, a. a. O.
29 Irène Théry, »L'homme désaffilié«, in: *Esprit*, Dezember 1996.
30 Catherine Labrusse-Riou, »La pudeur, la réserve et le trouble«, in: *Autrement*, Oktober 1992.
31 Irène Théry, *Le Démariage, justice et vie privée*, Paris 1993.
32 Ebd.
33 Garapon und Salas, *La République pénalisée*, a. a. O.
34 Karl Popper, der englische Philosoph österreichischer Herkunft, setzte sich für die Legitimität einer »kritischen Rationalität« ein. Nach seiner Ansicht ist die Tragfähigkeit einer wissenschaftlichen Theorie an ihrer Falsifizierbarkeit zu erkennen, also der Möglichkeit der Widerlegung.
35 Das Zitat von Doktor Virey, der im übrigen ein fanatischer Frauenfeind war, stammt aus dem Buch von Héritier, *Masculin/Féminin*, a. a. O.

36 Dt.: *Der Verbrecher in anthropologischer, ärztlicher und juristischer Beziehung*, Hamburg 1887–1890.

37 Garapon und Salas, *La République pénalisée*, a. a. O.

38 Der Ausdruck *scientia sexualis* ist der Titel, den Michel Foucault dem dritten Teil des ersten Bandes, *Der Wille zum Wissen,* seiner *Sexualität und Wahrheit* gab.

39 Sylvie Nerson-Rousseau in: *Libération*, 8. August 1997.

13. HOMOSEXUELLE UND FEMINISTINNEN AUF NEUEN WEGEN

1 Diese Sorge bestätigt ein Bericht von Amnesty International mit dem Titel *Breaking the Silence*, veröffentlicht im Juni 1997 anläßlich von *Europride*, dem zufolge die Homosexuellen weltweit nach wie vor verfolgt werden. Zum Beispiel wurden in den USA »die Gesetzestexte, die Homosexualität kriminalisieren, in lediglich achtundzwanzig Staaten abgeschafft«.

2 In seinem Buch *Le Rose et le Noir* warf Frédéric Martel den Schwulenbewegungen vor, sie hätten zwischen 1982 und 1985 angesichts der Aids-Epidemie eine »Verweigerungshaltung« eingenommen. Später, nach einer schweren und häufig ungerechten polemisch geführten Debatte, räumte er ein, der sehr anklagende Ausdruck »Verweigerung« habe zu Mißverständnissen Anlaß gegeben und er hätte besser daran getan, von einer »abwartenden Haltung« zu sprechen. Außerdem gab er zu, er habe womöglich unterschätzt, wie weit die Homophobie in der französischen Gesellschaft immer noch verbreitet sei. Vgl. seinen Artikel »Retour sur une polémique«, in: *Esprit*, November 1996.

3 So etwa die Art und Weise, wie die dem Front National nahestehende Presse sich im April 1996 sinnentstellt die Kritiken von Martel in *Le Rose et le Noir* aneignete.

4 *Le Monde*, 15. April 1996.

5 Vgl. mein Buch *La Trahison des Lumières*, Paris 1994.

6 Insbesondere der »Klassiker« von Gilles Deleuze und Félix Guattari, *Anti-Ödipus. Kapitalismus und Schizophrenie 1*, Frankfurt 1974, und *Tausend Plateaus. Kapitalismus und Schizophrenie 2*, Berlin 1992.

7 Foucault, *Sexualität und Wahrheit*, Bd. 2, a. a. O., S. 237 und 239.

8 Ders., *Sexualität und Wahrheit,* Bd. 1, a. a. O., S. 58.

9 Martel, *Le Rose et le Noir*, a. a. O.

10 Elisabeth Lebovici und Gérard Lefort in: *Libération*, 29. Juni 1997.

11 *Le Monde*, 17. Juli 1997.

12 *Libération*, 22. Juni 1995.

13 *Libération,* 23. Juni 1995.

14 Ich stütze mich hier auf die lange und bemerkenswerte Analyse von Michel Feher, dem Herausgeber des New Yorker Magazins *Zone*, »Érotisme et féminisme aux États-Unis: Les exercices de la liberté«, in: *Esprit,* November 1993.

15 Robin Morgan, *Going Too Far*, New York 1977.

16 Feher, »Érotisme et féminisme aux États-Unis: les exercices de la liberté«, a. a. O.

17 Zitiert nach Brown, *Die Keuschheit der Engel*, a. a. O.

18 Zitiert nach Blake Morrison, *Sunday Times,* März 1996.

19 Feher, »Érotisme et féminisme aux États-Unis: les exercices de la liberté«, a. a. O.

20 Dt.: *Du kannst mich einfach nicht verstehen. Warum Männer und Frauen aneinander vorbeireden,* Hamburg 1991.

21 Jean Cazeneuve, *Bonheur et Civilisation*, Paris 1970.

22 Michael Pollack, »Männliche Homosexualität – oder das Glück im Ghetto?«, in: *Die Masken des Begehrens,* a. a. O., S. 69.

23 Feher, »Érotisme et féminisme aux États-Unis: les exercices de la liberté«, a. a. O.

14. RÜCKKEHR ZUR FAMILIE

1 Jean-Claude Millner, *L'Archéologie d'un échec*, Paris 1993.

2 Irène Théry, »Différence des sexes et différence des générations. L'enjeu de l'institution«, in: *Esprit*, Dezember 1996.

3 Talcott Parsons, *Family, Socialization, and Interaction Process*, London 1955.

4 Die Zusammenfassung stammt von Roussel, *La Famille incertaine*, a. a. O.

5 Man denke nur an folgende drei Textstellen aus den Evangelien: »Wer Vater oder Mutter mehr liebt als mich, ist meiner nicht würdig.« (Mt 10,37) »Auch sollt ihr niemand auf Erden euren Vater nennen; denn nur einer ist euer Vater, der im Himmel.« (Mt 23,9) »Denkt nicht, ich sei gekommen, um Frieden auf die Erde zu bringen. Ich bin nicht gekommen, um Frieden zu bringen, sondern das Schwert. Denn ich bin gekommen, um den Sohn mit seinem Vater zu entzweien und die Tochter mit ihrer Mutter und die Schwiegertochter mit ihrer Schwiegermutter; und die Hausgenossen eines Menschen werden seine Feinde sein.« (Mt 10,34-36)

6 Pierre Legendre, *Filiation*, Paris 1990.

7 Théry, »Différence des sexes et différence des générations«, a. a. O.

8 Ebd.

9 Sullerot, *Quels pères? Quels fils?*, a. a. O.

10 Ebd.

11 Christiane Olivier, *Die Söhne des Orest. Im Schatten des Vaters*, Düsseldorf 1994, S. 146.

12 Sullerot, *Quels pères? Quels fils?*, a. a. O.

13 Ebd.

14 Vgl. Geneviève Delaisi de Parseval, *La Part du père*, Paris 1981.

15 Donald Woods Winnicot, *Kind, Familie und Umwelt*, München 1969, erstmals erschienen 1957. Zitiert nach Olivier, *Die Söhne des Orest*, a. a. O., S. 40.

16 Aldo Naouri, *Le Couple et l'enfant*, Paris 1995.
17 Sullerot, *Quels pères? Quels fils?*, a. a. O.
18 Olivier, *Die Söhne des Orest*, a. a. O., S. 58.
19 René Zazzo, *L'Attachement*, Paris 1991; Boris Cyrulnik, *Sous le signe du lien: une histoire naturelle de l'attachement*, Paris 1992; Hubert Montagner, *L'Attachement et les débuts de la tendresse*, Paris 1988.
20 Olivier, *Die Söhne des Orest*, a. a. O., S. 70.
21 Ebd., S. 71.
22 Ebd., S. 174. Olivier schildert auch den Fall einer Tochter. Die Mütter, die ihre Töchter »für sich allein wollen«, schreibt sie, »machen ihre Tochter zur Gefangenen einer Beziehung, in der diese sich verpflichtet fühlt, den Wünschen der anderen zu entsprechen, weil sie sonst nicht mehr geliebt wird. Dies bleibt die allgemeine Angst der Frauen: nicht dem anderen entsprechen, nicht den Anforderungen, nicht der Mode. Die Frauen verharren in dieser Angst, und unsere Zeitungen sprechen immer nur von Möglichkeiten, sich dem anzupassen, was *gefällt*.« S. 122.
23 Ebd., S. 174.
24 Théry, »Différence des sexes et différence des générations«, a. a. O.
25 Vgl. Alexis de Tocqueville, *Über die Demokratie in Amerika*, Zürich 1987.
26 Sullerot, *Quels pères? Quels fils?*, a. a. O.
27 Roussel, *La Famille incertaine*, a. a. O.
28 Théry, »Différence des sexes et différence des générations«, a. a. O.
29 Ebd.
30 Roussel, *La Famille incertaine*, a. a. O.
31 Théry, »Difference des pères et différence des générations«, a. a. O.
32 *Esprit*, November 1993.
33 Catherine Labrusse-Riou und Mireille Delmas-Marty, *Le Mariage et le Divorce*, Paris 1988.

34 Catherine Labrusse-Riou, »La filiation en mal d'institution«, in: *Esprit*, Dezember 1996.
35 Caroline Éliacheff, *Vies privées. De l'enfant roi à l'enfant victime*, Paris 1997.
36 Irène Théry, »Nouveaux droits de l'enfant, la potion magique?«, in: *Esprit*, März/April 1992.
37 Yves Lernout, Vorsitzender der Vereinigung der Jugendrichter in Frankreich, *Droit de l'enfance et de la famille*, Nr. 29, 1990.

15. EINE GEWISSE VORSTELLUNG VON ZEIT

1 Friedrich Nietzsche, *Werke. Kritische Gesamtausgabe*, hrsg. von Giorgio Colli und Mazzino Montiari, Bd. 6/3, S. 83.
2 Ebd., S. 224.
3 Vgl. Kapitel 7.
4 Arnaud de Vaujuas, »Tenir parole dans une société de séduction«, in: *Christus*, a. a. O.
5 Étienne Perrot, »Trois fidélités idolâtriques«, in: *Christus*, Januar 1996.
6 Foucault, *Sexualität und Wahrheit*, Bd. 2, a. a. O., S. 104.
7 Roland Barthes, *Fragment einer Sprache der Liebe*, Frankfurt a. M. 1984, S. 180.
8 Pascal Bruckner und Alain Finkielkraut, *Die neue Liebesordnung*, Reinbek 1989, S. 33.
9 Pierre Legendre, in: *Le Monde*, 22. April 1997.
10 Maurice Merleau-Ponty, *Phänomenologie der Wahrnehmung*, Frankfurt a. M. 1974, S. 204.
11 Paul Ricœur, in: *Esprit*, November 1960.
12 Die grundlegende Umwälzung in der Auffassung des Unternehmens entspricht der sogenannten *corporate governance*, der Herrschaft der Aktionäre. Sie begann 1989 in den Vereinigten Staaten, nahm aber erst konkrete Formen an, nachdem 1992 in London der berühmte Bericht des ehemaligen Präsidenten von

Cadbury-Schweppes, Sir Adrian Cadbury, veröffentlicht worden war.

13 Robert Castel, *Métamorphose de la question sociale: une chronique du salariat*, Paris 1995.

14 Théry, »Différence des sexes et différences des générations«, a. a. O.

15 Engelhard, *L'Homme mondial*, a. a. O.

16 Platon, *Gesetze*, a. a. O., S. 271 und 273. Vgl. Kapitel 6.

17 Roussel, *La Famille incertaine*, a. a. O.

18 Michel Albert, *Capitalisme contre capitalisme*, Paris 1991.

19 Vgl. Jean-Paul Fitoussi, *Le Débat interdit*, Arléa 1995.

20 Vgl. Mircea Eliade, *Kosmos und Geschichte. Der Mythos der ewigen Wiederkehr*, Frankfurt a. M. 1994.

21 Étienne Barilier, *Contre le nouvel obscurantisme. Éloge du progrès*, Genf 1995.

PERSONENREGISTER